Économétrie
des modèles dynamiques

Economiques

Collection dirigée par Pierre-Jean Benghozi

Economiques veut être une collection qui traduise la richesse de la recherche française actuelle en économie et en gestion. A ce titre, elle souhaite rester ouverte à tous les courants de ces disciplines, qu'il s'agisse d'histoire économique, de modélisation, d'analyses sectorielles, d'économie politique, ou de stratégies industrielles... La collection a pour vocation de publier les thèses de jeunes doctorants talentueux comme les ouvrages de chercheurs plus confirmés qui pourront trouver là un espace de diffusion de leurs travaux.

Les lecteurs visés sont bien sûr les économistes et les gestionnaires « de profession ». Mais ce sont aussi les « honnêtes hommes » d'aujourd'hui, à la recherche d'outils et de clés de lecture qui leur permettent de mieux appréhender les phénomènes de société auxquels ils sont confrontés dans leur vie quotidienne ou en suivant l'actualité. La collection vise à rendre accessibles des textes et des travaux pointus à un public qui n'est pas uniquement constitué de spécialistes. Les ouvrages publiés dans *Economiques* s'efforcent de mettre donc essentiellement l'accent sur les résultats et les éléments d'explication obtenus dans les recherches plutôt que sur les démarches et les méthodologies adoptées. Les textes publiés contribuent à éclairer les enjeux économiques et sociaux actuels à partir d'approches solides et rigoureuses, en mobilisant des matériaux, des données, des informations, des théories, des modèles ou des analyses inédites. Le seul critère que se donne la collection est un critère de qualité et d'originalité.

Déjà parus

C. LAURENT , C. du TERTRE (dir.), *Secteurs et territoires dans les régulations émergentes*, 2008.

R. PEREZ avec J. BRABET et le concours de S. YAMI, *Management de la Compétitivité et Emploi*, 2004.

Thierry POULAIN-REMY, *Les stock-options en France,* 2003.

Taladidia THIOMBIANO, *Econométrie des modèles dynamiques,* 2002.

Odile LAKOMSKI-LAGUERRE, *Les Institutions monétaires du capitalisme, La Pensée économique de J.A Schumpeter*, 2002.

Gabriel POULALION (éd.), *L'Europe contemporaine : consolidation et ouverture*, 2002.

Hervé DEVILLÉ, *Nouvelles technologies et chômage structurel. Analyse des politiques économiques et de promotion de l'emploi,* 2002.

Claude HENRY et Emile QUINET, *Concurrence et service public,* 2002.

Guillaume CHEIKBOSSIAN, *L'Économie politique de l'éclatement des Unions économiques*, 2001.

Olivier CREVOISIER, José CORPATAUX et Alain THIERSTEIN, *Intégration monétaire et régions : des gagnats et des perdants*, 2001.

Bernard BELLETANTE, Nadine LEVRATTO, Bernard PARANQUE, *Diversité économique et modes de financement des PME,* 2001.

Taladidia Thiombiano

Économétrie des modèles dynamiques

2e édition

Préface de Vélayoudom Marimoutou

L'Harmattan

Du même auteur

- *Crise financière et économique internationale : analyses théoriques et empiriques et implications pour le continent africain*, 2010
- *Économétrie des séries temporelles*, 2008
- *Économie de l'environnement et des ressources naturelles*, 2004
- *Économétrie des modèles dynamiques, 2002*, 2e édition

5-7, rue de l'Ecole-Polytechnique, 75005 Paris

http://www.librairieharmattan.com
diffusion.harmattan@wanadoo.fr
harmattan1@wanadoo.fr

ISBN : 978-2-336-30107-5
EAN : 9782336301075

à

ma mère

PREFACE

L'importance du cours d'Econométrie des Modèles Dynamiques appelle quelques réflexions sur le bon usage de l'Econométrie en Sciences Economiques et en conséquence sur son enseignement.

L'absence d'une formation mathématique dans les disciplines a entraîné des conséquences dommageables, notamment un certain dédain pour les instruments de prévision. Particulièrement dans les universités, les développements de nouvelles branches de l'économie telles que la dynamique des systèmes, l'économétrie, la planification, la statistique furent tardivement enseignées et avec elles, les outils mathématiques. Ces outils sont indispensables non seulement à toute modification, mais aussi à une formation claire de certains mécanismes généraux comme celui des cycles, ou de décisions d'entreprise comme celles concernant la gestion de stocks, les choix de production ou d'investissement.
Certes, l'importance de l'économétrie ne doit pas faire oublier qu'elle n'assure pas une formation complète d'économiste. L'appel à d'autres disciplines est nécessaire : droit des contrats et des institutions, théorie des organisations, histoire de la pensée et des faits font partie des connaissances de base qui conditionnent le succès d'une carrière. Il ne faut pas oublier que la majeure partie des étudiants ne feront pas une carrière de chercheur ou de statisticien. Ils seront le plus souvent employés à des tâches de gestion, publique ou privée.
La sagesse qu'apporte la connaissance des hommes et du cadre juridique dans lequel ils vivent conditionne le succès de leur carrière.

Ces considérations mettent en valeur les qualités de cet ouvrage. Destiné à des économistes, il a pour objet de procurer des outils de travail présentés suivant une bonne gradation. Cet ouvrage, centré sur les séries temporelles présente un ensemble de méthodes qui donnent l'avantage d'éviter la construction toujours hasardeuse d'un modèle économétrique. L'analyse des séries temporelles ayant considérablement évolué ces vingt dernières années : les progrès méthodologiques liés à l'utilisation banalisée des micro-ordinateurs font que la présentation et l'enseignement de cette discipline ont connu de profonds bouleversements. Le livre du professeur Thiombiano marque une progression tout à fait adaptée aux programmes des universités. Le livre présente les méthodes de prévisions de court terme dans un cadre univarié (les modèles $ARMA$) et s'étend à des modèles comportant une composante non stationnaire. Ces notions étant bien établies, le rôle de l'opérateur de décalage étant précisé, il est alors relativement simple d'aborder la notion de variable intégrée d'ordre d, puisqu'une telle variable, stationnaire après d différentiations, possède une représentation ARMA inversible. On peut ensuite aborder la notion de combinaison de variables non stationnaires dans un modèle. On imagine aisément l'intérêt de ces notions de variables intégrées et cointégrées puisque, dans un modèle économétrique, il est rare, pour représenter l'évolution d'un phénomène, de n'avoir affaire qu'à des variables stationnaires. Le mélange des variables stationnaires et non stationnaires est abordé généralement avec les modèles à correction d'erreur. Les méthodes de prévision de court terme peuvent être élaborées à partir de plusieurs séries chronologiques que l'on met en relation, c'est le cas multivarié qui est présenté dans un cadre stationnaire ergodique. Le reste de l'ouvrage étant de facture plus classique.

La qualité pédagogique de l'ouvrage permet une progression indispensable et sûre.
Nous trouvons en effet, à chaque chapitre, un ensemble d'applications économiques, bien ancrées dans une réalité africaine, qui expliquent au lecteur l'intérêt proprement économique de ce qu'il vient d'apprendre. Ces applications donnent aussi au chercheur ou au praticien la possibilité de se reporter à la méthode dont il a besoin pour traiter un problème donné.
Les rappels des notions de base et leurs applications permettent enfin aux maîtres de limiter leur enseignement, sans risquer de lacunes graves, pour les étudiants qui choisissent des options et se destinent à des métiers qui ne supposent que des connaissances partielles en économétrie.

Le lecteur ne doit pas se laisser rebuter par le volume de cet ouvrage. Il s'adapte à la demande, permet une formation bien ancrée quel que soit le niveau souhaité. Ce n'est pas l'un de ses moindres mérites.

Vélayoudom Marimoutou
Professeur à l'Université de la Méditerranée
Faculté des Sciences de Luminy
Directeur du GREQAM

AVANT - PROPOS

------0-------

L'origine du manuel est un cours donné à la Faculté des Sciences Economiques et Juridiques (F.S.E.J.) de l'Université Abdou Moumouni de Niamey sous l'appellation "Techniques de Prévision". Ce cours est donné aux étudiants de 4e Année option Economie et Planification. Seuls quelques chapitres font l'objet de ce cours. Il est enseigné sous forme de mission financée par l'AUPELF depuis plusieurs années.

Nous adressons tous nos remerciements à l'AUPELF et aux différents doyens de la F.S.E.J. qui ont sollicité notre prestation. C'est grâce à eux que cet ouvrage voit le jour.

Au regard du dénuement total des bibliothèques universitaires de la plupart des pays africains, et en l'absence de fonds documentaires pour équiper ces salles, nous avons pensé qu'il serait utile de matérialiser notre passage par la rédaction définitive d'un manuel. L'effet de la dévaluation rendant les ouvrages de plus en plus coûteux nous a convaincu de la nécessité de réaliser cet objectif.

Actuellement ce cours profondément remanié et principalement consacré aux modèles dynamiques est enseigné aux étudiants de DEA/PTCI de la FaSEG de l'Université de Ouagadougou. Il correspond à une partie du programme du PTCI tel qu'il a été élaboré.

Au-delà de l'économiste, l'économétrie peut être un outil pour d'autres spécialistes : agronomes, ingénieurs, démographes etc. Là nous touchons le domaine du praticien qui n'est plus dans un amphithéâtre ou dans un centre de recherche mais dans des ministères tels que : l'Economie et les Finances, l'Agriculture, le Commerce. Dans le privé, la prévision économique à court terme est très importante, nous l'avons constaté quand nous avons travaillé comme chargé de la prévision à court terme au Bureau d'Études des Galeries Lafayette à Paris en 1975.

De nombreuses ONG ne veulent plus se contenter d'analyses qualitatives, elles souhaitent faire des projections et pour ce faire, elles emploient des cadres de haut niveau qui ont besoin d'un instrument comme l'Econométrie.

Enfin, la plupart des institutions internationales dans leurs politiques d'aide au développement avec les programmes d'ajustement structurel (P.A.S.) ont besoin de trouver sur place et auprès de leurs interlocuteurs des outils d'analyse économiques performants.

La particularité de ce manuel réside principalement dans le choix des outils pédagogiques qui représentent au mieux les préoccupations quotidiennes des chercheurs et des praticiens. Ensuite, c'est le recours aux données de l'économie du continent africain pour illustrer les différentes parties. Enfin, l'utilisation de certains résultats de nos propres recherches empiriques comme support pédagogique.

Nous voudrions exprimer nos remerciements au collègue Dembo Gadiaga de la Faculté des Sciences Economiques et de Gestion de l'Université de Ouagadougou, au Professeur V. Marimoutou de l'Université Montesquieu de Bordeaux IV qui ont lu et apporté des conseils et des suggestions pour contribuer à la rigueur scientifique de cet ouvrage. Nos remerciements s'adressent aussi au Conseil pour le Développement de la Recherche Economique et Sociale en Afrique (CODESRIA) pour avoir soumis le manuscrit à deux référés qui ont fait des critiques très pertinentes dans le sens d'une amélioration de la structure de l'ouvrage. Ces remerciements s'adressent aussi au projet RUG-Université de Ouagadougou qui a financé la saisie du manuscrit.

Enfin, qu'Isabelle YAGUIBOU secrétaire qui a consacré suffisamment de temps à la saisie de la plupart des chapitres depuis des années, trouve nos remerciements ainsi que Maïmounata KABORE, secrétaire du 3e cycle de la FaSEG qui a également contribué à la saisie d'une partie du document. Nous n'oublions pas François SAWADOGO du CIOSP-B qui a mis en forme tout le document pour sa publication. Pour cette deuxième édition, nous adressons nos remerciements au Dr Noël THIOMBIANO, enseignant chercheur à l'UFR-SEG et au CEDRES qui a repris la saisie intégrale de tout le livre.

Il est bien entendu que toutes les erreurs qui pourront s'y glisser nous incombent.

L'auteur

SOMMAIRE

INTRODUCTION GENERALE

De toutes les sciences sociales, l'Economie Politique est certainement la discipline la plus avancée du point de vue de la conceptualisation. En tant que science " carrefour ", cette discipline tire sa force en se nourrissant de l'apport des autres sciences sans exclusive. Ainsi, la Médecine lui apporta le T.E.E et la Macroéconomie tandis que la Physique amena les fonctions de transferts, les notions de spectre et de bruit blanc. Les géographes ont enrichi le vocabulaire économique avec les pôles de croissance et de développement, tandis que les urbanistes apportaient les concepts de centre et de périphérie. C'est dire qu'il n'y a pas de domaine qui échappe à la science économique. Parmi les disciplines qui ont enrichi le plus l'Economie Politique, il y a la statistique et les mathématiques. C'est de la combinaison de ces deux avec l'économie qu'est née l'Econométrie.

Pour Oskar Lange (1970), l'Econométrie est la science qui se préoccupe d'établir à l'aide de méthodes statistiques, les régularités concrètes qui se manifestent dans la vie économique.

L'Econométrie, dit l'Encyclopédie Economique (1984), est la branche de la science économique qui recourt aux méthodes des mathématiques et des statistiques pour évaluer des relations économiques et leurs implications en ce qui concerne les comportements économiques.

Nous définissons l'Econométrie comme un ensemble de théories et techniques mathématiques, de procédés statistiques dont l'objet est de tester les hypothèses sur les phénomènes économiques, d'estimer les coefficients des relations économiques, de prédire les valeurs probables que prendront les variables dans les processus économiques.
Elle est en un mot, l'expression concentrée qui systématise des relations économiques.

Toute grandeur est une déformation de la réalité du fait qu'elle n'est qu'une synthèse de cette réalité. Ainsi, si nous disons que le Produit Intérieur Brut ((P.I.B.) d'un pays est de 4 000 $/habitant, cela n'est qu'une photographie, un condensé de la réalité. Au-delà de cet indicateur global, il y a le revenu réel par personne, par ménage, à l'intérieur du ménage ; par région et à l'intérieur de chaque région, par sexe, etc. Un approfondissement de l'analyse en introduisant des variables qualitatives tels que : le taux de suicide, le taux de pollution, etc. pourrait déclasser ce pays du 1er rang vers des rangs inférieurs.

L'Econométrie en tant qu'instrument de mesure de la réalité économique n'échappe pas à cette déformation des faits. Cela l'est d'autant plus vrai dans le cas d'une science sociale comme l'économie qui étudie les rapports sociaux de production, de consommation et de répartition. C'est pourquoi, les résultats de l'Econométrie tout en renforçant notre connaissance des phénomènes économiques, ne sauraient remplacer l'analyse qualitative. Les deux se complètent. C'est ce que nous appelons la "socioéconométrie"[1].

Quel est au fait, le rôle de l'Econométrie? Nous y voyons deux fonctions :

1) L'Econométrie comme validation de la théorie économique

En tant qu'instrument à la disposition de l'économiste, l'économétrie lui permet d'infirmer ou de confirmer les théories qu'il construit. En effet, l'économiste postule des relations sans être en mesure d'évaluer le poids de chaque grandeur ni les interrelations qui sous-tendent ces variables. Seule l'intuition a force de loi.

La démarche de l'économétrie se présente ainsi qu'il suit pour vérifier la théorie économique et la renforcer au besoin.

---

[1] La socioéconométrie est une combinaison de l'analyse socio-économique et de l'économétrie. C'est l'étude des phénomènes économiques à l'aide de l'analyse systémique et quantitative. Nous avons utilisé pour la première fois ce paradigme en 1994, dans la première version de ce qui est devenu aujourd'hui l'Econométrie des Modèles Dynamiques et qui était intitulé : Econométrie : Technique de Prévision à court terme.
La Socioéconométrie existe aujourd'hui en tant que réflexion théorique et a donné naissance à un laboratoire au sein du CEDRES appelé Laboratoire d'Economie de l'Environnement et de Socioéconométrie (LEESE).

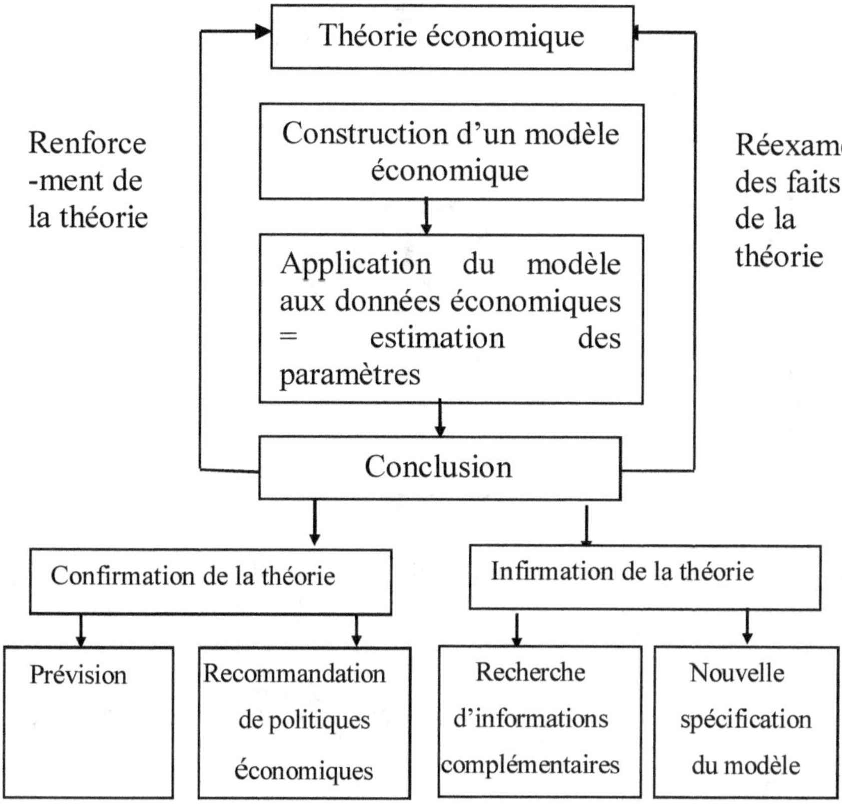

2) L'Econométrie comme instrument de prospection et de prévision

Considérer l'économétrie dans sa fonction de validation, c'est la ramener à un rôle passif, statique. L'économétrie est un instrument d'analyse, d'investigation et de prospection. C'est du reste ce que le schéma ci-dessus nous laisse voir. C'est une science qui renforce à la fois la réflexion théorique mais aussi contribue à la prise de décision grâce :

- à la mise en évidence de relations causales entre des variables économiques qui n'étaient pas de prime à bord évidentes ;

Exemple 1 :

Soit le modèle fiscal suivant dans un contexte dynamique : C_t, la consommation, I_t, l'investissement, T_t, les impôts et Y_t, le revenu disponible. On peut établir la relation causale ci-après montrant que Y_t est expliquée par C_t et I_t et que T_t est déterminée par Y_t.

D'où :
Au demeurant, on peut établir une causalité bilatérale.

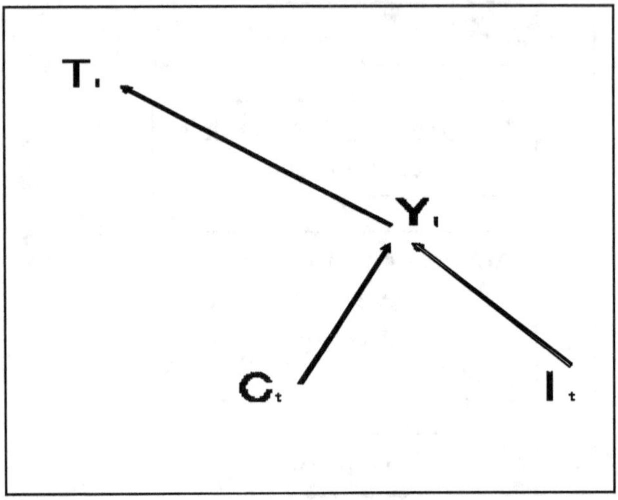

- à la mesure de l'impact de la variation de la valeur d'une variable sur une autre ;

Exemple 2:
La variation des prix (p) du riz sur sa demande(D) en milieu urbain à Conakry.

$$D_r = f(p_r)$$

- à la prévision dans les domaines de la microéconomie et de la macroéconomie ;

Exemple 3:
Consommation (C) des ménages de Dakar en fonction de leurs revenus (R) dans le temps.

$$C_t = f(R_t, R_{t-1})$$

- à l'évaluation de l'incidence d'une mesure de politique économique sur différentes grandeurs économiques, sur les agents et sur les secteurs.

Exemple 4:
L'impact de la dévaluation du FCFA sur les exportations de bétail du Burkina Faso, du Mali et du Niger.

Un dernier aspect repose sur l'intérêt de l'économétrie dans les sociétés où les données statistiques sont rudimentaires, voire inexistantes. En fait, l'économétrie nous conduit à plus de rigueur dans la formulation de la théorie économique et renforce nos propres connaissances théoriques. Avec le développement de l'outil informatique, il se produit une amélioration de l'information statistique dans les pays africains. Par ailleurs, au cours des 20 dernières années, de nombreuses enquêtes, particulièrement en milieu rural ont permis de constituer des banques de données. Un des résultats a été la naissance de l' « économie des ménages » africains dont certains comportements remettent en cause les théories classiques d'offre et de demande. Nous n'en voulons pour preuve que les élasticités négatives rencontrées dans les fonctions d'offre par rapport aux prix des produits agricoles (T. Thiombiano 1987, 1997 ; Bonjean 1990).
Enfin, il convient d'attirer l'attention des jeunes chercheurs que l'arbre ne doit pas cacher la forêt. L'économétrie ne remplace pas l'analyse économique, en tant que branche de l'économie, elle sert de support dans la compréhension des phénomènes économiques.

Le présent ouvrage s'organise autour de deux thèmes qui sont d'une part, l'analyse des séries temporelles, d'autre part la présentation des modèles structurels. L'intitulé de l'ouvrage est tiré de ces deux thèmes. En effet, les séries temporelles sont des observations qui évoluent en fonction du temps. Ces modèles qui expliquent temporellement comment la série évolue sont soit des modèles d'ajustement, soit des modèles autorégressifs ou des modèles explicatifs. Le caractère dynamique aussi de ces modèles s'explique dans leur utilisation pour des anticipations et pour la prévision. Il s'agit de rendre compte d'une réalité économique en mouvement qui se transforme de période en période. Ainsi, la réflexion et l'histoire de l'analyse dynamique montrent comme le souligne Pierre-Yves Hénin (1981) que la rupture statique-dynamique peut en fait recouvrir deux significations essentielles séparées :

- ou bien nous admettons avec Harrod, la dynamique comme l'étude d'une économie en évolution, en croissance sur une longue période. Dans un tel cas on parle en termes de croissance des données et de ce fait, les délais ou les décalages temporels n'interviennent pas ;

- ou bien nous admettons avec Hicks et Samuelson, la dynamique comme l'analyse des mouvements, des adaptations issues du déséquilibre. Dans ce cas, les délais et décalages doivent intervenir dans les modèles, sans nécessairement l'idée d'une évolution de long terme.

Historiquement, l'analyse des séries temporelles appelées séries chronologiques peut selon G. Bresson et A. Pirotte (1995) être retracée à partir de celle de la physique, de la théorie des communications et de l'inférence statistique.

La notion de série temporelle est applicable à un processus variant dans le temps et présentant soit un caractère déterministe, soit un caractère aléatoire. Toutefois, au fil du temps, ce terme sera utilisé dans cet ouvrage surtout dans le cadre des processus stochastiques ou aléatoires.

Il convient néanmoins de rappeler que la suite des observations d'une variable Y_t (avec $t \in T$) est définie comme une série temporelle ou une série chronologique.

Dans le cas d'une série temporelle, l'autocorrélation des erreurs est un facteur empêchant la prévision. Afin d'éviter cet obstacle, il faut modéliser la série chronologique en recourant à une classe de modèles probabilistes suffisamment vastes. On est conduit de la sorte aux processus aléatoires et particulièrement aux processus stationnaires appelés $ARMA$. L'objectif ici est d'étudier les propriétés de ces processus autorégressif (AR), moyenne mobile (MA) et leur combinaison $(ARMA)$ et ceci à travers leur fonction d'autocorrélation.

La méthode de Box et Jenkins permet de modéliser les séries chronologiques y compris celles qui ne sont pas stationnaires. Enfin, avec les récents développements nous verrons dans le cas d'un processus non stationnaire, comment le rendre stationnaire afin d'étudier la cointégration. Le traitement des séries temporelles portera sur les points suivants :

Chapitre 1 : Le lissage exponentiel
Chapitre 2 : Les processus aléatoires
Chapitre 3 : Les équations de récurrence
Chapitre 4 : Les processus stationnaires
Chapitre 5 : Les processus non stationnaires

Chapitre 6 : Les Vecteurs autorégressifs

Les modèles structurels peuvent se présenter de deux façons, soit sous forme statique, c'est à dire que les variables endogènes sont expliquées par des variables exogènes au cours d'une même période, soit sous forme dynamique qui incorpore le temps. Ces modèles structurels sont soit linéaires, soit non linéaires. La structure du système est constituée par l'ensemble des paramètres qui définissent entièrement le modèle. Cette partie est formée par les quatre derniers chapitres.

Chapitre 7 : Les modèles à retards échelonnés
Chapitre 8 : Les modèles à équations simultanées
Chapitre 9 : Les modèles non linéaires
Chapitre 10 : Les procédures de Tests

Chaque partie de l'ouvrage est illustrée par de nombreux exemples tirés des données statistiques africaines. C'est ce qui constitue une des originalités de cet ouvrage. La seconde originalité est fondée sur l'aspect pédagogique qui tout en intégrant de nombreuses démonstrations au plan mathématique et statistique pour maintenir la rigueur scientifique, s'est efforcée de sélectionner des outils et un langage qui soient accessibles aux étudiants des seconds et troisièmes cycles des Facultés des Sciences Economiques et de Gestion. Certaines parties, notamment le lissage exponentiel peuvent être utiles aux étudiants des grandes écoles qui s'intéressent à la prévision à court terme. Soulignons que le chapitre 10 est consacré aux tests d'hypothèses qui sont très couramment utilisés dans les modèles contraints ou non contraints.

CHAPITRE 1

LE LISSAGE DES SERIES TEMPORELLES

INTRODUCTION

La compréhension des mécanismes économiques et la prise de décision supposent que l'on soit en possession de plusieurs observations de variables importantes de manière à étudier les liaisons qui existent entre elles. Du fait que l'économie se prête rarement à l'expérience contrôlée, conduit à obtenir les observations à l'aide d'enquêtes. Les données obtenues sont souvent répétées, correspondant à des dates différentes.

1.1. Définition

La suite des observations d'une variable $(Y_t, t \in T)$ est appelée série temporelle ou série chronologique- Ch. Gouriéroux et Alain Monfort (1990).

Une chronique se caractérise par les dates d'observations qui sont en général équidistantes les unes des autres : c'est le cas des séries mensuelles, trimestrielles... L'année contient dans ce cas un nombre entier d'intervalles : s = 12 pour une série mensuelle, s = 4 pour une distribution trimestrielle. Les dates équidistantes sont généralement indexées par des entiers ; $t = 1, \cdots, T$ où T traduit le nombre d'observations. Dans ce premier cas nous avons affaire à des variables discontinues. Bien que cette partie ne soit pas analysée, il convient de signaler que dans des domaines autres qu'économiques, certains caractères (température, hygrométrie...) sont observés de manière continue dans le temps à l'aide d'appareils physiques. T est un intervalle de R. Une infinité d'observations existe ; ce qui présente une situation différente des observations économiques.

1.2. Quelques problèmes posés par les séries chronologiques

a) La prévision

L'objet est l'évaluation des valeurs futures $Y_{T+h}, h \geq 1$ d'une variable à partir de l'observation de ses valeurs passées $Y_1, \cdots, Y_T$. La prévision notée $Y^*_{T(h)}$ tirée de ces observations sera généralement différente de la valeur que prendra la variable à l'instant $T + h$ qui est la variable observée à cet instant $T + h$. Souvent, il est proposé un intervalle de prévision $[Y^*_{1,T(h)}, Y^*_{2,T(h)}]$ susceptible de contenir la valeur inconnue Y_{T+h}.

La qualité de la prévision est fonction de l'état d'évolution de la chronique. Plus la chronique est une fonction "régulière" du temps, plus la prévision sera facile. Par ailleurs, la qualité de la prévision dépend aussi de l'horizon temporel h et est généralement meilleure lorsque h est petit. Cette prudence est expliquée par les incertitudes qui jalonnent le temps.

Les méthodes recourant à la prévision peuvent aussi être utilisées pour évaluer une valeur passée de la variable. Dans un tel cas, on parle de valeur ajustée au lieu de prévision. Ce genre de technique est utilisé pour compléter des données manquantes d'une distribution temporelle. De telles grandeurs ajustées peuvent également servir pour déterminer l'effet d'un phénomène accidentel (grève, sécheresse, ...) ; la valeur ajustée donne une idée de la valeur qu'aurait dû prendre la variable si ce phénomène n'était pas intervenu.

b) La tendance (Z_t)

Il a été constaté que dans une période de croissance, nombre de variables ont des évolutions à moyen terme (ou tendance ou trend) analogues. Le résultat est la forte assimilation de ces variables entre elles sans que toutefois cette corrélation traduise une quelconque liaison à caractère explicatif entre ces variables. Afin d'cxaminer l'existence de telles liaisons, il peut être nécessaire d'enlever ce trend (c'est-à-dire, éliminer l'effet du temps). Aujourd'hui, cela se fait grâce aux techniques d'analyse de la racine unité lorsque la tendance est stochastique. Par ailleurs, l'existence de cette tendance permet de voir si les séries évoluent dans le même sens, c'est-à-dire cointégrées.

c) Le cycle (C_t)

C'est un mouvement conjoncturel qui regroupe des variations autour de la tendance avec des alternances d'époques caractérisées par des phases d'expansion et de récession.
Il existe des cycles court (Shiskin), moyen (Juglar) et long (Kondratieff).

d) Les variations saisonnières (S_t)

Dans les séries chronologiques, on observe des fluctuations des données dues à une multitude de phénomènes qui viennent perturber l'évolution normale du mouvement. Afin d'obtenir des distributions qui se prêtent à l'interprétation économique, on procède à la correction des données brutes. C'est la dessaisonalisation de la série.

On appelle série désaisonnalisée Y_t^c, la série obtenue en retranchant de la série brute ou initiale l'effet saisonnier.
De nombreuses raisons expliquent la nécessité de recourir à une correction de la série. Elles sont entre autres dues :

- aux situations particulières qui peuvent agir sur les données économiques ;
- aux préoccupations de chercher les liaisons explicatives pouvant exister entre les variables tel que nous l'avons vu au point b).

Concernant le premier cas, considérons que la dévaluation du FCFA intervenue le 12 Janvier 1994 avec comme un des objectifs une relance de la production agricole. Si au cours de la campagne agricole 1994-1995 on constate effectivement une augmentation de la production, peut-on en déduire un effet de cette mesure ?
L'examen de la production agricole montre que chaque fois qu'il y a une bonne pluviométrie, la production augmente. Or tel a été le cas pour la campagne 1994-1995. Maintenant, il s'agit de savoir si l'accroissement a été plus fort que d'habitude ou non.
L'observation des valeurs prises par la chronique désaisonnalisée permet directement de répondre à cette question.

D'une manière générale, les variations saisonnières sont de nature périodique avec un délai égal à l'année. On peut citer l'augmentation de la consommation d'eau chaque année entre le mois de mars et mai (période chaude) dans les pays du Sahel. L'observation montre également une baisse des prix des produits agricoles céréaliers chaque année dans les pays africains après les récoltes.

e) Autres problèmes posés par les chroniques

- Des changements de politiques économiques ou des modifications importantes des relations structurelles entre variables, conduisent les séries à présenter des rythmes, soit de niveau, soit de perte. Il faut tenter de prévoir ces dates de rupture ou à défaut, identifier leur existence assez tôt ;

- l'observation simultanée dans le temps de plusieurs variables peut permettre de répondre à des questions liées à la causalité : ainsi, peut-on se poser la question de savoir si la formation des prix des noix de karité est une conséquence des prix observés du cacao ? Est-ce inversement ces prix qui suivent ceux des noix de karité ? Après avoir déterminé si cela est possible, le sens de la causalité, il faut connaître avec quel délai et pendant combien de temps (détermination du décalage temporel), la variable exogène influe sur la variable endogène ;

- les ajustements qui permettent de distinguer le court terme du long terme ;
- l'étude des chroniques permet également de comprendre de quelle façon les agents économiques font des anticipations en fonction du temps.

1.3. Caractéristiques fonctionnelles

Soit le modèle suivant :

$$Y_t = \varphi(t, Y_{t-1}, Y_{t-2}, \dots) + \varepsilon_t$$

Où ε_t est un processus centré, caractérisant un terme aléatoire, et φ une régression de Y_t sur son passé.

Une série chronologique Y_t est déterministe si la fonction

$\varphi = \varphi_t$ définit, vérifie

$$E(Y_t - \varphi_t)^2 = 0$$

Dans le cas particulier où φ est linéaire, on dit que Y_t est une chronique linéaire déterministe.

Considérons la fonction polynomiale $Y_t = at + b$. Elle est dite série linéaire déterministe. En effet :

$$Y_t - Y_{t-1} = a = Y_{t-1} - Y_{t-2}$$

d'où l'on tire que

$$Y_t = 2Y_{t-1} - Y_{t-2}$$

Soit la chronique polynomiale du second degré

$$Y_t = a_0 + a_1 t + a_2 t^2$$

On dit que cette fonction est aussi une série linéaire déterministe puisqu'il ressort :

$$Y_t - Y_{t-1} = (a_0 + a_1 t + a_2 t^2) - [a_0 + a_1(t-1) + a_2(t^2 - 2t + 1)]$$
$$= 2a_2 t + a_1 - a_2$$

Par ailleurs,

$$(Y_t - Y_{t-1}) - (Y_{t-1} - Y_{t-2}) = 2a_2$$
$$= (Y_{t-1} - Y_{t-2}) - (Y_{t-2} - Y_{t-3})$$

d'où

$$Y_t = 3Y_{t-1} - 3Y_{t-2} + Y_{t-3}$$

De façon générale, toute chronique polynomiale de degré k est une série linéaire déterministe dans la mesure où elle est solution de l'équation de récurrence homogène.

$$\Delta^{q+1} Y_t = 0$$

où comme on le verra, Δ est l'opérateur des différences premières.
Considérons le modèle exponentiel de croissance sans saturation de la forme suivante :

$$Y_t = e^{at+b}$$

On peut écrire que :

$$Y_t = e^{a} Y_{t-1}$$

Si le paramètre est connu, la fonction ci-dessus est aussi un processus linéaire déterministe. Souvent a n'est pas connu et on l'estime par une fonction a^* des valeurs observées.
Si e^{a^*} n'est pas linéaire, le processus ne sera plus dans ce cas linéaire.

Finalement, il en résulte que si un modèle est dit déterministe, sa valeur Y_t de la chronique à la date t est approximativement déterminée par une fonction. L'écart entre la valeur observée Y_t et la valeur calculée $\varphi(t)$ (si on connaît la fonction φ) est considérée comme une valeur assez faible, et notée e_t le résidu. Le modèle d'ajustement s'écrira :

$$Y_t = \varphi(t) + e_t \qquad t \in T$$

Finalement, ce qui est défini comme le processus déterministe est

$$X_t = \varphi(t)$$

Dans le cadre des séries temporelles, cette partie déterministe est constituée d'un mouvement de longue période, appelée trend ou tendance et représentée par $f(t)$, et de variations saisonnières qui se répètent régulièrement dans le temps, définies par une composante périodique $s(t)$.

Principalement, il existe deux types de décompositions ou de modèles :

- le modèle additif où les deux composantes sont indépendantes $\varphi(t) = f(t) + s(t)$
- le modèle multiplicatif où la composante saisonnière évolue avec la tendance, $\varphi(t) = f(t)[1 + s(t)]$

1.4. Modélisation d'une série chronologique

Pour résoudre les problèmes précédemment évoqués, il faut s'appuyer sur les modèles expliquant la manière dont la série évolue. C.GOURIEROUX et A. MONFORT (1990) distinguent trois types de modèles : les modèles d'ajustements, les modèles autorégressifs et les modèles explicatifs.

1.4. 1. Les modèles d'ajustement

Nous partons de l'hypothèse que les traitements linéaires des séries sont connus ; aussi allons-nous nous intéresser au modèle de Buys-Ballot.
Soit à considérer la série temporelle suivante représentant les dépôts du Trésor burkinabè à la B.C.E.A.O[2] de 1967 à 1972.

Tableau 1 : Dépôts du Trésor burkinabè à la B.C.E.A.O
(en millions de F CFA)
(Situation trimestrielle)

TRIMESTRES ANNEES	1er	2e	3e	4e
1967	23	45	330	241
1968	210	690	477	626
1969	794	1 401	1 938	1 976
1970	1 967	2 531	3 602	3 769
1971	3 618	4 227	4 935	4 637
1972	3 721	4 243	5 167	5 056

Source : B.C.E.A.O

Dans les cours de statistiques, les différents procédés de traitement des séries chronologiques ont été expliqués. La tendance générale du mouvement et les variations saisonnières sont les éléments que le statisticien veut saisir afin de pouvoir ultérieurement faire des prévisions à partir des données lissées[3]. Le modèle de Buys-Ballot qui se présente sous la forme d'un tableau de contingence a l'avantage contrairement aux

[2]B.C.E.A.O : Banque Centrale des Etats de l'Afrique de l'Ouest

[3]On appelle série lissée, une série corrigée des variations saisonnières. Il existe le lissage par moyennes mobiles et le lissage exponentiel.

méthodes classiques de traitement des données, de donner la fonction d'ajustement, les coefficients saisonniers, la fonction de lissage des données et la prévision.

Le modèle présente aussi l'avantage de se prêter à tous les calculs possibles, notamment : méthode d'ajustement linéaire, exponentiel, etc. Nous retiendrons particulièrement ces deux types d'ajustement selon la forme de la distribution.

1.4. 1. 1. Présentation

Le modèle de Buys-Ballot se présente sous la forme d'un tableau à double entrée, c'est-à-dire qu'il comporte nécessairement deux caractères. Dans le cas de séries chronologiques, ces deux caractères seront identifiés par :

- la date d'observation de base qui sera présentée en lignes avec comme code i ;
- l'unité de référence qui sera placée en colonnes avec le code j.

Tableau 2 : Table de Buys– Ballot

MOIS **ANNEES**	**1**	**2**	**3**	**4**	**j**	**...**	**m**	**TOTAL** $T_{i.}$	**MOY./an** Y_i	**Produit** iT_i
1										
I					y_{ij}		y_{im}	$T_{i.}$	$\bar{y}_i = T_i / m$	iT_i
N							y_{nm}	T_A		
Total $T_{.j}$					$T_{.j}$		T_{nm}	**T**		Total de col = S
Moyennes **des mois** **n° j**					$\bar{y}_j = T_j / m$				Moy. gle. $\bar{\bar{y}} = T / nmn$	
Coeff. **Saisonniers** c_j					c_j			**0**		

$T_{.j}$ = total de chaque colonne suivant les lignes soit $\sum_{i=1}^{n} Y_{ij}$

$T_i.$ = total de chaque ligne suivant les colonnes soit $\sum_{j=1}^{m} Y_{ij}$

$$\overline{Y_i} = \frac{\sum_{j=1}^{m} Y_{ij}}{m} = \text{moyenne de l'année } i$$

$$\overline{Y_j} = \frac{\sum_{i=1}^{n} Y_{ij}}{n} = \text{moyenne des mois n° j}$$

iT_i = produit du total de la ligne par le numéro de la ligne.

Exemple pour $i = 2$ on a $iT_i = 2T_2$

$$T = \sum_{i=1}^{n} T_i. = \sum_{j=1}^{m} T_{.j} \quad et \quad S = \sum_{i=1}^{n} iT_i.$$

1.4.1.2. Les équations du modèle

Les différents paramètres sont obtenus à partir de la méthode des Moindres Carrés Ordinaires. Par ailleurs, quel que soit le type de modèle, additif ou multiplicatif à trend exponentiel ou non, les paramètres sont les mêmes et les formules sont identiques.

D'une manière générale, il y a 3 équations correspondant au calcul de 3 paramètres.

1- Le coefficient angulaire a :

$$a = \frac{12}{nm(n^2 - 1)} \left[\frac{S}{m} - \frac{n+1}{2m} . T \right] \qquad (1)$$

2- La constante b :

$$b = \frac{T}{nm} - a \frac{nm+1}{2} \qquad (2)$$

3- Les coefficients c_j :

$$c_j = \frac{T_{.j}}{n} - \frac{T}{nm} - a\left(j - \frac{m+1}{2}\right) \quad (3)$$

Les c_j sont les coefficients saisonniers du modèle. Ils sont supposés être stables durant toute la période. Cette hypothèse n'est pas toujours vérifiée dans la réalité à cause des perturbations qui peuvent intervenir au cours du temps.

Il ressort deux situations compte-tenu de la nature de la distribution

- Modèle linéaire à trend additif
- Modèle multiplicatif à trend exponentiel

1.4.1. 3. Le modèle à trend additif

Dans l'hypothèse d'un modèle additif, la fonction d'ajustement se présente sous la forme suivante :
$z_t = b + at$ (4) avec t = temps qui est la tendance, tandis que la fonction de lissage sera :

$$Y_t = a_1 + a_2 t + c_j \qquad (5)$$

Rappelons que la série brute est la somme de deux composantes déterministes (la tendance Z_t et la saisonnalité S_t) et d'une composante aléatoire (la perturbation ε_t) :

$$Y_t = Z_t + S_t + \varepsilon_t \qquad (6)$$

Sur la période considérée, la croissance à moyen terme est approximativement linéaire. Dans ce cas, la tendance sera approchée par une forme linéaire $Z_t = a_1 + a_2 t$. La composante S_t peut être sous la forme d'une fonction périodique de période quatre. Soit quatre valeurs appelées coefficients saisonniers $c_j \left(j = 1, \ldots, 4\right)$. Finalement $S_t = c_j$ si la date t correspond au trimestre j.

Dès lors, $S_t = S^*_{1,t} c_1 + S^*_{2,t} c_2 + S^*_{3,t} c_3 + S^*_{4,t} c_4$ où S_{jt} fonction indicatrice du trimestre j, prend la valeur 1 si la date t correspond à ce trimestre, la valeur 0 dans le cas contraire.

En résumé, en première approximation, le modèle s'écrit :
$Y_t = a_1 + a_2 t + S_{1,t} c_1 + S_{2,t} c_2 + S_{3,t} c_3 + S_{4,t} c_4 + \varepsilon_t$ (7)

Il existe une contrainte sur les coefficients saisonniers qui est le principe de la conservation des aires :

$$\sum_{j=1}^{4} c_j = c_1 + c_2 + c_3 + c_4 \qquad (8)$$

Le modèle composé des équations (7) et (8) est appelé modèle trimestriel de Buys-Ballot. Il peut se présenter sous une autre forme, notamment la forme mensuelle.

i) Construction de la Table :

Tableau 3 : Dépôts trimestriels du Trésor burkinabè à la B.C.E.A.O (en millions de F CFA)

TRIMESTRES ANNEES	I	II	III	IV	TOTAL (T_i)	Moyenne annuelle y_i	Produit iT_i
1967	23	45	330	241	639	159,8	639
1968	210	690	477	626	2 003	500,8	4 006
1969	794	1 401	1 938	1 976	6 109	1 527	18 327
1970	1 967	2 531	3 602	3 769	11 869	2 967	47 476
1971	3 618	4 227	4 935	4 637	17 417	4 354	87 085
1972	3 721	4 243	5 167	5 056	18 187	4 547	109 122
T_j	10 333	13 137	16 449	16 305	56 224=T	$\overline{\overline{Y}}=\frac{T}{nm}$ $=2343$	266 656
Yj Moy. Trim	1 722,2	2 189,5	2 741,5	2 717,5			
Coef.Saison. c_j	-246	-29	274	1			

Remarque : Il est indispensable pour la commodité des calculs que la date d'observation de base soit entière. Dans le cas présent, nous avons 6 années entières avec comme unité de référence le trimestre.

ii) Détermination des paramètres :

$$a = \frac{12}{24(36-1)}\left[\frac{266657}{4} - \frac{7}{8}56224\right] = 249{,}54$$

$$b = 2343 - 249{,}54\frac{25}{2} = -775{,}75$$

$$c_1 = 1722{,}2 - 2343 - 249{,}54(1-2{,}5) = -246{,}49$$

$$c_2 = 2189{,}5 - 2343 - 249{,}5(2-2{,}5) = -28{,}73$$

$$c_3 = 2741{,}5 - 2343 - 249{,}54(3-2{,}5) = +273{,}73$$

$$c_4 = 2717{,}5 - 2343 - 249{,}54(4-2{,}5) = +0{,}19$$

En vertu du principe de la conservation des aires, c'est-à-dire du principe de compensation des mouvements en hausse et en baisse par rapport à la tendance, la moyenne des coefficients saisonniers doit être nulle dans le cas d'un modèle additif et égale à 1 dans un modèle multiplicatif.
Lorsque cette hypothèse n'est pas vérifiée, pour un modèle additif, on procède à une correction.

$$\frac{1}{4}(-246{,}49 - 28{,}73 + 273{,}73 + 0{,}19) = -0{,}325$$

Dans le cas présent, $\frac{1}{m}\left[\sum c_j\right] \neq 0$. La correction se fait en soustrayant la différence moyenne de chaque coefficient c_j et on obtient les c'_j.

$$c_1' = -246{,}49 + 0{,}325 = -246{,}165$$

$$c_2' = -28{,}73 + 0{,}325 = -28{,}405$$

$$c_3' = +273{,}73 + 0{,}325) = +274{,}055$$

$$c_4' = +0{,}19 + 0{,}325 = +0{,}515$$

Pour des raisons pratiques, il est bon d'arrondir les coefficients de façon à avoir une somme égale à 0.

$$c_1' = -246$$

$$c_2' = -29$$

$$c_3' = +274$$

$$c_4' = 1$$

$$\frac{1}{m}\sum c_j' = \frac{1}{4}(-246 - 29 + 274 + 1) = 0$$

Fonction de lissage :

$$Y_t^* = -776 + 249{,}54t + c_j', \quad c_j' = 1,2,3,4 \text{ et } t = 1,2,\ldots$$

Il faut noter que cette fonction de lissage se distingue de la fonction d'ajustement linéaire
$Y_t = b + at$ qui dans le cas de l'exemple des dépôts au Trésor est :

$$Y_t^* = 254{,}48t - 829{,}11$$

$$avec \quad \sigma_a = 15{,}34 \quad et \quad \sigma_b = 210{,}42$$

Tableau 4 : Données corrigées des variations saisonnières

Trimestres Années	I	II	III	IV
1967	- 772,46	- 305,92	246,62	223,16
1968	225,70	692,24	1 244,78	1 221,32
1969	1 223,86	1 690,40	2 242,94	2 219,48
1970	2 222,02	2 688,56	3 241,10	3 217,64
1971	3 220,18	3 686,72	4 239,26	4 215,80
1972	4 218,34	4 684,88	5 237,42	5 213,96
1973 (Prévisions)	5 216,50	5 683,04	6 235,58	6 212,12

Il se dégage du même coup la prévision pour les quatre trimestres de l'année 1973.

$$h = 1, \cdots, 4$$

Graphique 1 : Courbe des données brutes et lissées du modèle additif des dépôts du Trésor (les prévisions de 1973 étant prises en compte)

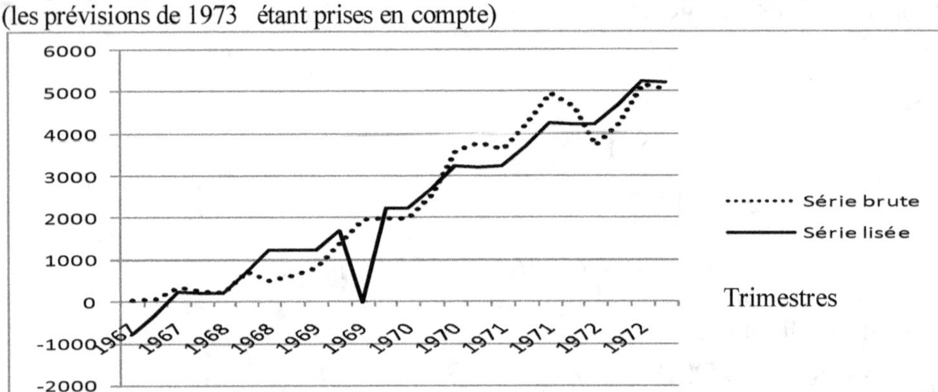

Application à l'évolution des prix mensuels dans 14 secteurs de la Province du Sanmatenga (Burkina Faso)

Les résultats figurent au tableau 6. Il est appliqué au regard de la tendance, un modèle additif:

$$Y_t^* = 88,71 - 0,21t + c_j^{'}$$

Tableau 5 : Tableau de Buys-Ballot relatif à l'évolution des prix mensuels (F CFA) de marchés du sorgho et du mil de 1981-82 à 1986-87 dans 14 secteurs de la province du Sanmatenga (Burkina Faso)

Mois Années	O	N	D	J	F	M	A	M	J	J	A	S	Total T_i	Moy annuel Y_i	Produit iT_i
1981-82	58	58	54	58	64	63	64	64	62	54	56	55	710	59,2	715
1982-83	61	60	61	69	71	78	83	87	91	99	108	118	986	82,2	1972
1983-84	83	75	79	92	111	117	127	124	125	137	147	142	1359	113,3	4077
1984-85	100	100	100	111	117	124	127	126	125	112	102	80	1324	110,3	5296
1985-86	67	57	58	74	74	70	69	60	58	65	64	46	762	63,5	3810
1986-87	43	37	42	43	49	47	49	53	45	54	62	68	592	49,3	3552
Total T_j	412	387	394	447	486	499	519	514	506	521	539	509	5733		19422
Moy. Mensuelle Y_j	68,7	64,5	65,7	74,5	81,0	83,2	86,5	85,7	84,3	86,8	89,8	84,8		79,6	
Coeff Sais c_j	12,5	-16,4	-15	-5,85	0,89	3,34	6,89	6,34	5,14	9,44	11,1	6,44			

Tableau 6 : Données lissées relatives aux prix mensuels de marché des céréales (mil et sorgho) dans les 14 secteurs de la province du Sanmatenga (Burkina Faso)

Mois Années	O	N	D	J	F	M	A	M	J	J	A	S
1981-82	76,2	72	73,2	82	88,5	90,7	94	93,2	91,8	95,8	97,3	92,3
1982-83	73,2	69	70,2	79	85,5	87,7	91	90,2	88,8	92,8	94,3	89,3
1983-84	70,2	66	67,2	76	82,5	84,7	88	87,2	85,8	89,8	91,3	86,3
1984-85	67,2	63	64,2	73	79,5	81,7	85	84,2	82,8	86,8	88,3	83,3
1985-86	64,2	60	61,2	70	76,5	78,7	82	81,2	79,8	83,8	85,3	80,3
1986-87	61,2	57	58,2	67	73,5	75,7	79	78,2	76,8	80,8	82,3	77,3
1987-88[P]	60,9	56,8	58,6	66,9	73,4	75,7	79	78,3	76,8	80,9	82,4	77,5

$$Y_t^* = 88{,}71 - 0{,}21t + c_j'$$

Graphique 2 : Evolution des prix mensuels de marché du mil et du sorgho de 1981 à 1988 dans le Sanmatenga

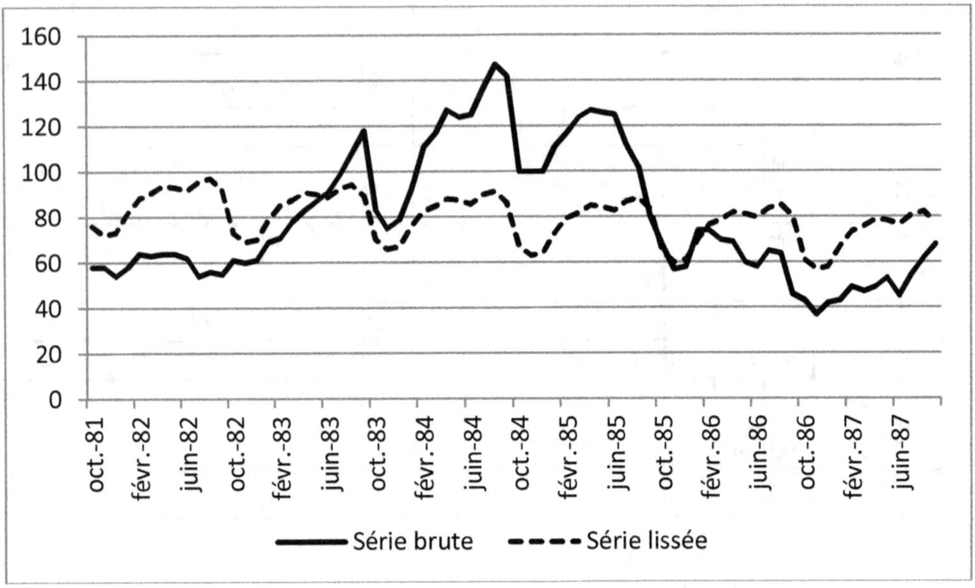

1.4.1.4 Le modèle multiplicatif à trend exponentiel

i) Définition

La méthode d'ajustement étudiée précédemment s'applique au modèle à trend exponentiel et à composition multiplicative de la forme.

$Y_t = Y_0\,(1+r)^t(1+s_j)(1+z_t)$ (9)

Ce type de modèle peut être ramené à une forme linéaire :

$$logY_t = logY_0 + tlog(1+r) + log(1+s_j) + log(1+z_t)$$

ce qui revient à poser :

$\log Y_0 = b$ = constante

$\log(1+r) = a$

$\log(1+s_j) = c_j$

$\log(1+z_t) = 0$, le résidu supposé est en principe nul.

ii) Application aux dépôts du Trésor

$$\log(1+r) = \frac{12}{24(36-1)}\left(\frac{282{,}80791}{4} - \frac{7}{8}74{,}1703\right) = 0{,}08285$$

$$1+r = 1{,}21$$

$$\log Y_0 = 3{,}09043 - 0{,}08285\frac{24+1}{2} = 2{,}054805$$

$$Y_0 = 113{,}45$$

La fonction d'ajustement est : $Y_t = 113{,}45(1+0{,}21)^t$;

et la fonction de lissage : $Y_t^* = 113{,}45(1+0{,}21)^t c_j'$

soit une fonction de la forme :

$$Y_t = A\alpha^t c_j$$

Les coefficients saisonniers sont après la vérification du principe de la conservation des aires :

$$c_1 = 0{,}42$$
$$c_2 = 0{,}83$$
$$c_3 = 1{,}29$$
$$c_4 = 1{,}05$$

$$\frac{1}{m}\sum_{j=1}^{4}(1+s_j) = 1$$

$$\frac{1}{4}(0{,}42 + 0{,}83 + 1{,}29 + 1{,}05) = 0{,}8975 = \bar{s}$$

Pour la correction, contrairement au modèle additif, dans le cas d'un modèle multiplicatif chaque c_j est divisé par $\bar{s}$;

$$c_1' = \frac{0{,}42}{0{,}8975} \cong 0{,}47$$
$$c_2' = \frac{0{,}83}{0{,}8975} \cong 0{,}92$$
$$c_3' = \frac{1{,}29}{0{,}8975} \cong 1{,}44$$
$$c_4' = \frac{1{,}05}{0{,}8975} \cong 1{,}17$$

$$\frac{1}{4}(0{,}47 + 0{,}92 + 1{,}44 + 1{,}17) = 1$$

En définitive, le modèle se présentera de la manière suivante :

$$Y_t^* = 113{,}45(1+0{,}21)^t c_j' \; avec \quad j = 1,\cdots,n \text{ et } t = 1, 2, \cdots,$$

Tableau 7 : Données corrigées en log relatives aux dépôts du Trésor

ELEMENTS	I	II	III	IV	T_i	MOYENNE (z_i)	iT_i
1967	1,36173	1,65321	2,51851	2,38202	7,91547	1,97887	7,91547
1968	2,32222	2,83885	2,67852	2,79657	10,63616	2,65904	21,27232
1969	2,89982	3,14644	3,28735	3,29579	12,62940	3,15735	37,88820
1970	3,29380	3,40329	3,55654	3,57623	13,82986	3,45747	55,31944
1971	3,55847	3,62603	3,69329	3,66624	14,54403	3,63600	72,72020
1972	3,57066	3,62767	3,71324	3,70381	14,61538	3,64385	87,69228
TOTAL T_j	17,00670	18,29549	19,44745	19,42066	74,1703		282,80791
Moyenne Trimes. z_j	2,83445	3,04925	3,24124	3,23678		3,09043	
log $(1+s_j)$	-0,380255	-0,082605	0,109385	0,022075			
Coeff. Saison. $(1+s_j)$	0,47	0,92	1,44	1,17			

Tableau 8 : Données corrigées des variations saisonnières en valeurs absolues

$$Y_t = A\alpha^t c_j$$

La fonction estimée est :

$$Y_t^* = 113{,}45(1 + 0{,}21)^t c_j'$$

Trimestres / Années	I	II	III	IV
1967	64,51902	152,814	289,4164	284,5325
1968	138,3022	327,5703	620,3897	609,9206
1969	296,4631	702,1761	1329,86	1307,419
1970	635,4951	1505,177	2850,674	2802,569
1971	2367,95	3226,48	6110,673	6007,555
1972	2920,083	6916,247	13098,77	12877,73
1973^P	6259,456	12252,558	19177,908	15582,05

Le modèle permet de faire en même temps la prévision pour l'année 1973.

Remarque : dans la pratique, le modèle est soit additif soit multiplicatif. La représentation graphique permet *a priori* de le savoir. Mais il existe d'autres techniques plus élaborées pour faire le choix, notamment en relation avec le test de stationnarité de la série.

1.4. 2. Modèles autorégressifs

L'étude du lissage exponentiel se situe dans cet ordre d'idée. L'élaboration du diagnostic conjoncturel est un problème sur lequel se sont longuement penchés les économistes, hantés par la crainte d'une récession soudaine.

A l'origine, ces méthodes servaient à faire des calculs rapides de prévisions pour un grand nombre de séries. Par la suite, elles se sont avérées très efficaces pour la prévision de manière générale.

Le lissage exponentiel permet d'obtenir par la série lissée, c'est-à-dire la "tendance cycle" une valeur contemporaine de celle de la dernière observation.

Le lissage exponentiel est un filtre linéaire, noté S. Il est défini par la relation de récurrence :

$$\begin{aligned} S(t) &= S(t-1) + \alpha\left[X_t - S(t-1)\right] \\ &= \alpha X_t + (1-\alpha)S(t-1) \end{aligned} \qquad (10)$$

où $\alpha \in \,]0,1[$ est appelé constante de lissage

$$S(t-1) = \alpha X_{t-1} + (1-\alpha)S(t-2)$$

donc

$$S(t) = \alpha X_t + \alpha(1-\alpha)X_{t-1} + (1-\alpha)^2 S(t-2)$$

$$\vdots$$

$$= \alpha \sum_{k=0}^{n-1} (1-\alpha)^k X_{t-k} + (1-\alpha)^n S(t-n) \qquad (11)$$

Si n tend vers l'infini, l'expression S s'écrit :

$$S(t) = \alpha \textstyle\sum_{k=0}^{\infty} (1-\alpha)^k S_{t-k} \qquad (12)$$

Il ressort que cette formule n'est qu'une combinaison linéaire infinie des observations du passé, avec une pondération

$$w_k = \alpha(1-\alpha)^k \qquad (13)$$

qui décroît de manière géométrique au fur et à mesure que l'on s'écarte du passé. Cet opérateur explique D. Bosq (1992), synthétise le passé avec une mémoire caractérisée par $(1-\alpha)$. Nous ajoutons que cette importance du passé est fonction de α.

En effet, si $(1-\alpha)$ est petit, cela signifie que l'on accorde moins d'importance au passé entraînant son effacement rapide, dans le même temps, c'est la valeur actuelle qui est plus influente puisque α est plus grand. Inversement, si $(1-\alpha)$ est assez élevé, le passé disparaît plus lentement.

$$\sum w_k = \alpha \sum_{k=0}^{\infty} (1-\alpha)^k = 1 \qquad (14)$$

1°/ Lorsque la série est stationnaire, d'observations indépendantes, de sorte que :

$$E(X_t) = m \text{ et } V(X_t) = \sigma^2$$

la série lissée $Y_t = S(t)$ aura pour caractéristiques :

$$E(Y_t) = \sum_{k=0}^{\infty} w_k \, m = m \text{ puisque } \sum_{k=0}^{\infty} w_k = 1 \qquad (15)$$

$$V(Y_t) = \sigma^2 \sum_{k=0}^{\infty} w_k^2 = \alpha^2 \sigma^2 \sum_{k=0}^{\infty} [(1-\alpha)^2]^k = \frac{\alpha}{2-\alpha} \sigma^2 \qquad (16)$$

En conclusion, il ressort que Y_t est un estimateur non biaisé de $E(X_t) = m$, avec une variance qui est inférieure à celle de X_t[4]. En effet, $V(Y_t)$ est égale à la $V(X_t)$ pondérée par un coefficient qui est

$$\frac{\alpha}{2-\alpha} < 1, \qquad \text{avec} \quad V(Y_t) < V(X_t)$$

2°/ Si la série est non stationnaire, déterministe de tendance linéaire de la forme :

$$E(X_t) = at + b$$

on a :

$$E(Y_t) = \sum_{k=0}^{\infty} w_k [a(t-k) + b] = at + b - a \sum_{k=0}^{\infty} k \, w_k = E(X_t) - a\frac{1-\alpha}{\alpha} \qquad (17)$$

L'estimateur de la tendance, $E(X_t)$ introduit un biais dont la valeur est :

$$E[X_t - Y_t] = a\frac{1-\alpha}{\alpha} \qquad (18)$$

La suppression de ce biais nécessite un second lissage sur la série lissée $S(t)$. En d'autres termes, cela revient à appliquer à la série initiale

[4] X_t est la série brute non lissée.

(X_t) l'opérateur de lissage exponentiel d'ordre deux défini à partir du lissage exponentiel simple, noté dans ce cas $S_1(t)$[5], par la récurrence.

$S_2(t) = \alpha S_1(t) + (1-\alpha)S_2(t-1)$ (19)

En généralisant, l'opérateur de lissage exponentiel d'ordre p, S_p sera défini par la récurrence.

$S_p(t) = \alpha S_{p-1}(t) + (1-\alpha)S_p(t-1)$ (20)

1.4.2.1. Le lissage exponentiel simple

C'est une méthode qui a été mise au point par R. Brown en 1959. Elle repose sur une pondération qui décroît géométriquement lorsqu'on s'éloigne du présent. La présentation est de la forme :

$$w_k = (1-\alpha)^k \quad avec\, \alpha \in]0\ 1[$$

On peut distinguer deux situations, lorsque la série est stationnaire et lorsque la série n'est pas stationnaire. Toutefois, ce type de lissage simple s'applique aux séries stationnaires.

A) Présentation générale

a) Cas d'une série stationnaire

Soit le modèle suivant :

$$Y_t = a + \varepsilon_t \qquad (21)$$

$$\varepsilon_t \sim N(0,\sigma^2)$$

Un tel lissage est associé à une chronique ayant unc forme stationnaire. Cela veut dire que la tendance $f(t)=1$. La méthode contient deux cas particuliers

- pour $\alpha = 0$,
- pour $\alpha = 1$

Nous reviendrons sur ces deux cas plus tard.

L'estimateur du paramètre de ce modèle obtenu à la date T quand on fait varier n vers l'infini est :

$$a^* = \alpha \sum_{k=0}^{\infty} w_k X_{t-k} \qquad (22)$$

Dans le cas présent, la prévision se résume à

---

[5]Donc $S(t) = \alpha X_t + (1-\alpha)S(t-1)$ devient $S_1(t) = \alpha X_t + (1-\alpha)S_1(t-1)$

$$X_t^*(h)=a^*, \quad (23)$$

ce qui correspond au lissage exponentiel simple $S_1(t)$ relatif à l'ajustement d'une série stationnaire et qui amène à la formule de prévision établie à la date T pour l'horizon h.

$$X_t^*(h)=\alpha\sum_{k=0}^{\infty}(1-\alpha)^k X_{t-k} \quad (24)$$

La formule de prévision peut aussi se ramener à une forme adaptative.

$$X_t^*(h)=\alpha X_t+\alpha\sum_{k=0}^{\infty}(1-\alpha)^k X_{t-k}$$

$$=\alpha X_t+\alpha(1-\alpha)\sum_{k=1}^{\infty}(1-\alpha)^k X_{t-k-1}$$

$$=\alpha X_t+(1-\alpha)X_{t-1}^*(h) \quad (25)$$

Cette dernière formule est comparable à la formule de récurrence qui définit l'opérateur de lissage exponentiel simple $S(t)$ou $S_1(t)$.

Puisque la fonction de prévision est constante, pour $h=1$, la formule adaptative s'écrit :

$$X_t^*(1)=\alpha X_t+(1-\alpha)X_{t-1}^* \quad (26)$$

moyenne pondérée de la deuxième observation et de la prévision faite à la date $t-1$ pour la période t.

Il existe deux cas particuliers dans ce modèle de prédiction.

- pour $\alpha=0$ on a $X_t^*(1)=X_{t-1}^*(1)$, traduisant que la dernière observation n'intervient pas dans la prévision ;
- pour $\alpha=1$, entraîne que $X_t^*(1)=X_t$, ce qui veut dire que la prévision est égale à la dernière valeur observée ; ce qui est couramment appelée selon Guy Mélard (1990), la méthode de prévision naïve.

Pour simplifier les calculs, on posera que :

$X_t^*(1)=F_{t-1}$, $X_{t-1}^*(1)=F_t$ et $X_t=Y_t$

Finalement on aura :

$$F_{t+1}=\alpha Y_t+(1-\alpha)F_t \quad (27)$$

Il se pose toutefois un certain nombre de problèmes, notamment le choix de la constante α et de la prévision initiale

$$F_{t-1}=F_0$$

Exemple: Soit la distribution suivante Y_t représentant l'évolution du prix du kg de mil dans la province du Sanmatenga (Burkina Faso) au cours de l'année 1990-91 (données mensuelles en FCFA).

Mois	Y_t
Octobre	48
Novembre	71
Décembre	73
Janvier	67
Février	73
Mars	94
Avril	97
Mai	85
Juin	100
Juillet	98
Août	97
Septembre	97

On demande de faire la prévision par la formule de définition caractérisée par :

$$F_t = \alpha Y_t + (1-\alpha)F_{t-1} \qquad (28)$$

Posons ici comme hypothèse la prévision initiale $F_{t-1} = F_0 =$ 48 FCFA et que la constante de lissage α = 0,4

Tableau 9 : Définition de la prévision par la formule de définition

Y_t	$\alpha Y_t + (1 - \alpha) F_t$	F_{t-1}	Erreur de prévision $Y_t - F_t$ = e_t
48	-	48	-
71	0,4 x 71 + 0,6 x 48	57	71 - 48 = 23
73	0,4 x 73 + 0,6 x 57	63	73 - 57 = 16
67	0,4 x 67 + 0,6 x 63	65	67 - 63 = 4
73	0,4 x 73 + 0,6 x 65	68	73 - 65 = 8
94	0,4 x 94 + 0,6 x 68	78	94 - 68 = 26
97	0,4 x 97 + 0,6 x 78	86	97 - 78 = 19
85	0,4 x 85 + 0,6 x 86	86	85 - 86 = - 1
100	0,4 x 100 + 0,6 x 86	92	100 - 86 = 14
98	0,4 x 98 + 0,6 x 92	94	98 - 92 = 6
97	0,4 x 97 + 0,6 x 94	95	97 - 94 = 3
97	0,4 x 97 + 0,6 x 95	96	97 - 95 = 2

b) Caractéristiques de la méthode

1°/ Conformément à l'équation de définition, l'erreur (e_t) de prévision d'horizon 1 commise à la période t est notée :

$e_t = Y_t - F_t$ (29)

de telle sorte que la nouvelle prévision peut-être déterminée en fonction de e_t et de l'ancienne prévision.

$$\begin{aligned} F_{t+1} &= \alpha Y_t + (1-\alpha)F_t \\ &= \alpha Y_t + F_t - \alpha F_t \\ &= \alpha(Y_t - F_t) + F_t \\ &= F_t + \alpha e_t \qquad (30) \end{aligned}$$

En définitive, la nouvelle prévision peut se définir aussi comme étant l'ancienne prévision corrigée par l'erreur de prévision de la période précédente. L'ampleur de la correction est proportionnelle à la dernière erreur de prévision. C'est la présentation de mise à jour par l'erreur du lissage exponentiel simple. Cette méthode de mise à jour donne le tableau 10 ci-après, si on reprend les calculs de l'exemple précédent.

Tableau 10 : Détermination de la prévision du prix du kg de mil en 1990-91 du Sanmatenga par la formule de mise à jour par l'erreur

Y_t	**Prévision** $F_t = F_{t-1} + \alpha\, e_{t-1}$	**Erreur de prévision** e_t	$\alpha\, e_t$
48	48	48 - 48 = 0,00	0,4 x 0,00 = 0,00
71	48 + 0,4 x 0,0 = 48	71 - 48 = 23	0,4 x 23 = 9,00
73	48 + 0,4 x 23 = 57	73 - 57 = 16	0,4 x 16 = 6,00
67	57 + 0,4 x 16 = 63	67 - 63 = 4	0,4 x 4 = 2,00
73	63 + 0,4 x 4 = 65	73 - 65 = 8	0,4 x 8 = 3,00
94	65 + 0,4 x 8 = 68	94 - 68 = 26	0,4 x 26 = 10,00
97	68 + 0,4 x 26 = 78	97 - 78 = 19	0,4 x 19 = 8,00
85	78 + 0,4 x 19 = 86	85 - 86 = - 1	0,4 x (-1) = - 0,4
100	86 + 0,4 x (-1) = 86	100 - 86 = 14	0,4 x 14 = 6,00
98	86 + 0,4 x 14 = 92	98 - 92 = 6	0,4 x 6 = 2,00
97	92 + 0,4 x 6 = 94	97 - 94 = 3	0,4 x 3 = 1,00
97	94 + 0,4 x 3 = 95 95 + 0,4 x 2 = 96	97 - 95 = 2	0,4 x 2 = 1,00

Cette dernière formule consiste à calculer d'abord F_t qui est

$F_t = \alpha F_{t-1} + \alpha e_{-1}$ (31)

Ainsi, le 1er F_t nous donne F octobre = F_{t+1}. Par hypothèse,

$$F_{t+1} = \alpha F_t + \alpha e_t$$

On connaît dans le tableau obtenu par la formule de définition F_t et e_t, donc il suffit de décaler. En définitive, en revenant à la formule de mise à jour par l'erreur, on a effectivement.

$$F_{t+1} = \alpha F_t + \alpha e_t$$

Exemple : La prévision pour Novembre 1990 est

$$F_{t+1} = 48 + 0{,}4 \times 0{,}00 = 48 FCFA \qquad (32)$$

La réalisation Y_t ayant été de 71 FCFA, l'erreur de prévision e_t est :
71 FCFA - 48 FCFA = 23 FCFA

2°/ La méthode est assez simple et se prête à la prévision simultanée de plusieurs chroniques, en particulier dans le domaine de la gestion des stocks.

3°/ La prévision peut aussi être exprimée en fonction des données passées

$$F_t = \alpha Y_{t-1} + \alpha(1-\alpha)F_{t-1}$$
$$F_{t-1} = \alpha Y_{t-2} + \alpha(1-\alpha)F_{t-2}$$

En remplaçant successivement F_t, F_{t-1} par leur expression dans F_{t+1}, on obtient :

$$F_{t+1} = \alpha Y_t + \alpha(1-\alpha)Y_{t-1} + (1-\alpha)^2 F_{t-1}$$
$$= \alpha Y_t + \alpha(1-\alpha)Y_{t-1} + (1-\alpha)^2\alpha Y_{t-2} + (1-\alpha)^3 F_{t-2}$$
$$= \sum_{i=0}^{t}(1-\alpha)^i \alpha Y_{t-i} + (1-\alpha)^t F_1 \qquad (33)$$

donc pour $t \to \infty$ on a :

$$\sum_{i\geq}(1-\alpha)^i \alpha Y_{t-i} \to 0$$

d'où $F_{t+1} = \alpha Y_t + (1-\alpha)F_t$ (34)

On retrouve la même expression que dans la détermination de $X_t^*(h)$.

c) Choix optimal de la constante de lissage

Dans le cas de certains processus particuliers, il est possible de déterminer une constante de lissage optimale. Considérons à titre d'exemple un processus stationnaire, centré et réduit, d'observations dont la dépendance est mesurée par la fonction d'autocorrélation.

$Corr(Y_t, Y_{t+h}) = \rho_h = \rho^{|h|}$ avec $h \in Z$ et $-1 < \rho < 1$ (35)

On peut déterminer la variance de l'erreur de prévision à l'horizon 1,

$$e_t(1) = Y_{t+1} - Y_t(1), \qquad (36)$$

en fonction de α, et en déduire un critère de détermination de la constante optimale de lissage.

$V(e_t(1)) = E[Y_{t+1} - Y_t(1)]^2$ (37)

on sait que

$$Y_t(1) = F_{t+1} = \alpha \sum_{i=0}^{t} (1-\alpha)^i Y_{t-i}$$

$$V\big(e_t(1)\big) = E\big[Y_{t+1} - \alpha \textstyle\sum_{i=0}^{\infty}(1-\alpha)^i Y_{t-i}\big]^2$$

$$= E[Y_{t+1}^2] - 2\alpha \sum_{i=0}^{\infty} (1-\alpha)^i [Y_{t+1}Y_{t-1}] + \alpha^2 \sum_{i=0}^{\infty} (1-\alpha)^{2k} [Y_{t-2}^2]$$
$$+\ 2\alpha^2 \sum\nolimits_{i=0} \sum\nolimits_{j=i+1} (1-\alpha)^i (1-\alpha)^j E\left[Y_{t-i}Y_{t-j}\right]$$

Pour un tel processus :
$E(Y_t Y_{t+h}) = \rho^h \quad h \in Z$
et comme le processus est centré réduit, $E(Y_{t-2}^2) = 1 = V(Y_{t-2})$ de même que $E(Y_{t+1}^2)$
d'où

$$V[e_t(1)] = 1 - 2\alpha \sum_{i=0}^{\infty} (1-\alpha)^i \rho^{i+1} + \alpha^2 \sum_{i=0}^{\infty} (1-\alpha)^{2i}$$
$$+\ 2\alpha^2 \sum\nolimits_{i=0} \sum\nolimits_{j=i+1} (1-\alpha)^i (1-\alpha)^j \rho^{j-1}$$

$$= 1 - \frac{2\alpha\rho}{1-(1-\alpha)\rho} + \alpha^2 \textstyle\sum_{i=0}^{\infty}[(1-\alpha)^2]^i + 2\alpha^2 \sum_{i=0}^{\infty}(1-\alpha)^i \sum_{j=i+1}^{\infty}(1-\alpha)^j \rho^{j-i} \qquad (38)$$

réduisons les deux premiers termes de droite au même dénominateur.

$$= \frac{1-\rho-\alpha\rho}{1-(1-\alpha)\rho} + \frac{\alpha^2}{1-(1-\alpha)^2}$$
$$+ 2\alpha^2 \sum_{i=0}^{\infty} (1-\alpha)^{2i+1} \sum_{\ell=0}^{\infty} (1-\alpha)^{\ell} \rho^{\ell+1}$$

notons que

$$2\alpha^2 \sum (1-\alpha)^i \sum (1-\alpha)^j \rho^{j-1} = 2\alpha^2 \sum (1-\alpha)^i \sum (1-\alpha)^{i+1} \rho$$

$$V[e_t(1)] = \frac{1-\rho-\alpha\rho}{1-(1-\alpha)\rho} + \frac{\alpha^2}{1-(1-\alpha)^2}[6] + 2\alpha^2 \textstyle\sum_{i=0}^{\infty}(1-\alpha)^{2i+1} \sum_{l=0}^{\infty}(1-\alpha)^{\ell}\rho^{\ell+i}$$

$$= \frac{1-\rho-\alpha\rho}{1-(1-\alpha)\rho} + \frac{\alpha}{2-\alpha} + \frac{2\alpha^2\rho(1-\alpha)}{1-(1-\alpha)\rho}\frac{1}{1-(1-\alpha)^2}$$

---

[6] $\frac{\alpha^2}{1-(1-\alpha)^2} = \frac{\alpha^2}{1-1+2\alpha-\alpha^2}$
$= \frac{\alpha^2}{\alpha(2-\alpha)} = \frac{\alpha}{2-\alpha}$

Ramenons au même dénominateur

$$V[e_t(1)] = \frac{2(1-\rho)}{(2-\alpha)(1-\rho+\alpha\rho)} \qquad (39)$$

La meilleure constante "α" de lissage sera celle qui rend optimale cette constante, c'est-à-dire qui maximise le dénominateur

$$(2-\alpha)(1-\rho+\alpha\rho)$$

Il faut chercher le maximum de :

$$f(\alpha) = -\alpha^2\rho + 3\alpha\rho + 2 - 2\rho - \alpha$$

La dérivée $\quad f'(\alpha) = -2\alpha\rho + 3\rho - 1 = 0$

donc

$$\alpha = \alpha^* = \frac{3\rho-1}{2\rho} \qquad (40)$$

Pour $\rho \leq 1/3, \alpha \leq 0$,donc $f(\alpha)$est décroissante lorsque α varie de 0 à 1 ; le maximum de f sera atteint pour $\alpha = 0,$ ce qui ne permet pas de définir le lissage exponentiel tel qu'on l'a vu plus haut.

A l'inverse, pour $1/3 \leq \rho \leq 1,$ on obtient le tableau de variation suivant :

α	0		α^*		1
$f'(\alpha)$		+	0	-	
$f(\alpha)$	0	↗	$\rho\alpha^{*2} + 2 - 4\rho$	↘	1

Ainsi, f est maximum pour $\alpha = \alpha^*$. En résumé, cela correspond à la constante optimale de lissage.

Il existe d'autres méthodes moins analytiques appelées méthodes de balayage. Cette méthode consiste à tester plusieurs valeurs de α en utilisant les critères usuels de validité de la méthode de prévision. A titre d'exemple, considérons les résultats suivants :

Tableau 11 : Choix optimal de la constante de lissage

α	Prévision	MSE[7]	MAE[8]	MAPE[9] (%)
0	1,90	4,10	2,01	39
0,1	2,60	3,60	1,98	43
0,2	2,95	3,20	1,75	45
0,3	3,10	2,70	1,65	37
0,4	3,40	2,50*	1,80	30*
0,5	3,65	2,80	2,19	30*
0,6	3,85	3,11	1,20*	34
0,7	4,00	4,40	1,45	40
0,8	4,20	2,90	1,55	45
0,9	4,25	3,25	1,92	47
1,0	3,90	4,90	2,18	52

Les astérisques indiquent que la constante α est optimale, c'est-à-dire que l'on obtient la plus petite valeur de MSE, MAE, ou MAPE. C'est la méthode du balayage.

On constate que selon le critère de minimisation, α diffère.
Les coefficients de pondération sont positifs :

$$w_i = (1-\alpha)^i \alpha \qquad (41)$$

C'est une moyenne mobile du fait que la somme des coefficients est égale à 1. En effet, on sait que :

$1 + x + x^2 + x^3 + \cdots = (1-x)^{-1}$ avec les conditions que :

$-1 < x < 1$, d'où :

$$\sum_i w_i = \sum_{i \geq 0} (1-\alpha)^i \alpha = \frac{\alpha}{[1-(1-\alpha)]} = 1 \qquad (42)$$

C'est ce qui donne le terme de lissage. L'attribut exponentiel est expliqué par la décroissance exponentielle ou géométrique des coefficients w_i entraînant que plus on se réfère au passé, moins les informations ont une importance sur la nouvelle prévision.

En fait, comme on le verra plus loin, l'expression :

$$X_t^*(h) = aX_t + \alpha \sum_{k=1}^{\infty} (1-\alpha)^k X_{t-k} \qquad (43)$$

---

[7]MSE = Mean Square Error ou le carré moyen des erreurs= $\frac{1}{n}\sum_{i=1}^{n} e_i^2$

[8]MAE = Mean Absolute Error ou l'erreur moyenne= $\frac{1}{n}\sum_{i=1}^{n} |e_i|$

[9]MAPE = Mean Absolute percentage Error ou l'erreur absolue moyenne en pourcentage = $\frac{1}{n}\sum_{i=1}^{n} \frac{|e_i|}{y_i}$

ou toute autre formule qui en découle est appelée processus $ARIMA$ qui est l'intégration d'un processus autorégressif (AR) et d'une moyenne mobile ou Moving Average (MA).

d) Choix de la valeur initiale de prévision

Le choix de départ $Y_t^*(1)$ tient son importance en relation avec α et la taille de la série. Plusieurs méthodes sont proposées :

- $Y_t^*(1) = Y_1$. Cette méthode est surtout recommandée quand la série est très fluctuante ;
- $Y_0^*(1) = \bar{Y}$ qui représente la moyenne de la distribution. On a recours à cette technique lorsque la série oscille autour d'une valeur constante.

D'autres techniques peuvent être utilisées, notamment le calcul de la moyenne de quelques-unes des premières valeurs.

B) Le lissage exponentiel basé sur les moindres carrés escomptés

Cette méthode est due à Brown (1962). L'idée se fonde sur le concept de fonction de prévision $Y_T^*(h)$, (h étant l'horizon de prévision). Le point de base est la fonction constante ci-après :

$$Y_T^*(h) = S_T \qquad \forall h \qquad (44)$$

La constante dépend de l'origine de la prévision T. S_T est choisie grâce au recours aux moindres carrés pondérés (Malinvaud 1969) avec des coefficients de pondération qui baissent de façon géométrique au fur et à mesure que l'on recule dans le temps. Les coefficients sont de la forme β^i où β représente le facteur d'escompte (discount factor).

L'erreur de prévision est :

$Y_{T-i} - S_T$. Il faut noter aussi que $\beta \in [0,1]$ d'où :

$$Min\, F(S_T) = \sum_{i\geq 0} \beta^i \,(Y_{T-i} - S_T)^2 \qquad (45)$$

dérivons par rapport à S_T et égalisons à 0 :

$$\frac{\partial F\,(S_T)}{\partial S_T} = F'(S_T) = -2\sum_{i\geq 0} \beta^i\,(Y_{T-i} - S_T) = 0$$

donc

$$\sum_{i\geq 0} \beta^i\, Y_{T-i} = S_T \sum_{i\geq 0} \beta^i$$

on sait que :

$$\sum \beta^i = (1-\beta)^{-1}$$

d'où,

$$S_T = (1-\beta)\sum_{i\geq 0} \beta^i Y_{T-i} \qquad (46)$$

La forme du second membre de (46) est identique à celle de la prévision $Y_t^*(1)$, notamment quand on pose $\beta = 1-\alpha$

Dès lors, il se dégage que S_T peut être déterminé de la même manière que $Y_{T+1}^* = F_{T+1}$ par la relation de base du lissage exponentiel simple, avec $t = 1,\cdots,T$

$S_t = \alpha Y_t + (1-\alpha)S(t-1) \qquad (47)$

$ou\ \ S_t = \alpha\varepsilon_t + S(t-1)$ si on pose $\varepsilon_t = Y_t - S(t-1)$

Compte tenu de ce qui précède, la conclusion qui est tirée est que le lissage exponentiel simple se justifie dans le cas d'une fonction de prévision constante, dans un contexte de moindres carrés pondérés avec une pondération qui décline de façon géométrique.

C) Le lissage exponentiel simple basé sur la forme $ARIMA$

C'est une autre approche du lissage exponentiel simple fondé sur les modèles autorégressifs (AR) intégrés aux modèles Moyennes Mobiles (Moving Average) appelées $ARIMA$.

Reprenons la formule trouvée du lissage exponentiel simple, définie par l'équation :

$$F_t = \alpha Y_{t-1} + (1-\alpha)F_{t-1}$$

Le principe de la méthode $ARIMA$ consiste à enlever les prévisions de l'équation à partir de la définition donnée à $Y_t^*(1)$ d'horizon 1 et ceci quel que soit t.

$$F_t = Y_t - e_t$$
$$F_{t-1} = Y_{t-1} - e_{t-1}$$

On peut remplacer F_t et F_{t-1} par leurs valeurs respectives

$$\begin{aligned} Y_t - e_t &= \alpha Y_{t-1} + (1-\alpha)[Y_{t-1} - e_{t-1}] \\ &= \alpha Y_{t-1} + Y_{t-1} - \alpha Y_{t-1} - e_{t-1} + \alpha e_{t-1} \end{aligned}$$

donc en regroupant les observations à gauche

$$Y_t - Y_{t-1} = e_t - (1-\alpha)e_{t-1} \qquad (48)$$

On obtient la forme $ARIMA$ du lissage exponentiel simple.

Dans le langage $ARIMA$, il y a les notations suivantes qui sont introduites comme on l'a vu précédemment.

$Y_t - Y_{t-1} = \Delta Y_t$ qui est une différence première

Au regard de ces notations, la forme $ARIMA$ du lissage exponentiel simple peut s'écrire en introduisant l'opérateur de retard L.

$\Delta Y_t = [1 - (1 - \alpha)L]\varepsilon_t$ avec $\varepsilon_t = e_t$

$= \varepsilon_t - (1 - \alpha)L\varepsilon_t$ (49)

Remarque :

La méthode du lissage exponentiel simple comporte plusieurs inconvénients et les valeurs de la constante dépendent :

- du choix de $Y_t^*(1)$;
- du repère de choix selon que c'est MSE, MAE, ...

En dépit de ces inconvénients, elle a un certain nombre d'avantages qui sont :

- la simplicité des calculs ;
- la simplicité de sa mise en œuvre ;
- l'aisance pour sa compréhension.

1.4. 2. 2. Le lissage exponentiel double

C'est une technique qui a été mise au point par Brown (1959). Cette méthode est plus générale que le lissage exponentiel simple. Elle est surtout adaptée aux séries temporelles caractérisées par une tendance, c'est-à-dire non stationnaire.

L'expression qui sert à définir ce double lissage est l'opérateur S_t qui s'exprime comme (45) et (47).

Il existe dans la littérature plusieurs façons de présenter le lissage exponentiel double. Toutes ces méthodes sont en fait équivalentes. On retrouve quelques-unes des présentations chez des auteurs tels que : D. Bosq et J. P. Lecoutre (1992), G. Mélard (1990) et H. Kaufman et Groboillot (1968).

L'idée consiste à partir d'une fonction de prévision linéaire, c'est-à-dire de la forme :

$F_t = Y_t^*(h) - S_t + hT \quad \forall h$ (50)

S_t et T_t dépendent de t. Le problème à résoudre est la détermination des valeurs des deux paramètres avec un recours à des pondérations utilisant des coefficients décroissant exponentiellement, de la forme β^i où

$\beta = 1 - \alpha$ (51)

Cette fonction de prévision linéaire se fait à partir d'un modèle initial caractérisé par un trend linéaire. C'est un processus non stationnaire.

$Y(t) = a_1 + a_2 t + \varepsilon_t$ (52)

A) La méthode de Brown

1. Principe de la méthode

Soit le modèle : $Y(t) = \sum a_j f_j(t) + \varepsilon_t$ (53)
avec comme préoccupation de calculer les a_j après chaque nouvelle observation.

La proposition fondamentale de Brown est de chercher à minimiser la somme pondérée des carrés des écarts entre $Y(t)$et $Y^*(t)$ soit :
$U = \sum_{i=0}^{t} w_i^2 \, [Y(t) - Y^*(t)]^2 = \sum_{i=0}^{t} w_i^2 \, e_i(i)$ (54)
avec $Y^*(t)$ = prévision de $Y(t)$

On considère 0, l'instant présent et par conséquent les dates du passé seront comptées négativement.
Si l'on pose les $w_i$sous forme d'une matrice diagonale Ω de sorte que $\Omega_{ij} = 0$ si $i \neq j$,
on a : $U = e'\Omega' e\Omega$ (55)
où
$e' = [e(0),\ e(-1), \dots, e(-t)]$ (56)
avec
$e(t) = X(t) - X^*(t)$ (57)
Par ailleurs, posons que la matrice F est relative au temps t.

$$F(t) = \begin{bmatrix} f_1(0) & f_1(-1) & \cdots & f_1(-t) \\ f_2(0) & f_2(-1) & \cdots & f_2(-t) \\ \vdots & \vdots & \vdots & \vdots \\ f_m(0) & f_m(-1) & \cdots & f_m(-t) \end{bmatrix} \quad (58)$$

$X' = [X(0) \quad X(-1) \quad \cdots \quad X(-t)]$ qui est la transposée de X

Par l'établissement d'équations normales, on en arrive à :
$A = (F\Omega^2 F')^{-1} F\Omega^2 X$ (59)
en posant $F\Omega^2 F' = F$
$A = F^{-1} F\Omega^2 X$ (60)
Ainsi, un élément F_{jk} de la matrice F est égal à :

$$F_{jk} = \sum w_i^2 f_j(-i) f_k(-i) = F_i \Omega^2 F_j$$

Avec F_i' étant un vecteur ligne de F

F est une matrice symétrique fonction du temps qui ne dépend que du modèle retenu et non pas des observations.
On écrit par ailleurs :

$$g(t) = F\,\Omega^2 X \qquad (61)$$

de sorte que la j^e composante du vecteur $g(1)$ est :

$$g_j(t) = \sum_{i=0}^{t} w^2 f_j(-i) X(-i)$$

Cet ensemble de notations permet d'exprimer A sous la forme

$$A = F^{-1} g \qquad (62)$$

Cette équation permet de faire des prévisions pour

$$Y_t^*(h) = F_t = S_t + hT \qquad (63)$$

Afin de tenir compte de l'importance décroissante du passé, Brown propose une pondération géométrique des écarts en posant :

$$\Omega_{ij} = \begin{cases} 0 & i \neq j \\ (1-\alpha)^i & i = j \ \ avec\ \alpha < 1 \end{cases} \qquad (64)$$

α est appelé coefficient de lissage

2. Application à une chronique à tendance linéaire

$$Y(t) = a_1 + a_2 t + \varepsilon_t$$

on a :

$$F(t) = \begin{pmatrix} 1 & -1 \cdots -1 \\ 0 -1 -2 \cdots & -t \end{pmatrix} \qquad (64')$$

Selon les notations précédentes :

$$F(t) = F\,\Omega^2 F'$$

$$= \sum_{i=0}^{t} (1-\alpha)^i \begin{bmatrix} 1 & -i \\ -i & i^2 \end{bmatrix}$$

$$= \begin{bmatrix} \sum_i (1-\alpha)^i & -\sum i(1-\alpha)^i \\ -\sum_i i(1-\alpha)^i & \sum_i i^2(1-\alpha)^i \end{bmatrix} \qquad (65)$$

$$\cong \begin{bmatrix} \dfrac{1}{\alpha} & -\dfrac{1-\alpha}{\alpha^2} \\ \dfrac{1-\alpha}{\alpha^2} & \dfrac{(1-\alpha)(2-\alpha)}{\alpha^3} \end{bmatrix}$$

$$=\frac{1}{\alpha^2}\begin{bmatrix}\alpha & -(1-\alpha)\\ -(1-\alpha) & \dfrac{(1-\alpha)(2-\alpha)}{\alpha}\end{bmatrix}$$

$$|F|=\frac{1}{\alpha^2}\left[\frac{(1-\alpha)(2-\alpha)}{\alpha^2}-\frac{(1-\alpha)^2}{\alpha^2}\right]=\frac{(1-\alpha)}{\alpha^4}$$

d'où

$$F^{-1}(t)=\frac{\alpha^4}{1-\alpha}\begin{bmatrix}\dfrac{(1-\alpha)(2-\alpha)}{\alpha^3} & \dfrac{1-\alpha}{\alpha^2}\\ \dfrac{1-\alpha}{\alpha^2} & \dfrac{1}{\alpha}\end{bmatrix} \qquad (66)$$

Ceci nous conduit à examiner maintenant le vecteur $g(t)$ qui inclut les observations X sachant que :

$$X'=[Y(0),Y(-1),\cdots,Y(-t)]$$

$$g(t)=F\ \Omega^2 X=\begin{bmatrix}\sum_i (1-\alpha)^i Y(-i)\\ -\sum i(1-\alpha)^i Y(-i)\end{bmatrix} \qquad (67)$$

Brown pose dans un souci de simplification

$$S_t^1(Y)=\alpha\sum(1-\alpha)^i Y(-i) \qquad (68)$$

$$S_t^2(Y)=\alpha^2\sum(i+1)(1-\alpha)^i Y(-i) \qquad (69)$$

Dans la présentation générale du lissage exponentiel il est ressorti que :

$$S_t^1(Y)=\alpha Y_t+(1-\alpha)S_{t-1}^*(Y) \quad (70)$$

le deuxième opérateur $S_t^2(Y)$ joue par rapport à $S_t^1(X)$ la même fonction que celle jouée par $S_t^1(Y)$ vis-à-vis de Y entraînant

$$S_t^2(Y)=\alpha S_t^1(X)+(1-\alpha)S_{t-1}^2(X)$$

Si on revient aux calculs précédents, on peut écrire

$$g(t)=\begin{bmatrix}\dfrac{S_t^1(X)}{\alpha}\\ \dfrac{a S_t^1(X)-S_t^2(X)}{\alpha^2}\end{bmatrix} \qquad (71)$$

ce qui permet de déterminer les coefficients de l'équation de prévision

$$a^* = F^{-1} g = \frac{\alpha^4}{1-\alpha}\begin{bmatrix} \frac{(1-\alpha)(2-\alpha)}{\alpha^3} & \frac{1-\alpha}{\alpha^2} \\ \frac{1-\alpha}{\alpha^2} & \frac{1}{\alpha} \end{bmatrix}\begin{bmatrix} \frac{S_t^1(X)}{\alpha} \\ \frac{a\, S_t^1(X) - S_t^2(X)}{\alpha^2} \end{bmatrix}$$

$$= \begin{bmatrix} 2\, S_t^1(X) - S_t^2(X) \\ \frac{\alpha}{1-\alpha}\left[S_t^1(X) - S_t^2(X)\right] \end{bmatrix} \qquad (72)$$

$$a_1 = 2\, S_t^1(X) - S_t^2(X)) \qquad (73)$$

$$a_2 = \frac{\alpha}{1-\alpha}\left[S_t^1(X) - S_t^2(X)\right] \qquad (74)$$

Ces résultats successifs permettent de dire que les opérateurs de lissage $S_t^1(Y)$ et $S_t^2(Y)$ sont déterminés progressivement à partir de la série et que par ailleurs les coefficients a_1 et a_2 sont déterminés à leur tour en fonction des deux opérateurs de lissage. Il reste néanmoins un problème, à savoir la constante de lissage α dont la détermination se fera par optimisation de la valeur.

Conformément à la fonction de prévision $F_t = S_t + hT$

on aura :

$$S_1 = a_1 \quad et\ T = a_2$$

Remarque :

Dans le lissage exponentiel simple, c'est-à-dire stationnaire, on a montré qu'une application sur une chronique à tendance du type a_1 et a_2 introduit un biais de grandeur.

$$a_2 \frac{1-\alpha}{\alpha}, donc$$

$$S_1(t) = a_1 + a_2 t - a_2\left(\frac{1-\alpha}{\alpha}\right) \qquad (75)$$

et dans le même ordre d'idée, le lissage de $S_1(t)$ produit de la même façon un biais dont la valeur est :

$$a_2\left(\frac{1-\alpha}{\alpha}\right), \text{ donc}$$

$$S_1(t) = a_1 + a_2 t - 2a_2\left(\frac{1-\alpha}{\alpha}\right) \qquad (76)$$

La fonction de prévision est : $F_t = Y_{t+h}^* = S_t^{(1)} + \left(S_t^1 - S_t^2\right) \frac{\alpha}{1-\alpha} h$

B) Présentation par la forme *ARIMA*

La préoccupation est d'établir une relation entre les observations du présent et du passé et les erreurs. Pour ce faire, nous partirons des relations de récurrence précédemment établies entre valeurs lissées et ferons recours à l'opérateur de retard L.

Posons :

$$G_{t+1}^{(1)} = S_t^{(1)}, \quad G_{t+1}^{(2)} = S_t^{(2)}$$

les relations deviennent à partir des équations (59) et (60) :

$$G_{t+1}^{(1)} = \alpha Y_t + (1-\alpha)G_t^{(1)} \qquad (77)$$

en introduisant l'opérateur L, on obtient: $G_t^{(1)} = LG_{t+1}^{(1)}$

$$G_{t+1}^{(2)} = [1-(1-\alpha)L]G_{t+1}^{(1)} = \alpha Y_t \qquad (78)^{10}$$

de la même façon,

$$G_{t+1}^{(2)} = \alpha G_t^{(1)} + (1-\alpha)G_t^{(2)} \qquad (79)$$

ou avec l'opérateur

$$G_{t+1}^{(2)} = [1-(1-\alpha)L]G_{t+1}^{(1)} = \alpha G_t^{(1)} \qquad (80)$$

on remplace par $G_{t+1}^{(1)}$ sa valeur dans (77) et on simplifie par L

On peut écrire que $\alpha(L) = 1-(1-\alpha)L$ et procéder au remplacement de $t+1$ par t, on tire que :

$$\alpha(L)G_t^{(1)} = \alpha L Y_t \qquad (81)$$

$$\alpha(L)G_t^{(2)} = \alpha L \quad {}_t^{(1)} \qquad (82)$$

Puis, nous appliquons l'opérateur $\alpha(L)$ aux deux membres de la dernière équation :

$$\alpha^2(L)G_t^{(2)} = \alpha(L).\alpha L G_t^{(1)} = \alpha L.\alpha(L)G_t^{(1)} = \alpha L.\alpha L Y_t = \alpha^2 L^2 Y_t \qquad (83)$$

puisque $\alpha(L)G_t^{(1)} = \alpha L Y_t$

De plus, pour tout t et conformément à l'équation (29),

$$Y_t = Y_{t-1}^*(1) + \varepsilon_t \qquad (84)$$

---

[10] Développons (78)

$$G_{t+1}^{(1)} = G_{t+1}^{(1)} - LG_{t+1}^{(1)} + \alpha L G_{t+1}^{(1)}$$

$$= \alpha Y_t + (1-\alpha)G_t^{(1)} - G_t^{(1)} + \alpha G_t^{(1)}$$

$$= \alpha Y_t + (1-\alpha)G_t^{(1)} - (1-\alpha)G_t^{(1)} \Rightarrow G_{t+1}^{(1)} = \alpha Y_t$$

Si on applique l'opérateur $\alpha^2(L)$ aux deux membres de cette relation, (84) on a :

$$\alpha^2(L)Y_t = \alpha^2(L)Y^*_{t-1}(1) + \alpha^2(L)\varepsilon_t \qquad (85)$$

La prévision d'horizon 1 est aussi égale à $2G_t^1 - G_t^2$ (cf. équation 79) donc

$$\alpha^2 L(Y_t) = \alpha^2(L)\left[2G_t^{(1)} - G_t^2\right] + \alpha^2(L)\varepsilon_t \qquad (86)$$

d'où,

$$[1-(1-\alpha)L]^2 Y_t = 2\alpha^2(L)G_t^{(1)} - \alpha^2(L)G_t^{(2)} + \alpha^2(L)\varepsilon_t$$
$$= 2[1-(1-\alpha L)]\alpha L Y_t - \alpha^2 L^2 Y_t + \alpha^2(L)\varepsilon_t \qquad (87)$$

Passons les observations à gauche et les écarts à droite :

$$\left[1-2(1-\alpha)L+(1-\alpha)^2 L^2 + 2\alpha L + 2(1-\alpha L^2)+\alpha^2 L^2\right]Y_t = \alpha^2(L)\varepsilon_t \quad (88)$$

en simplifiant on obtient :

$$(1-L)^2 Y_t = [1-(1-\alpha)L]^2 \varepsilon_t \qquad (89)$$

En définitive, la forme *ARIMA* du lissage double est :

$$\Delta^2 Y_t = \left[1-2(1-\alpha)L+(1-\alpha)^2 L^2\right]\varepsilon_t \qquad (90)$$

ou en développant le membre de gauche de (89) et de droite de (90) on a :

$$Y_t - 2Y_{t-1} + Y_{t-2} = \varepsilon_t - 2(1-\alpha)\varepsilon_{t-1} + (1-\alpha)^2 \varepsilon_{t-2} \qquad (91)$$

C) Avantages et inconvénients du double lissage

a) Inconvénients

- L'application de la méthode à des chroniques linéaires introduit un biais fonction de la constante α.
- Dès que k, c'est-à-dire le degré des moyennes mobiles dépasse 3, les calculs deviennent complexes malgré les possibilités données par Brown de pouvoir obtenir les conditions initiales S_0^1 et S_0^2,

. soit par les moyennes mobiles $M_0^1 = M_0^2 = S_0^1 = S_0^2$

. soit par les moindres carrés en ajustant une droite de la forme $Y_t = at + b$ sur la chronique. Ensuite Brown pose que :

$$S_0^1 = b^* - (\beta/\alpha)a^* \qquad (92)$$

$$S_0^2 = b^* - \frac{2\beta}{\alpha}a^* \qquad (93)$$

avec b^* et a^* coefficients obtenus par les moindres carrés ordinaires et $\beta = 1 - \alpha$.

b) Avantages

- Généralisation de la méthode à des polynômes de degré quelconque. En effet, on peut définir des opérateurs de lissage du k^e ordre :

$$S_t^k(Y_t) = \alpha S_t^{k-1}(Y_t) + \beta\, S_{t-1}^k(Y_t) \qquad (94)$$

- la méthode évite de perdre des termes ;
- l'étude peut se faire également par la fonction de transfert largement utilisée par les électriciens (cf. Larnac 1972, Box and Jenkins 1976) ;

$S_t = \alpha Y_t + (1-\alpha) S_{t-1}$

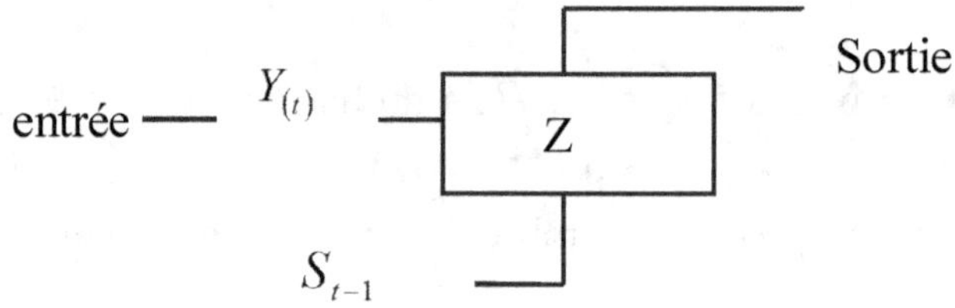

Le type de transmission est l'amplification

. $Y(t)$ est pondérée par le facteur α

. S_{t-1} est pondérée par le facteur $(1-\alpha)$ d'où :

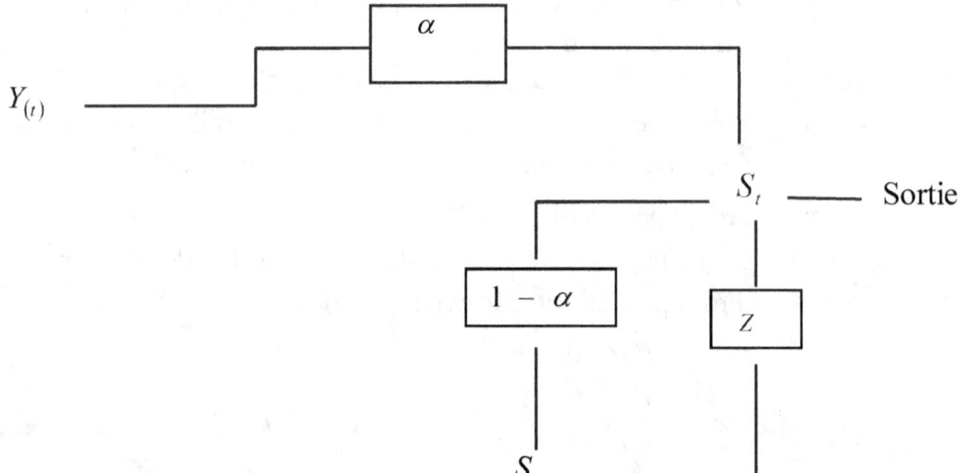

Les deux "links" ou chaîneaux peuvent se résumer en un seul :

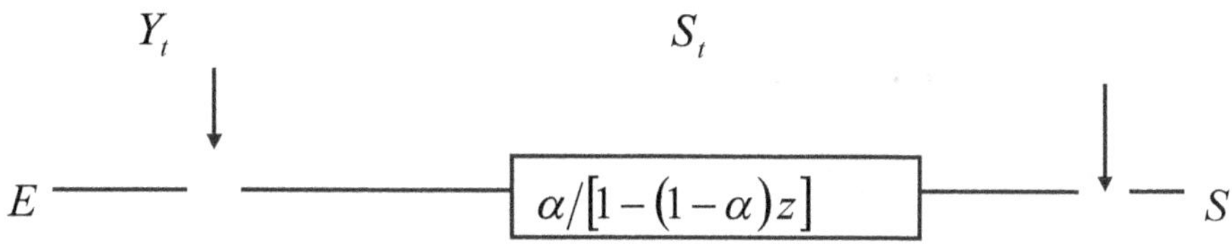

$H(\alpha)=\alpha/[1-(1-\alpha)z]$ est la fonction de transfert ou tout simplement le "filtre".

$S_{(t)}$ est la transposée en z de Y_t

Conclusion

1. Il existe des méthodes de double lissage telles que la mise à jour par l'erreur, le lissage retardé, la mise à jour par lissage. Toutes ces méthodes aboutissent au même résultat indépendamment du lissage exponentiel simple et double. Il y a aussi le lissage exponentiel de Holt-Winters avec tendance mais sans saisonnalité, et une autre forme avec saisonnalité.
2. Les méthodes de lissage exponentiel sont très vastes. Ainsi, Pegels (1969) a retenu une classification en 9 catégories en fonction du type de tendance et le type de composante saisonnière. Roberts (1992) a élaboré une classification plus vaste à partir de laquelle, en se limitant aux cas des modèles additifs, Broze et Mélard (1988) en ont dénombré 27 méthodes.
3. Le lissage exponentiel est un filtre rappelant cette notion couramment utilisée en électronique. Dans le cas des radios par exemple, l'on filtre la fonction d'impulsion pour isoler le son pur des parasites. De même ici , on passe la série brute dans un filtre pour la débarrasser de la majeure partie des variations accidentelles et isoler la tendance cycle (Thiombiano, 1973).
4. Le lissage exponentiel fait partie des processus autorégressifs. C'est une méthode itérative.

Exemple : soit à considérer la fonction de consommation d'un ménage :

$C = f(R)$ (96)

On peut dire que cette consommation est fonction des revenus présents et passés et des consommations passées :

$C_t = f(R_t, R_{t-1}, \cdots, C_{t-1}, C_{t-2})$ (97)

C'est également le cas des ajustements entre quantités et prix d'un bien demandé sur le marché :

$q_t = f(p_t, p_t^N)$ (98)

avec : q_t = quantités demandées

p_t^N = prix jugé normal pour le consommateur

$q_t = ap_t + bp_t^N + c + \varepsilon_t$ (99)

On peut admettre que P_t^N est suivi de près par le consommateur et révisé de la sorte que :

$$P_t^N - P_{t-1}^N = \alpha(P_t - P_{t-1}^N)$$
$$P_t^N = P_{t-1}^N + \alpha(P_t - P_{t-1}^N)$$
$$= \alpha P_t + (1-\alpha)P_{t-1}^N$$

En d'autres termes, le prix jugé normal P_t^N par le consommateur à la période t sera égal au prix pondéré de la période actuelle auquel s'ajoute le prix jugé normal de la période passée corrigé.

$P_t^N = \sum_i (1-\alpha)^i P_{t-i}$ (100)

D'où P_t^N est une moyenne pondérée des prix passés.

D) Application à la balance commerciale du Burkina Faso

Cette deuxième partie présente l'application du modèle décrit ci-dessus à la balance commerciale du Burkina Faso de 1962 à 1971 par trimestre. Elle est tirée de Thiombiano (1973).

Deux méthodes différentes seront utilisées pour le calcul des séries lissées. La différence résulte surtout dans la manière de calculer les conditions initiales : S_0^1 et S_0^2.

Une étude comparative des deux séries-les exportations $X(t)$ d'une part, et les importations $Y(t)$ d'autre part, montre graphiquement que les trends sont linéaires.

Pour les exportations, il est apparu qu'il s'agit d'un processus trend stationnaire (TS) caractérisé par une non stationnarité de nature purement déterministe.

a) Prévision des exportations

1. Recherche des conditions initiales

Comme le fait Brown, on va opérer un ajustement par MCO en fonction du temps.

$$X_t = at + b$$

La droite d'ajustement obtenue par les moindres carrés est :

$$X_t = 21{,}5t + 546$$

Détermination des conditions initiales :

$S_0^1 = b^* - \frac{1-\alpha^*}{\alpha^*} a^*$ (101)

$$b^* = 546 \qquad a^* = 21{,}5$$

$S_0^2 = b^* - 2\frac{1-\alpha^*}{\alpha^*} a^*$ (102)

La somme des carrés des écarts $\sum \varepsilon_t^2$ donne $\alpha^* = 0{,}2$ qui rend minimum $\sum \varepsilon_t^2$

$S_0^1 = 460$ et $S_0^2 = 374$

2. Etude de $\sum \varepsilon_t^2$

α	$\sum \varepsilon_t^2$
0,1	30834,54
0,2	27767,66*
0,3	32870,12
0,5	48698,49

Graphique3: Coefficients de lissage des exportations et des importations

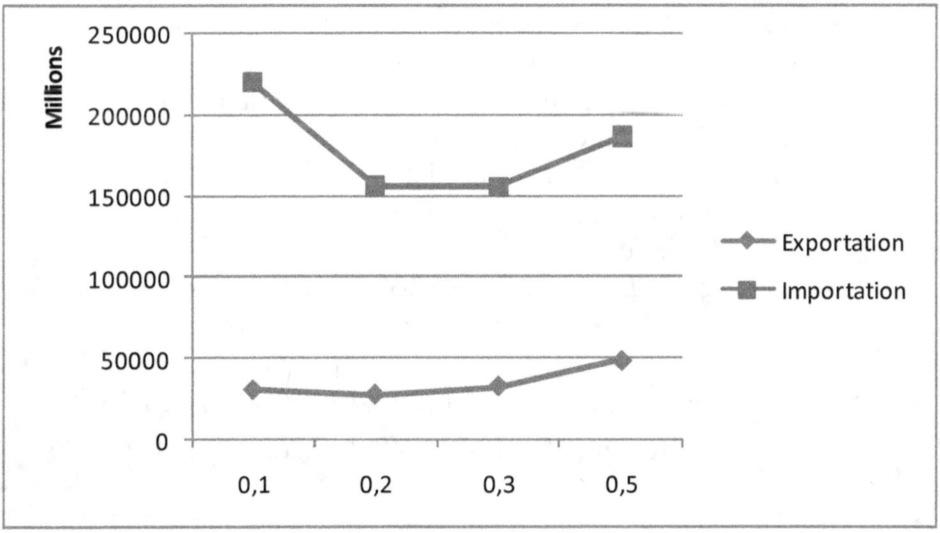

Le coefficient α qui approximativement minimise l'écart prévision-réalisation est $\alpha^* = 0{,}2$. Ce qui signifie que la dernière observation non lissée $x_t = 1114$ influence l'estimation de la dernière valeur lissée x_{t+1}^*à

concurrence de 20%. Les 80% restants seraient dus au changement adaptatif extrapolé à la composante cyclique. La présentation graphique, figure 3 montre que $\sum \varepsilon_t^2$ est minimum pour $\alpha = 0{,}2$.

3. Description des résultats

- La courbe filtrée (cf. figure 3) est plus "stable". Elle atténue nettement la majorité des variations saisonnières, notamment jusqu'au 3e trimestre 1970 où la baisse des exportations serait due à plusieurs effets :
  - déficit pluviométrique atteignant 30 à 40% dans certaines régions. Ce qui a entraîné une chute aussi bien des productions vivrières que des exportations au cours des deux dernières années. La production cotonnière qui avait atteint un record en 1969/1970 avec plus de 36 000 tonnes a baissé de 20% en 1970/1971,
  - le bétail entre pour près de 50% des exportations. En dehors des problèmes sanitaires qui causent des ravages, la vente diminue surtout en raison de la concurrence des pays voisins comme le Mali et le Niger.
- La courbe lissée manifeste un retard. On voit que la baisse du 3e trimestre 1970 se propage plus lentement. Les effets se stabilisent à la fin du 1er trimestre 1971 pour amorcer ensuite un mouvement en escalier. Cette position de la courbe lissée est due au fait qu'elle est également une prévision.
- La série lissée ne se "décroche" pas de la série observée. Elle est nettement bien contenue dans cette série.
- Prévisions pour le 1er trimestre 1972 :
  - Par lissage : $P = 1067{,}58 + 198 = 1265{,}38$
    Réalisation = 1676
    Ecart relatif : $[(1676 - 1265{,}5)/1265{,}5] \times 100 = 32\%$
  - Par moindres carrés :
    $$Y_t = 21{,}5t + 546$$
    Pour $t = 41 \Rightarrow Y_t = 21{,}5 \times 41 + 546 = 1625{,}50$
    Ecart relatif : $[(1676 - 1625{,}5)/1625{,}5] \times 100 = 3\%$

C'est difficile de pouvoir apprécier uniquement à un moment donné sans considérer l'ensemble d'une période qui est déterminé par le calcul de σ_ε^2.

Quoiqu'il en soit, le mérite du lissage est de tenir compte des mouvements saisonniers.

b) Prévisions des importations

Ici, on peut découper la série en deux parties. Dans un premier temps, on observe une série à peu près stationnaire jusqu'au 3e trimestre 1968 date de remontée. C'est pourquoi on va utiliser la méthode des doubles moindres moyennes mobiles pour chercher S_0^1 et S_0^2.

$$S_0^1 = S_0^2 = \frac{\sum_{n=1}^{27} Y_{t-n}}{n} = \frac{62071}{27} = 2298{,}92$$

1. Etude de la constante

α	$\sum \varepsilon_t^2$
0,1	220035,8
0,2	155849,5
0,3*	155416,8*
0,32	157355,4
0,35	160318,3
0,4	167295,4
0,5	186439,1
0,6	201921,2

Le minimum de $\sum \varepsilon_t^2$ donne une constante $\alpha^* = 0{,}30$. La figure 2 illustre cela. Des remarques ayant déjà été faites quant aux variations et aux mouvements de la série brute et de la série désaisonnalisée, on se limitera dans ce dernier cas à l'analyse de la série "lissé prévue". Elle est également en retard par rapport à la chronique initiale. Ainsi, les effets du Plan cadre n'auraient commencé qu'à compter de fin 1968 pour se stabiliser momentanément au cours des deux derniers trimestres de1969. Le pic de 1970 serait occasionné par de nouveaux prêts étrangers nécessitant d'importants achats de machines et des produits pour la réalisation du Plan.

Concernant la prévision du 1er trimestre1972 :

- Réalisation: 3603
- Prévision : 3559,02+85 = 3644 ,02
- Ecart relatif : $[(3603 - 3644{,}02)/3644{,}02] \times 100 = -1{,}1\%$

La prévision est nettement meilleure à celle des exportations, qui comme on l'a fait remarquer au début, sont beaucoup plus aléatoires. Les exportations se prêtent davantage à un modèle non stationnaire.

Conclusion

- Le lissage exponentiel évite de perdre un certain nombre de termes extrêmes.
- La méthode "adaptative" affectant ce lissage a quelques vertus prévisionnelles. Elle permet de prévoir où nous conduirait l'inertie, étant donné la valeur de la dernière variable observée. La prévision obtenue n'est cependant qu'une "extrapolation optimale", c'est-à-dire la prévision la plus précise que l'on puisse effectuer en disposant pour information de la seule série de chronique aléatoire. Les résultats obtenus à partir des deux séries précédentes, avec des calculs différents, expliquent- ils, qu'il est préférable de s'en tenir à un passé assez réduit pour obtenir un présent ou un futur beaucoup plus certain ?
- En pratique, la prévision à court terme serait certes améliorée encore par l'apport d'informations exogènes.

Finalement, ce traitement économétrique sans modèle a permis d'améliorer le diagnostic conjoncturel en ignorant la perte des termes extrêmes et en épousant plus facilement les mouvements de la réalité économique.

Tableau 12: Données trimestrielles (1962-1971) de la balance commerciale du Burkina Faso en millions de F CFA

Trim	Exportations			Importations		
	Série brute	Série désais	Série lissée	Série brute	Série désai:	Série lissée
1	531	333	507,32	2272	2187	
2	479	494	461,05	2045	2180	
3	356	471	468,92	2185	2230	
4	579	647	551,7	2069	1972	
5	548	433	502,31	1990	1905	
6	695	652	583,09	2415	2550	
7	405	720	859,84	2357	2404	
8	510	578	648,96	2390	2293	
9	593	795	734,7	2597	2512	
10	653	674	738,99	2300	2435	
11	638	813	799,91	2380	3427	
12	664	732	803,89	2517	2420	
13	1050	852	856,4	2150	2065	
14	917	932	925,05	2237	2372	
15	654	769	846,58	2325	2372	
16	1055	1137	1036,83	2457	2360	
17	1215	1017	1076,99	2740	2655	
18	850	865	1033,55	2000	2135	
19	1001	1116	1109,48	2160	2207	
20	919	987	1198,45	2193	2296	
21	1270	1072	1029,08	2405	2315	
22	1086	1101	1157,3	2111	2246	
23	1150	1265	1245,34	2319	2366	
24	923	991	1181,87	2140	2045	
25	1693	1495	1355,38	2400	2350	
26	1285	1303	1387,49	2405	2538	
27	979	1094	1312,69	2224	2271	2298,92
28	1328	1396	1370,42	3095	2998	3717,11
29	1640	1442	1458,45	3344	3259	3103,42
30	1245	1260	1422,16	2938	3073	3195,45
31	1165	1280	1401,18	2955	3002	3187,05
32	1273	1347	1465	3623	3526	3479,75
33	1596	1398	1439,28	2942	2857	3227,14
34	1541	1556	1526,61	3124	3259	3310,53
35	939	1054	1360,8	3058	3105	3254,63
36	975	1047	1231,74	3839	3142	3594,84
37	1440	1242	1239,8	3924	3839	3832,81
38	1083	1098	1176,76	3182	3317	3637,7
39	840	955	1070,4	3337	3337	3525,21
40	1046	1114	1067,58	3611	3514	3559,02
41	1676		1265,38	3603		3644,02

Source : Thiombiano (1973)

Graphique 4 : Evolution des exportations trimestrielles du Burkina Faso de 1962 à 1971

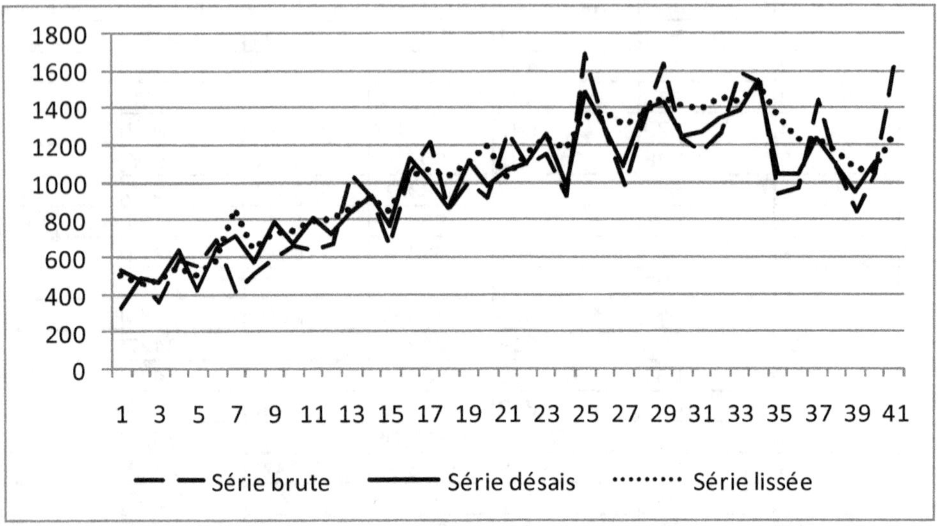

Graphique5 : Evolution (FCFA) des importations trimestrielles du Burkina Faso de 1962 à 1971

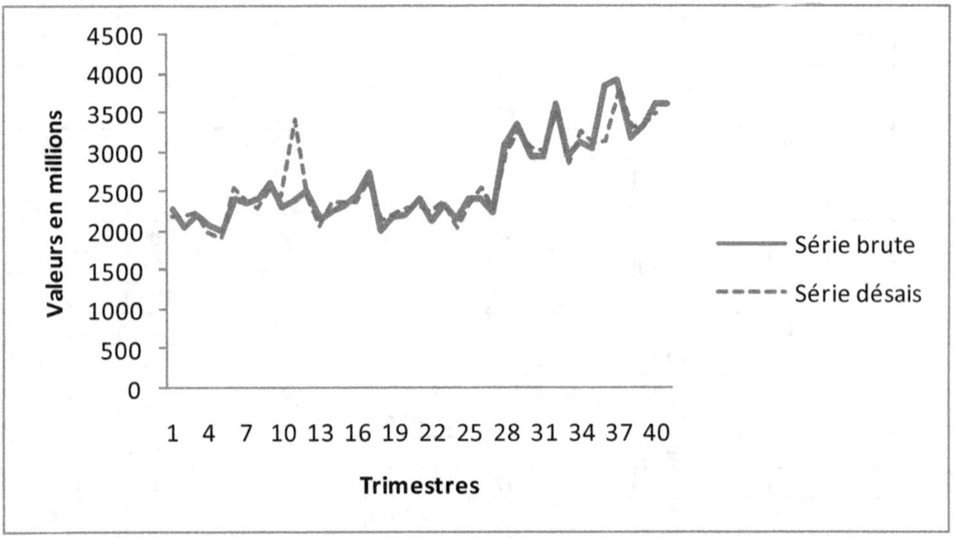

EXERCICES

Exercice1

Une enquête du CEDRES de la Faculté des Sciences Economiques et de Gestion de l'Université de Ouagadougou a permis de disposer des statistiques suivantes de 1960 à 1995 sur la consommation C_t et le revenu R_t des ménages de la ville de Ouagadougou et le prix p_t. Les variables sont exprimées en FCFA

Années	Ct	Rt	Pt
1960	8000	10000	20
1961	8500	11000	20
1962	8900	11500	20
1963	12000	15000	18
1964	12400	17000	22
1965	12600	17200	25
1966	16000	20000	30
1967	16800	21500	25
1968	17000	22000	25
1969	18000	24000	35
1970	19000	24000	40
1971	19100	25000	42
1972	23000	27300	45
1973	23700	28000	50
1974	24000	28500	53
1975	25000	30000	55
1976	25900	31000	55
1977	26300	34000	55
1978	34500	40000	60
1979	36000	41000	62
1980	36200	41000	62
1981	37200	46000	64
1982	37800	46000	64
1983	38000	50000	65
1984	41000	52000	70
1985	41500	52800	80
1986	41800	53400	90
1987	43600	55000	100
1988	44000	58000	110
1989	44400	60000	110
1990	44900	61000	120
1991	52000	67000	125
1992	58000	70000	125
1993	63000	80000	130
1994	70000	89000	240
1995	71000	95000	240

On teste le modèle suivant :

$$C_t = aC_{t-1} + \varepsilon_t$$

1) Estimer le coefficient a
2) Calculer $V(\varepsilon_t)$
3) Déterminer $V(C_t)$
4) Faites la prévision C_{T+1}^P

Exercice 2

Soit à considérer les données de l'exercice 1, le modèle se présente sous la forme suivante :

$$_t = aC_{t-1} + bR_t + c + \varepsilon_t$$

1) Estimer les paramètres du modèle
2) On voudrait tester l'hypothèse d'indépendance des ε_t
   Dans ce cas le modèle devient :

$$\begin{cases} C_t = aC_{t-1} + bR_t + c + \varepsilon_t \\ \varepsilon_t = \rho\varepsilon_{t-1} + \eta_t \end{cases}$$

avec les η_t indépendantes.

Exercice 3

On considère le modèle suivant basé sur les données de l'exercice 1.

$$C_t = a_1C_{t-1} + a_2C_{t-2} + \cdots + a_{15}C_{t-15} + \varepsilon_t$$

1) Estimer les paramètres a_i
   Si on estime $C_t = f(\varepsilon_{t-1}; Y_0)$, le modèle devient :

$$C_t = \varepsilon_t + a\varepsilon_{t-1} + a^2\varepsilon_{t-2} + \cdots + a^{t-1}\varepsilon_1 + a^tY_0$$

Dans l'hypothèse où on admet $Y_0 = 0$, on demande de :

2) Déterminer l'estimateur a^*
3) Calculer $V(\varepsilon_t)$

Exercice 4

Soit le modèle généralisé suivant : $C_t = aR_t + bP_t + c + \varepsilon_t$
avec C_t = consommation
R_t = revenu
P = prix du kilogramme de riz
Estimer les paramètres du modèle à partir des données de l'exercice 1.

Exercice 5

La forme générale du revenu permanent de Friedman s'écrit :

$$R_t^P = \alpha \sum_{\theta=0}^{\infty} (1-\alpha)^{\theta} R_{t-\theta}$$

Si nous considérons le revenu R_t de l'exercice 1, avec comme hypothèse que $\alpha = 0{,}3$; déterminer R_t^P pour $\theta = 1, 2,$ et 3.

CHAPITRE 2 :

GENERALITES SUR LES PROCESSUS ALEATOIRES

INTRODUCTION

La notion de processus aléatoire se réfère aux prévisions aléatoires liées à l'évolution du phénomène ou à son comportement dans le temps. Aussi, nous commencerons par cette notion de prévision aléatoire, pour bien introduire la définition d'un processus aléatoire.

2.1. Les prévisions aléatoires

2. 1. 1. Définition

Considérons le rendement d'un individu vis-à-vis d'un travail ; ce rendement fluctue en fonction de l'état de santé, de l'état psychique de l'individu. C'est une variable aléatoire temporelle pour l'évolution de laquelle on peut distinguer deux phases, la période d'apprentissage et la période postérieure à l'apprentissage. Dans chacune des phases, la production horaire obéit à une loi différente et conduit à un processus particulier; celui que l'on observe pendant la période d'apprentissage n'est pas stationnaire, car durant cette phase, l'habileté augmente et en moyenne le rendement sera d'autant plus élevé que le temps s'écoulera ; il est probable que le rendement d'aujourd'hui soit plus élevé que celui d'hier. Après l'apprentissage, le rendement est indépendant du temps, certainement il est peut être lié à celui de la veille ou des jours précédents, mais il sera en moyenne toujours le même et la loi qui le détermine à partir des rendements précédents ne fait pas intervenir explicitement la date, mais simplement les différences de dates. Ici, le processus est stationnaire.
Un processus stochastique est une famille $(X_t, t \in T)$ de variables aléatoires définies sur le même espace probabilisé (Ω, A, P) à valeur dans l'espace mesurable (E, B).
Un processus peut s'interpréter comme une variable aléatoire X à valeurs dans E, la loi P_X de X s'appelle le processus.

Soit $(X_t, t \in T)$ un processus, ses lois de dimensions finies sont les lois des vecteurs aléatoires $(X_{11}, \cdots, X_{tk})$ avec $k > 1$ et $t_1, t_2, \ldots, t_k \in T$.
Dans la vie courante, on rencontre différents types de processus qui sont classés en deux catégories : les processus stationnaires et les processus non stationnaires.

2. 1. 2. Les processus stationnaires

Un processus est stationnaire si la loi qui régit la valeur de chacune de ses variables aléatoires dont il est la succession est indépendante de la date t, (E. Quinet, 1969).

On peut distinguer deux sortes de processus stationnaires : les processus strictement stationnaires et les processus faiblement stationnaires.

1) Les processus strictement stationnaires

Il s'agit des processus dont les lois de dimensions finies ne varient pas au cours du temps.

En d'autres termes, si la série X_t est stationnaire, Robert S. Pindyck et Daniel L.Rubinfeld (1991), posent :

$$p(X_t, \cdots, X_{t+k}) = p(X_{t+h}, \cdots, X_{t+k+h}) \qquad (1)$$

Alors les deux suites ont la même loi de probabilité et

$$p(X_t) = p(X_{t+h}) \; \forall t, h \text{ et } k \qquad (2)$$

Une notion moins rigide est celle de stationnarité au sens faible.

2) Les processus faiblement stationnaires

Soit $(X_t, t \in T)$ un processus réel et du second ordre, c'est-à-dire : $E[X^2] < +\infty, \forall t \in T$. Il est dit faiblement stationnaire si :

a. L'espérance mathématique

$$E(X_t) = m \qquad \forall t \in T \qquad (3)$$

est stationnaire, tel que $E(X_t) = E(X_{t-1}) \;\; \forall t.$

b. La variance de la série

$$\sigma^2 = E[(X_t - m)^2]$$
$$= \sigma^2 \qquad \forall t \in T \qquad (4)$$

c. La covariance de la série

$$Cov(X_t, X_{t+k}) = E[(X_t - m)(X_{t+k} - m)] \qquad (5)$$ est stationnaire, si:

$$Cov(X_t, X_{t+h}) = Co(X_{t+k}, X_{t+k+h}) = \Gamma_h = Cov(X_0, X_h) \qquad (6)$$

Ainsi, une série chronologique est faiblement stationnaire lorsque tous ces moments en particulier $E(X_t)$, $V(X_t)$ de la série sont indépendants du temps. La covariance (X_t, X_{t+h}) est constante pour des variables dont la différence de temps d'observation est la même.

Remarques

- Un processus réel du second ordre strictement stationnaire est faiblement stationnaire mais la réciproque est fausse.

- Si une série chronologique a un comportement totalement désordonné, on ne pourra faire aucune prévision sur son comportement futur à partir de l'observation de son passé. En fait, de nombreuses séries chronologiques ont, soit un comportement stationnaire, soit un comportement non stationnaire. Dans ce cas, on a recours aux modèles de Box et Jenkins ou à ceux de Holt-Winters. Nous nous intéresserons dans le futur à ceux de Box et Jenkins (1976) car ils sont plus complets, mais auparavant, intéressons-nous aux problèmes de mesure des erreurs dans les processus aléatoires.

2. 2. Fonctions d'autocorrélation

2.2.1. Définition

On parle d'autocorrélation (ρ) des erreurs (ε_t)[1] "lorsque les erreurs sont liées par un processus de répétition" R. Bourbonnais (1993).

Deux types d'autocorrélation sont généralement distingués :

- l'autocorrélation positive ;
- l'autocorrélation négative.

De telle sorte que l'intervalle de variation de l'autocorrélation (ρ) va de -1 à +1.

En effet, il faut rappeler que dans les estimations des paramètres, les hypothèses suivantes sont observées :

$$\begin{cases} H_1 : \text{le modèle est linéaire en } X_t \\ H_2 : \text{les valeurs de } X_t \text{ sont observées sans erreur} \\ H_3 : E(X_t) = 0 \\ H_4 : E(\varepsilon_t^2) = \sigma^2 \\ H_5 : E(\varepsilon_t \varepsilon_s) = 0 \ \forall t \neq s \\ H_6 : E(X_t \varepsilon_t) = 0 \end{cases}$$

[1] Rappelons que si nous avons le modèle suivant $Y_t = a_0 + a_1 X_t + \varepsilon_t$ pour $t = 1, 2, \cdots, T$. Il ressort que ε_t est l'erreur de spécification (différence entre le modèle vrai et le modèle spécifié). Cette erreur n'est pas calculable, c'est-à-dire qu'elle est totalement inconnue.

2.2.2. Causes de l'autocorrélation des erreurs

L'autocorrélation des erreurs (ε_t) peut être observée pour plusieurs raisons:

- l'absence d'une variable explicative significative dont l'implication résiduelle permettrait de considérer que les ε_t suivent un bruit blanc;
- une mauvaise spécification du modèle. C'est le cas d'une différence qui en résulterait entre le modèle initial et le modèle estimé;
- un lissage par moyenne mobile ou une interpolation des données crée une autocorrélation artificielle des erreurs engendrées par l'utilisation de ces deux opérateurs.

2.2.3. Cas de rencontre de l'autocorrélation

L'autocorrélation des erreurs se rencontre dans des modèles de séries chronologiques. Il arrive que lorsque les observations d'un modèle en coupe instantanée sont liées en fonction croissante ou décroissante de la variable endogène, on puisse détecter une autocorrélation des erreurs.
En dehors de cette situation, il n'y a pas d'autocorrélation dans le cas d'un modèle spécifié en coupe instantanée.

2.2.4. Conséquence de l'existence d'une autocorrélation

On sait que la spécification de la matrice des variances covariances de l'erreur est :

$$\Omega_\varepsilon = E(\varepsilon\varepsilon') = \begin{bmatrix} E(\varepsilon_1\varepsilon_1) & E(\varepsilon_1\varepsilon_2) & \dots & E(\varepsilon_1\varepsilon_n) \\ E(\varepsilon_2\varepsilon_1) & E(\varepsilon_2\varepsilon_2) & \dots & E(\varepsilon_2\varepsilon_n) \\ \vdots & \vdots & \ddots & \vdots \\ E(\varepsilon_n\varepsilon_1) & E(\varepsilon_n\varepsilon_2) & \dots & E(\varepsilon_n\varepsilon_n) \end{bmatrix} = \begin{bmatrix} \sigma_\varepsilon^2 & 0 & \dots & 0 \\ 0 & \sigma_\varepsilon^2 & \dots & 0 \\ \vdots & \vdots & \ddots & \vdots \\ 0 & 0 & \dots & \sigma_\varepsilon^2 \end{bmatrix} \quad (1)$$

Lorsque l'hypothèse H_5 n'est plus confirmée, c'est-à-dire si $E(\varepsilon_t \varepsilon_s)$ n'est pas égale à zéro pour $t \neq s$, la matrice ne présente plus cette forme particulière (c'est-à-dire composée de 0 de chaque côté de la diagonale). Dans le cas contraire nous avons :

$$E(\varepsilon\varepsilon') = \Omega_\varepsilon \neq \sigma_\varepsilon^2 I \text{ puisque } Cov(\varepsilon_t\varepsilon_s) \neq 0 \ \forall t \neq s$$

De plus, les estimateurs résultant des MCO sont non biaisés sans toutefois avoir une variance minimale.

2.2.5. Détection

Pour détecter une dépendance probable des erreurs, il faut procéder à une analyse des ε_t. Deux démarches sont possibles, à partir d'une représentation graphique ou par le test de DW.

a) Représentation graphique

Cette forme d'examen des résidus permet dans la plupart des cas de détecter un processus de reproduction des erreurs. Ainsi, quand on a une succession positive ou négative des résidus, cette reproduction entraîne une autocorrélation positive.

Graphique 1 : Autocorrélation positive

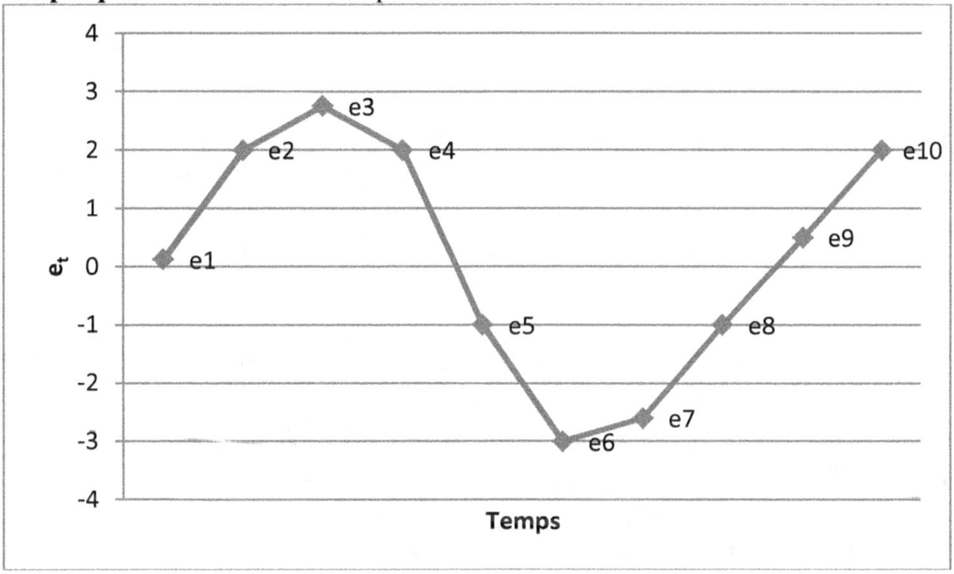

Au contraire, si les résidus sont alternés, c'est-à-dire qu'il se produit des fluctuations positives et négatives, on a affaire à une autocorrélation négative.

Graphique 2: Autocorrélation négative

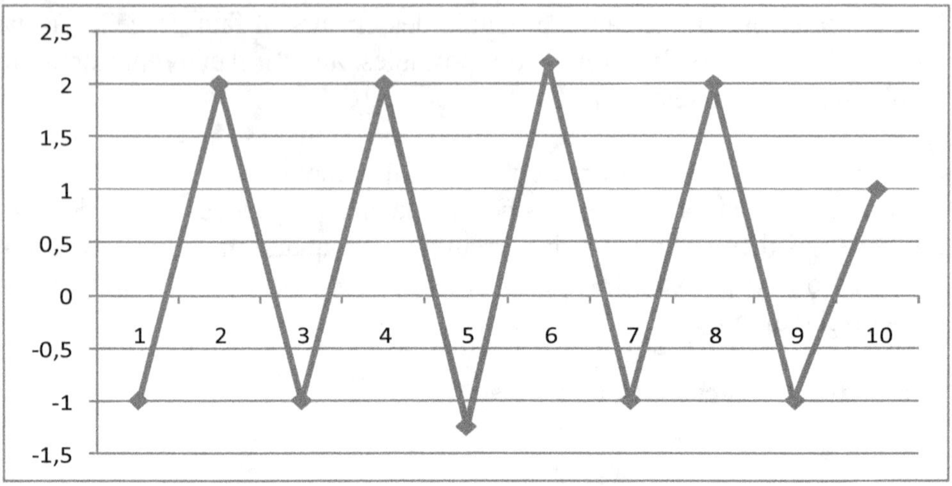

Il faut noter toutefois que la représentation graphique ne permet toujours pas de faire une bonne interprétation. D'où le recours à d'autres méthodes.

b) Test de Durbin-Watson ou autocorrélation d'ordre 1

- Définition

Ce test de 1950 et 1951 permet de détecter une autocorrélation de retard 1 des résidus ε_t selon la forme :

$$\varepsilon_t = \rho\varepsilon_{t-1} + \mu_t \text{ où } \mu_t \text{ suit } N(0, \sigma_\mu^2)$$

Le test d'hypothèse est le suivant :

$H_0: \rho = 0$ absence d'autocorrélation

$H_1: \rho \neq 0$ existence d'autocorrélation

C'est un test d'indépendance des erreurs du fait qu'il utilise les résidus ε_t .

- Pour tester l'hypothèse H_0, il faut calculer la statistique de Durbin et Watson (DW).

avec ε_t les résidus de l'estimation du modèle.

$$DW = \frac{\sum_{t=2}^{T}(\varepsilon_t - \varepsilon_{t-1})^2}{\sum_{t=1}^{T}\varepsilon_t^2} \qquad (7)$$

Le test de DW s'interprète de la façon suivante:

- $d_2 < DW < 4 - d_2$ on accepte $H_0 \Rightarrow \rho = 0$
- $0 < DW < d_1$ on rejette $H_0 \Rightarrow \rho > 0$
- $4 - d_1 < DW < d_1$ on rejette $H_0 \Rightarrow \rho < 0$
- $d_1 < DW < d_2$ ou $4 - d_2 < DW < 4 - d_1$ zone d'indétermination ou de doute

De par sa construction, cet indicateur de DW varie entre 0 et 4. En effet, en développant le numérateur (7) il devient :

$$\sum_{t=2}^{T}(\varepsilon_t - \varepsilon_{t-1})^2 = \sum_{t=2}^{T}(\varepsilon_t^2 - 2\varepsilon_t\varepsilon_{t-1} + \varepsilon_{t-1}^2)$$

$$= \sum_{t=2}^{T}\varepsilon_t^2 - 2\sum_{t=2}^{T}\varepsilon_t\,\varepsilon_{t-1} + \sum_{t=2}^{T}\varepsilon_{t-1}^2$$

$$DW = \frac{2\sum_{t=2}^{T}\varepsilon_t^2 - 2\sum_{t=2}^{T}\varepsilon_t\,\varepsilon_{t-1}}{\sum_{t=2}^{T}\varepsilon_t^2} = 2 - 2\rho_1(\varepsilon) \qquad (8)$$

- Si $\rho_1(\varepsilon) = 1 \Rightarrow DW \cong 0$ traduit une autocorrélation parfaite positive
- Si $\rho_1(\varepsilon) = -1 \Rightarrow DW \cong 4$ signifie une autocorrélation parfaite négative
- Si $\rho_1(\varepsilon) = 0 \Rightarrow DW \cong 2$ absence d'autocorrélation

- Conditions d'utilisation du test :

* le modèle doit porter sur des séries chronologiques et à titre exceptionnel sur une coupe instantanée ;
* le modèle doit comporter nécessairement un terme constant pour la simple raison que la table de DW a été conçue à l'origine avec une constante. On peut trouver des tables sans constante aujourd'hui;
* le nombre d'observations doit être supérieur ou égal à 15 puisque la plus petite valeur de la statistique de DW est 15 ;
* le modèle ne doit pas être autorégressif.
* quand le modèle est autorégressif, on utilise la statistique corrigée : la statistique h de Durbin-Watson.

Application : Considérons un modèle simple qui mesure le taux d'inflation au Ghana durant la période 1960 à 1989.

Tableau 1

Années (T)	Taux de croissance du PNB (Y)	Taux de croissance de la monnaie M	Taux de change E	Taux d'inflation I
1960	2,3	11,4	0,71	0,9
1961	6,17	8,8	0,71	6,0
1962	4,83	14,9	0,71	5,9
1963	3,47	7,5	0,71	5,6
1964	2,15	37,2	0,71	15,8
1965	1,37	1,7	0,71	22,7
1966	0,09	5,0	0,71	14,8
1967	-3,0	1,3	0,84	-9,7
1968	6,42	10,3	1,02	10,7
1969	5,88	10,5	1,02	6,5
1970	6,76	9,8	1,02	3,0
1971	5,56	11,2	1,03	8,8
1972	-2,69	40,6	1,32	10,8
1973	15,25	18,9	1,16	17,1
1974	3,39	26,6	1,15	18,8
1975	-12,86	38,0	1,15	29,8
1976	-3,52	37,2	1,15	55,4
1977	2,26	60,0	1,15	116,5
1978	8,48	68,6	1,51	73,1
1979	-3,17	15,8	2,75	54,5
1980	0,0	33,7	2,75	50,2
1981	-1,79	51,5	2,75	116,5
1982	-7,2	23,3	2,75	22,3
1983	0,7	40,3	3,45	122,8
1984	2,64	53,6	35,34	39,7
1985	5,09	46,2	54,05	10,3
1986	5,2	47,9	89,29	24,6
1987	4,79	53,3	147,06	39,8
1988	6,23	46,3	200,0	31,4
1989	5,1	54,7	270,27	25,2

Source :Nuk SOCOA and Jonh K. Kwakye -in CREA September 1993 – Research Paper.

Le modèle se définit par la relation

$$I = f(Y, M, E)^2 \qquad (9)$$

d'où,

$$I_t = a_0 + a_1 M_t + a_2 Y_t + a_3 E_t + \varepsilon_t \qquad (10)$$

La variable dépendante est le taux d'inflation *I*.
Liste des variables indépendantes :

- E, Taux de change
- Y, Produit National Brut
- M, Taux de croissance de la masse monétaire

Le nombre d'observations est 30.

Résultats de la régression linéaire

Variable	Coefficient (a_i)	T Calculé	Seuil de signification de T
E	-0,187572	-2,191	0,0376
Y	-0,588848	-0,619	0,5410
M	1,350963	4,932	0,0000
Constante	-1,677409	-0,185	0,8549

$R^2 = 0{,}50$ R^2 ; Ajusté[3] $= 0{,}44$; $F = 8{,}62$ Signification $(F) = 0{,}0004$.

La fonction estimée se présente comme suit :

$$I_t = -1{,}67 - 0{,}187E_t - 0{,}58Y_t + 1{,}35M_t$$

---

2 - Nous avons simplifié le modèle pour des raisons pédagogiques. Il ne correspond donc pas au modèle initial défini par les auteurs SOCOA et KWAKYE et qui comprenait 7 variables avec des retards.

3 R^2 ajusté = $R^2 = 1 - \frac{n-1}{n-k-1}\left(1-R^2\right)$ avec k = nombre de variables explicatives,

n = taille de l'échantillon. On a recours à cet ajustement de R^2 lorsque le nombre de degrés de liberté est faible. En d'autres termes, lorsque n est petit.

Tableau 2 : Détermination de l'autocorrélation de DW

ε_t = résidu en t ; ε_{t-1} = résidu en $t-1$

ε_t	$(\varepsilon_t - \varepsilon_{t-1})^2$	ε_t^2
.	.	.
-11,34	123,02	128,59
-0,24	87,05	0,06
-9,57	79,14	91,67
-0,68	942,54	0,46
-31,38	2959,35	984,66
23,02	171,92	529,95
9,91	453,54	98,18
-11,39	191,05	129,68
2,43	22,93	5,93
-2,35	4,15	5,54
-4,39	10,27	19,27
-1,19	1798,11	1,41
-43,59	2118,95	1900,12
2,44	246,11	5,96
-13,25	195,15	175,46
-27,22	1035,59	740,71
4,96	1135,80	24,65
38,67	2630,47	1495,07
-12,62	2125,52	159,31
33,48	708,39	1121,00
6,87	1697,34	47,14
48,06	3515,13	2310,21
-11,22	6776,06	125,98
71,09	8825,43	5054,20
-22,85	208,82	522,16
-37,30	348,87	1391,41
-18,62	342,23	346,83
-0,12	140,06	0,02
11,71	25,33	137,12
Total	38918,32	17552,69

$$DW = \frac{38918{,}32}{17552{,}69} = 2{,}22$$

Cette valeur calculée de DW comparée à celle lue dans la table de Durbin-Watson à $n = 30$ et $k = 3$ soit $d_2 = 1{,}65$ d'où $1{,}65 < DW < 4 - 1{,}65$ $\Rightarrow 1{,}65 < DW < 2{,}35$ donc absence d'autocorrélation des résidus ε_t.

2.2.6. Correction de l'autocorrélation

Il existe plusieurs méthodes de correction. Elles ont pour principe commun de passer par une élimination préalable du terme d'erreur.

Considérons le modèle suivant : $\begin{cases} Y_t = \beta_1 + \beta_2 X_{2,t} + \varepsilon_t & (1) \\ \varepsilon_t = \rho\varepsilon_{t-1} + v_t & (2) \end{cases}$ (11)

avec ε_t une moyenne mobile d'ordre 1.

a) Méthode de Durbin

Elle comporte deux étapes :

- La 1ère étape consiste à éliminer ε_t de l'équation et ne conserver que v_t comme erreur :

$$Y_{t-1} = \beta_1 + \beta_2 X_{2,t-1} + \varepsilon_{t-1}$$

Ensuite, on multiplie cette équation par ρ

$$\rho Y_{t-1} = \rho\beta_1 + \rho\beta_2 X_{2,t-1} + \rho\varepsilon_{t-1}$$

$$Y_t - \rho Y_{t-1} = \beta_1(1-\rho) + \beta_2\left(X_{2,t} - \rho X_{2,t-1}\right) + \varepsilon_t - \rho\varepsilon_{t-1}$$

$$Y_t - \rho Y_{t-1} = \beta_1(1-\rho) + \beta_2(X_{2,t} - \rho X_{2,t-1}) + v_t \qquad (12)$$

$$Y_t = \beta_1(1-\rho) + \rho Y_{t-1} + \beta_2(X_{2,t} - \rho X_{2,t-1}) + v_t$$

Finalement,

$$Y_t = \beta_1(1-\rho) + \rho Y_{t-1} + \beta_2 X_{2,t} - \rho\beta_2 X_{2,t-1} + v_t \qquad (13)$$

On estime cette équation par les MCO, v_t satisfaisant les hypothèses classiques.

Cependant, les estimateurs sont liés entre eux par une contrainte : le coefficient de $X_{2,t-1}$ est égal au produit des coefficients de Y_{t-1} et $X_{2,t}$. Or dans la procédure d'estimation rien ne permet de tenir compte de cette contrainte. Les estimateurs obtenus ne pourront donc pas être retenus. Ils constituent un ensemble d'estimateurs non cohérents.

On va alors retenir ρ seul[4]. Et connaissant ρ, il sera possible de calculer $\hat{\beta}_1$ et $\hat{\beta}_2$. On définit ainsi de nouvelles variables :

$$Y_t^* = Y_t - \rho Y_{t-1} \qquad (14)$$

$$X_{2,t}^* = X_{2,t} - \rho X_{2,t-1} \qquad (15)$$

L'équation (13) devient alors :

---

[4] (1) Estimation de ρ par régression directe de ε_t sur ε_{t-1} : $\hat{\rho} = \frac{\sum_{t=2}^{n} \varepsilon_t \varepsilon_{t-1}}{\sum_{t=1} \varepsilon_t^2}$

(2) Estimation par la statistique de DW : $\hat{\rho} = 1 - \frac{DW}{2}$

$$Y_t^*=\beta_1(1-\rho)+\beta_2 X_{2,t}^*+v_t \qquad (16)$$

- La 2e étape consiste à estimer (16) par les MCO, ce qui fournit les valeurs de $\hat{\beta}_1$ et $\hat{\beta}_2$.

b) Méthode de Cochrane - Orcutt

C'est une méthode itérative. Elle considère l'équation (12) :

$Y_t-\rho Y_{t-1}=\beta_1(1-\rho)+\beta_2(X_{2,t}+\rho X_{2,t-1})+v_t$

On se donne une valeur arbitraire de ρ, et on en déduit des valeurs de $\hat{\beta}_1$ et $\hat{\beta}_2$.

Connaissant ces valeurs de $\hat{\beta}_1$ et $\hat{\beta}_2$, on revient sur une nouvelle valeur de ρ.

Soit ρ^0 la valeur d'amorçage de la procédure :

on a alors $Y_t^0 = Y_t - \rho^0 Y_{t-1}$

$X_{2,t}^0 = X_{2,t} - \rho^0 X_{2,t-1}$;

puis on estime $Y_t^0=\beta_1(1-\rho)+\beta_2 X_{2,t}^0+v_t$. On obtient ainsi $\hat{\beta}_1$ et $\hat{\beta}_2$, les estimateurs de β_1 et β_2.

On peut calculer $Y_t=\beta_1^0+\beta_2^0 X_{2,t}$. On en déduit $e_t=Y_t-Y_{t-1}$, et on obtient $\rho^1=\sum(e_t e_{t-1})/\sum(e_{t-1})^2$

Connaissant ρ^1, on recommence la procédure et on calcule :

$$Y_t^1=Y_t-\rho^1 Y_{t-1}$$

$$X_{2,t}^1=X_{2,t}-\rho^1 X_{2,t-1} ;$$

afin d'obtenir $\hat{\beta}_1$ et $\hat{\beta}_2$, et on en déduit $\rho^{(2)}$ …

Sargan a montré que cette procédure est convergente, c'est-à-dire qu'au bout d'un certain nombre d'itérations, les valeurs de ρ, $\hat{\beta}_1$ et $\hat{\beta}_2$, vont se stabiliser.

En général, la convergence est assez rapide et, elle sera d'autant plus rapide qu'on aura bien choisi la valeur d'amorçage. Comme la statistique de Durbin-Watson (DW) est en rapport avec la valeur de ρ, il est commode de choisir $\rho^0 = 1-(DW/2)$ puisque DW tend vers $(2-2\rho)$.

c) Méthode de Hildreth-Liu

C'est une méthode dite d'estimation par balayage. Elle consiste à estimer une succession d'équations (13), pour des valeurs régulièrement croissantes ou décroissantes de ρ. Par exemple : $\rho = 0{,}1; 0{,}2; \ldots; 0{,}9$.

On construira donc de nouvelles variables sur le modèle de $Y_t^* = Y_t - \hat{\rho}Y_{t-1}$ et $X_{2,t}^* = X_{2t} - \hat{\rho}X_{2t-1}$.

A chacune de ces régressions est associée la somme des carrés des résidus (SCR) ; et on peut déterminer quelle est la valeur de ρ qui minimise la SCR.

Puis on repart avec des valeurs plus fines. Par exemple, si la variance minimale est obtenue pour $\rho = 0{,}6$ ou $0{,}7$, on repart avec $\rho = 0{,}61$; … ; 0,69, et ceci jusqu'à obtenir le nombre de décimales souhaitées. Une telle méthode est très complexe parce qu'elle exige beaucoup de calculs.

2. 2.7. Autocorrélation de retard k

a) Définition

La préoccupation ici est de mesurer la corrélation entre la série $\{Y_t\}$ et la série $\{Y_{t-k}\}$ au moyen d'une statistique. Cet indicateur est relatif aux modèles autorégressifs. Il est noté ρ_k et appelé coefficient de corrélation ou encore coefficient d'autocorrélation de retard k. On l'appelle aussi fonction d'autocorrélation

$$\rho_k = \frac{\frac{1}{T}\sum_{t=k+1}^{T}(Y_t - \bar{Y})(Y_{t-k} - \bar{Y})}{\frac{1}{T}\sum_{t=1}^{T}(Y_t - \bar{Y})^2} \qquad (17)$$

$\bar{Y}$ = moyenne de la série de 1 à T

$k = 0$ conduit à $\rho_0 = 1$.

Cette formule de détermination de l'autocorrélation est rarement utilisée et aussi il est préféré une méthode qui fait intervenir les résidus, d'où l'appellation "autocorrélation des résidus".

Soit : $\varepsilon_t = Y_t - \bar{Y}$ et $\varepsilon_{t-k} = Y_{t-k} - \bar{Y}$

$$\rho_k^* = \frac{\sum_{t=k-1}^{T} \varepsilon_t \varepsilon_{t-k}}{\sum_{t=1}^{T} \varepsilon_t^2} \qquad (18)$$

Généralement, lorsque la taille de l'échantillon est assez grande, les deux formules donnent des résultats assez voisins.

Tableau 3 : Détermination de la fonction d'autocorrélation

t	Y_t	$\varepsilon_t^* = Y_t - \bar{Y}$	ε_t^{*2}	ε_{t-1}^*	$\varepsilon_t^* \varepsilon_{t-1}^*$	ε_{t-2}^*	$\varepsilon_t^* \varepsilon_{t-2}^*$	ε_{t-3}^*	$\varepsilon_t^* \varepsilon_{t-3}^*$
1	Y_1	ε_1^*	ε_1^{*2}	.	.	.	.	.	.
.	.	.	.	ε_1^*	$\varepsilon_2^* \varepsilon_1^*$	.	.	.	.
.	.	.	.	.	.	ε_1^*	$\varepsilon_1^* \varepsilon_3^*$	.	.
.	.	.	.	.	.	.	.	ε_1^*	$\varepsilon_4^* \varepsilon_1^*$
.	.	.	.	.	.	.	.	.	.
.	.	.	.	.	.	.	.	.	.
.	.	.	.	.	.	.	.	.	.
T	Y_T	ε_T^*	ε_T^{*2}	ε_{T-1}^*	$\varepsilon_T^* \varepsilon_{T-1}^*$	ε_{T-2}^*	$\varepsilon_T^* \varepsilon_{T-2}^*$	ε_{T-3}^*	$\varepsilon_T^* \varepsilon_{t-3}^*$
Moyenne									
Variance									
Autocorrélation					ρ_1		ρ_2		ρ_3

Au plan pratique, le tableau 3 illustre la démarche des calculs qui permet d'apprécier la dépendance temporelle entre termes de la série Y_t. Cette situation correspondrait au cas des processus autorégressifs sans variable exogène. Les ρ_k doivent permettre de mesurer la longueur d'influence de Y_t sur Y_{t-k}.

Considérons l'exemple suivant se rapportant aux devises du Niger.

Tableau 4 : Réserves de devises du Niger de 1966 à 1987 en % du PNB

Années	Réserves (Y_t) en %
1966	2,2
1967	0,67
1968	1,7
1969	4,12
1970	10,41
1971	17,6
1972	22,06
1973	24,09
1974	18,42
1975	22,37
1976	32,43
1977	31,9
1978	32,04
1979	29,35
1980	23,48
1981	17,85
1982	4,59
1983	7,85
1984	13,9
1985	21,08
1986	29,4
1987	38,24

Source: Allechi M'Bet and Amlan Madelaine Niumkey. European Economic Integration and the franc zone : the future of the CFA Franc after 1996 - AERC - Research Paper nineteen. July 1993.

A partir de ce tableau, on va déterminer quelques autocorrélations. A priori, on ne peut pas à l'avance déterminer le nombre puisque ρ_k doit permettre de mesurer la longueur d'influence de Y_{t-k} sur Y_t. En d'autres termes, on s'arrêtera si $\rho_k \to 0$.

Tableau5 : Autocorrélation avec retard entre $\{y_t\}$ et $\{y_{t-k}\}$, (k = 1, 2, 3) représentant les réserves de devises du Niger en % du PNB de 1966 à 1987

Années	Réserves en % (y_t)	$\varepsilon_t = Y_t - \bar{Y}$	ε_t^2	ε_{t-1}	ε_{t-2}	ε_{t-3}	$(\varepsilon_t)(\varepsilon_{t-1})$	$(\varepsilon_t)(\varepsilon_{t-2})$	$(\varepsilon_t)(\varepsilon_{t-3})$
1966	2,2	-16,24	263,74						
1967	0,67	-17,77	315,77	-16,24			288,58		
1968	1,7	-16,74	280,23	-17,77	-16,24		297,47	271,86	
1969	4,12	-14,32	205,06	-16,74	-17,77	-16,24	239,72	254,47	232,56
1970	10,41	-8,03	64,48	-14,32	-16,74	-17,77	114,99	134,42	142,69
1971	17,6	-0,84	0,71	-8,03	-14,32	-16,74	6,75	12,03	14,06
1972	22,06	3,62	13,1	-0,84	-8,03	-14,32	-3,04	-29,07	-51,84
1973	24,09	5,65	31,92	3,62	-0,84	-8,03	20,45	-4,75	-45,37
1974	18,42	-0,02	0	5,65	3,62	-0,84	-0,11	-0,07	0,02
1975	22,37	3,93	15,44	-0,02	5,65	3,62	-0,08	22,2	14,23
1976	32,43	13,99	195,72	3,93	-0,02	5,65	54,98	-0,28	79,04
1977	31,9	13,46	181,17	13,99	3,93	-0,02	188,31	52,9	-0,27
1978	32,04	13,6	184,96	13,46	13,99	3,93	183,06	190,26	53,45
1979	29,35	10,91	119,03	13,6	13,46	13,99	148,38	146,85	152,63
1980	23,48	5,04	25,4	10,91	13,6	13,46	54,99	68,54	67,84
1981	17,85	-0,59	0,35	5,04	10,91	13,6	2,97	-6,44	-8,02
1982	4,59	-13,85	191,82	-0,59	5,04	10,91	8,17	-69,8	-151,1
1983	7,85	-10,59	112,15	-13,85	-0,59	5,04	146,67	6,25	-53,37
1984	13,9	-4,54	20,61	-10,59	-13,85	-0,59	48,08	62,88	2,68
1985	21,08	2,64	6,97	-4,54	-10,59	-13,85	-11,99	-27,96	-36,56
1986	29,4	10,96	120,12	2,64	-4,54	-10,59	28,93	-49,76	-116,07
1987	38,24	19,8	392,04	10,96	2,64	-4,54	217,01	52,27	-89,89
Somme	405,75	0	2740,79				2028,34	1086,81	206,69
Moyenne	18,44	(ME)							
Autocorrélation							0,74	0,4	0,075

Compte tenu de la liaison qui existe entre l'autocorrélation d'ordre 1 des résidus ε_t et la statistique de DW, la valeur de :

$DW = 2 - 2 \times 0{,}74 = 2 - 1{,}48 = 0{,}52$. Or, dans la table, $d_1 = 1{,}22$ donc $0 < 0{,}52 < 1{,}22$ d'où une autocorrélation positive. Au regard du tableau, on peut conclure que la dépendance temporelle entre termes de la série se situe particulièrement au premier degré.

C'est-à-dire que Y_t est influencée fortement par Y_{t-1} et moyennement Y_{t-2} mais pas au-delà. De ce fait, le retard significatif peut aller jusqu'à $k = 2$. En effet, on remarque que pour ε_{t-3}.

$$DW = 2 - 2 \times 0{,}075 = 1{,}85$$

$$d_2 < 1{,}85 < 4 - d_2$$

$$1{,}52 < 1{,}85 < 2{,}15 \Rightarrow \text{acceptation de } H_0 \Rightarrow \rho = 0$$

b) La fonction d'autocorrélation partielle

Soit le modèle suivant :

$$Y_t = \beta_1 + \beta_2 X_{2,t} + \beta_3 X_{3,t} + \varepsilon_t \qquad (19)$$

Le coefficient de corrélation partielle entre Y et X_2 mesure l'effet de X_2 sur Y en éliminant l'influence de la variable X_3 ou de toute autre variable. Plus encore, comme l'indique Pindyck et Rubinfeld (1991), le coefficient de corrélation partielle est calculé par élimination de la linéarité de X_3 sur Y (de même que l'effet linéaire de X_3 sur X_2). La démarche est la suivante :

- Régressons Y par rapport à X_3

$$Y^* = \alpha_1^* + \alpha_2^* X_3 \qquad (20)$$

- Régressons X_2 par rapport à X_3

$$X_2^* = \gamma_1^* + \gamma_2^* X_3 \qquad (21)$$

Déplaçons l'influence de X_3 à la fois sur Y et sur X_2 soit :

$$\varepsilon_1 = Y - \overline{Y}^* \qquad (22)$$

$$\varepsilon_2 = X_2 - X_2^* \qquad (23)$$

Dans un modèle à k variables explicatives, il existe une relation entre le coefficient de corrélation partielle et le t de Student (Maddala G.S 1987) :

$$r_{YX_i}^2 \text{ (autres variables)} = \frac{t_i^2}{t_i^2 + (n-k-1)} \qquad (24)$$

Cette relation n'est valable que dans le cas de corrélation partielle d'ordre $k-1$.

Dans le cas ci-dessus où ε_1 et ε_2 représentent les résidus, nous pouvons calculer de deux façons différentes les coefficients $r^2_{YX_2,X_3}$.

$$r^2_{\varepsilon_1,\varepsilon_2} = \frac{cov(\varepsilon_1,\varepsilon_2)}{\sigma\varepsilon_1\,\sigma\varepsilon_2} \qquad (25)$$

ensuite,

$$r^2_{X_2X_3} = r^2_{\varepsilon_1\varepsilon_2}$$

La corrélation partielle entre X_3 et Y est en fait la simple corrélation entre Y^* et X^*.

En résumé, nous notons comme suit les coefficients de corrélation partielle et simple.

r_{YX_2,X_3} = corrélation partielle entre Y et X_3, l'influence de X_3 étant retirée ;

r_{YX_2} = coefficient de corrélation simple entre Y et X_2 ;

r_{X_2,X_3} = coefficient de corrélation simple entre X_2 et X_3 .

Nous pouvons tirer une relation entre le coefficient de corrélation simple et le coefficient de corrélation partielle ;

$$r_{YX_2X_3} = \frac{r_{YX_2} - r_{YX_1}\,r_{X_2X_3}}{\sqrt{1-r^2_{X_2X_3}}\sqrt{1-r^2_{YX_3}}} \qquad (26)$$

$$r_{YX_3,X_2} = \frac{r_{YX_3} - r_{YX_2}\,r_{X_2X_3}}{\sqrt{1-r^2_{X_2X_3}}\sqrt{1-r^2_{YX_2}}} \qquad (27)$$

Les coefficients de corrélation partielle se situent dans l'intervalle -1 à +1. L'interprétation est identique à celle du coefficient de corrélation simple.
Il est aussi possible d'établir une relation entre le coefficient de corrélation multiple (R^2) et le coefficient de corrélation partielle.

$$r^2_{YX_2;X_3} = \frac{R^2 - r^2_{YX_3}}{1-r^2_{YX_3}} \qquad (28)$$

ou

$$1-R^2 = \left(1-r^2_{YX_3}\right)\left(1-r^2_{YX_2,X_3}\right) \qquad (29)$$

Notons que de la même manière, nous aurions pu régresser :

- Y sur X_1 et X_2 en posant :

$$Y^* = \alpha_0^* + \alpha_1^* X_1 + \alpha_2^* X_2 \quad (30)$$

$$\varepsilon_1 = Y - Y^* \quad (31)$$

- X_3 sur X_1 et X_2 en posant :

$$X_3^* = \gamma_0^* + \lambda_1^* X_1 + \gamma_2^* X_2 \quad (32)$$

$$\varepsilon_2 = X_3 - X_3^* \quad (33)$$

Le coefficient de corrélation partielle de YX_3 si on élimine les influences de X_1 et X_2 noté r_{YX_3,X_1X_2} est :

$$r_{\varepsilon_1\varepsilon_2} \rightarrow r^2_{YX_3,X_1X_2} = r^2_{\varepsilon_1\varepsilon_2} \quad (34)$$

ou à partir du t de Student,

$$r^2_{YX_3,X_1X_2} = \frac{t_i^2}{t_i^2 + (n - k - 1)} \quad (35)$$

Rappelons que par l'intermédiaire de t de Student, la régression est faite de Y sur X_1, X_2 et X_3 de l'équation (19), c'est-à-dire :

$$Y_t = \beta_1 + \beta_2 X_{2t} + \beta_3 X_{3t} + \varepsilon_t$$

2.3.Le processus de bruit blanc

- Définition

Un processus de bruit blanc est une suite de variables aléatoires ε_t de même distribution (mêmes moyenne et variance) et mutuellement indépendantes. C'est un terme qui a été emprunté au physicien dans le domaine de la lumière. Il est fait allusion au spectre de la lumière blanche.

Trois hypothèses sont posées au départ :

* $E(\varepsilon_t)=0, \quad \forall t$

* $E(\varepsilon_t^2) - [E(\varepsilon_t)]^2 = E(\varepsilon_t^2) = \sigma^2, \quad \forall t$

* ε_t étant indépendante de ε_s quand $t \neq s$, ces deux variables sont non corrélées, en d'autres termes $E(\varepsilon_t \varepsilon_s) = 0$.

Finalement, dire que les $\{\varepsilon_t\}$ constituent un processus de bruit blanc entraîne que, quel que soit t,

$$\rho_k = 0 \text{ pour } k = 1, 2, \ldots$$

- Test de bruit blanc

Si le processus des $\{\varepsilon_t\}$ constitue un processus de bruit blanc, cela entraîne que :

$$\rho_1 = \rho_2 = \ldots = \rho_k = 0$$

Il existe deux possibilités d'opérer le test de bruit blanc : soit un test individuel, soit un test global de retard k.

2.3.1. Test individuel de bruit blanc

Si le processus est un bruit blanc et si T est assez grand, notamment $T > 16$, la statistique de test, $\sqrt{T_k}\rho(\varepsilon)$ suit une loi normale centrée réduite.

L'hypothèse à tester est $H_k \colon \rho_k = 0$

On rejette H_k au niveau de probabilité de 5% si la statistique a une valeur inférieure à -1,96 ou supérieure à 1,96. Généralement, il est préférable d'exprimer la décision sous forme de coefficient d'autocorrélation. Ainsi on rejette H_k si :

$$\rho_k(\varepsilon) < \frac{-1{,}96}{\sqrt{T}} \text{ ou si } \rho_k(\varepsilon) > \frac{1{,}96}{\sqrt{T}} \qquad (36)$$

Dans ce cas, on dit que l'autocorrélation est significative. A l'inverse, elle sera non significative à 5%, c'est-à-dire qu'on accepte l'hypothèse H_k de bruit blanc si on a :

$$\sqrt{T}\ \rho(\varepsilon) \in [-1{,}96,\ 1{,}96]$$

Pour certaines valeurs de T on admet que les limites de signification sont :

- de $\pm$ 0,5 si $T = 16$
- de $\pm$ 0,3 si $T = 50$
- de $\pm$ 0,3 si $T = 100$
- de $\pm$ 0,14 si $T = 200$

Reprenons l'exemple des réserves de devises du Niger et considérons $\rho_3^* = -0{,}075$.

La question est de savoir si cette autocorrélation est significative. Dans le cas présent à 5% nous avons comme limite de signification $\pm$ 0,33. Ce qui veut dire que ρ^*est dans l'intervalle $\pm$ 1,96. Cette autocorrélation n'est pas significative. Nous acceptons de ce fait l'hypothèse $H_3 : \rho_3 = 0$

2.3.2. Test global de bruit blanc

Ce test est appelé aussi test de Box-Pierce (1970) et Ljung-Box (1978). Ce test permet d'identifier les k premières autocorrélations, où k est fixé d'avance. Il s'agit d'identifier :
$Cov(Y_t, Y_{t-k}) = 0$ ou encore $\rho_k = 0, \quad \forall k.$
L'hypothèse à tester est la suivante :

$$\rho_1 = \rho_2 = \cdots = \rho_i = \cdots = \rho_v = 0$$

La statistique Q due à Box et Pierce est donnée par la relation :

$$Q = T \sum_{k=1}^{v} \rho_k^2 \qquad (37)$$

v = nombre de retards
ρ_k =autocorrélation empirique d'ordre k.

Si le processus est de type bruit blanc et si T est assez grand, la distribution de Q est asymptotique à un χ^2 à v degrés de liberté.
L'hypothèse de bruit blanc est rejetée au seuil α, si la statistique $Q(\chi_c^2)$ est supérieure au seuil $\chi^2(1-\alpha)$ à v degrés de liberté.
Il arrive que certains logiciels fournissent plutôt la statistique Q'de Ljung et Box soit :

$$Q' = T(T+2) \sum_{k=1}^{v} \frac{\rho_k^2}{T-v} \qquad (38)$$

Il faut que T soit aussi grand, notamment supérieur ou égal à 15 pour que le test puisse se réaliser.

2.4. Estimations d'équations simultanées avec autocorrélation et variables dépendantes retardées

Des nombreux modèles contiennent des variables dépendantes retardées, cela pour prendre en compte les ajustements qui ont lieu dans le temps. Les MCO donnent des estimations convergentes mais biaisées lorsqu'il y a des variables dépendantes retardées et pas d'autocorrélation des erreurs. Toutefois, l'autocorrélation est fréquente dans les séries temporelles. Et ni les MCO, ni les DMC ne sont convergents lorsque l'équation à estimer contient une variable dépendante retardée et une autocorrélation des termes d'erreurs.
Considérons l'équation suivante :
$Y_t = \beta Y_{t-1} + \varepsilon_t$ avec $\varepsilon_t = \rho \varepsilon_{t-1} + v_t \qquad (39)$
En général, lorsqu'on estime β par les MCO, on obtient un estimateur biaisé.
On sait que: $\hat{\beta} = \frac{\sum Y_t Y_{t-1}}{\sum Y_{t-1}^2} = \beta + \frac{\sum Y_{t-1} \varepsilon_t}{\sum Y_{t-1}^2} = \beta + V(Y_{t-1}) \quad (40)$

On a $Cov(Y_{t-1}\varepsilon_t) \neq 0$ car:

$$Cov(Y_{t-1}\varepsilon_t) = E(Y_{t-1}\varepsilon_t) = E(\beta Y_{t-2}\varepsilon_{t-1}) + E(\rho\varepsilon_{t-1} + \nu_t)$$
$$= \beta\rho E(Y_{t-2}\varepsilon_{t-1}) + \rho E(\varepsilon_{t-1}^2) + \beta E(\nu_t Y_{t-2}) + E(\nu_t\varepsilon_{t-1})$$

$Cv(Y_{t-1}\varepsilon_t) = \beta\rho E(Y_{t-2}\varepsilon_{t-1}) + \rho E(\varepsilon_{t-1}^2)$ puisque par hypothèse :
$\beta E(\nu_t Y_{t-2}) = 0$ de même que $E(\nu_t\varepsilon_{t-1}) = 0$
Mais $E(\varepsilon_{t-1}^2) = E(\varepsilon_t^2)$ et $E(Y_{t-2}\varepsilon_{t-1}) = E(Y_{t-1}\varepsilon_t)$
Donc $Cov(Y_{t-1}\varepsilon_t) = \beta\rho E(Y_{t-1}\varepsilon_t) + \rho E(\varepsilon_t^2)$
D'où $Cov(Y_{t-1}\varepsilon_t) = \frac{\rho Var(\varepsilon_t^2)}{1-\rho\beta}$ (41)

Cette variance sera nulle en l'absence d'autocorrélation des ε_t. Ainsi, la présence d'autocorrélation et des variables dépendantes retardées, fait que les estimateurs des MCO sont biaisés et non convergents.
Si on estime (39) par les MCO, il sera impossible de dire dans quelle mesure le modèle contient une corrélation sérielle.

2.5. L'hétéroscédasticité

2.5.1. Définition

Considérons le modèle $Y_t = Xa + \varepsilon_t$ pour lequel l'hypothèse H_4 de l'estimation des paramètres d'un modèle n'est pas vérifiée. La matrice des aléas se présente comme suit :

$$\Omega_\varepsilon = \begin{bmatrix} \sigma_{\varepsilon 1}^2 & \cdots & 0 \\ \vdots & \ddots & \vdots \\ 0 & \cdots & \sigma_{\varepsilon n}^2 \end{bmatrix}$$

Contrairement à l'hypothèse 4, les variances des aléas ne sont plus constantes sur la diagonale. De telles situations se rencontrent pour les modèles spécifiés en coupe instantanée ou bien, quand les distributions sont caractérisées par des moyennes. Alors, la variance de l'erreur est plutôt liée aux valeurs de la variable explicative.
A titre d'exemples, nous pouvons citer les consommations de n ménages en fonction de leurs revenus. Il est généralement observé que la variance de la consommation est probablement plus petite pour les faibles revenus que les revenus élevés ; le second exemple porte sur la relation qui pourrait exister entre le poids moyen des lapins et des doses moyennes de fortifiants administrés.
A priori, l'hétéroscédasticité porte davantage sur les modèles en coupe instantanée que les séries temporelles. Toutefois, il arrive que l'hétéroscédasticité soit sur des chroniques, en particulier lorsque chaque

donnée représente une somme ou une moyenne de valeurs d'une variable sur une période.
Contrairement à l'homoscédasticité où les variances sont constantes, dans l'hétéroscédasticité les variances sont différentes.

1) Les conséquences et les causes de l'hétéroscédasticité
   - Conséquences

Elles sont analogues à celles rencontrées pour l'autocorrélation des erreurs :

- Estimateur biaisé,
- L'estimateur des MCO ne représente plus une variance minimale

   - Causes

Outre les causes déjà citées, il faut ajouter que dans les données temporelles économiques à prix constants, l'inflation est un facteur de production d'hétéroscédasticité. Dans des distributions à coupe instantanée, l'hétéroscédasticité peut être engendrée par la taille de l'échantillon (c'est le cas quand on travaille sur un ensemble de pays, de régions ou sur une série d'entreprises).

2) Incidence de l'hétéroscédasticité et remèdes

L'hétéroscédasticité influence les tests de significativité, de plus, elle fausse les intervalles de prévision. Pour y remédier, on peut procéder selon les cas, à la transformation (logarithmique) des variables ou prendre en compte l'hétéroscédasticité à l'intérieur du modèle par le recours aux MCG.

2.5.2. Test de détection de l'hétéroscédasticité

L'objectif est de démontrer au moyen d'un test approprié, l'existence de l'hétéroscédasticité. Dans chaque cas, nous souhaitons trouver un test d'hypothèse H_0 d'homoscédasticité qui pose $\sigma_1^2 = \sigma_2^2 = \cdots = \sigma_n^2$, n représente le nombre d'observations.

1) Test d'égalité des variances

Soit l'hypothèse $H_0 : \sigma_1^{*2} = \sigma_2^{*2} = \cdots = \sigma_n^{*2}$

Considérons le modèle suivant : $Y_i = \alpha_0 + \alpha_1 X_i + \mu_i$ (43)

On décompose le modèle en strates (i) et on effectue le calcul de la variance empirique pour chaque strate i.

$$\sigma_i^{*2} = \frac{\sum_{i=1}^{n_i}\left(Y_{ij} - \bar{Y}_i\right)^2}{n_i - 1} \qquad (44)$$

Puis on calcule la variance totale.

$$\sigma_T^{*2} = \frac{\sum_{i=1}^{m}(n_i - 1)\sigma_i^{*2}}{\sum_{i=1}^{m}(n_i - 1)} = \frac{\sum_{i=1}^{m} z_i\sigma_i^{*2}}{\sum_{i=1}^{m} z_i} \qquad (45)$$

Avec $n_i - 1 = z_i$ d'où $\sum_{i=1}^{m}(n_i - 1) = \sum_{i=1}^{m} z_i = z$

Il faut souligner que z_i est constant.

La dernière étape consiste en la détermination de σ_i^{*2}.

Soit à considérer l'équation (45) de la variance totale, et posons qu'elle peut être exprimée par une quantité Q' qui s'écrit sous forme de logarithme népérien (ln).

$Q' = zln\sigma_T^{*2} = \sum_{i=1}^{m} z_i ln\sigma_i^{*2}$ (46)

Cette quantité Q' suit une loi de χ^2 à $v - 1$ degrés de liberté. Il reste que le plus souvent, l'estimation de Q' peut être améliorée en divisant par une constante C.

$$C = 1 + \frac{1}{3(v-1)}\left(\sum_{i=1}^{v}\frac{1}{z_i} - \frac{1}{z}\right) \qquad (47)$$

De telle sorte que : $Q = \frac{Q'}{C} \to \chi^2(v - 1)$ (48)

Si $Q > \chi^2(v - 1)$, l'hypothèse H_0 est rejetée, le modèle est hétéroscédastique. Il faut procéder à la détection par le test de Goldfeld-Quandt. Dans le cas du test de variance, la variable explicative n'intervient pas.

2) Test de Goldfeld-Quandt

Une des conditions d'application de ce test est que l'une des variables soit la cause de l'hétéroscédasticité et que le nombre d'observations soit assez grand $(n > 30)$.

La démarche comporte trois étapes :

- ranger les données suivant l'ordre des valeurs croissantes de la variable indépendante X_i,
- effectuer des régressions séparées, l'une pour les valeurs inférieures de X_i, l'autre pour les valeurs supérieures, en omettant les observations intermédiaires. L'inconvénient ici est qu'il n'existe aucun critère fixant le nombre ou le pourcentage d'observations intermédiaires ;

- procéder à la régression sur les deux sous-échantillons, puis effectuer le test.

Sous l'hypothèse H_0 d'homoscédasticité, on teste le rapport (SCR_2/SCR_1)qui suit une loi de Fisher à ν_1 et ν_2. En général, le SCR_2 est souvent supérieur au SR_1 dans la mesure où SCR_1 représente la somme des résidus des petites valeurs où la dispersion est moins grande que celle de SCR_2 correspondant aux grandes valeurs de la distribution.

Lorsque $F^* = \frac{SCR_2}{SCR_1} > F^{\alpha}_{\nu_1 \nu_2}$ (49)

l'hypothèse d'homoscédasticité H_0 est rejetée, le modèle est par conséquent hétéroscédastique.

La détermination du nombre de degrés de liberté (ν) peut se faire de deux manières différentes.

Considérons les tailles des sous-échantillons n_1 et n_2.

A partir de t de Student, on peut écrire que :

$\nu_1 = n_1 - k - 1$ (k le nombre de variables explicatives)

$$\nu_2 = n_2 - k - 1$$

Le plus souvent $n_2 = n_1 \Rightarrow \nu_1 = \nu_2$

La seconde formule de détermination du nombre de degrés de liberté passe par la distribution F de Fisher Snedecor. Il en résulte que :

$$\nu = \frac{N-d-2p}{2} \qquad (50)$$

avec :

N = nombre total d'observations

d = nombre d'observations omises

p = nombre de paramètres estimés

Nous introduisons une autre manière de détermination de ν en passant par le nombre de variables explicatives k au lieu des paramètres p.

$$\nu = \frac{N-d-2k}{2} - 1 \qquad (51)$$

Il resssort les égalités suivantes pour ν

$$\nu = n_1 - k - 1 = \frac{N - d - 2p}{2} = \frac{N - d - 2k}{2} - 1 = n_2 - k - 1 \qquad (52)$$

Toutefois, pour que la relation $n_1 - k - 1 = n_2 - k - 1$ soit vérifiée, il faut $n_1 = n_2$.

Application 1 :

Une enquête du CEDRES de Ouagadougou en 1993 portant sur un échantillon de 35 ménages a permis de mesurer les dépenses de consommation C et les revenus disponibles Y_d de ces ménages.

Tableau 6 : Dépenses de consommation et de revenu disponible en FCFA

Consommation			Revenu
8000	8500	8900	10000
12000	12400	12600	15000
16000	16800	17000	20000
18000	19000	19100	25000
23000	23700	24000	30000
25000	25900	26300	35000
34500	36000	36200	40000
37200	37800	38000	45000
41000	41500	41800	50000
43600	44000	44400	55000
44900	51100	52300	60000
52800	60100	62200	65000

1) Expliquez $C = f(Y_d)$ pour l'ensemble de l'échantillon ;
2) Vérifier l'existence éventuelle d'une hétéroscédasticité ;
3) Dans l'hypothèse d'une hétéroscédasticité, procéder à une correction de ses effets

Solution : Appliquons le test de Goldfeld-Quandt. La 1ère étape consiste à ranger les données dans un ordre croissant

Tableau 7 : Résultats

N° Ménage	C	Y_d	N° Ménage	C	Y_d
1	8000	10000	19	34500	40000
2	8500	10000	20	36000	40000
3	8900	10000	21	36200	40000
4	12000	15000	22	37200	45000
5	12400	15000	23	37800	45000
6	12600	15000	24	38000	45000
7	16000	20000	25	41000	50000
8	16800	20000	26	41500	50000
9	17000	20000	27	41800	50000
10	18000	25000	28	43600	55000
11	19000	25000	29	44000	55000
12	19100	25000	30	44400	55000
13	23000	30000	31	44900	60000
14	23700	30000	32	51100	60000
15	24000	30000	33	52300	60000
16	25000	35000	34	52800	65000
17	25900	35000	35	60100	65000
18	26300	35000	36	62200	65000

1) La régression de C par rapport à Y_d est :

$$C_1^* = \underset{(-1{,}569)}{-1539{,}08} + \underset{(36{,}507)}{0{,}867}\, Y_d \quad R^2 = 0{,}975 \qquad (53)$$

Pour vérifier l'hétéroscédasticité, régressions C par rapport à Y_d pour les 14 premières observations, ce qui conduit à omettre 8 observations intermédiaires.

$$C_1^* = \underset{(2{,}665)}{1495} + \underset{(26{,}197)}{0{,}709}\, Y \quad R^2 = 0{,}982 \qquad (54)$$

$$C_2^* = \underset{(-1{,}270)}{-9060} + \underset{(7{,}889)}{1{,}003} \quad {}_d \quad R^2 = 0{,}838 \qquad (55)$$

2) Test d'hétéroscédasticité
H_0: homoscédasticité
H_1: hétéroscédasticité

$$F^* = \frac{SCR_2}{SCR_1} = \frac{124683500}{5807611} = 21{,}47$$

Nombre de degrés de liberté ν:

$$\nu_1 = \nu_2 = \frac{36 - 8 - 2}{2} = 12$$

$$F_{12;12}^{0{,}05} = 2{,}69$$

$$F^* = 21{,}47 > F_{12;12}^{0{,}05}$$

Nous acceptons l'hypothèse d'hétéroscédasticité : H_0 est rejetée.

3) Correction des effets hétéroscédastiques

Il existe plusieurs méthodes de correction des effets hétéroscédastiques. Gleisjer (1946) a avancé plusieurs méthodes qui partent toutes de l'hypothèse de la variance σ_ε^{*2} du terme d'erreur. Dans ce cas présent, posons que $\sigma_{\varepsilon_j}^{*2}$ soit proportionnelle à Y_d^2 et réestimons C à l'aide des variables transformées de manière à corriger l'hétéroscédasticité. C'est une régression pondérée. Si on posait $\sigma_{\varepsilon_j}^{*2} = k^2 Y_d^2$, la pondération se fera avec $1/\sqrt{Y_d}$ tel que posé par Gleisjer.

$$(C^*/Y_d) = \underset{(8{,}36)}{0{,}952} - \underset{(1{,}008)}{6253{,}42}\, Y_d \qquad R^2 = 0{,}078 \qquad (56)$$

Tableau 8 : Valeurs initiales et valeurs transformées de la consommation(C) et du revenu disponible (Y_d) par une régression pondérée

Ménage n°	consommation	Revenu	Cons/revenu	1/revenu
1	8000	10000	0,8	0,0001
2	8500	10000	0,85	0,0001
3	8900	10000	0,89	0,0001
4	12000	15000	0,8	0,00007
5	12400	15000	0,83	0,00007
6	12600	15000	0,84	0,00007
7	16000	20000	0,8	0,00005
8	16800	20000	0,84	0,00005
9	17000	20000	0,85	0,00005
10	18000	25000	0,72	0,00004
11	19000	25000	0,76	0,00004
12	19100	25000	0,76	0,00004
13	23000	30000	0,77	0,00003
14	23700	30000	0,79	0,00003
15	24000	30000	0,8	0,00003
16	25000	35000	0,71	0,00003
17	25900	35000	0,74	0,00003
18	26300	35000	0,75	0,00003
19	34500	40000	0,86	0,00003
20	36000	40000	0,9	0,00003
21	36200	40000	0,91	0,00003
22	37200	45000	0,83	0,00002
23	37800	45000	0,84	0,00002
24	38000	45000	0,84	0,00002
25	41000	50000	0,82	0,00002
26	41500	50000	0,83	0,00002
27	41800	50000	0,84	0,00002
28	43600	55000	0,79	0,00002
29	44000	55000	0,8	0,00002
30	44400	55000	0,81	0,00002
31	44900	60000	0,75	0,00002
32	51100	60000	0,85	0,00002
33	52300	60000	0,87	0,00002
34	52800	65000	0,81	0,00002
35	60100	65000	0,92	0,00002
36	62200	65000	0,96	0,00002

Remarques : il est possible de faire des observations à la fois au plan économique et au niveau statistique (valeurs des coefficients).

- dans le cas présent, le terme constant de l'équation (56) exprime la propension marginale à consommer qui est de 0,952. Elle est plus élevée que celle de l'équation (53) qui est de 0,867. C'est une des conséquences de la correction.
- Au niveau statistique, la signification est plus élevée pour les deux coefficients qu'avant la correction, à l'inverse, le R^2 est plus mauvais.

Application2 : Reprenons le même exemple portant sur la consommation et les revenus à Ouagadougou. On demande de procéder au test de détection de l'hétéroscédasticité suivant le test d'égalité des variances.

Solution : construisons le tableau permettant de déterminer les variances empiriques. Dans ce test, la variable explicative n'intervient pas.

Groupe	Consommation (C) : Y			Revenu : X	σ_i^{*2}	$Ln\sigma_i^{*2}$
1	8000	8500	8900	10000	109661,11	11,605
2	12000	12400	12600	15000	57911,111	10,967
3	16000	16800	17000	20000	200200	12,207
4	18000	19000	19100	25000	290200	12,578
5	23000	23700	24000	30000	169661,11	12,042
6	25000	25900	26300	35000	283061,11	12,553
7	34500	36000	36200	40000	663094,44	13,405
8	37200	37800	38000	45000	117944,44	11,678
9	41000	41500	41800	50000	96294,444	11,475
10	43600	44000	44400	55000	80200	11,292
11	44900	51100	52300	60000	11665878	16,272
12	52800	60100	62200	65000	16998028	16,649
					30732133	17,241

a) Détermination des variances empiriques σ_i^{*2} avec $i = 1,2,\ldots,12$

$$\sigma_j^{*2} = \frac{\sum_{j=1}^{n_i}\left(Y_{ij} - \overline{Y}_i\right)^2}{n_i - 1} = \frac{\sum_{j}^{3}\left(Y_{ij} - \overline{Y}\right)^2}{3 - 1} \qquad (57)$$

On remarque dans le tableau que les variances sont toutes différentes.

b) Détermination de la variance totale σ_T^{*2}

$$\sigma_T^{*2} = \frac{\sum_{i=1}^{v}(n_i - 1)\sigma_i^{*2}}{\sum_{i=1}^{v}(n_i - 1)} = \frac{\sum_{i=1}^{12} z_i \sigma_i^{*2}}{z}$$

$$= \frac{2\times 30732133{,}333}{24} = 2561011{,}11 \qquad (58)$$

Avec $z_i = n_i - 1 = 3 - 1 = 2$ et

$$z = \sum_{i=1}^{12} z_i = \sum_{i=1}^{12}(n_i - 1) = 24 \qquad (59)$$

c) calcul du σ^2 empirique

$$Q' = z ln\sigma_T^{*2} - \sum_{i=1}^{v} z_i\, ln\sigma_i^{*2} = 24 ln\sigma_T^{*2} - 2\sum_{i=1}^{v} ln\sigma_i^{*2} = 319{,}6 \qquad (60)$$

$$C = 1 + \frac{1}{3(v-1)}\left(\sum_{i=1}^{v}\frac{1}{z_i} - \frac{1}{z}\right) = 1 + \frac{1}{3(12-1)}\left(6 - \frac{1}{24}\right) = 1{,}18 \qquad (61)$$

d)Test d'égalité des variances

$$Q = \frac{Q'}{C} \rightarrow \chi_\alpha^2(v-1) \qquad (62)$$

$$Q = \frac{319{,}66}{1{,}18} = 270{,}90 > \chi_{0{,}05}^2(11) = 19;675 \qquad (63)$$

Le modèle est effectivement hétéroscédastique.

2.5.3. Correction de l'hétéroscédasticité

L'estimateur BLUE[5] du modèle hétéroscédastique est celui du MCG :

$$\alpha^* = (X'\Omega_\varepsilon^{-1}X)^{-1}(X'\Omega_\varepsilon^{-1}Y) \qquad (64)$$

$$\Omega_{\alpha^*} = (X'\Omega_\varepsilon^{-1}X)^{-1} \qquad (65)$$

Contrairement à la méthode unique de correction de l'autocorrélation de retard 1 des erreurs, il n'existe pas une méthode unique pour la correction de l'hétéroscédasticité.

La démarche générale se réduit à la détermination d'une transformation (régression pondérée) relative aux données de la variable endogène et des variables explicatives de façon à se ramener à un modèle homoscédastique.

---

[5] Best linear Unbiaised Estimator ; c'est-à-dire, le meilleur estimateur linéaire non biaisé. Pour plus de détails, se reporter à JUDGE G.G and al. (1998) pages 202-205

Soit le modèle suivant :

$Y_t = \alpha + \beta X_i + \varepsilon_i i = 1, \cdots, k$ (66)

Où les ε_i sont homoscédastiques et ont des covariances nulles. Mais, nous ne connaissons que la relation entre les moyennes, soit :

$\bar{Y}_i = \alpha + \beta \bar{X} + \bar{\varepsilon}_i$ (67)

et dans ces conditions,

$Var(\bar{\varepsilon}_i) = \frac{\sigma^2}{n_i}$ pour $i = 1, \cdots, k$ (68)

La matrice des variances et des covariances des erreurs est de ce fait :

$$Var(\bar{\varepsilon}_i) = \Omega_\varepsilon = \sigma_\varepsilon^2 v = \sigma_\varepsilon^2 \begin{bmatrix} \frac{1}{n_1} & \cdots & 0 \\ \vdots & \ddots & \vdots \\ 0 & \cdots & \frac{1}{n_k} \end{bmatrix} \qquad (69)$$

Puisque nous admettons que le modèle est hétéroscédastique, nous aurons recours aux MCG.

$$\begin{aligned} \alpha^* &= (X'\Omega_\varepsilon^{-1}X)^{-1}(X'\Omega_\varepsilon^{-1}Y) \\ &= (X'V^{-1}X)^{-1}(X'V^{-1}Y) \qquad (70) \end{aligned}$$

$$V^{-1} = \begin{bmatrix} n_1 & & \\ & n_2 & \\ & & n_k \end{bmatrix}$$

d'où $(X'V^{-1}X) = \begin{bmatrix} \sum n_i & \sum n_i X_i \\ \sum n_i X_i & \sum n_i X_i^2 \end{bmatrix}$ (71)

On peut alors constater que :

$$\left(X'V^{-1}X\right) = \begin{bmatrix} \sum n_{i\bar{Y}_i} \\ \sum n_i \bar{X}_i \bar{Y}_i \end{bmatrix} \qquad (72)$$

Exemple 1 : correction de l'hétéroscédasticité dans l'hypothèse d'une distribution des moyennes

Tableau 10 : Relation entre le poids moyen des enfants et leur âge moyen dans un quartier de Cotonou (données fictives)

Nombre d'enfants n_i	Poids moyen Y_i en kg	Age moyen X_i en mois
7	5	3
11	14	9
10	8	6
5	10	11
8	7	4
9	6	5

1) On demande de déterminer les paramètres qui expriment la relation entre le poids moyen de chacun des enfants Y_i et l'âge individuel X_i

$$\bar{Y}_i = a_0 + a_1\bar{X}_i + \bar{\varepsilon}_i$$

2) Tester si le paramètre a_1 est significativement différent de 0.

Solution

1) Détermination des paramètres

On posera $\bar{Y}_i = Y_i$ et $\bar{X}_i = X_i$

N°	Y_i	X_i	n_i	n_iY_i	n_iX_i	$n_iY_i^2$	$n_iX_i^2$	$n_iX_iY_i$
1	5	3	7	35	21	63	175	105
2	14	9	11	154	99	891	2156	1 386
3	8	6	10	80	60	360	640	480
4	10	11	5	50	55	605	500	550
5	7	4	8	56	32	128	392	224
6	6	5	9	54	45	225	324	270
7	40	38	50	429	312	2272	4187	76 000

$$X'V^{-1}X = \begin{pmatrix} 50 & 312 \\ 312 & 2272 \end{pmatrix}^{-1} = \begin{pmatrix} 0,1398 & -0,0192 \\ 0,1398 & -0,0192 \end{pmatrix}$$

$$\left(X'V^{-1}Y\right) = \begin{pmatrix} 429 \\ 3015 \end{pmatrix}$$

$$a^* = \begin{pmatrix} 0,1398 & -0,0192 \\ 0,1398 & -0,0192 \end{pmatrix}\begin{pmatrix} 429 \\ 3015 \end{pmatrix} = \begin{pmatrix} 2,09 \\ 1,01 \end{pmatrix}$$

D'où $a_0 = 2,09$ et $a_1 = 1,01$

2) Test sur a_1

L'estimateur de la variance de l'erreur peut se référer dans le cas présent à une estimation sans biais de σ_ε^2 et à partir des MCO où :

$$\sigma_\varepsilon^2 = \frac{\varepsilon\varepsilon'}{n-k-1} = \frac{(MY-MXa^*)'(MY-MXa^*)}{n-k-1} \qquad (73)$$

Il faut souligner que la matrice M telle que $V^{-1} = MM'$ est égale à

$$M = \begin{bmatrix} \sqrt{n_1} & & \\ & \ddots & \\ & & \sqrt{n_6} \end{bmatrix} \qquad (74)$$

Ainsi, l'estimateur MCG se définit :

$$a^* = (XV^{-1}X)^{-1}(XV^{-1}X)$$
$$= [(MX)'(MX)]^{-1}[(MX)'(MY)]$$

$$= (X'M'MX)^{-1}(X'M'MY)$$

Notons que cette forme de détermination de a^* est appelée celle da la technique de la régression pondérée qui consiste à faire le produit du vecteur des variables à expliquer (Y) et du vecteur de la variable explicative (X) par la matrice (M) précédemment définie. Le recours aux MCO conduit aux mêmes résultats que la première formule où on aura des données transformées.

Finalement, l'estimateur de σ_ε^{*2} devient :

$$\sigma_\varepsilon^{*2} = \frac{(MY - MXa^*)'MY - MXa^*}{n-k-1}$$

$$= \frac{(Y - Xa^*)'M'M(Y - Xa^*)}{n-k-1}$$

$$= \frac{(Y - Xa^*)'V^{-1}(Y - Xa^*)}{n-k-1}$$

$$\sigma_\varepsilon^{*2} = \frac{Y'V^{-1}Y - a^*X'Y^{-1}Y}{n-k-1} \qquad (75)$$

Puisque $Y = Xa + \varepsilon \Rightarrow Y' = (a^*)' + \varepsilon'$

Par ailleurs, $Y'V^{-1}Y = \sum n_t Y_t^2$ et $a^{*\prime} = (2{,}09;\ 1{,}01)$

En se rapportant aux relations précédentes, cette variance s'exprime comme suit :

$$\sigma_\varepsilon^{*2} = \frac{\sum n_i Y_i^2 - [a_0 \quad a_1]\begin{bmatrix}\sum n_i X_i \\ \sum n_i X_i Y_i\end{bmatrix}}{n-k-1} \qquad (76)$$

$$= \frac{4187 - [2{,}09 \quad 1{,}01]\begin{bmatrix}429 \\ 3015\end{bmatrix}}{6-1-1} \qquad (77)$$

$$\sigma_\varepsilon^{*2} = 61{,}31$$

Rappelons que n représente le nombre d'observations et dans le cas présent $n = 6$; par ailleurs, k exprime le nombre de variable explicative, soit 1.

La troisième étape consiste à déterminer la variance de a_0 et a_1.

La matrice des variances et covariances des paramètres est :

$$\Omega_{a^*}^* = \sigma_\varepsilon^{*2}\left(X'V^{-1}X\right)^{-1} = 61{,}31\begin{pmatrix}0{,}1398 & -0{,}0192 \\ -0{,}0192 & 0{,}0024\end{pmatrix} \qquad (78)$$

Soit $\sigma_{a_0^*}^{*2} = 61{,}31 \times 0{,}1398 = 8{,}57 \qquad (79)$

$\sigma_{a_1^*}^{*2} = 61{,}31 \times 0{,}0024 = 0{,}147 \qquad (80)$

Hypothèses sur a_1: $H_0: a_1 = 0$ et $H_1: a_1 \neq 0$
La procédure ici est de savoir si a_1 est différent de zéro $(a_1 \neq 0)$ dans la mesure où on sait que sa valeur est soit négative ou positive.

$$H_1: a_1 \neq 0$$

Rappelons que pour tester l'hypothèse on a :

$\frac{a_1^* - a}{\sigma^{*2}_{a_1^*}}$ (81) qui est une loi de Student avec $n-2$ degrés de liberté

Sous l'hypothèse H_0, la relation devient :

$$t^* = \frac{a_1 - 0}{\sqrt{0,147}} = \frac{1,01}{\sqrt{0,147}} = \frac{1,01}{0,383} = 2,64$$

- Au seuil, $\alpha = 0,05$; on a $t_4^{0,25} = 2,776$. D'où $t^* = 2,64 < t_4^{0,05} = 2,776$. Nous acceptons H_0, l'âge n'a pas d'incidence positive sur le poids des enfants.
- Au seuil $\alpha = 0,10$, nous avons : $t^* = 2,64 < t_4^{0,10} = 2,132$; on rejette l'hypothèse H_0. En d'autres termes, avec un risque de se tromper de 10%, l'âge a une incidence positive sur le poids des enfants. Dans ce cas, on dit que le paramètre a_1 est significativement différent de zéro. De ce fait, c'est H_1, c'est-à-dire $a_1 \neq 0$ qui est acceptée. La variable explicative (X) représentant l'âge contribue à l'explication de la variable expliquée (Y) indiquant le poids.

Le rôle du test du coefficient a_1^* est de mesurer une signification statistique d'une variable explicative dans sa contribution à l'explication de la variable endogène. Dans le cas de l'exemple précédent, au seuil de 5%, nous remarquons qu'il n'existe pas de lien entre le poids des enfants et leur âge.

CHAPITRE 3 : LES EQUATIONS DE RECURRENCE

INTRODUCTION

Les opérations sur les séries temporelles font de plus en plus recours aux opérateurs de retards qui constituent des instruments efficaces de traitement des modèles dynamiques.
Un opérateur de retard est (à l'image des opérateurs classiques : addition, multiplication, soustraction etc.), un opérateur qui transforme une série temporelle en une autre série temporelle.
Considérons une série $\{X_t\}_{t=-\infty}^{\infty}$ et générons une nouvelle série $\{Y_t\}_{t=-\infty}^{\infty}$, où la valeur de Y pour la date t est égale à la valeur de X prise à la date $t-1$:

$$Y_t = X_{t-1} \qquad (1)$$

Ceci est considéré comme une application de l'opérateur à la série $\{X_t\}_{t=-\infty}^{\infty}$. L'opérateur est représenté par L, symbole de l'anglais lag signifiant retard.

On distingue généralement trois principaux opérateurs de retards symbolisés par : L, $A(L)$, $B(L)$

$$A(L) = 1 + \rho L + (\rho L)^2 + (\rho L)^3 + \cdots = \sum_{i=1}^{\infty}(\rho)^i \qquad (2)$$

$$\text{Si } |\rho| < 1 \quad \Rightarrow \quad A(L) = \frac{1}{1-\rho L}$$

$$B(L)) = \beta_0 + \beta_1 L + \beta_2 L^2 + \cdots + \beta_s L^s \qquad (3)$$

Les opérateurs de retards sont utilisés surtout dans les résolutions des équations de différence ou de récurrence.
Il faut rappeler qu'une équation de différence est une équation dans laquelle la variable dépendante est expliquée par elle-même avec des retards. Ce type d'équations est plus connu en économétrie sous le nom de processus autorégressif noté (AR_p[1]).

Exemple : $Y_t = a_1 Y_{t-1} + a_2 Y_{t-2} + \cdots + a_p Y_{t-p} + \varepsilon_t$
La présente partie se consacrera à l'emploi des opérateurs dans les équations de différence du premier ordre, du second ordre et à la généralisation au p^e ordre.

---
[1] p traduit l'ordre du processus

3.1. L'opérateur de retards L

3.1.1. Propriétés de l'opérateur de retards L

Soit l'égalité suivante :

$$LX_t = X_{t-1} \qquad (4)$$

Considérons le résultat de la double application de l'opérateur de retard sur une série

$$L(LX_t) = L(X_{t-1}) = X_{t-2}$$

Une telle double application de l'opérateur de retard est indiquée par L^2.

$$L^2X_t = X_{t-2} \qquad (5)$$

En généralisant pour un degré quelconque p on a :

$$L^pX_t = X_{t-p} \qquad (6)$$

avec comme conditions : $p \in N$ et $p > 0$

Par convention : $L^0X_t = 1X_t = X_t \qquad (7)$

3.1.1.1. La commutativité

L'opérateur de retard et l'opérateur de multiplication sont commutatifs.
Soit β , un scalaire

$$L\beta(X_t) = \beta LX_t = \beta X_{t-1} \qquad (8)$$

3.1.1.2. La distributivité

Si nous additionnons deux séries et appliquons l'opérateur de retard L au résultat, il en vient :

$$(X_t, W_t) \to X_t + W_t \to X_{t-1} + W_{t-1}$$

le résultat est le même comme si nous avions appliqué le retard avant l'addition :

$$L(X_t + W_t) = LX_t + LW_t = X_{t-1} + W_{t-1} \qquad (9)$$

Il ressort que l'opérateur de retard suit les mêmes règles algébriques que l'opérateur de multiplication. Pour ces raisons, il est tentant de recouvrir à l'expression "multiplier par Y_t par L ". La seconde expression est techniquement plus correcte puisqu'elle donne le résultat suivant :

$$\{Y_t\}_{t=-\infty}^{+\infty} = \{\cdots, Y_{-1}, Y_0, Y_1, Y_2, \cdots, Y_T, Y_{T+1}, \cdots\}$$

alors que la première est :

$$\{Y_1, Y_2, \cdots, Y_T\}$$

qui caractérise la distribution observée.
La première écriture a trois composantes

. première composante : $\cdots, Y_{-1}$: passé

. deuxième composante : $\cdots Y_0, Y_1 \cdots Y_T$: observation

. troisième composante : $Y_{T+1}, Y_{T+2} \cdots$: prévision

Généralement, les auteurs dont James Hamilton (1994) ont recours à l'opérateur L pour la simple raison qu'elle facilite la présentation.

3.1.1.3. Généralisation

Devant une série temporelle définie en termes d'opérateurs composés, nous sommes libres d'utiliser les lois algébriques standard de commutativité, d'associativité et de distributivité pour la multiplication et l'addition pour exprimer l'opérateur composé.

Soit le processus suivant défini par :

$$Y_t = (a + bL)LX_t \qquad (10)$$

il est exactement identique au processus

$$Y_t = (aL + bL^2)X_t = aX_{t-1} + bX_{t-2}$$

Considérons un autre processus :

$$\begin{aligned}(1 - \lambda_1 L)(1 - \lambda_2 L)X_t &= (1 - \lambda_1 L - \lambda_2 L + \lambda_1\lambda_2 L^2)X_t \\ &= [1 - (\lambda_1 + \lambda_2)L + \lambda_1\lambda_2 L^2]X_t \\ &= X_t - (\lambda_1 + \lambda_2)X_{t-1} + \lambda_1\lambda_2 X_{t-2} \qquad (11)\end{aligned}$$

3.1.1.4. Application sur un scalaire

Une expression telle que $(aL + bL^2)$ est soumise à un polynôme d'un opérateur de retard. C'est algébriquement identique à un simple polynôme $(aw + bw^2)$ où w est un scalaire. La différence est que le simple polynôme $(aw + bw^2)$ se soumet à un nombre particulier, tandis qu'un polynôme avec un opérateur de retard $(aL + bL^2)$ se soumet à un opérateur qui peut être appliqué à une série temporelle $\{X_t\}_{t=-\infty}^{+\infty}$ pour produire une nouvelle série $\{Y_t\}_{t=-\infty}^{+\infty}$

Notons que si $\{X_t\}_{t=-\infty}^{+\infty}$ est juste une série de constante :

$$X_t = c \qquad \forall t$$

alors, l'opérateur de retard appliqué à X_t produit la même série de constante.

$$LX_t = X_{t-1} = c$$

soit par exemple :$(\alpha L + \beta L^2 + \gamma L^3)c = (\alpha + \beta + \gamma)c$

3.1.1.5. L'application de L, p fois sur une variable et q fois sur le résultat obtenu

Si on applique L, p fois sur une variable puis, q fois sur le résultat obtenu précédemment, on a le même résultat que l'application directe de (p, q) fois le L sur la variable.

Soit la variable X_t à laquelle on applique successivement L, p fois, puis sur le résultat obtenu q fois L.

$$L^q(L^P X_t) = L^{P+q}(X_t) = X_{t-(P+q)} \qquad (12)$$

3.1.2. Les opérateurs de retard et les équations de différences

Il existe deux façons différentes de transformer une équation de différences; soit par itération (substitutions récursives) soit par l'application de l'opérateur de retard.

3.1.2.1. L'opérateur de retard et les équations de différences du premier ordre

Considérons l'équation de différences du premier ordre suivant :

$$Y_t = \rho Y_{t-1} + W_t \qquad (13)$$

en introduisant l'opérateur L on peut réécrire (13) qui devient :

$$(1 - \rho L)Y_t = W_t \qquad (14)$$

Multiplions chaque membre de l'égalité (14) par l'opérateur $A(L)$ qui est un polynôme supposé borner :

$A(L) = 1 + \rho L + \rho^2 L^2 + \rho^3 L^3 + \cdots + \rho^t L^t$ d'où

$$(1 + \rho L + \rho^2 L^2 + \cdots + \rho^t L^t)(1 - \rho L)Y_t = (1 + \rho L + \rho^2 L^2 + \cdots + \rho^t L^t)W_t \quad (14')$$

Développons le côté gauche de l'équation sans Y_t

$$\begin{aligned}(1 + \rho L + \rho^2 L^2 + \cdots + \rho^t L^t)(1 - \rho L) &= (1 + \rho L + \cdots + \rho^t L^t) \\ &\quad -(1 + \rho L + \cdots + \rho^t L^t)\rho L \\ &= (1 + \rho L + \cdots + \rho^t L^t) - (\rho L + \rho^2 L^2 + \cdots + \rho^{t+1} L^{t+1}) \\ &= 1 - \rho^{t+1} L^{t+1} \qquad (15)\end{aligned}$$

Ceci revient à dire que :

$$1 + \rho^2 L^2 + \cdots + \rho^t L^t = (1 - \rho^t L^t)$$

dès lors, pour avoir l'équation (15), il suffisait de multiplier l'équation (14) par $(1 - \rho^t L^t)$ ce qui donne :

$$(1 - \rho^t L^t)(1 - \rho L)Y_t = (1 - \rho^{t+1} L^{t+1})Y_t \qquad (16)$$

Rappelons qu'on peut écrire aussi que :

$\rho_1(L) = 1 - \rho L$

Si $|\rho| < 1$, on a : $1 - \rho L = \rho_1(L) = 1 + \rho^2 L^2 + \cdots$

Revenons à l'équation (15) et remplaçons cette équation dans (14')

$Y_t - \rho^{t+1} Y_{t-(t+1)} = W_t + \rho W_{t-1} + \cdots + \rho^t W_0$

soit

$$Y_t = \rho^{t+1} Y_{-1} + W_t + \rho W_{t-1} + \cdots + \rho^t W_0 \qquad (17)$$

Si les conditions suivantes sont remplies

- $t \to \infty$
- $|\rho| < 1$

la série suit un processus stationnaire Y_t fini et le résidu $\rho^{t+1} Y_{-1} \to 0$

Au regard des hypothèses précédentes, on peut écrire que :

$$\begin{aligned}(1 + \rho L + \rho^2 L^2 + \cdots + \rho^t L^t)(1 - \rho L) Y_t &= (1 - \rho^t L^t)(1 - \rho L) Y_t \\ &= (1 - \rho^{t+1} L^{t+1}) Y_t \\ &= Y_t - \rho^{t+1} Y_{-1} = Y_t \quad (18)\end{aligned}$$

En revenant à l'égalité (14') on a :

$Y_t = (1 + \rho L + \rho^2 L^2 + \cdots + \rho^t L^t) W_t$[2]

Sous la condition $|\rho| < 1$, on peut diviser chaque membre de l'égalité par W_t

$$\frac{Y_t}{W_t} = (1 + \rho L + \rho^2 L^2 + \cdots + \rho^t L^t)$$

en combinant avec l'équation (14), on remplace W_t par sa valeur, d'où :

$$\frac{Y_t}{(1-\rho L) Y_t} = \frac{1}{1-\rho L} = (1 - \rho L)^{-1} \qquad (19)$$

$(1 - \rho L)^{-1}$ est l'inverse de l'opérateur $(1 + \rho L)$.

L'opérateur (19) permet de développer la notion de limite.

Une suite $\{Y_t\}_{t=-\infty}^{\infty}$ tend vers une limite s'il existe un nombre fini $\bar{Y}$ tel que :

$$|Y_t| < \bar{Y}$$

Ainsi, si $|\rho| < 1$, on a le développement suivant :

$$(1 + \rho L + \rho^2 L^2 + \cdots + \rho^k L^k)$$

---

[2] En considérant $(1 + \rho L + \rho^2 L^2 + \cdots + \rho^t L^t)$ la somme des termes d'une suite géométrique de premier terme 1 et de raison ρL, on peut poser : $1 + \rho L + \rho^2 L^2 + \cdots + \rho^t L^t = \frac{1-(\rho L)^{t+1}}{1-\rho L}$

De telle sorte qu'à la limite pour $t \to \infty$ on a : $\frac{1-(\rho L)^{t+1}}{1-\rho L} = \frac{1}{1-\rho L} = (1 - \rho L)^{-1}$

C'est une approximation de l'opérateur $(1-\rho L)^{-1}$en considérant $k \to \infty$

$$(1-\rho L)^{-1} = \lim_{k\to\infty}(1+\rho L+\rho^2 L^2+\cdots+\rho^k L^k) \qquad (19')$$

a) Inverse de l'opérateur $\rho_p(L)$

Soit l'égalité suivante : $\varphi_q(L) = \rho_p(L)^{-1}$

Or, on sait que, pour $p = 1$

$\rho_1(L) = 1-\rho L$

Si $|\rho| < 1$, alors:

$$\rho_1(L)^{-1} = \lim_{j\to\infty}\left(1+\rho L+\rho^2 L^2+\cdots+\rho^j L^j+\cdots\right)$$

L'opérateur $(1-\rho L)^{-1}$ a la propriété suivante :

$$\rho_1(L)\rho_1(L)^{-1} = (1-\rho L)(1+\rho L+\rho^2 L^2+\cdots)$$
$$= 1+\rho L+\rho^2 L^2+\cdots-\rho L-\rho^2 L^2-\cdots = 1$$

La valeur 1 dénote l'identité de l'opérateur

$$1Y_t = Y_t$$

b) Suites stochastiques

Soit à considérer $|\rho| < 1$, et multiplions l'équation (14) par $(1-\rho L)^{-1}$ d'où

$$Y_t = (1-\rho L)^{-1} W_t \qquad (20)$$

on sait que dans l'égalité (17) on a :

$Y_t = W_t + \rho W_{t-1} + \rho^2 W_{t-2} + \cdots$ (21) pour $\rho^{t+1} Y_t \to 0$

Il est possible de souligner que si nous n'émettons aucune restriction sur les suites bornées ou les processus stochastiques $\{W_t\}_{t=-\infty}^{\infty}$ et $\{Y_t\}_{t=-\infty}^{\infty}$, alors, l'expression (21) n'est pas nécessairement une implication de (17). L'équation (20) est compatible avec (13).

Ajoutons à l'équation (21) un terme $a_0\rho^t$ qui correspond à $\rho^{t+1}Y_{-1}$ de (17)

$$Y_t = a_0\rho^t + W_t + \rho W_{t-1} + \rho^2 W_{t-2} + \cdots \qquad (22)$$

et nous obtenons d'autres séries compatibles avec (13) pour n'importe quelle constante a_0. Pour vérifier cela, notamment la compatibilité avec (13), multiplions (22) par l'opérateur $(1-\rho L)$.

$$(1-\rho L)Y_t = (1-\rho L)a_0\rho^t + (1-\rho L)^{-1} W_t$$
$$= a_0\rho^t - a_0\rho^{t-1} + W_t = W_t \qquad (23)$$

de même (22) est compatible avec (13) quelle que soit la constante a_0. Tout processus de la forme (22) est compatible avec l'équation de différence (13), à condition que $|\rho| < 1$

$|a_0\rho^t| \to \infty$ si $t \to -\infty$

Par conséquent, même si $\{W_t\}_{t=-\infty}^{\infty}$ est une suite bornée, la solution donnée par (22) n'est pas bornée sauf pour $a_0 = 0$ dans (22). Dès lors, il y a une raison particulière pour définir l'opérateur $(1-\rho L)^{-1}$ comme l'inverse de $(1-\rho L)$. Ainsi, $(1-\rho L)^{-1}$ est défini dans (19') comme l'unique opérateur satisfaisant la relation :

$$(1-\rho L)^{-1}(1-\rho L) = 1$$

Reprenons l'équation $(1-\rho L)Y_t = W_t$ et ayons recours à l'opérateur inverse précédemment défini. Il ressort que :

$$(1-\rho L)^{-1}(1-\rho L)Y_t = (1-\rho L)^{-1}W_t \Rightarrow Y_t = (1-\rho L)^{-1}W_t$$

ce qui entraine que $Y_t = \rho_1 Y_{t-1} + \rho_2 Y_{t-2} + W_t$ qui est une équation aux différences du second ordre.

3.1.2.2. Opérateurs de retards et équations de différences du second ordre

Considérons succinctement un processus autorégressif du second ordre ou équation aux différences du second ordre.

$$Y_t = \rho_1 Y_{t-1} + \rho_2 Y_{t-2} + W_t \qquad (24)$$

Réécrivons cette équation en utilisant l'opérateur L .

$$(1-\rho_1 L - \rho_2 L^2)Y_t = W_t \qquad (25)$$

Le côté gauche de l'égalité (25) contient un polynôme du second ordre en opérateur de retard L .

Supposons que nous factorisons ce polynôme, avec l'idée de trouver deux nombres λ_1 et λ_2 tel que :

$$(1-\rho_1 L - \rho_2 L^2) = (1-\lambda_1 L)(1-\lambda_2 L) = 1-(\lambda_1+\lambda_2)L + \lambda_1\lambda_2 L^2 \qquad (26)$$

Pour des valeurs données de ρ_1 et ρ_2, il ressort les propriétés suivantes de λ_1 et λ_2 :

$$\lambda_1 + \lambda_2 = \rho_1 \text{ et } \lambda_1\lambda_2 = -\rho_2$$

Application :

Si nous donnons les valeurs suivantes $\rho_1 = 0{,}6$ et $\rho_2 = -0084$; alors, nous pouvons choisir $\lambda_1 = 0{,}4$ et $\lambda_2 = 0{,}2$. En remplaçant dans (26) on a:

$$(1-0{,}6L + 0{,}08L^2) = (1-0{,}4L)(1-0{,}2L) \qquad (27)$$

D'une manière générale, comment sont trouvées les valeurs de λ_1 et λ_2. La tâche est de choisir λ_1 et λ_2 de façon à être sûr que l'opérateur sur le côté gauche de (26) est identique à celui sur le côté droit. Ceci est d'autant plus vrai que l'équation suivante représente le même polynôme en Z.

$$(1 - \rho_1 Z - \rho_2 Z^2) = (1 - \lambda_1 Z)(1 - \lambda_2 Z) \qquad (28)$$

Cette simple équation remplace l'opérateur de retard L dans (26) avec un scalaire Z. Avec cette fonction (28), nous pouvons nous demander, pour quelle valeur de Z le côté droit de cette équation est égal à zéro. Il n'y avait aucun sens à se poser une telle question dans (26) dans la mesure où L était un opérateur particulier et non un nombre ; et, $L = \lambda^{-1}$ n'est pas une formulation raisonnable.

Pourquoi nous devons considérer que le côté droit de (28) est égal à zéro $Z = \lambda_1^{-1}$ ou $Z = \lambda_2^{-1}$. Il faut se souvenir que l'objectif était de choisir λ_1 et $\lambda_2$de sorte que les deux côtés de (23) représentent le même polynôme en Z. Ceci signifie que pour n'importe quelle valeur particulière de Z, les deux fonctions doivent produire le même nombre. Si nous trouvons une valeur de Z qui égalise le côté droit à zéro, cette même valeur de Z doit égaliser le côté gauche à zéro aussi. Mais, les valeurs de Z qui égalisent le côté gauche à zéro.

$$(1 - \rho_1 Z - \rho_2 Z^2) = 0$$

sont données par la forme quadratique

$$z_1 = \frac{\rho_1 - \sqrt{\rho_1^2 + 4\rho_2}}{-2\rho_2} \qquad (29)$$

$$z_2 = \frac{\rho_1 + \sqrt{\rho_1^2 + 4\rho_2}}{-2\rho_2} \qquad (30)$$

Posons $Z = z_1$ ou z_2 de façon à ce que le côté gauche de (28) soit zéro, pendant que $Z = \lambda_1^{-1}$ ou λ_2^{-1} égalise le côté droit de (28) à zéro. Ainsi,

$$\lambda_1^{-1} = z_1 \qquad (31)$$

$$\lambda_2^{-1} = z_2 \qquad (32)$$

Si nous revenons à l'exemple numérique (27) dans lequel $\rho_1 = 0{,}6$ et $\rho_2 = -0{,}08$; nous pouvons calculer :

$$z_1 = \frac{0{,}6 - \sqrt{0{,}6^2 - 4(0{,}08)}}{2(0{,}08)} = 2{,}5$$

$$z_2 = \frac{0{,}6 + \sqrt{0{,}6^2 - 4(0{,}08)}}{2(0{,}08)} = 5{,}0$$

aussi, on obtient

$$\lambda_1 = {}^{1}/_{2{,}5} = 0{,}4$$

$$\lambda_2 = {}^1\!/_5 = 0{,}2$$

correspondant au résultat trouvé en (27)

Quand $\rho_1^2 + 4\rho_2 < 0$, les valeurs z_1 et z_2 sont des complexes conjugués et les valeurs correspondantes λ_1 et λ_2 peuvent être trouvées par l'intermédiaire d'un nombre complexe.

Spécialement, on pose

$$z_1 = a + bi$$

Actuellement, il y a une méthode plus directe pour calculer les valeurs λ_1 et λ_2 de ρ_1 et ρ_2 selon Hamilton.

Divisons les deux côtés de (28) par z^2 ce qui donne :

$$(z^{-2} - \rho_1 z^{-1} - \rho_2) = (z^{-1} - \lambda_1)(z^{-1} - \lambda_2) \qquad (33)$$

et définissons λ comme une variable de z^{-1}

$$\lambda = z^{-1} \qquad (34)$$

Substituons (34) dans (33), ce qui donne

$$(z^{-2} - \rho_1 z^{-1} - \rho_2) = (\lambda - \lambda_1)(\lambda - \lambda_2) \qquad (35)$$

Les valeurs de λ qui annulent le côté droit sont $\lambda = \lambda_1$ et $\lambda = \lambda_2$. Ces mêmes valeurs doivent annuler le côté gauche également :

$$(\lambda^2 - \rho_1 \lambda - \rho_2) = 0 \qquad (36)$$

Ainsi, pour calculer les valeurs de λ_1 et λ_2 du facteur du polynôme (26), nous pouvons chercher les racines de (36) directement de la forme quadratique.

$$\lambda_1 = \frac{\rho_1 + \sqrt{\rho_1^2 + 4\rho_2}}{2} \qquad (37)$$

$$\lambda_2 = \frac{\rho_1 - \sqrt{\rho_1^2 + 4\rho_2}}{2} \qquad (38)$$

À partir de l'exemple (27), nous effectuons ces calculs.

$$\lambda_1 = \frac{0{,}6 + \sqrt{(0{,}6)^2 + 4(0{,}08)}}{2} = 0{,}4$$

$$\lambda_2 = \frac{0{,}6 - \sqrt{(0{,}6)^2 + 4(0{,}08)}}{2} = 0{,}2$$

Proposition: Soit le polynôme $(1 - \rho_1 L - \rho_2 L^2)$ et factorisons ce polynôme :

$$(1 - \rho_1 L - \rho_2 L^2) = (1 - \lambda_1 L)(1 - \lambda_2 L) \qquad (39)$$

On considère que l'équation de différence du second ordre est stable avec comme racines λ_1 et λ_2 distinctes.

Il existe une autre méthode de détermination de λ_1 et λ_2, c'est la méthode des vecteurs autorégressifs (VAR).

Reprenons l'équation suivante :

$$Y_t = \rho_1 Y_{t-1} + \rho_2 Y_{t-2} + W_t \qquad (40)$$

L'écriture sous forme matricielle donne :

$$\begin{bmatrix} Y_t \\ Y_{t-1} \end{bmatrix} = \begin{bmatrix} \rho_1 & \rho_2 \\ 1 & 0 \end{bmatrix} \begin{bmatrix} Y_{t-1} \\ Y_{t-2} \end{bmatrix} + \begin{bmatrix} W_t \\ 0 \end{bmatrix} \qquad (41)$$

On peut poser la fonction suivante de cette matrice :

$$\varphi_t = F\varphi_{t-1} + \nu_t \qquad (42)$$

Les valeurs de λ qui satisfont (40), sont les valeurs propres de la matrice F, d'où la proposition suivante :

Proposition 1 :

Soit le polynôme $(1 - \rho_1 L - \rho_2 L^2)$ et factorisons ce polynôme sous la forme :

$$(1 - \rho_1 L - \rho_2 L^2) = (1 - \lambda_1 L)(1 - \lambda_2 L)$$

Ce qui revient au même que trouver les valeurs propres de la matrice F de (41). Les valeurs propres λ_1 et λ_2 étant les paramètres dans (41). L'équation de différence du second ordre est stable[3] avec comme racines λ_1 et λ_2 distinctes.

Principe :

$Y_t = \rho_1 Y_{t-1} + \rho_2 Y_{t-2} + W_t$ est stable lorsque les racines de :
$\lambda^2 - \rho_1 \lambda - \rho_2 = 0$ sont à l'intérieur du cercle unitaire ou à l'inverse, chaque fois que les racines de $(1 - \rho_1 Z - \rho_2 Z) = 0$ sont à l'extérieur du cercle unitaire.

Dorénavant, on pourra dire que $Y_t = \rho_1 Y_{t-1} + \rho_2 Y_{t-2} + W_t$ est un processus autorégressif avec des valeurs propres λ_1 et λ_2 distinctes et bien sûr toutes intérieures au cercle unitaire.

Les inverses

$$(1 - \lambda_1 L)^{-1} = 1 + \lambda_1 L + \lambda_1^2 L^2 + \lambda_1^3 L^3 + \cdots \qquad (43)$$

$$(1 - \lambda_2 L)^{-1} = 1 + \lambda_2 L + \lambda_2^2 L^2 + \lambda_2^3 L^3 + \cdots \qquad (44)$$

sont bien définies par des séries bornées. Ecrivons (25) sous forme factorisée en relation avec (26).

$$(1 - \lambda_1 L)(1 - \lambda_2 L) Y_t = W_t \qquad (45)$$

et multiplions chaque côté par le produit des inverses, c'est-à-dire par :

$$(1 - \lambda_1 L)^{-1}(1 - \lambda_2 L)^{-1}$$

$$Y_t = (1 - \lambda_1 L)^{-1}(1 - \lambda_2 L)^{-1} W_t \qquad (46)$$

---

[3] Avant d'examiner dans le chapitre V la notion de stabilité, disons que le processus $Y_t = \rho_1 Y_{t-1} + \rho_2 Y_{t-2} + W_t$ est stable si $|\lambda_1| < 1$ et $|\lambda_2| < 1$. Cela veut dire que les racines $\lambda^2 - \rho_1 \lambda + \rho_2 = 0$ sont stables à l'intérieur du cercle unitaire.

Selon Sargent (1987), quand $\lambda_1 \neq \lambda_2$, on peut utiliser l'opérateur suivant :

$$(1-\lambda_1 L)^{-1}\left\{\frac{\lambda_1}{1-\lambda_1 L}-\frac{\lambda_2}{1-\lambda_2 L}\right\} \quad (47)$$

$$= (1-\lambda_1 L)^{-1}\left\{\frac{\lambda_1(1-\lambda_2 L)-\lambda_2(1-\lambda_1 L)}{(1-\lambda_1 L)(1-\lambda_2 L)}\right\}$$

$$= \frac{1}{(1-\lambda_1 L)(1-\lambda_2 L)}$$

Dès lors, (46) peut se réécrire

$$Y_t = \left\{\frac{\lambda_1}{\lambda_1-\lambda_2}[1+\lambda_1 L+\lambda_1^2 L^2+\lambda_1^3 L^3+\cdots] - \frac{\lambda_2}{\lambda_1-\lambda_2}[1+\lambda_2 L+\lambda_2^2 L^2+\cdots]\right\} W_t$$

posons :

$c_1 = \frac{\lambda_1}{\lambda_1-\lambda_2}$ et $c_2 = -\frac{\lambda_2}{\lambda_1-\lambda_2}$

Donc

$$Y_t = (c_1+c_2)W_t + (c_1\lambda_1 + c_2\lambda_2)W_{t-1} + (c_1\lambda_1^2 + c_2\lambda_2^2)W_{t-2} + \cdots \quad (48)$$

A partir de (48), le multiplicateur dynamique peut être déduit directement par dérivation.

$\frac{\partial Y_{t+i}}{\partial W_t} = c_1\lambda_1^i + c_2\lambda_2^i$ avec $i = 0, 1, \cdots$

Au plan économique, le multiplicateur exprime l'effet de la variable exogène W_t sur la variable endogène Y_t. Dans ce cas, la variation de Y_t est fonction de la variation d'une unité de W_t.

L'opérateur de retard L permet de répondre à la question ci-après : si un système dynamique est décrit par la relation $Y_t = \rho_1 Y_{t-1} + \rho_2 Y_{t-2} + W_t$ quels sont les effets sur Y des variations de W?

3.1.2.3. Généralisation des opérateurs de retard aux équations de différence du p[e] ordre

Soit $Y_t = 1 + \rho_1 Y_{t-1} + \rho_2 Y_{t-2} + \cdots + \rho_P Y_{t-P} + W_P$ (49)

De ce qui découle des démonstrations précédentes, on peut généraliser à un processus autorégressif d'ordre p.

Appliquons l'opérateur L et mettons en fonction Y_t , l'équation (49) devient :

$$(1 + \rho_1 L + \rho_2 L^2 + \cdots + \rho_P L^P)Y_t = W_P \quad (50)$$

La factorisation de l'opérateur $(1 - \rho_1 L - \rho_2 L^2 \cdots \rho_P L^P)$ conduit :

$$(1 - \rho_1 L - \rho_2 L^2 \cdots \rho_P L^P) = (1-\lambda_1 L)(1-\lambda_2 L)\cdots(1-\lambda_P L)$$

C'est aussi par rapport au scalaire dans la dernière équation

$(1-\rho_1 Z-\rho_2 Z^2 \cdots \rho_P Z^P)=(1-\lambda_1 Z)(1-\lambda_2 Z)\cdots(1-\lambda_P Z)$ (51)

C'est cette dernière égalité qui sera utilisée pour déterminer les $\lambda_i(i=1,2,\ldots)$.

L'opération consiste dans un premier temps à diviser chaque membre de (51) par Z^p, d' où :

$(Z-P-\rho_1 Z^{-P+1}-\rho_2 Z^{-P+2}-\cdots-\rho_P)=(Z^{-1}-\lambda_1)(Z^{-1}-\lambda_2)\cdots(Z^{-1}-\lambda_P)$

posons $\lambda=Z^{-1}$ entrainant que l'équation (51) devient

$(\lambda^P-\rho_1\lambda^{P-1}-\rho_2\lambda^{P-2}-\cdots-\rho_P)=(\lambda-\lambda_2)\cdots(\lambda-\lambda_P)$ (52)

Les valeurs de λ_i qui annulent le membre de gauche de (52) sont déterminées par l'équation

$$\lambda^P-\rho_1\lambda^{P-1}-\rho_2\lambda^{P-2}-\cdots-\rho_P=0 \quad (53)$$

Il s'agit de déterminer les valeurs propres $(\lambda_1,\cdots,\lambda_p)$de cette équation. Ceci revient à déterminer les valeurs propres d'un vecteur autorégressif $VAR(p)$.

En effet, soit $Y_t=\rho_1 Y_{t-1}+\rho_2 Y_{t-2}+\cdots+\rho_P Y_{t-p}+W_t$ (54)

Sous forme matricielle, l'équation se présente ainsi qu'il suit :

$$\begin{bmatrix} Y_t \\ Y_{t-1} \\ \vdots \\ Y_{t-P+1} \end{bmatrix} = \begin{bmatrix} \rho_1 & \rho_2 & \cdots & \rho_{P-1} & \rho_P \\ 1 & 0 & 0 & 0 & 0 \\ \vdots & 1 & 0 & 0 & 0 \\ 0 & 0 & \cdots & 1 & 0 \end{bmatrix} \begin{bmatrix} Y_{t-1} \\ Y_{t-2} \\ \vdots \\ Y_{t-P} \end{bmatrix} + \begin{bmatrix} W_t \\ 0 \\ \vdots \\ 0 \end{bmatrix} \quad (55)$$

Ce qui donne :

$\varphi_t=F\varphi_{t-i}+v_t$ (56)

La proposition 1 examinée précédemment peut alors se généraliser.

Proposition 2

La factorisation du polynôme $(1-\rho_1 L-\rho_2 L^2-\cdots-\rho_P L^P)$ entraîne :

$(1-\rho_1 L-\rho_2 L^2-\cdots-\rho_P L^P)=(1-\lambda_1 L)(1-\lambda_2 L)\cdots(1-\lambda_P L)$ (57)

Ceci revient au même que de déterminer les valeurs propres de la matrice F définie précédemment. Ces valeurs sont données par les solutions de l'équation

$\lambda^P-\rho_1\lambda^{P-1}-\rho_2\lambda^{P-2}-\rho_3\lambda^3-\cdots-\rho_{P-1}\lambda-\rho_p$ (58)

Conformément à la définition et aux propriétés des processus autorégressifs, l'expression (49) est stable si les $|\lambda_i|<1$, traduisant que les séries sont bornées.

Les inverses de $(1-\lambda_1 L)(1-\lambda_2 L)\cdots(1-\lambda_P L)$ existent toutes et ceci permet de poser que :

$(1-\lambda_1 L)(1-\lambda_2 L)\cdots(1-\lambda_P L)Y_t=w_t$ et on peut isoler Y_t

comme suit :

$$Y_t = (1-\lambda_1 L)^{-1}(1-\lambda_2 L)^{-1}\cdots(1-\lambda_P L)^{-1}W_t \qquad (59)$$

Dans la mesure où $\lambda_1 \neq \lambda_2 \neq \cdots \neq \lambda_p$; le polynôme $(1-\lambda_1 L)^{-1}(1-\lambda_2 L)^{-1}\cdots(1-\lambda_P L)^{-1}$ peut aussi s'écrire:

$$\frac{1}{(1-\lambda_1 Z)(1-\lambda_2 Z)\cdots(1-\lambda_p Z)} = \frac{c_1}{(1-\lambda_1 Z)} + \frac{c_2}{(1-\lambda_2 Z)} + \cdots + \frac{c_p}{(1-\lambda_p Z)} \qquad (60)$$

multiplions les deux membres de l'égalité (60) par :

$$(1-\lambda_1 Z)(1-\lambda_2 Z)\cdots(1-\lambda_p Z)$$

Finalement on a :

$$\left.\begin{aligned} 1 = c_1(1-\lambda_1 Z)(1-\lambda_2 Z)\cdots(1-\lambda_p Z) + \\ c_2(1-\lambda_1 Z)(1-\lambda_2 Z)\cdots(1-\lambda_p Z) + \\ \vdots \\ c_p(1-\lambda_1 Z)(1-\lambda_2 Z)\cdots(1-\lambda_p Z) \end{aligned}\right\} \qquad (61)$$

L'équation (61) doit du fait qu'elle est un polynôme du $(p-1)^{ième}$ ordre contenir toutes les valeurs de Z.

Si les $c_i\,(i = 1,\cdots,p)$ sont choisis de façon que (61) tienne pour p valeurs distinctes, il faut s'assurer que l'équation (61) contient $Z = \lambda_i^{-1}(i = 1,2,\cdots,p)$ de telle sorte :

$$1 = c_1(1-\lambda_2\lambda_1^{-1})(1-\lambda_3\lambda_1^{-1})\cdots(1-\lambda_p\lambda_1^{-1})$$

ce qui donne :

$$c_1 = \frac{\lambda_1^{P-1}}{(\lambda_1-\lambda_2)(\lambda_1-\lambda_3)\cdots(\lambda_1-\lambda_P)}$$

$$\vdots$$

$$c_p = \frac{\lambda_P^{P-1}}{(\lambda_P-\lambda_1)(\lambda_P-\lambda_2)\cdots(\lambda_P-\lambda_{P-1})}$$

Reprenons (59)

$$Y_t = (1-\lambda_1 L)^{-1}(1-\lambda_2 L)^{-1}\cdots(1-\lambda_P L)^{-1}W_t$$

Cette expression peut s'écrire sous la forme suivante :

$$Y_t = \frac{c_1}{(1+\lambda_1 L)}W_t + \frac{c_2}{(1+\lambda_2 L)}W_t + \cdots + \frac{c_p}{(1+\lambda_P L)}W_t$$

Donc

$$\begin{aligned} Y_t = {} & c_1(1+\lambda_1 L+\lambda_1^2L^2+\lambda_1^3L^3+\cdots)W_t \\ & + c_2(1+\lambda_2 L+\lambda_2^2L^2+\lambda_2^3L^3+\cdots)W_t \\ & \vdots \\ & + c_P(1+\lambda_P L+\lambda_P^2L^2+\lambda_P^3L^3+\cdots)W_t \end{aligned}$$

Soit en développant

$$Y_t = (c_1 + c_2 + \cdots + c_p)W_t$$

$$+ (c_1\lambda_1 + c_2\lambda_2 + \cdots + c_P\lambda_P)W_{t-1}$$
$$+ (c_1\lambda_1^2 + c_2\lambda_2^2 + \cdots + c_P\lambda_P^2)W_{t-2}$$
$$\vdots$$

Le multiplicateur dynamique est tiré de cette dernière équation. Il s'écrit comme suit par dérivation.

$$\frac{\partial \gamma_{t+i}}{\partial W_i} = c_1 \quad {}_1^i + c_2\lambda_2^i + \cdots + c_P\lambda_P^i \text{ avec } i = 1, 2, \cdots, p \qquad (62)$$

3.2. Conditions initiales et séquences non bornées

Au départ il a été supposé que les séries sont bornées. Il convient de déterminer les conditions initiales qui sous-tendent cette hypothèse afin de résoudre les équations de différence.
A cet effet on peut partir de l'exemple de J. Hamilton basé sur le milieu financier.

Soit
P_t =le prix d'une valeur boursière
D_t =le dividende procuré par cet actif

Il est supposé qu'un spéculateur achète cet actif à la date (t) pour le revendre à la date $(t + 1)$. En $t + 1$, son profit total serait de

$$g_{t+1} = (P_{t+1} - P_t)/(P_t + D_t) \qquad (63)$$

Si on suppose que le gain est constant et supérieur à 0, on écrira :

$$g_t = (P_{t+1} - P_t)/\big((P_t + D_t)\big|P_t\big) \qquad (64)$$

d'où

$$g_tP_t = P_{t+1} - P_t - D_t \Rightarrow P_{t+1} = (1 + g_t)P_t - D_t \qquad (65)$$

L'équation (65) est une équation de différence du 1er ordre.
Dans la résolution des équations de différence, il existe deux méthodes : celle qui a recours aux opérateurs de retard et celle qui utilise la méthode itérative.
La méthode itérative qui se base sur les substitutions successives peut être "foward" ou "backward".

1°/ Dans le cas backward, les substitutions se font sur la base d'une équation initiale de la forme :

$$P_{t+1} = (1 + g_t)P_t - D_t$$

Avec comme condition de départ, P_0 et D_0 données. De ce fait on aura:

$P_1 = (1+g)P_0 - D_0$

$P_2 = (1+g)P_1 - D_1$

$\vdots$

$$P_t = (1+g)^{t+1}P_t - (1+g)^t D_0 - (1+)^{+1}D_t - (1+g)^{t-1}D_1 - \cdots - (1+g)D_{t-1} - D_t$$

2°/ Dans le cas "foward", l'équation de départ est de la forme :

$P_t = \frac{1}{1+g}[\![P_{t+1} + D_t]\!]$

On aura en t + 1

$P_{t+1} = \frac{1}{1+g}[\![P_{t+2} + D_{t+1}]\!]$

En substituant P_{t+1} dans P_t on aura

$$P_t = \frac{1}{1+g}\left[\!\!\left[\frac{1}{1+g}(P_{t+2} + D_{t+1}) + D_t\right]\!\!\right]$$
$$= \left[\frac{1}{1+g}\right]^2 P_{t+2} + \left[\frac{1}{1+g}\right]^2 D_{t+1} + \left[\!\!\left[\frac{1}{1+g}\right]\!\!\right] D_t$$

Si on admet que des conditions initiales sont données et que P_t et D_t sont bornés, on aboutira au résultat suivant (avec $t = 1, 2, 3, \cdots, T$).

$$P_{t+1} = \left(\frac{1}{1+g}\right)^{t+1}\left\{\left[\!\!\left[\frac{1}{1+g}\right]\!\!\right] D_0 + \left[\frac{1}{1+g}\right]^2 D_1 + \left[\frac{1}{1+g}\right]^3 D_2 + \left[\frac{1}{1+g}\right]^{t+1} D_t + \left[\!\!\left[\frac{1}{1+g}\right]\!\!\right]^{t+2} D_{t+1} + \cdots\right\} - \left(\frac{1}{1+g}\right)^t D_0 - \left(\frac{1}{1+g}\right)^{t-1} D_1 - \left(\frac{1}{1+g}\right)^{t-2} D_2 - \cdots - \left(\frac{1}{1+g}\right) D_{t-1} - D_t$$
$$= \left[\!\!\left[\frac{1}{1+g}\right]\!\!\right] D_{t+1} + \left[\frac{1}{1+g}\right]^2 D_{t+2} + \left[\frac{1}{1+g}\right]^3 D_{t+3} + \cdots$$

L'hypothèse de séries bornées est fondamentale dans le cas de la résolution des équations de différence. En effet, dans l'exemple précédent si P_t et D_t ne sont pas des séries bornées, il faudrait une infinité de conditions de départ ($T - 1$) puisque T tend vers l'infini. De telle sorte qu'on aboutirait dans ce cas à une infinité de solutions. A l'inverse, si P_t et D_t sont bornées, on peut avoir les différentes valeurs de P_t puisqu'on aura des conditions initiales finies.

Sargent (1987)[4] estime qu'en principe, lorsqu'on doit résoudre une équation de différence du 1er ordre du genre

$Y_t = \rho Y_{t-1} + \varepsilon_t$

[4]Cité par J. Hamilton (1994)

- on utilise la méthode "backward" si $|\rho| < 1$. Ce qui revient à multiplier cette équation par l'opérateur :

$$(1 - \rho L)^{-1} = (1 + \rho L + \rho^2 L^2 + \rho^3 L^3 + \cdots)$$

- on aura recours à la méthode "foward" si $|\rho| > 1$. Dans ce cas on multiplie l'équation par l'opérateur.

$$(1 - \rho L)^{-1} = \frac{-\rho^{-1} L^{-1}}{1 - \rho^{-1} L^{-1}} = -\rho^{-1} L^{-1}[1 + \rho^{-1} L^{-1} + \rho^{-2} L^{-2} + \rho^{-3} L^{-3} + \cdots]$$

En conclusion, il est possible d'affirmer qu'en appliquant un opérateur comme $(1 - \rho L)^{-1}$, on impose implicitement l'hypothèse que lesdites séries sont bornées.

CHAPITRE 4 : LES PROCESSUS STATIONNAIRES

INTRODUCTION

Les processus stationnaires font partie d'un ensemble vaste appelé processus stochastique.
Par définition, un processus stochastique ou aléatoire est un ensemble de variables aléatoires ordonnées dans le temps.

La plupart des variables économiques suivent un processus aléatoire. A titre d'exemple, on peut citer la production de coton (Y) du Mali. Ainsi, en théorie, la valeur de la production de coton de 650 000 tonnes de ce pays en 2001 pouvait prendre n'importe quelle valeur dépendant de la situation pluviométrique du moment. Si cette production est de 650 000 tonnes, il faut souligner qu'il s'agit d'une réalisation particulière ou d'une réalisation moyenne de toutes les valeurs susceptibles d'apparaître.

Au regard de ce qui vient d'être dit, nous pouvons avancer que du fait que d'autres grandeurs pouvaient se réaliser, celle qui a été atteinte est le résultat. C'est cette coïncidence ou ce hasard, qui fait que chaque réalisation de Yest une donnée stochastique ou aléatoire.

Parmi les processus aléatoires, on distingue les processus stationnaires et les processus non stationnaires. Dans le cas présent, nous examinerons les processus stochastiques stationnaires.

4.1. Définition

Un processus stochastique est dit stationnaire si sa moyenne et sa variance sont constantes dans le temps et si la valeur de la covariance entre les deux périodes de temps ne dépend que de la distance ou écart entre ces deux périodes et non pas du moment auquel la covariance est calculée (Damodar N. Gujarati, 2004).

Dans la théorie des séries chronologiques, ce type de processus aléatoire est dit processus aléatoire faiblement stationnaire, ou stationnaire du second rang. A cet effet, considérons le processus Y. Il sera dit faiblement stationnaire, s'il a les caractéristiques ci-après :

$E(Y_t) = m \quad \forall t \in T$

$V(Y_t) = E(Y_t - m)^2 = \sigma^2 \quad \forall t \in T$

$Cov(Y_t Y_{t+\theta}) = E[(Y_t - m)(Y_{t+\theta} - m)] = \gamma_0 \quad \forall t \in T$ et $\forall \theta \in T$

avec γ_0, la covariance (ou l'autocovariance) au décalage θ qui est la covariance entre les valeurs de Y_t et $Y_{t+\theta}$, c'est-à-dire entre deux valeurs de Y à une distance de θ périodes.

Considérons des observations temporelles mensuelles allant de janvier 1980 à décembre 2000 et partant sur les prix du kilogramme du riz au marché de Dakar. Si Y_t est stationnaire, la moyenne, la variance et les autocovariances de Y_{t+1} doivent être identiques à celle de Y_t. Ce qui permet d'écrire que si une série temporelle est stationnaire, ses principales caractéristiques, moyenne, variance et covariances demeurent identiques quel que soit le point auquel elles sont mesurées; c'est-à-dire qu'elles restent constantes dans le temps. Au plan pratique, cela signifie qu'en cas de choc ou de perturbation, une telle série tendra à retrouver sa trajectoire (moyenne de retour) présentant une variation (amplitude) constante.

Enfin, il faut mentionner un cas particulier de processus purement aléatoire appelé processus de bruit blanc. En d'autres termes, un processus stochastique est qualifié de purement aléatoire, si son espérance mathématique est nulle, sa variance σ^2 constante et s'il n'est pas corrélé sériellement, c'est-à-dire si les covariances sont nulles. Cette définition du bruit blanc traduit la stationnarité du processus. De ce fait, un bruit blanc ε_t fait partie de la classe des processus stationnaires.

Dans les processus stationnaires, on définit trois types qui sont les processus autorégressifs, les processus moyennes mobiles, et enfin, les processus autorégressifs moyennes mobiles.

4.2. Les processus autorégressifs

4.2. 1. Le modèle autorégressif (AR)

4.2.1.1. Principes généraux

Une des caractéristiques principales d'un processus autorégressif d'ordre p noté $(AR(p))$ est que l'observation actuelle Y_t est générée par une moyenne pondérée des observations passées jusqu'à la p^e période.

a) Définition

Un processus autorégressif d'ordre p est un processus stationnaire $(Y_t, \ t \in Z)$ vérifiant une relation du type :

$(1 - \emptyset_1 L - \cdots - \emptyset_p L^p)Y_t = \varepsilon_t \quad \forall \, t \in Z$ (1)

En effet, en repartant de la définition générale du processus *ARIMA* qui est :

$$(1 - \emptyset_1 L - \cdots - \emptyset_p L^p)\Delta^d Y_t \leq (1 - \theta_1 L - \cdots - \theta_q L^q)\varepsilon_t$$

Nous pouvons écrire suivant les valeurs de p pour $d = 0, \ q = 0$

$$\left.\begin{aligned} AR(1) &= Y_t = \emptyset_1 Y_{t-1} + \varepsilon_t \\ AR(2) &= Y_t = \emptyset_1 Y_{t-1} + \emptyset_2 Y_{t-2} + \varepsilon_t \\ &\vdots \\ AR(p) &= Y_t = \emptyset_1 Y_{t-1} + \emptyset_2 Y_{t-2} + \cdots + \emptyset_p Y_{t-p} + \varepsilon_t \end{aligned}\right\} \quad (2)$$

où rappelons que $\emptyset_1, \emptyset_2, \ldots, \emptyset_p$ sont des paramètres positifs ou négatifs à estimer et ε_t un aléa gaussien.

Reprenons un exemple de processus $AR(1)$:

$$Y_t = \emptyset Y_{t-1} + \varepsilon_t \qquad (3)$$

Nous savons que si le processus est stationnaire,

$$Var(Y_t) = Var(Y_{t-1}) = E(Y_t^2) = \frac{\sigma_\varepsilon^2}{1-\emptyset^2} = \gamma_0 \qquad (4)$$

Considérons l'équation (3) en multipliant les deux membres de l'égalité par Y_{t-k} d'où :

$$Y_t Y_{t-k} - \emptyset Y_{t-1} Y_{t-k} = \varepsilon_t Y_{t-k}$$

Cherchons l'espérance mathématique des 2 membres :

$$E(Y_t Y_{t-k}) - \emptyset E(Y_{t-1} Y_{t-k}) = E(\varepsilon_t Y_{t-k})$$

posons

$$E(Y_t Y_{t-k}) = \gamma_k \qquad (5)$$

Multiplions (5) par $\emptyset$

$\emptyset(Y_{t-1} Y_{t-k}) = \emptyset \gamma_{k-1}$ (6)

on tire le système ci-après puisque $E(\varepsilon_t Y_{t-k}) = 0$

$$\left.\begin{aligned} \gamma_1 &= \emptyset \gamma_0 \ \ avec \ \rho_1 = \frac{\gamma_1}{\gamma_0} = \emptyset \\ \gamma_2 &= \emptyset \gamma_1 \ \ avec \ \rho_2 = \frac{\gamma_2}{\gamma_0} = \emptyset^2 \\ \gamma_3 &= \emptyset \gamma_3 \ \ avec \ \rho_3 = \frac{\gamma_3}{\gamma_0} = \emptyset^3 \\ &\vdots \\ \gamma_k &= \emptyset \gamma_k \ \ avec \ \rho_k = \frac{\gamma_k}{\gamma_0} = \emptyset^k \end{aligned}\right\} \quad (7)$$

b) Caractéristiques du corrélogramme

Le corrélogramme caractérise la représentation graphique de la fonction ρ_k

- si $0 < \emptyset < 1$, la fonction d'autocorrélation est une exponentielle décroissante.
- si $-1 < \emptyset < 1$, il y a simultanément décroissance exponentielle de $|\rho_k|$ et variation en signe des ρ_k . Pour tout k pair, $\rho_k > 0$ et inversement

Exemple :posons $\emptyset = -0{,}6$

$\rho_1 = -0{,}6$

$\rho_2 = (-0{,}6)^2 = 0{,}36$

$\rho_2 = (-0{,}6)^3 = -0{,}216$

A partir du système (7), nous pouvons déterminer $\emptyset$ en fonction de ρ_k. C'est l'inversibilité d'un processus $AR(1)$.

$$\emptyset = \rho_1 = \frac{\rho_2}{\rho_1} = \frac{\rho_3}{\rho_2} = \cdots = \frac{\rho_k}{\rho_{k-1}} = \cdots$$

c) Généralisation du processus $AR(p)$

La démarche dans le cas de $AR(p)$est plus complexe que dans l'étude spécifique de AR d'ordre 1.

En effet, pour que le processus $AR(p)$ soit stationnaire, il faut que X_i les racines du polynôme $1 - \phi_1 X_1 - \cdots - \phi_p X^p$ soient telles que $|X_i| > 1$.

Toutefois, il faut souligner que dans certains cas, le polynôme de degré $p > 1$ n'a pas nécessairement p racines réelles. Il est possible d'avoir un discriminant négatif, ce qui conduit à avoir recours aux imaginaires (i) pour effectuer les calculs.

Soit le processus $AR(2)$ avec :

$$Y_t = 0{,}5Y_{t-1} + 0{,}3Y_{t-2} + \varepsilon_t \qquad (8)$$

représentant un exemple résultant de données artificielles déterminées par Judge G.G. and al. (1988). On peut poser que :

$$(1 - 0{,}5L + 0{,}3L^2)Y_t = \varepsilon_t$$

Les racines de cette équation sont :

$$\frac{0{,}5 \pm \sqrt{0{,}5^2 - 4(-0{,}3)}}{-0{,}6} = -2{,}84 \text{ et } 1{,}17$$

Donc $x_1 = -2{,}84$ et $x_2 = 1{,}17$

Nous savons que si x_1 et x_2 sont les racines, alors $x_1 x_2 = c/a$ dans l'équation du second degré[1] $y = ax^2 + bx + c$. Or dans un modèle *AR*, la constante c est toujours égale à 1 d'où $x_1 x_2 = 1/a$.

Il en résulte la factorisation ci-après :

1- 0,5x -0,3x^2 = -0,3[x-(-2,84)][x-1,17]
= (-0,3)(-2,84)(1,17)[((-x)/2,84 -1)((x)/1,17 -1)]
= (-0,3)(-2,84)(1,17)(-0,352x-1)(0,854x-1)
= (-0,352x-1)(0,854x-1)

d'où

1-0,5x-0,3x^2 = (1 + 0,352x) (1 - 0,854x)
= (1 + 0,352 L)(1 - 0,854L)
= 1 - 0,5 L+ 0,3 L^2

Pour une garantie de la stationnarité, il faut que les coefficients de L dans la mise en facteur soient compris dans l'intervalle -1 à 1. Pour qu'il en soit ainsi, les racines x_i du polynôme doivent-être supérieures en valeur absolue à 1. Dans l'exemple précédent, ces racines sont respectivement de $|x_1| = 2{,}84$ et $|x_2| = 1{,}17$

4.2.1.2. Spécification et estimation d'un modèle $AR(p)$

Introduction

Les processus autorégressifs notés (AR) sont des modèles caractérisés par des variables chronologiques. La variable endogène Y_t est expliquée par elle même avec des retards $i(i = 1, 2 \cdots, p)$. Elle peut être expliquée aussi à la fois par la variable retardée et par des variables exogènes X_{it}.

a) Cas particulier

Exemple : En économie, la consommation C_t peut s'exprimer de plusieurs façons :

Modèle 1 : sans constante

$$C_t = aC_{t-1} + \varepsilon_t$$

---

[1] $ax^2 + bx + c = a(x - x_1)(x - x_2)$
$= ax_1x_2[(x/x_1) - 1][(x/x_2) - 1]$
$= (ac/a)[1 - (x/x_1)][1 - (x/x_2)]$
$= c[1 - (x/x_1)][1 - (x/x_2)]$

Modèle 2 : avec constante

$$C_t = aC_{t-1} + b + \varepsilon_t$$

Modèle 3 : avec un trend

$$C_t = aC_{t-1} + bt + c + \varepsilon_t$$

Modèle 4 : avec constante et variable exogène (le revenu)

$$C_t = aC_{t-1} + bR_t + c + \varepsilon_t$$

Modèle 5 : un $AR(p)$ avec deux variables exogènes et une constante

$$C_t = a_1C_{t-1} + a_2C_{t-2} + \cdots + a_kC_{t-k} + b_1R_t + b_2T_t + c + \varepsilon_t$$

avec R_t = revenu de la période t

T_t =taille du ménage à la date t

Modèle 6 :$AR(p)$ avec p retards

$$C_t = a_1C_{t-1} + a_2C_{t-2} + \cdots + a_pC_{t-p} + \varepsilon_t$$

Ainsi, nous voyons que la consommation C_t, variable endogène peut être expliquée par elle même de façon retardée d'une période ou d'une succession de périodes. Cette variable endogène, peut être expliquée par sa variable retardée et par le revenu. Enfin, elle peut être expliquée par une succession de retards de la variable endogène, à laquelle s'ajoutent d'autres variables exogènes comme le revenu (R_t) et la taille (T_t) du ménage.

b) Généralisation

Si nous appelons Y_t, la variable endogène et les X_{it} les variables exogènes, la forme générale du processus autorégressif (AR) devient :

Soit :

$$Y_t = a_1Y_{t-1} + a_2Y_{t-2} + \cdots + a_pY_{t-p} + \varepsilon_t \quad (9)$$

ou

$$Y_t = a_1Y_{t-1} + \cdots + a_pY_{t-p} + b_1X_{1t} + \cdots + b_iX_{t-i} + c + \varepsilon_t \quad (10)$$

4.2.1.3. Méthode d'estimation des paramètres

a) Si le processus autorégressif est du 1er degré

$$Y_t = a_1Y_{t-1} + \varepsilon_t$$

L'estimation de a^* se fait par les MCO puisqu'il s'agit d'un modèle linéaire à une équation et à une variable explicative.

b) Si le processus autorégressif est d'ordre p

$$Y_t = a_1 Y_{t-1} + \cdots + a_p Y_{t-p} + b_1 X_{1t} + \cdots + b_\theta X_{t-\theta} + c + \varepsilon_t$$

On est dans le cas d'un modèle linéaire à une équation à plusieurs variables explicatives d'un modèle linéaire général.
Le système se résout également par les moindres carrés avec la perte dans certains cas de quelques valeurs due aux retards.

4.2.1.4. Processus autorégressif du premier ordre

Soit le modèle simplifié suivant :

$$Y_t = a_1 Y_{t-1} + \varepsilon_t \text{ avec } t = 1,2,\cdots,T \qquad (11)$$

et considérons le modèle de la régression simple ci-après :

$$Y_t = a_1 X_t + \varepsilon_t \qquad (12) \text{ avec } t = 1,2,\cdots,T$$

Les ε_t dans chacun des modèles sont supposés vérifier les conditions classiques :

$$E(\varepsilon_t) = 0$$
$$V(\varepsilon_t) = \sigma_\varepsilon^2 \quad \forall t$$
$$E(\varepsilon_t \varepsilon_{t'}) = 0 \quad \text{si } t \neq t' \text{ (indépendance } \varepsilon_t)$$

L'application de la méthode des MCO au modèle (11) conduit à l'estimation de a par a^*.

$$a^* = \frac{\sum_{t=1}^{T} Y_t Y_{t-1}}{\sum Y_{t-1}^2} \qquad (13)$$

alors que pour le modèle (12) on a l'estimateur b avec X_t comme variable exogène

$$b^* = \frac{\sum_t Y_t X_t}{\sum_t X_{t-1}^2} \qquad (14)$$

Dans le 1er cas, la variable exogène est Y_t retardée soit Y_{t-1} alors que dans le second modèle X_t est la variable exogène indépendante de Y_t. C'est ce qui fait que les deux estimateurs a^* et b^* tout en étant similaires dans leurs expressions ne possèdent pas les mêmes propriétés (notamment pour T fini).
Il ressort que b^*est une expression linéaire en Y_t, donc en ε_t, a^* s'exprime comme un rapport de forme quadratique en Y_t.

a) Stabilité et stationnarité

Proposition 1

Tout processus autorégressif du premier ordre stationnaire est un processus stable[2].

Un processus est stationnaire si la loi qui régit la valeur de chacune de ses variables aléatoires dont-il est la succession est indépendante du temps t. Dès lors, tous les moments du processus sont indépendants du temps.
Soit le processus (11) suivant :
$Y_t = aY_{t-1} + \varepsilon_t$ avec $a \neq 1$

b) Moments du processus

Nous reviendrons plus en détail dans l'étude du modèle de Box et Jenkins sur l'étude des processus stationnaires. Dans le processus suivant, admettons que ε_t et Y_{t-1} ne sont pas corrélés.
Si le processus est stationnaire, le moment non centré d'ordre 1.
$E(Y_t) = E(Y_{t-1}) = m$ (15)
d'après (11)
$E(Y_t) = E(Y_{t-1}) + E(\varepsilon_t)$[3] (16)
calculons le moment non centré d'ordre 2 à savoir $E(Y_t^2)$:

$$E(Y_t^2) = E[(aY_{t-1} + \varepsilon_t)^2] = a^2E(Y_{t-1}^2) + 2aE(Y_{t-1}\varepsilon_t) + E(\varepsilon_t^2)$$
$$= a^2E(Y_{t-1}^2) + \sigma_\varepsilon^2 \quad (17)$$

Si la non corrélation existe entre ε_t et Y_{t-1}, on a :

$$2aE(Y_{t-1}\varepsilon_t) = 0$$

Donc

$$E(Y_t^2)[1 - a^2] = \sigma_\varepsilon^2$$

puisque $E(Y_t) = E(Y_{t-1}) \Rightarrow E(Y_t^2) = E(Y_{t-1}^2)$
soit

$$E(Y_t^2) = \frac{\sigma_\varepsilon^2}{1-a^2} \quad (18) \text{ qui est aussi } V(Y_t)$$

Pour qu'il en soit ainsi, il faut que $1 - a^2 > 0 \Rightarrow |a| < 1$ ou que $-1 < a < 1$.

La conclusion qui se dégage de ce qui précède est que la stationnarité implique donc la stabilité.

---

[2]La stabilité signifie que le coefficient $|a|$ du processus est inférieur en valeur absolue à 1. Toutefois, a peut prendre d'autres valeurs notamment :
$|a| = 1$ processus non stationnaire
$|a| > 1$ processus explosif

[3] Si Y_t est un BB, c'est à dire $Y_t = \varepsilon_t$ on a $E(Y_t) = 0$

Dans le même cadre, il est possible de calculer l'autocovariance soit :

$$Cov(Y_t Y_{t+\theta}) = E(Y_t Y_{t+\theta}) \qquad (19)$$

si l'on sait que :

$$Y_{t+\theta} = aY_{t+\theta-1} + \varepsilon_{t+\theta} \qquad (20)$$

$$E(Y_t Y_{t+\theta}) = E[Y_t(aY_{t+\theta-1} + \varepsilon_{t+\theta})]$$

$$= aE[Y_t Y_{t+\theta-1}] \qquad (21)$$

puisque Y_t et $\varepsilon_{t+\theta}$ sont non corrélées.

De la même façon : $E[Y_t Y_{t+\theta-1}] = aE[Y_t Y_{t+\theta-2}]$ (22)

or, $E[Y_t Y_{t+\theta}] = aE[Y_t Y_{t+\theta-1}]$

soit en remplaçant $E(Y_t Y_{t+\theta-1})$ par sa valeur de (22) dans (21),

$$E[Y_t Y_{t+\theta}] = a^2 E[Y_t Y_{t+\theta-2}]$$

et enfin pour θ on a $Y_{t+\theta-\theta}$

$$E[Y_t Y_{t+\theta}] = a^\theta E[Y_t Y_{t+\theta-\theta}] = a^\theta E[Y_t^2]$$

$E(Y_t^2)$ étant indépendant du temps (une des propriétés des processus stationnaires), il en va de même de l'autocovariance :

$$Cov(Y_t Y_{t+\theta}) = a^\theta E(Y_t^2) \qquad (23)$$

Donc on conclut dans le cas présent que $E(Y_t)$, $V(Y_t)$ et $Cov(Y_t Y_{t+\theta})$ sont indépendants de t. Le processus (11) est stationnaire.

Proposition 2

Tout processus autorégressif du 1er ordre stable ($|a| < 1$) tend vers un processus stationnaire quand $t \to \infty$.

En effet, si on exprime Y_t en fonction des ε_t, il en résulte que :

$$Y_t = \varepsilon_t + a\varepsilon_{t-1} + a^2\varepsilon_{t-2} + \cdots + a^{t-1}\varepsilon_1 + a^t Y_0 \qquad (24)$$ [4]

La distribution des Y_t dépend à la fois des ε_t et de Y_0 = constante

---

[4]Démonstration :

$Y_t = aY_{t-1} + \varepsilon_t$ (1)

$Y_{t-1} = aY_{t-2} + \varepsilon_{t-1}$ (2)

$Y_{t-2} = aY_{t-3} + \varepsilon_{t-2}$ (3)

Remplaçons dans (1), Y_{t-1} par sa valeur

$$Y_t = a[aY_{t-2} + \varepsilon_{t-1}] + \varepsilon_t = a^2 Y_{t-2} + a\varepsilon_{t-1} + \varepsilon_t$$

Ensuite remplaçons Y_{t-2} par sa valeur de (3)

$$Y_t = a[aY_{t-2} + \varepsilon_{t-1}] + \varepsilon_t = a^2[aY_{t-3} + \varepsilon_{t-2}] + a\varepsilon_{t-1} + \varepsilon_t$$

$$Y_t = a^3 Y_{t-3} + a^2\varepsilon_{t-2} + a\varepsilon_{t-1} + \varepsilon_t$$

En généralisant, on obtient

$$Y_t = \varepsilon_t + a\varepsilon_{t-1} + a^2\varepsilon_{t-2} + \cdots + a^{t-1}\varepsilon_1$$

Dans l'expression (24)
$E(Y_t) = a^t Y_0 \to 0$ pour $t \to \infty$
Rappelons que $E(\varepsilon_t) = E(\varepsilon_{t-1}) = \cdots = E(\varepsilon_{t-i}) = 0$

De même
$$E(Y_t^2) = \sigma_\varepsilon^2\left(1 + a^2 + \cdots + a^{2(t-1)}\right) + a^{2t}Y_0^2 \qquad (25)$$
puisque les ε_t sont indépendants, donc les covariances sont nulles.
$$E(Y_t^2) = \frac{\sigma_\varepsilon^2(1-a^{2t})}{1-a^2} + a^{2t}Y_0^2$$
En développant on a :
$$E(Y_t^2) = \frac{\sigma_\varepsilon^2 - a^{2t}\sigma_\varepsilon^2}{1-a^2} + a^{2t}Y_0^2$$
On sait que Y_0 et σ^2 sont constantes, $|a| < 1$, de ce fait pour $t \to \infty$ on a $a^{2t} \to 0$, conduisant :
$$lim\, E(Y_t^2) = \frac{\sigma_\varepsilon^2}{1-a^2} \qquad (26)$$
ce qui correspond évidemment à la variance du processus stationnaire étudié auparavant (équation 18).
Nous rappelons que $E(Y_t Y_{t+\theta}) \to Cov_\theta$(quand $t \to \infty$) qui est l'autocovariance du processus stationnaire.

Finalement, les moments d'un processus stable tendent, quand $t \to \infty$, vers les moments d'un processus stationnaire.

c) Propriétés des estimateurs d'un processus autorégressif du 1er ordre

Il s'agit d'estimateurs obtenus à l'aide des MCO. Les erreurs sont supposées indépendantes.

1. Propriétés asymptotiques

i) L'estimateur a^*converge en probabilité vers a aussi bien dans le cas stable que dans le cas explosif (pour $|a| > 1$).

ii) Les expressions $\sqrt{T}(a^* - a)$ et $\sqrt{T}(b^* - b)$ ont une distribution limite normale dans le cas stable. Pour une démonstration complète voir Malinvaud (1969).

iii) Dans le cas stable comme dans le cas explosif, l'expression $\sqrt{\sum Y_{t-1}^2}\,(a^* - a)$ a une distribution limite normale.

2. Ajustement des moindres carrés dans les petits échantillons

En économétrie, on recoure fréquemment à des séries statistiques courtes, d'un nombre ne dépassant pas 20 observations. Il est intéressant dans un tel cas, d'examiner les propriétés des estimateurs obtenus pas les moindres carrés.

Considérons le modèle simple (11) ;

$Y_t = aY_{t-1} + \varepsilon_t$ avec $|a| < 1$

La méthode des moindres carrés a conduit à estimer a par a^* :

$$a^* = \frac{\sum_{t=2}^{T} Y_t Y_{t-1}}{\sum_{t=2}^{T} Y_{t-1}^2}$$

L. Hurwicz (1950) a étudié la distribution de a^*, et montre l'existence d'une erreur systématique dans les petits échantillons.

Quand le processus de Y_t est considéré comme stationnaire et la valeur initiale de Y_0 comme aléatoire, quand a est petit en valeur absolue et que T est grand, c'est-à-dire :

$$0 < a < 1, \quad Y_0 = constante \text{et } \varepsilon_t \to N(0,1)$$

l'espérance mathématique de a^* est exprimée, au premier ordre en a et en $1/T$, par la relation

$$E(a^*) \cong a[1 - (2/T)].$$

Il ressort que pour T croissant indéfiniment, que l'erreur systématique $(-2a/T)$ est infiniment petite par rapport à l'écart type de a^* lui-même égal à :

$$\sigma a^* = \sqrt{\frac{1-a^2}{T}} \qquad (27)$$

d) Prévision

Dans l'étude de la prévision des modèles autorégressifs, on suppose connu à priori les valeurs des coefficients b_0 et a_j du modèle.

Si le modèle ne fait pas intervenir une variable exogène et s'il satisfait la condition de stabilité et de non corrélation des erreurs, le processus aléatoire des Y_t peut être tenu pour stationnaire, et sa représentation linéaire donnée par le modèle.

La prévision s'effectue donc comme dans tout processus stationnaire linéaire.

Il arrive souvent que le modèle comporte des variables exogènes. Le processus Y_t dans ce cas peut s'écrire comme la somme d'une suite certaine, dépendant des X_t et d'un processus linéaire stationnaire $\{v_t\}$. La prévision de $Y_{t+\theta}$ notée $Y_{t+\theta}^p$ est équivalente à celle de $Y_{t+\theta}$.

Soit à considérer le modèle :

$$Y_t = aY_{t-1} + bX_t + \varepsilon_t \qquad (28)$$

Admettons que le modèle (28) implique :

$$Y_t = bW_t + \nu_t \qquad (29)$$

avec $W_t = z_t + az_{t-1} + a^2 z_{t-2} + \cdots \qquad (30)$

$$\nu_t = \varepsilon_t + a\varepsilon_{t-1} + a^2\varepsilon_{t-2} + \cdots$$

Le processus $\{\nu_t\}$ satisfait alors :

$$\nu_t = a\nu_{t-1} + \varepsilon_t \qquad (31)$$

La valeur de $Y_{t+\theta}$ qui minimise la moyenne quadratique de l'erreur de prévision sera :

$$Y_{T+\theta} = bW_{T+\theta} + \nu^p_{T+\theta} \qquad (32)$$

avec $\nu^p_{T+\theta} = a\nu_{t+\theta-1}$ et $\nu^p_{T+1} = a\nu_T$

Cette prévision s'écrira encore à partir de (28)

$$Y^P_{T+\theta} = a^\theta Y_T + b\left(X_{T+\theta} + aX_{T+\theta-1} + \cdots + a^{\theta-1}X_{T+1}\right)$$

D'une manière générale, quand un modèle autorégressif satisfait aux conditions de stabilité et de non autocorrélation des erreurs, on peut déterminer la prévision $Y^P_{T+\theta}$ par récurrence à partir d'une formule linéaire déduite directement du modèle, ici :

$$\left.\begin{array}{l} Y^P_{T+1} = aY_T + bX_{T+1} \\ Y^P_{T+\theta} = aY_{T+\theta-1} + bX_{T+\theta} \\ pour\ \theta = 2, 3\ \cdots \end{array}\right\} \qquad (33)$$

La variance des erreurs de prévision satisfait les mêmes conditions que dans les processus stationnaires.

A partir du modèle (28), on obtient la variance de l'erreur de prévision.

$$E\left(Y^P_{T+\theta} - Y_{T+\theta}\right)^2 = \left(1 + a + \cdots + a^{\theta-1}\right)\sigma^2_\varepsilon = E\left(\nu^2_{T+\theta}\right) \qquad (34)$$

Cette méthode conduit à une prévision sans biais et de variance minimale. Admettons désormais que les coefficients du modèle, c'est-à-dire que seules les estimateurs de a_θ et b_j sont connus.

En partant toujours de (28), on aura recours aux formules de récurrence avec les *MCO*

$$\left.\begin{array}{l} Y^P_{T+1} = a^* Y_T + b^* X_{T+1} \\ \vdots \\ Y^P_{T+\theta} = a^* Y_{T+\theta-1} + b^* X_{T+\theta} \\ pour\ \theta = 2, 3\ \cdots \end{array}\right\} \qquad (35)$$

Remarques :

- Si l'échantillon utilisé est très grand, les estimations b^* et a^* s'écartent très peu des valeurs vraies b et a. On peut calculer la variance de l'erreur de prévision par la formule (34).

- Si l'échantillon est de petite taille, il faudrait tenir compte des erreurs d'estimation. Cependant, il est très difficile de déterminer analytiquement les caractéristiques de la distribution de l'erreur de prévision.

e) Liaison des erreurs dans les processus autorégressifs

Précédemment il a été admis qu'il n'existait pas de liaison aléatoire entre les erreurs ε_t et ε_{t-1} relatives à deux périodes successives. Dans la réalité économique, les liaisons sont courantes. Il s'agit d'examiner dans un contexte d'erreurs autocorrélées quelles sont les propriétés des méthodes utilisées.

Si dans les modèles non-autorégressifs, la liaison des erreurs n'empêche pas les estimations obtenues par les *MCO* de converger vers les valeurs vraies, et de n'être affectées d'aucune erreur systématique même pour des échantillons petits, il en va autrement pour les processus autorégressifs. L'erreur systématique qui affecte les estimations obtenues par *MCO* peut devenir très importante. Elle ne tend généralement pas vers 0 quand la taille de l'échantillon augmente. Les estimations convergent en réalité vers des valeurs différentes des valeurs vraies.

1) Non identification des paramètres

Il est fort possible même que les paramètres du modèle ne soient pas identifiables (du moins tant que la liaison des erreurs n'est pas connue). Reprenons le modèle (11) suivant

$$Y_t = aY_{t-1} + \varepsilon_t$$

Admettons que les erreurs ε_t s'écrivent

$$\varepsilon_t = \eta_t + a\eta_{t-1} \qquad (36)$$

avec des variables η_t constituant un processus stationnaire aléatoire. Les ε_t suivent alors un processus de "moyennes mobiles". Un processus de moyenne mobile se définit par :

$Y_t - Y_{t-1} = \varepsilon_t - \alpha\varepsilon_{t-1} = (1 - \alpha L)\varepsilon_t$ avec un opérateur de retard L

Considérons que $\alpha = -a$; les relations (11) et (36) permettent de poser :

$$Y_t = aY_{t-1} + \eta_t + a\eta_{t-1} = a(Y_{t-1} + \eta_{t-1}) + \eta_t \qquad (37)$$

$$Y_t - \eta_t = a(Y_{t-1} + \eta_{t-1}) \text{ et posons } Y_t - \eta_t = x_t$$

On sait que
$$\begin{cases} x_t = ax_{t-1} \\ x_{t-1} = ax_{t-2} \\ \vdots \\ x_{t-\theta} = ax_{t-\theta} \end{cases}$$

Par récurrence, $x_t = a^2 x_{t-2} = a^3 x_{t-3} = \cdots = a^\theta x_{t-\theta}$

d'où :

$Y_t - \eta_t = a^\theta (Y_0 + \eta_0)$ pour $\theta = t$ (38)

Pour $a < 1$ on a, $a^\theta \to 0$ pour $\theta \to \infty$, et le processus $\{Y_t\}$ tend à s'identifier au processus purement aléatoire $\{\eta_t\}$, quoiqu'à la période initiale, il en diffère.

$$Y_t = \eta_t \text{ pour } a^\theta (Y_0 + \eta_0) \to 0$$

La loi de distribution des Y_t ne dépend plus dans ce cas des a (sauf pour les premières valeurs).

Si le processus de Y_t est réellement stationnaire, le paramètre a n'est pas identifiable puisque la distribution des Y_t n'en dépend pas.

2) Estimation des paramètres dans un modèle sans variable exogène

Quand les erreurs ne sont plus indépendantes mais suivent un processus autorégressif du premier ordre, l'estimation de a^* par les *MCO* comporte un biais asymptotique. Ce problème a été étudié par Z. Griliches (1961), E. Malinvaud (1969) et R. Giraud - N. Chaix (1989) qui ont montré à partir d'exemples simples comment a^* comporte une erreur systématique.

Soit le système :

$$\left.\begin{aligned} Y_t &= aY_{t-1} + \varepsilon_t \quad (1) \\ \varepsilon_t &= \rho\varepsilon_{t-1} + \eta_t \quad (2) \end{aligned}\right\} \quad (39)$$

avec $|\rho| < 1$ et les η_t indépendantsdans lequel la première équation définit le modèle valable pour la variable observable Y_t, alors que la seconde indique la loi à laquelle obéissent les erreurs non observables ε_t[5]. Le processus η_t est purement aléatoire.

A partir de la première équation du système (39), on peut poser que ;

$$\varepsilon_{t-1} = Y_{t-1} - aY_{t-2}$$

puis en intégrant l'équation (2) de (39) dans (1) de (39) on a :

$$\begin{aligned} Y_t &= aY_{t-1} + \rho\varepsilon_{t-1} + \eta_t \\ &= aY_{t-1} + \rho[\![Y_{t-1} - aY_{t-2}]\!] + \eta_t \end{aligned}$$

[5] Dans la 2e équation de 39, on voit que les ε_t ne sont plus indépendantes.

$$= aY_{t-1} + \rho Y_{t-1} - \rho a Y_{t-2} + \eta_t$$

$$Y_t = (a+\rho)Y_{t-1} - \rho a Y_{t-2} + \eta_t \qquad (40)$$

Pour l'évaluation du biais asymptotique a^* multiplions (40) par Y_{t-1} et faisons la sommation par rapport à t :

$$\sum_t Y_t Y_{t-1} = (a+\rho)\sum_t Y_{t-1}^2 - \rho a \sum_t Y_{t-1} Y_{t-2} + \sum_t Y_{t-1}\eta_t$$

divisons par $\sum_t Y_{t-1}^2$, ce qui conduit à :

$$a^* = (a+\rho) - \rho a \frac{\sum_t Y_{t-1} Y_{t-2}}{\sum_t Y_{t-1}^2} + \frac{\sum_t Y_{t-1}\eta_t}{\sum_t Y_{t-1}^2}$$

Si le nombre d'observations (T) augmente indéfiniment, le premier rapport a la même limite en probabilité que a^*de l'équation (40) (cf. équation 25), et le dernier rapport du fait de l'indépendance entre η_t et Y_{t-1} est nul (condition des MCO).

$$\lim_{t\to\infty} a^* = (a+\rho) - a\rho \lim a^*$$

$$\lim_{t\to\infty} a^*(a + a\rho) = a + \rho$$

$$\lim_{t\to\infty} a^* = \frac{a+\rho}{a+a\rho} \qquad (41)$$

Quel que soit a, $\lim a^*$ varie dans l'intervalle -1 à 1 et ceci pour ρ variant entre -1 et 1.

L'estimateur a^* comporte donc un biais qui peut être important.

De la même façon on peut estimer ρ à partir des résidus d'estimation ε_t^*.

$$Y_t = aY_{t-1} + \varepsilon_t = aY_{t-1} + \rho\varepsilon_{t-1} + \eta_t$$

puisque $\varepsilon_t = \rho\varepsilon_{t-1} + \eta_t$

$$Y_t - aY_{t-1} = \varepsilon_t = \rho\varepsilon_{t-1} + \eta_t$$

Multiplions par ε_{t-1} et faisons la sommation

$$\sum \varepsilon_t \varepsilon_{t-1} = \rho \sum \varepsilon_{t-1}^2 + \sum \eta_t \varepsilon_{t-1}$$

Divisions par $\Sigma\varepsilon_{t-1}^2$ d'où

$$\rho^* = \frac{\sum \varepsilon_t^* \varepsilon_{t-1}}{\sum \varepsilon_{t-1}^{*2}} \qquad (42) \text{ puisque } \frac{\sum \eta_t \varepsilon_{t-1}}{\sum \varepsilon_{t-1}^2} = 0$$

et il ressort que

$$\lim \rho^* = \frac{\rho a(a+\rho)}{1+a\rho} \qquad (43)$$

Finalement, la comparaison des deux estimateurs donne :

$$\lim a^* - a = \frac{a+\rho}{1+a\rho} - a = \frac{a+\rho-a-a^2\rho}{1+a\rho}$$

$$= \frac{\rho(1-a^2)}{1+a\rho}$$

$$\lim \rho^* - \rho = \frac{\rho a(a+\rho)}{1+a\rho} - \rho = \frac{\rho a^2 - \rho}{1+a\rho}$$
$$= \frac{\rho(a^2-1)}{1+a\rho} \qquad (44)$$

ρ^* comporte un biais asymptotique exactement opposé à celui de a^*.

Bien que la théorie asymptotique soit plus difficile à établir quand le modèle comporte des variables exogènes, on constate que l'introduction d'une variable exogène dans le modèle initial réduit la valeur absolue du biais asymptotique de a^*.

3) Estimation simultanée des paramètres du modèle et de la liaison des erreurs

Soit le modèle suivant comportant une variable exogène.

$$\left.\begin{array}{ll} Y_t = aY_{t-1} + bX_t + c + \varepsilon_t & (1) \\ \varepsilon_t = \rho\varepsilon_{t-1} + \eta_t & (2) \\ avec\ |\rho| < 1 & \end{array}\right\} (45)$$

Les η indépendants satisfont aux conditions classiques. Dès lors, il est possible de procéder à une estimation simultanée des paramètres du modèle et de l'autocorrélation des erreurs.

Procédons à une transformation de l'expression (1) de (45) en faisant apparaître d'abord $Y_t - \rho Y_{t-1}$, avec

$$\rho Y_{t-1} = \rho a Y_{t-2} + \rho b X_{t-1} + \rho c + \rho\varepsilon_{t-1}$$
$$Y_t - \rho Y_{t-1} = a(Y_{t-1} - \rho Y_{t-2}) + b(X_t - \rho X_{t-1}) + (1-\rho)c + \varepsilon_t - \rho\varepsilon_{t-1}$$

ou encore en posant $\varepsilon_t - \rho\varepsilon_{t-1} = \eta_t$, on a :

$$Y_t - \rho Y_{t-1} = a(Y_{t-1} - \rho Y_{t-2}) + b(X_t - \rho X_{t-1}) + (1-\rho)c + \eta_t \quad (46)$$

Les η_t sont désormais indépendants et une régression par les *MCO* sur l'équation (46) nous replace dans la situation précédente d'estimation d'un modèle autorégressif à erreurs indépendantes. Toutefois, une régression de cette nature exige la connaissance du coefficient ρ.

L'équation (1) de (45) peut être réécrite sous la forme :

$$Y_t = (a+\rho)Y_{t-1} - a\rho Y_{t-2} + bX_t - b\rho X_{t-1} + d + \eta_t \qquad (47)$$

soit encore :

Y_t[6]$= \alpha_1 Y_{t-1} + \alpha_2 Y_{t-2} + \beta X_t + \beta_1 X_{t-1} + d + \eta_t$ (48)

L'estimation de ρ se fait à l'aide de la régression de l'équation (48) par les *MCO.*

Le report de ρ^* dans l'équation (46) permet d'estimer a^*, b^*etc*.

Bien que les biais asymptotiques puissent subsister sur les estimateurs obtenus du fait d'une mauvaise spécification de la liaison des erreurs, on pense néanmoins en pratique que l'estimation est dans l'ensemble satisfaisante.

f) Test de la liaison des erreurs

Un des problèmes importants des retards de Koyck est la grande probabilité de l'existence d'une corrélation sérielle. Selon A.H. Studenhund (1997), les équations contenant les variables dépendantes retardées ont plus de chance d'avoir une corrélation sérielle que les autres types d'équations. Pour comprendre la raison, considérons un terme d'erreur type de Koyck.

$$\left.\begin{array}{ll} Y_t = \alpha_0 + \beta_0 X_t + \lambda Y_{t-1} + \eta_t & (1) \\ \eta_t = \varepsilon_t - \lambda \varepsilon_{t-1} & (2) \end{array}\right\} \quad (49)$$

Dans le cas présent, où se trouve le problème. Rappelons que ce terme d'erreur temporelle (η_t) est une Moyenne Mobile (M.A), aussi, ε_{t-1} affecte à la fois η_t et η_{t-1} . Puisque η_t et η_{t-1} sont affectés par la même variable[7](ε_{t-1}), il est presque certain qu'elles seront corrélées, violant ainsi les hypothèses classiques des moindres carrés ordinaires, à savoir :

$$E(\eta_t \eta_{t-1}) = 0$$

Il faut se rappeler que tous les modèles de retards de Koyck contiennent sans exception une variable dépendante retardée.

---

6 $\beta = b$et$\beta_1 = -b\rho$

$b = -\frac{\beta_1}{\rho} \Rightarrow \rho\beta = -\beta_1$

$\rho^* = \frac{\beta_1^*}{\beta}$

7 $\eta_t = \varepsilon_t - \lambda\varepsilon_{t-1} \Rightarrow \varepsilon_t = \eta_t + \lambda\varepsilon_{t-1} \Rightarrow \varepsilon_{t-1} = \eta_{t-1} + \lambda\varepsilon_{t-2}$

Remplaçons ε_{t-1} par sa valeur dans (2)

$\eta_t = \varepsilon_t - \lambda\eta_{t-1} + \lambda^2\varepsilon_{t-2}$. On voit que $E(\eta_t \eta_{t-1}) \neq 0$

La corrélation sérielle entraîne un biais dans les modèles de retards de Koyck

Si un modèle est de retard de Koyck et contient un terme d'erreur corrélé sériellement, le recours aux M.C.O pour estimer les coefficients biaise ces coefficients même dans un échantillon de grande taille.

Pour voir d'où provient ce biais, considérons l'équation (1) de 49 en rappelant la valeur de η_t

$$\left.\begin{array}{ll} Y_t = \alpha_0 + \beta_0 X_t + \lambda Y_{t-1} + \eta_t & (1) \\ avec\ \eta_t = \varepsilon_t - \lambda\varepsilon_{t-1} & (2) \end{array}\right\}$$

Remplaçons η_t dans (1)

$$Y_t = \alpha_0 + \beta_0 X_t + \lambda Y_{t-1} + \varepsilon_t - \lambda\varepsilon_{t-1} \qquad (50)$$

Retardons Y_t d'une période

$$Y_{t-1} = \alpha_0 + \beta_0 X_{t-1} + \lambda Y_{t-2} + \varepsilon_{t-1} - \lambda\varepsilon_{t-2} \qquad (51)$$

Qu'advient-il des équations (51) et (50) lorsque ε_{t-1} est positive. Dans l'équation (51), cela entraîne que Y_{t-1} devrait être plus grande en d'autres termes. Dans l'équation (50), ε_{t-1} positive entraîne que Y_t devrait être plus petite dans la mesure où elle est multipliée par $-\lambda$. Par ailleurs, soulignons que Y_{t-1} apparaît dans le côté droit de l'équation (50), et nous savons qu'elle croît toujours.

En considérant le côté droit de l'équation (50) à tout moment, ε_{t-1} est positive, Y_{t-1} devra être autrement plus grande. Ainsi, les deux variables ε_{t-1} et Y_{t-1} sont corrélées, et partant η_t et Y_{t-1}. Une telle situation viole l'hypothèse 6 des M.C.O. signifiant que le terme d'erreur n'est pas corrélé avec une quelconque des variables explicatives, entraînant que :

$$E(X_t \varepsilon_t) = 0$$

Qu'advient-il des équations (51) et (50) si ε_{t-1}est négative ?

Dans ce cas, Y_{t-1}sera plus petite, autrement qu'il aurait été si elles étaient toujours correlées.

La conséquence de cette corrélation c'est l'introduction d'un biais dans l'estimation des coefficients, en particulier du coefficient λ.

Finalement, le recours aux anciens tests n'est pas valable même si l'échantillon est grand.

ii) Test de corrélation sérielle dans le modèle de retard de Koyck. Jusqu'à maintenant, le test de d de Durbin-Watson[8] servait à tester l'existence d'une corrélation sérielle. Mais comme observé ci-dessus, le test est potentiellement non valable pour une équation qui contient une variable dépendante retardée comme une variable indépendante. Ceci parce que le biais résiduel décrit au paragraphe précédent conduit la statistique de DW à être biaisé et tendre vers la valeur 2. La tendance de DW vers 2 empêche quelquefois de détecter la présence d'une corrélation sérielle dans un modèle de retard de Koyck.

La relation alternative utilisée est le test h de Durbin.

$$h = \rho^* \sqrt{\frac{T}{1 - T\sigma_\lambda^{*2}}} \qquad (52)$$

où ρ^* est la statistique estimée de D.W, T est la taille de l'échantillon et σ_λ^{*2} est la variance de λ^* représentant le coefficient estimé de Y_{t-1}.

$$\rho^* = 1 - \frac{d^*}{2} = \frac{\sum \varepsilon_t^* \varepsilon_{t-1}^*}{\sum \varepsilon_{t-2}^{*2}} \qquad (53)$$

$$d = \frac{\sum (\varepsilon_t - \varepsilon_{t-1})^2}{\sum \varepsilon_t^2} \qquad (54)$$ qui est la statistique de D.W.

S'il y a indépendance des résidus, la statistique " h " est distribuée asymptotiquement comme une variable normale centrée réduite.

Les hypothèses à tester sont :

$H_0 : \rho = 0$ contre $H_1 : \rho \neq 0$

Il suffit de constater que $\rho = 0 \Leftrightarrow h = 0$ et $\rho \neq 0 \Leftrightarrow h \neq 0$. Au niveau dc la signification α, il faut que la statistique calculée "h" soit telle que pour accepter H_0 on ait

$$|h| \leq t\alpha/_2$$

Exemple : $\alpha = 0{,}05$ on a $t\alpha/_2 = 1{,}96 \cong 2$

Ainsi, si

$|h| > 1{,}96$, on rejette l'hypothèse de non corrélation sérielle

$|h| < 1{,}96$, on ne rejette pas l'hypothèse nulle de non corrélation sérielle

Exemple : soit l'équation de consommation suivante estimée de l'exercice 2 chapitre 4 (logiciel Eviews)

$$C_t^* = 656{,}04 + \underset{(0{,}0949)}{0{,}50}\, R_t + \underset{(0{,}1293)}{0{,}37}\, C_{t-1} \qquad (55)$$

(les chiffres entre parenthèses représentent les écarts-types)

$$t\alpha/_2 = 1{,}96 \text{ pour } \alpha = 0{,}05$$

[8] J. Durbin : "Testing for Serial Correlation in Least Squares Regression when some of the regressors Are Lagged Dependant Variable," Economica, 1970 pp. 410-421

$$T = 35d^* = 1{,}33$$

$$h = (1 - 0{,}5d^*)\sqrt{\frac{T}{(1-35(\sigma))^2}} = (0{,}335)\sqrt{\frac{35}{1-4{,}52}} = 3{,}077 \qquad (56)$$

La statistique $h = 3{,}077 > 1{,}96$, on rejette l'hypothèse de non corrélation sérielle.

Le test de Durbin pose au moins deux problèmes :

- La statistique est indéfinie dans certaines circonstances notamment quand $T\sigma_{\lambda}^{*2} \geq 1$ puisque dans un tel cas, le signe sous le radical est négatif.
- Le test ne peut être utilisé si le modèle en question comporte plus d'une variable dépendante retardée ou si la corrélation sérielle devant être testée n'est pas du 1er ordre.
- Le test reste faible pour les petits échantillons

Pour éviter les deux premiers problèmes, certains chercheurs ont proposé d'autres alternatives notamment le test du multiplicateur de Lagrange (ML).

iii) Le test du Multiplicateur de Lagrange (ML)

C'est une méthode qui peut être utilisée pour tester la présence de corrélation sérielle d'une variable dépendante retardée en analysant comment les résidus retardés expliquent les résidus de l'équation d'origine (dans une équation qui comprend toutes les variables explicatives du modèle initial). Si les résidus retardés sont significatifs pour expliquer les résidus du temps (comme montré par le test du χ^2), alors nous pouvons rejeter l'hypothèse nulle de non corrélation sérielle. Le test du Multiplicateur de Lagrange est aussi utilisé comme un test de spécification et comme un test d'hétéroscédasticité ainsi que pour résoudre d'autres problèmes économétriques[9].

Le recours au ML pour tester l'existence d'une corrélation sérielle dans un modèle de retards de Koyck comprend 3 étapes :

obtenir les résidus de l'équation estimée

$$e_t = Y_t - Y_t^* = Y_t - \alpha_0^* - \beta^* X_t - \lambda^* Y_{t-1} \qquad (57)$$

---

[9] Pour une revue des différents usages dans lesquels le test du Multiplicateur de Lagrange peut être utilisé et aussi pour une discussion des relations du test de ML aux tests de Wald et du Ratio du Maximum de Vraisemblance, voir Robert F. Engle, "Wald, Likelihood Ratio, and Lagrange Multiplier Tests in Econometrics", in Z. Griliches and MD. Intriligator, Handbook of Econometrics, Volume II (Amsterdam; Elsevier Science Publishers, 1984). Il faut aussi rappeler que le test de White relatif à l'hétéroscédasticité est aussi un test du M.L. (voir à ce sujet A.H. Studenhund (1997).

Utiliser ces résidus comme la variable dépendante dans une équation auxiliaire qui inclut comme variables indépendantes toutes celles figurant sur le côté droit de l'équation initiale (57) aussi bien que les résidus retardés.

$$e_t = a_0 + a_1 X_t + a_2 Y_{t-1} + a_3 e_{t-1} + \mu_t \qquad (58)$$

L'équation (58) est estimée par les MCO et on teste l'hypothèse nulle que $a_3 = 0$ avec le test statistique suivant :

$$ML = TR^2$$

où T est la taille de l'échantillon et R^2 le coefficient de détermination non ajusté ou non corrigé de l'équation auxiliaire (58). Pour un échantillon de grande taille, ML suit une distribution de χ^2 avec un nombre de degrés de liberté égal au nombre de restrictions dans l'hypothèse nulle (dans ce cas, 1). Si ML est plus grand que le χ^2 théorique, on rejette l'hypothèse de nullité que $(a_3 = 0)$ et on conclut effectivement à une corrélation sérielle dans l'équation initiale.

Pour effectuer un test ML du second ou d'un degré supérieur de corrélation sérielle, ajoutons des résidus retardés. (e_{t-2} pour le second ordre et e_{t-3} pour le 3e ordre) à l'équation auxiliaire (58). L'hypothèse de nullité est : $a_3 = a_4 = a_5 = 0$. Ainsi, l'hypothèse de nullité augmente le degré de liberté dans le test de χ^2 à 3 parce que nous avons imposé 3 restrictions sur l'équation (3 coefficients sont simultanément nuls).

Pour effectuer un test ML avec plus d'une variable dépendante retardée, ajoutons les variables retardés (Y_{t-2}, Y_{t-3}, etc.) à l'équation initiale.

iv) Correction de la corrélation sérielle dans les Modèles de retards de Koyck.

On peut distinguer trois cas : améliorer la spécification, introduire des variables instrumentales, modifier les Moindres Carrés Généralisés (MCG).

- L'amélioration de la spécification

Cette première démarche, consiste à considérer la possibilité que la corrélation sérielle pourrait être impure, causée par l'omission d'une variable pertinente ou à défaut pour capturer avec précision le modèle de retards distribués actuels. Malheureusement, trouver une variable omise ou une structure de retard améliorée n'est pas toujours aussi simple.

- La variable instrumentale

Elle consiste à la substitution d'un proxy (un "instrument") pour Y_{t-1} dans l'équation initiale, ceci éliminant la corrélation entre Y_{t-1} et η_t. Si le recours à un instrument est une option raisonnable qui est un simple principe, ce n'est pas toujours facile de trouver un proxy qui conserve la nature du retard distribué de l'équation initiale.

- L'usage du maximum de vraisemblance. (MV)

Il s'agit d'utiliser une technique itérative du MV pour estimer la corrélation sérielle et ainsi transformer l'équation initiale une fois que la corrélation sérielle a été éliminée. Cette technique, qui est semblable à celle des MCG n'est pas sans difficultés. En particulier, l'échantillon doit être grand, l'erreur standard des coefficients estimés a besoin potentiellement d'être ajustée, et les techniques d'estimation sont imparfaites dans certains cas[10].

4.2.1.5. Processus autorégressifs d'ordre p

Le modèle généralisé s'écrit :

$$Y_t = a_1 Y_{t-1} + a_2 Y_{t-2} + \cdots + a_p Y_{t-p} + bX_t + \varepsilon_t \qquad (59)$$

Quand le processus $\{Y_t\}$ défini par (59) converge vers un processus stationnaire (lorsque la suite des X_t est identiquement nulle), les procédures d'estimation utilisées pour les processus du premier ordre demeurent valables.

Les hypothèses suivantes doivent être remplies :

H_1 : le processus est stationnaire ;

H_2: les erreurs sont indépendantes, identiquement distribuées selon une loi telle que

$$E(\varepsilon_t) = 0 \text{ et } V(\varepsilon_t) = \sigma_\varepsilon^2;$$

H_3: si $T \to \infty$, les Y_t sont bornés et les quantités

$$\frac{1}{T}\sum_{t=1}^{T-\theta} Y_t Y_{t+\theta} \text{ tendent vers des limites finies}$$

Si on a recours aux MCO sur le modèle (59) en prenant les variables endogènes retardées comme des variables exogènes :

1°) les estimateurs $a_1^*, \cdots, a_p^*$ et b^* convergent en probabilité vers les valeurs vraies des paramètres quand $T \to \infty$;

2°) les distributions limites de $\sqrt{T}(a_1^* - a_1)$, $\sqrt{T}(a_2^* - a_2), \cdots, \sqrt{T}(b^* - b)$ sont des distributions normales ;

3°) si les erreurs sont normalement distribuées, les estimateurs obtenus par les *MCO* ne sont autres que ceux du maximum de vraisemblance.

---

[10]Pour plus de details sur les complications, voir A. C. Harvey, "The Econometric Analysis of Time Series"- New York : Willey, 1981, et R. Betancourt and H. Kelejian, "Lagged Endogenous Variables and the Cochrane-Orcutt Procedure", Econometrica, 1981 pp 1073 - 1078

4.2.2. Processus moyenne mobile *(Moving Average = MA)*

4.2.2.1. Définition

Soit à considérer un processus AR infini de la forme :

$Y_t = -\alpha Y_{t-1} - \alpha^2 Y_{t-2} - \alpha^3 Y_{t-3} - \cdots + \varepsilon_t$ (60)

introduisons l'opérateur de retard L, dans (60)

$(1 + \alpha L + \alpha^2 L^2 + \cdots)Y_t = \varepsilon_t$ (61)

où ε_t est un bruit blanc et $|\alpha| < 1$.

Pour tout entier *t*, nous pouvons avoir à partir de (60).

$Y_{t-1} = -\alpha Y_{t-2} - \alpha^2 Y_{t-3} - \cdots + \varepsilon_{t-1}$ (62)

Multiplions l'équation (62) par α et soustrayons cette nouvelle équation de l'équation (60), ce qui nous donne :

$Y_t = \varepsilon_t - \alpha\varepsilon_{t-1}$ (63)

Si on introduit l'opérateur de retard L, on aura :

$Y_t = \varepsilon_t - \alpha L\varepsilon_t = (1 - \alpha L)\varepsilon_t$ (64)

En définitive, le processus moyenne mobile d'ordre 1 se définit par l'équation (63)

$$Y_t = \varepsilon_t - \alpha\varepsilon_{t-1}$$

ou l'équation (64) : $Y_t = (1 - \alpha L)\varepsilon_t$ (65)

4.2.2.2. Détermination de l'ordre d'une moyenne mobile

Considérons l'échantillon suivant composé de Y_t, $Y_{t-1}, \cdots$ et cherchons à déterminer quelques caractéristiques de cet échantillon, notamment l'espérance mathématique, la variance de Y_t et les covariances entre Y_t et $Y_{t-1}, Y_{t-2}, \cdots$

Par application des propriétés de l'espérance mathématique, de la variance et de la covariance des variables aléatoires (cours 2e année) on a :

$E(Y_t) = E[\varepsilon_t - \alpha E(\varepsilon_{t-1})] = 0 - 0 \times \alpha = 0$ (66)

$$Var(Y_t) = Var[\varepsilon_t - \alpha\varepsilon_{t-1}]$$
$$= Var(\varepsilon_t) + \alpha^2 Var(\varepsilon_{t-1}) + 2(-\alpha)Cov(\varepsilon_t\varepsilon_{t-1})$$
$$= \sigma^2 + \alpha^2\sigma^2 - 2\alpha.0$$
$$= (1 + \alpha^2)\sigma^2 \quad (67)$$

$$Cov(Y_t Y_{t-1}) = Cov(\varepsilon_t - \alpha\varepsilon_{t-1}, \quad \varepsilon_{t-1} - \alpha\varepsilon_{t-2})$$
$$= Cov(\varepsilon_t\varepsilon_{t-1}) - \alpha Cov(\varepsilon_t\varepsilon_{t-2}) - \alpha Cov(\varepsilon_{t-1}\varepsilon_{t-1}) + \alpha^2 Cov(\varepsilon_{t-1}\varepsilon_{t-2})$$
$$= 0 - \alpha.0 - \alpha\sigma^2 + \alpha^2.0 = -\alpha\sigma^2 \quad (68)$$

$$Cov(Y_tY_{t-2}) = Cov(\varepsilon_t - \alpha\varepsilon_{t-1}, \quad \varepsilon_{t-2} - \alpha\varepsilon_{t-3})$$
$$= Cov(\varepsilon_t\varepsilon_{t-2}) - \alpha Cov(\varepsilon_t\varepsilon_{t-3}) - \alpha Cov(\varepsilon_{t-1}\varepsilon_{t-2}) + \alpha^2 Cov(\varepsilon_{t-2}\varepsilon_{t-3})$$
$$= 0 - \alpha.0 - \alpha.0 + \alpha^2.0 = 0 \qquad (69)$$

On en conclut :

$$\left.\begin{array}{l} \gamma_0 = Var(Y_t) = (1+\alpha^2)\sigma^2 d'où\ \rho_0 = \dfrac{\gamma_0}{\gamma_0} = 1 \\ \gamma_1 = Var(Y_tY_{t-1}) = -\alpha\sigma^2 d'où\ \rho_1 = \dfrac{\gamma_1}{\gamma_0} = \dfrac{-\alpha}{(1+\alpha^2)} \\ \gamma_2 = 0\ d'où\ \rho_2 = 0 \\ \gamma_3 = 0\ d'où\ \rho_3 = 0 \\ \vdots \end{array}\right\} \quad (70)$$

En définitive, seule l'autocorrélation de retard 1 n'est pas nulle. L'autocorrélation de retard 0 est égale à 1.

On dit que la fonction d'autocorrélation est tronquée au-delà du retard 1. En généralisant à une covariance d'ordre k on pose :

$$Cov(Y_tY_{t-k}) = E(Y_tY_{t-k}) = E[(\varepsilon_t - \alpha\varepsilon_{t-1})(\varepsilon_{t+k} - \alpha\varepsilon_{t+k-1})]$$
$$= E(\varepsilon_t\varepsilon_{t+k}) - \alpha E(\varepsilon_{t-1}\varepsilon_{t+k}) - \alpha E(\varepsilon_t\varepsilon_{t+k-1}) + \alpha^2 E(\varepsilon_{t-1}\varepsilon_{t+k-1})$$

$$Cov(Y_tY_{t-k}) = \begin{cases} \sigma^2 + \alpha^2\sigma^2\ pour\ k = 0 \\ -\alpha\sigma^2\ pour\ k = \pm 1 \\ 0\ pour\ toute\ autre\ valeur\ de\ k \end{cases} \qquad (71)$$

Ces différents résultats montrent que l'équation (65) est un processus stationnaire. En effet, $Cov(Y_tY_{t-k})$ ne dépend pas de t mais de k. Ce qui conduit à poser que :

$$\gamma_k = \begin{cases} \sigma^2 \sum_{i=0}^{q} \alpha_i\alpha_{i+k} & \forall k = 0, 1, \cdots, q \\ 0 & \forall k > q \end{cases}$$

où $\alpha_0 = 1$

Donc les corrélations sont :

$$\rho_k = \begin{cases} \dfrac{\sum_{i=0}^{q=k} \alpha_i\alpha_{i+k}}{\sum_{i=0}^{q} \alpha_i^2} & pour\ k = 0, 1, \cdots, q \\ 0 & \forall k > q \end{cases}$$

La conclusion est que l'ordre d'une *MA* correspond au maximum k pour lequel ρ_k est différent de 0.

4.2.2.3. L'inversibilité

Il s'agit de considérer le problème dans un sens inverse, c'est-à-dire à partir de la connaissance des autocorrélations r_k du processus, estimer les ρ_k.

Supposons que les calculs de r_k nous conduisent au résultat suivant lequel, au-delà de r_1, les autres autocorrélations ne sont pas significatives. Dans un tel cas, on est conduit à supposer que la série provient d'un processus *MA*(1), ce qui veut dire que l'on rejette l'idée de bruit blanc.
Lorsqu'une série chronologique n'a ses coefficients d'autocorrélation partielle significatifs que jusqu'au niveau r_1, on spécifie ou on identifie un modèle *MA*(1).

Il s'agit de déterminer le paramètre α du modèle. Les statisticiens proposent de poser que $r_1 = \rho_1$.
De telle sorte qu'à partir du système (70) nous avons :

$$\rho_1 = \frac{\gamma_1}{\gamma_0} = \alpha/(1+\alpha^2) = r_1$$

Nous savons que $r_1 = \frac{-\alpha}{1+\alpha^2} \Rightarrow r_1(1+\alpha^2) = -\alpha$

Soit à poser que $r_1 = 0{,}2$ on tire :

$$0{,}2\alpha^2 + 0{,}2 \quad (72)$$

$$\alpha^* = 0{,}2$$

4.2.2.4. Ordre du processus $MA(q)$

Considérons l'équation suivante :

$$Y_t = \varepsilon_t - \alpha_3\varepsilon_{t-3} \qquad (73)$$

Déterminons les covariances du processus :

$$\gamma_0 = VarY_t = Var(\varepsilon_t - \alpha_3\varepsilon_{t-3})$$

$$= Var(\varepsilon_t) + \alpha_3^2 Var(\varepsilon_{t-3}^2) - 2\alpha_3 Cov(\varepsilon_t\varepsilon_{t-3})$$

$$= (1+\alpha_3^2)\sigma^2 \qquad (74)$$

Finalement on a :

$\rho_1 = \rho_2 = 0, \rho_3 = -\alpha_3/(1+\alpha_3^2)$[11], $\rho_4 = 0, \cdots$

---

[11] En effet : $\rho_3 = \frac{\gamma_3}{\gamma_0} = \frac{-\alpha_3\sigma^2}{(1+\alpha_3^2)\sigma^2} = \frac{-\alpha_3}{(1+\alpha_3^2)}$

Quand on constate que les autocorrélations r_k d'une série chronologique ne sont pas significatives au-delà d'un retard $k = q$ on peut admettre que la distribution provient d'un processus *MA*(q).
Le retard le plus élevé pour lequel les autocorrélations sont significatives identifie l'ordre du processus. Dans le cas précédent, le processus est *MA* (3), c'est-à-dire d'ordre 3.

4.2.3. Processus ARMA

De nombreux processus stationnaires peuvent ne pas être considérés comme des modèles purement $MA(q)$ou $AR(p)$. Certains ont la double qualité d'être moyenne mobile et autorégressive. L'extension logique ou naturelle des deux modèles précédemment examinés conduit à un processus mixte ou combiné appelé modèle $ARMA$ (Autoregressive moving average) d'ordre (p, q).

Définition

Un modèle $ARMA(p,\ q)$ est une combinaison d'un processus autorégressif d'ordre p et d'un processus moyenne mobile d'ordre q. Il est représentatif d'un processus généré par ***une "disposition" des valeurs passées et des erreurs passées. Il est défini*** par la relation :

$$(1 - \emptyset_1 L - \cdots - \emptyset_P L^P)Y_t = \left(1 - \theta_1 L - \cdots - \theta_q L^q\right)\varepsilon_t \qquad (75)$$

Rappelons que $\varepsilon_t$est le processus innovation, un processus bruit blanc.

Exemple 1 : $ARMA(p, q)$

1°) posons $p = 1 \quad q = 0$

$ARMA(1,0) = AR(1)$

2°) si $p = 0 \quad q = 1$

$ARMA(0, 1) = MA(1)$

Exemple 2 :

Soit le processus $ARMA(1, 1)$. Il est défini comme suit au regard de l'équation (75) :

$$(1 - \emptyset_1 L)Y_t = Y_t - \emptyset_1 Y_{t-1} \qquad (76)$$

On sait que :

$$\left(1 - \theta_1 L - \cdots - \theta_q L^q\right)\varepsilon_t = (1 - \theta_1 L)\varepsilon_t$$

d'où $(1 - \emptyset_1 L)Y_t = (1 - \theta_1 L)\varepsilon_t$ le processus $ARMA(1, 1)$.

4.2.3.2.Caractéristiques des processus ARMA

- Un processus $ARMA(p,q)$est une condition de stationnarité. Cette condition porte sur les racines du polynôme $1-\emptyset_1 L-\cdots-\emptyset_P L^P$.
- Le processus $ARMA(p,q)$ a une condition d'inversibilité qui est relative aux racines du polynôme $1-\theta_1 L-\cdots-\theta_q L^q$
- Contrairement au bruit blanc, qui a une fonction d'autocorrélation r_k tronquée et une fonction d'autocorrélation partielle π_k tronquée, les modèles $ARMA$ n'ont pas ces coefficients tronqués.

4.2.3.3. Prévisions dans les modèles $ARMA(p,q)$

Après avoir défini et caractérisé le processus $ARMA$, il est intéressant d'examiner la prévision du processus. Il faut rappeler que les prévisions sont fonction des données disponibles de la distribution $Y_t,\ t=1,2,\cdots,T$ antérieures à la période T. Pour un horizon de prévision h, la prévision de la valeur future Y_{T+1} notée $Y_T^*(h)$ est l'espérance conditionnelle de Y_{T+h}.

$$Y_T^*(h)=E[Y_{T+h}/I_T],\qquad I_T=(X_1,X_2,\cdots,X_T)$$

où I_T représente l'ensemble des informations disponibles à la date T. De la sorte, pour un processus $ARMA(1,1)$, sans constante :

$$Y_T=\emptyset_1 Y_{T-1}+\varepsilon_T-\theta_1\varepsilon_{T-1}$$

Si on passe de T à $T+1$:

$$Y_{T+1}=\emptyset_1 Y_T+\varepsilon_{T+1}-\theta_1\varepsilon_T$$

Or ε_{T+1} est inconnu à la période T, et partant on admet que sa valeur attendue est nulle. Dès cet instant, Y_T et ε_T représentent désormais l'information passée de la distribution nécessaire pour prévoir Y_{T+1}.

$$Y_T^*(1)=E[Y_{T+1}/I_T]=\emptyset_1 Y_T-\theta_1\varepsilon_T$$

Si $h=2$,

$$Y_T^*(2)=E[Y_{T+2}/I_T]=\emptyset_1 Y_{T+1}-\theta_1\varepsilon_{T+1}$$

Partant du même raisonnement que précédemment, ε_{T+1} est inconnu et sa valeur attendue est nulle. Concomitamment, quand on est au temps T, la valeur de Y_{T+1} est inconnue ; ce qui conduit à le remplacer par $Y_T^*\ (1)$.

D'où :

$$\begin{aligned}Y_T^*(2)=E[Y_{T+2}/I_T]&=Y_T^*\quad(1)\\&=\emptyset_1[\emptyset_1 Y_T-\theta_1\varepsilon_T]\end{aligned}$$

puis

$$\begin{aligned}Y_T^*(3)=[Y_{T+2}/I_T]&=Y_T^*\quad(2)\\Y_T^*(4)=E[Y_{T+2}/I_T]&=Y_T^*\qquad(3)\\&\vdots\\Y_T^*(h)=E[Y_{T+2}/I_T]&=Y_T^*(h-1)\end{aligned}$$

Finalement, il est à remarquer que ces prévisions pour l'horizon h $(h > 1)$ sont basées non sur des observations qui se font dans la méthode classique, mais sur les prévisions passées $Y_T^*(h-1)$. Ce sont des prévisions récursives.

Exemple : Reprenons l'étude sur les réserves de devises du Niger
$\emptyset_1^* = 0{,}8$ et $\theta_1^* = 0{,}5$

$$Y_T^* = \emptyset_1^* Y_{T-1} + \varepsilon_T^* - \theta_1^* \varepsilon_{T-1}^*$$
$$= 0{,}8 Y_{T-1} + \varepsilon_T^* - 0{,}5 \varepsilon_{T-1}^*$$

Pour l'horizon de prévision $h = 1, 2, 3$, on a :

$$Y_{84}^* = Y_{83}^*(1) = 0{,}8 Y_{83} + 0{,}2 \varepsilon_{83}^*$$
$$= 0{,}8(38{,}24) + 0{,}2(-0{,}3) = 29{,}992$$
$$Y_{85}^* = Y_{83}^*(2) = 0{,}8 Y_{83}^*(1) = 23{,}99$$
$$Y_{86}^* = Y_{83}^*(3) = 0{,}8 Y_{83}^*(2) = 19{,}20$$
$$\vdots$$

Dans le cas présent, il s'est agi d'un exemple montrant la démarche. Dans la pratique, si on considère un $ARIMA(p, d, q)$ avec constante μ et si μ^* est l'esperance mathématique de la distribution Y_T, il ressort qu'au fur et à mesure que h augmente, les prévisions tendent vers $E(Y_t) = \mu$. Cette situation est fréquente quand on a un $ARMA(p, q)$, c'est-à-dire que le processus est stationnaire.

4.2.3.4. Relations entre processus AR, MA et ARMA

1) Conditions d'utilisation
Les modèles *AR, MA* et *ARMA* ne sont représentatifs que de séries temporelles :

- stationnaires en tendance ;
- corrigées des variations saisonnières.

2) Principales caractéristiques

Modèles Conditions	$AR(p)$	$MA(\ q)$	$ARMA(p,q)$	Bruit blanc
Stationnarité	oui[1]	non	oui[12]	non
inversibilité	non	oui[2]	oui[13]	non
Fonction d'autocorrélationr_k tronquée	non	oui	non	oui (pour $k > 0$)
Fonction d'autocorrélation partielleπ_k tronquée	oui avec $(k > p)$	non	non	oui (pour $k > 0$)

Il est possible que les processus $MA(\ q)$ et $ARMA(p,q)$ se transforment en processus $AR(p)$, de même qu'à partir des processus $AR(p)$ et $ARMA(p,q)$ on ait $MA(\infty)$.
Au préalable, nous savons également qu'un processus $ARMA(p,q)$ peut se transformer en processus $AR(p)$ ou en processus $MA(q)$.

Exemple 1 :
Si dans $ARMA(p,q)$, on pose $p \neq 0$ et $q = 0$, il s'ensuit un $AR(p)$, de même que si on a, $p = 0$ et $q \neq 0$, le processus devient un $MA(q)$.

Exemple 2 :
Soit $Y_t = (1 - \theta)\varepsilon_t$ l'équation qui caractérise un processus $MA(1)$ on peut poser que :

$$(1 - \theta L)^{-1} Y_t = \varepsilon_t$$

Or,$(1 - \theta L)^{-1} = 1 + \theta L + \theta^2 L^2 + \cdots$
d'où sous la forme $AR(\infty)$:

$$(1 + \theta L + \theta^2 L^2 + \cdots)Y_t = \varepsilon_t$$

Exemple 3 :
L'équation spéciale du processus

$$AR(2) = (1 - 0{,}9L - 0{,}7L^2)Y_t = \varepsilon_t$$

Cherchons la valeur de Y_t, soit

$$\begin{aligned} Y_t &= [1/(1 - 0{,}9L - 0{,}7L^2)]\varepsilon_t \\ &= [1 + (1 - 0{,}9L - 0{,}7L^2) + (1 - 0{,}9L - 0{,}7L^2)^2 + \cdots]\varepsilon_t \\ &= [1 + 0{,}9L + 0{,}88L^2 + 0{,}855L^2 + \cdots]\varepsilon_t \end{aligned}$$

Exemple 4 :
Considérons l'équation de définition du processus $ARMA(1,1)$:

[12]La condition de stationnarité porte sur les racines du polynôme $1 - \emptyset_1 L - \cdots - \emptyset_p L^p$
[13]La condition d'inversibilité est relative aux racines du polynôme $1 - \emptyset_1 L - \cdots - \emptyset_p L^p$

$(1 - \emptyset L)Y_t = (1 - \theta L)\varepsilon_t$
ou encore

$$\frac{1 - \emptyset L}{1 - \theta L} Y_t = \varepsilon_t$$

sous forme $AR(\infty)$:

$$(1 - \emptyset L)(1 - \theta L)^{-1} Y_t = \varepsilon_t$$

qu'on peut réécrire aussi:

$$(1 - \emptyset L)(1 + \theta L + \theta^2 L^2 + \cdots) Y_t = \varepsilon_t$$

Soit en développant :

$$[1 + (\theta - \emptyset)L + \theta(\theta - \emptyset)L^2 + \cdots] Y_t = \varepsilon_t$$

On aurait pu aussi dégager Y_t soit :

$$Y_t = \frac{1 - \theta L}{1 - \emptyset L} \varepsilon_t$$

d'où $MA(\infty)$

$$Y_t = (1 - \theta L)(1 - \emptyset L)^{-1} \varepsilon_t$$
$$= [1 + (\emptyset - \theta)L + \emptyset(\emptyset - \theta)L^2 + \cdots] \varepsilon_t$$

CHAPITRE V : LES PROCESSUS NON STATIONNAIRES

INTRODUCTION

Généralement, l'étude des séries chronologiques conduit rarement à des processus stationnaires. En d'autres termes, la série est non représentative d'un bruit blanc. Pour ce faire on a recours au modèle dit $ARIMA(p,\ d, q)$ permettant de rendre compte des phénomènes de tendance. Toutefois, il arrive que de nombreuses séries contiennent une composante saisonnière périodique qui se répète à chaque observation. Box et Jenkins (1970) ont généralisé les modèles *ARIMA* en intégrant cette composante saisonnière. Ces modèles sont dits *SARIMA*.

De façon générale, jusqu'à une date récente, la plupart des propriétés statistiques relatives aux méthodes d'estimation portaient sur les variables stationnaires.

Ces méthodes d'estimation sont ainsi appliquées indifféremment aussi bien à des variables stationnaires qu'à des données non stationnaires. D'où l'éventualité que ces propriétés spécifiques ne soient plus valables pour des variables non stationnaires.

On sait que dans la réalité, la plupart des variables économiques sont affectées par une évolution à long terme, c'est-à-dire par une tendance ou un trend. En effet, on pense à la plupart des variables macro-économiques, y compris des variables comme le chômage, le taux d'inflation sur 20 à 30 ans. Il y a fréquemment un changement de niveau, et quelquefois même de pente, qui concerne les données microéconomiques portant aussi bien sur les entreprises que sur les unités individuelles. En définitive, la réalité indique que les séries dont on peut raisonnablement penser *a priori* qu'elles devraient remplir les conditions de stationnarité sont rares : les taux d'intérêt, certains taux de change $(F/\$)$, les prix de quelques matières premières comme l'or et l'argent.

Cette difficulté a conduit à s'intéresser au cas particulier des variables à racine unitaire. Ce type de modèle constitue un cas limite dans la mesure où il n'est plus stationnaire. Il s'agit de tester la part qu'occupent les chocs persistants ou transitoires.

L'objectif est de répondre aux préoccupations compte tenu des limites révélées par les approches "classiques" de stationnarisation qui sont essentiellement de deux natures :

- La non prise en compte par l'opération de différentiation des relations entre les niveaux des variables. Ce qui est retenu, c'est les changements intervenus d'une période à une autre ;

- La difficulté de prendre en compte des relations stables (trends communs) entre les variables qui interviennent dans le long terme. C'est la cointégration. Les modèles classiques sont incapables d'en révéler. La détection de liaisons importantes entre composantes tendancielles de plusieurs observations est susceptible d'améliorer sensiblement la qualité des techniques de projection.

Ce chapitre étudie les processus non stationnaires, ensuite, les tests de racine unitaire avant d'examiner la cointégration et les modèles à correction d'erreurs.

5.1. Les modèles ARIMA

5.1.1. Définition

La forme $ARIMA(p, d, q)$ d'une méthode de prévision extrapolative décrit la relation entre l'observationY_t, l'erreur de prévision ε_t d'horizon 1 et les valeurs retardées des observations et des erreurs de prévision.
Un modèle *ARIMA* est une intégration d'un modèle autorégressif d'ordre *p* et d'un modèle moyenne mobile de degré *q* et un opérateur de différences de degré *d*. C'est le sigle anglais signifiant Autorégressive Integreted Moving Average.
Ainsi, pour une tendance linéaire $(d = 1)$ c'est le recours aux différences premières. Si la série présente une tendance quadratique $(d = 2)$; ce sont les différences secondes qui sont utilisées pour stationnariser le processus.

i) La tendance est linéaire et déterministe

Soit la relation suivante : $Y_t = at + b$. Ce qui nous amène à poser les différences premières :

$$\Delta Y_t = \quad _t - Y_{t-1}$$

Donc
$\Delta Y_t = (at + b) - [(b + a(t-1))] = a \rightarrow Y_t$ est constant

ii) La tendance est quadratique

$Y_t = at^2 + bt + c$ d'où

$$\Delta Y_t = Y_t - Y_{t-1} = (at^2 + bt + c) - (a(t-1)^2 + b(t-1) + c)$$

$$\Delta Y_t = b + a\left(t^2 - (t^2 - 2t + 1)\right) = b - a(1 - 2t)$$

Pour $\Delta^2 Y_t$ on aura:
$\Delta^2 Y_t = \Delta(Y_t - Y_{t-1}) = Y_t - Y_{t-2}$

$$\Delta^2 Y_t = \big(b - a(1-2t)\big) - \Big(b - a\big(1 - 2(t-1)\big)\Big)$$

$\Delta^2 Y_t = 2a \rightarrow Y_t$ est constant
En conclusion, si la série $(1-L)^d Y_t$ est un $ARIMA(p,q)$, alors Y_t est un $ARIMA(p,d,q)$.

5.1.2. Méthode de prévision de forme ARIMA

a) La prévision

Soit le lissage exponentiel simple défini comme suit :

$$F_t = aY_{t-1} + (1-\alpha)F_{t-1} \quad (1)$$

L'objectif est d'éliminer les prévisions de cette équation en considérant la définition de l'erreur de prévision d'horizon 1 qui entraine quel que soit t :

$F_t = Y_t + \varepsilon_t$ et $F_{t-1} = Y_{t-1} + \varepsilon_{t-1}$ (2)

D'où

$$Y_t - \varepsilon_t = \alpha Y_{t-1} + (1-\alpha)(Y_{t-1} + \varepsilon_{t-1})$$
$$= \alpha Y_{t-1} + Y_{t-1} - \alpha Y_{t-1} - \varepsilon_{t-1} + \alpha\varepsilon_{t-1}$$
$$= Y_{t-1} - \varepsilon_{t-1} + \alpha\varepsilon_{t-1} \quad (3)$$

Ce qui entraine que :

$Y_t - Y_{t-1} = \varepsilon_t - (1-\alpha)\varepsilon_{t-1}$ (4)

C'est cette expression qui est appelée forme $ARIMA$ du lissage exponentiel simple.

L'opérateur de différenceΔvaut $1-L$. Ce qui nous permet de réécrire l'équation (4):

$\Delta Y_t = [1-(1-\alpha)]\varepsilon_t$ (5)

De façon générale, on parlera de forme $ARIMA$ d'ordre p,d,q et notée $ARIMA(p,d,q)$ chaque fois qu'il y aura une relation de type suivant :

$$\big(1 - \phi_1 L - \cdots - \phi_p L^p\big)\Delta^d Y_t = \big(1 - \theta_1 L - \cdots - \theta_q L^q\big)\varepsilon_t (6)$$

avec : $\theta_i = 1 - \alpha_i$

Le polynôme $1 - \phi_1 L - \cdots - \phi_p L^p$en l'opérateur de retard L est appelé polynôme autorégressif de degré p ou $AR(p)$ et le polynôme $1 - \theta_1 L - \cdots - \theta_q L^q$ est désigné sous le terme de polynôme moyenne mobile de degré q noté $MA(q)$. Δ^{d} est l'opérateur de différences de degré (d) ou d'ordre (d).

b) principales formes $ARIMA(p, d, q)$

Ces différentes formes se réfèrent aux principaux types de lissage exponentiel.

i) Le lissage exponentiel simple $ARIMA(0, 1,1)$

Ceci nous conduit à dire que la relation (6) est égale à$(1 - \theta_1 L)\varepsilon$. D'où : $\Delta Y_t = [1 - (1 - \alpha)L]\varepsilon_t$ .Ce qui veut dire que $\theta_1 = 1 - \alpha$ puisquela relation de gauche pour $p = 0$et $d = 1$, nous avons $1\Delta^1 Y_t = \Delta^1 Y_t$

ii) Le lissage exponentiel double $ARIMA(0, 2, 2)$

Revenons à l'équation (6)

$$\Delta Y_t = [1 - (1 - \alpha)L]\varepsilon_t$$

D'où

$$\Delta^2 Y_t = [1 - (1 - \alpha)L]^2 \varepsilon_t \qquad (7)$$

Développons le membre de droite :

$$\Delta^2 Y_t = [1 - 2(1 - \alpha)L + (1 - \alpha^2)L^2]\varepsilon_t \qquad (8)$$

$\theta_1 = 2(1 - \alpha)$ et $\theta_2 = -2(1 - \alpha)^2$

$$\Delta^2 Y_t = [1 - \theta_1 L - \theta_2 L^2]\varepsilon_t \qquad (9)$$

iii) Le lissage exponentiel de Holt $ARIMA(0, 2, 2)$

$\theta_1 = 2 - \alpha - \alpha\gamma$ et $\theta_2 = -(1 - \alpha)$ d'où

$$\Delta^2 Y_t = [1 - (2 - \alpha - \alpha\gamma)L - (1 - \alpha)L^2]\varepsilon_t \qquad (10)$$

c) Bruit blanc et prévision

Il est intéressant de constater qu'à partir de la formule (4) on peut déterminer les résidus ε_t par récurrence.

$Y_t - Y_{t-1} = \varepsilon_t - (1 - \alpha)\varepsilon_{t-1}$ d'où

$$\varepsilon_t = Y_t - Y_{t-1} + (1 - \alpha)\varepsilon_{t-1} \qquad (11)$$

Considérons le lissage exponentiel simple comme la forme pertinente de prévision d'une série chronologique. Si les erreurs de prévision ne contiennent plus d'information susceptible de donner des renseignements sur la prévision, la série résiduelle est un processus de bruit blanc. Dans le cas contraire, si on applique le test de distribution des résidus entrainant la non acceptation de l'hypothèse, dans ce cas, le lissage exponentiel n'est pas la bonne méthode de prévision. Il faut recourir à d'autres techniques de prévision.

5.2. Les modèles SARIMA

5.2.1. Définition

La classe générale des modèles appelés $SARIMA$ est basée sur le modèle $ARIMA$ spécifié par des polynômes autorégressif et moyenne mobile avec des opérateurs de différence ordinaire(Δ) ou saisonnière (Δ_s)de degré respectif $d$et D.

Les polynômes (autorégressif et moyenne mobile) s'obtiennent successivement comme produits des polynômes ordinaires $\phi(L)$ et $\theta(L)$ (en opérateur de retard L) et de polynômes saisonniers $\phi(L^s)$ et $\theta(L^s)$ (en opérateur de L^s). On note l'introduction d'une constante(c) et d'une moyenne (m) avec l'éventualité de la transformation de puissance de la variable. Box et Jenkins ont proposé un type particulier de modèles $ARIMA$ saisonniers : les modèles multiplicatifs de type (12).

$$\Delta^d \phi_p(L)\Delta^D \phi_P(L^s)X_t = \theta_q(L)\theta_Q(L^s)\varepsilon_t \qquad (12)$$

soit avec moyenne et transformation de puissance de la variable

$$\phi_p(L)\phi_P(L^s)[\Delta^d\Delta^D Y_t^x - m] = \theta(L)\theta(L^s)\varepsilon_t \qquad (13)$$

soit avec une constante et transformation de puissance de la variable

$$\phi_p(L)\phi_P(L^s)[\Delta^d\Delta^D Y_t^x] = c + \theta(L)\theta(L^s)\varepsilon_t \qquad (14)$$

Les informations suivantes sont données :

- $\phi_p, \phi_P, \theta_q, \theta_Q$ sont des polynômes de degré p, P, q, Q dont les racines sont de module supérieur à 1 et ε_t un bruit blanc.
- s représente la saisonnalité ($s = 12$ pour des données mensuelles, $s = 4$ pour des données trimestrielles, etc.)
- $\Delta = I - L;\ \Delta_s = 1 - L^s;\ \ \Delta_s^D = (1 - L^s)^D$

Ces types de processus (12), (13) et (14) sont appelés : $SARIMA(p,d,q)(P,D,Q)$.

En reprenant le modèle (12) on peut poser que :

$W_t = \Delta^d\Delta_s^D X_t \qquad (15)$

Ce modèle est de prime abord compliqué. Cependant, si $P = 1$, alors le terme $\phi_p(L^s)$ devient $(1 - c)L^s$, qui signifie que W_t dépendra de W_{s-t} alors $W_t L^s = W_{t-s}$. Les variables $\{W_t\}$ sont formées des séries initiales $\{X_t\}$ non seulement par simple différence (pour enlever le trend) mais aussi par différentiation saisonnière (Δ_s) , pour enlever la saisonnalité. Par exemple si $d = D = 1$ et $s = 12$ alors l'équation (15) devient :

$$W_t = \Delta\Delta_{12}X_t = \Delta_{12}(X_t - X_{t-1}) = \Delta_{12}X_{t-1}$$
$$= (X_t - X_{t-12}) - (X_{t-1} - X_{t-13})$$

Le modèle des équations (12) et (13) est dit modèle $SARIMA$ d'ordre $(p, d, q) \times (P, D, Q)$. Les valeurs d et D n'ont pas besoin d'excéder 1 selon Christ Chatfield (1997)
Soit le modèle $SARIMA(1, 0, 0)(1, 0, 1)_{12}$ avec $s = 12$

$$(1 - \phi_1 L)(1 - \Phi_{12} L^{12}) X_t = (1 - \theta_{12} L^{13}) \varepsilon_t$$

Soit

$$(1 - \phi_1 L - \Phi_{12} L^{12} + \phi_1 \Phi_{12} L^{13}) X_t = (1 - \theta_{12} L^{13}) \varepsilon_t$$

$$X_t = \phi_1 X_{t-1} + \Phi_{12} X_{t-12} - \phi_1 \Phi_{12} L^{13} + \varepsilon_t - \theta_{12} \varepsilon_{t-13}$$

Quand on a affaire à un modèle de données saisonnières, la première démarche est de fixer les valeurs de d et D qui réduisent la stationnarité et enlèvent la saisonnalité.

C'est une méthode de prévision assez simple du point de vue théorique mais très complexe dans les faits. La méthode fait appel à un ensemble de techniques (problème d'identification, d'estimation des paramètres et de tests d'adéquation). Les différentes étapes de la méthodologie de Box et Jenkins se résument dans ce qu'ils ont appelé les idées de la construction d'un modèle que nous synthétisons dans le schéma ci-après.

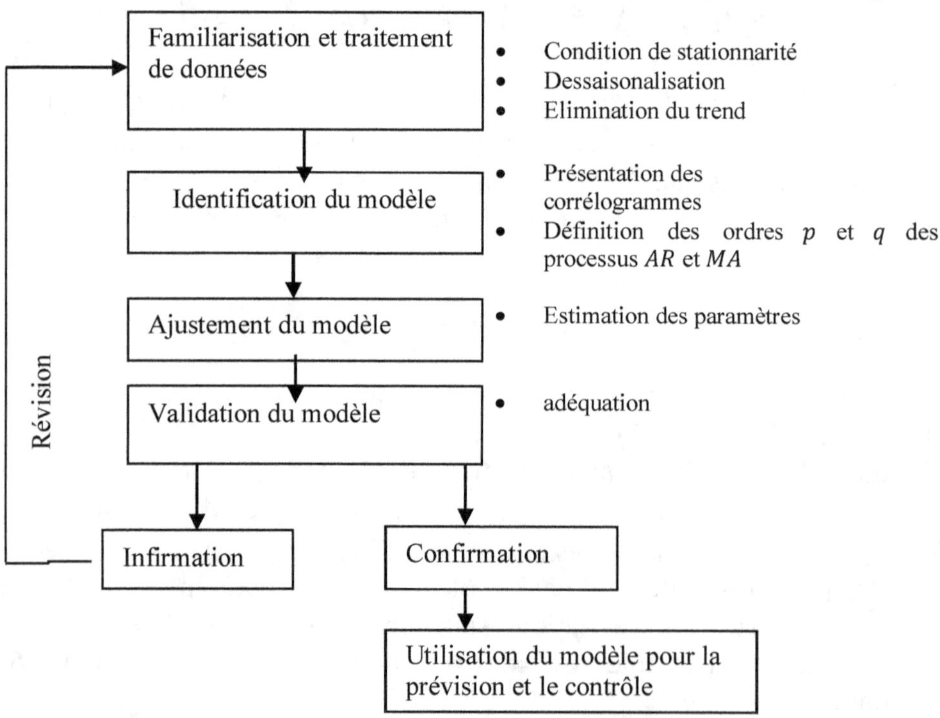

Source: Box et Jenkins (1976)

Selon le schéma recommandé par les deux auteurs, il est bon de commencer par se familiariser avec les données avant de procéder à leur transformation.

5.2.2. Familiarisation et traitement préalable des données

a) Familiarisation

Lorsque l'on dispose d'une série de données, il est important pour le chercheur de s'informer sur le domaine dont elles relèvent (production agricole, prix de céréales, ventes de billets de cinéma, etc.), les théories existantes, les objectifs poursuivis (étude de prévision, analyse d'un changement d'habitude, etc.), la qualité des données.
Conformément aux recommandations faites en statistique descriptive, le chercheur fait des représentations graphiques des chroniques de façon à déceler les comportements de la distribution au cours du temps (valeurs aberrantes, phénomènes perturbateurs, etc.)[14].

b) Traitement préalable

Selon les situations rencontrées dans les données, on choisit une ou plusieurs méthodes appropriées permettant de les rendre plus cohérentes. Souvent, il arrive que des données manquent, il faut les compléter. Certaines situations entrainent le recours à la transformation de la variable en logarithmes surtout quand la série est très longue et que l'écart est trop grand entre les valeurs initiales et celles de la fin. Quelquefois, comme il est apparu dans cet ouvrage, on procède à un changement de variable (division de la consommation par le revenu par exemple.)
L'objectif étant d'aboutir à un modèle $ARIMA$, il faut travailler en différences premières ordinaires (opérateur Δ), en différences premières saisonnières (opérateur Δ_s), les deux à la fois $(\Delta\Delta_s)$, voire éventuellement en différences secondes (opérateur Δ^2). Le choix n'est pas préétabli, mais est conditionné par l'allure graphique de la chronique. C'est ainsi que si on est en présence d'un trend ou de variation de niveaux, on choisit la différence première (Δ), par contre si la série révèle un comportement périodique (s), il faut choisir Δ_s.

---

[14] Malheureusement, force est de constater que ces conditions préalables ne sont plus souvent respectées, mêmes pour les chercheurs les plus chevronnés.

Toujours dans le souci de choisir le meilleur modèle possible, il est recommandé de prendre la série ayant la plus petite variance parmi les séries$\{Y_t\}, \{\Delta Y_t\}, \{\Delta_s Y_t\}, \{\Delta\Delta_s Y_t\}, \{\Delta^2 Y_t\}, \cdots$
En complément d'un meilleur résultat, il faut aussi examiner les autocorrélations de chaque chronique. Si une Δ est nécessaire, on remarque que les autocorrélations décroissent linéairement. Quand il s'agit d'une Δ_s, la manifestation se caractérise par des autocorrélations de retard $s, 2s, \cdots$ qui sont voisines de 1 et déclinent linéaire.

5.2.3. Identification du modèle

Les indicateurs qui permettent d'examiner plusieurs modèles $ARIMA$ afin d'en choisir un, sont les fonctions d'autocorrélation et d'autocorrélation partielle de la chronique au besoin différenciée $\{Y_t\}$. C'est la forme de ces corrélations qui oriente vers un choix. La première opération consiste en la réalisation des tests de bruit blanc.
Si le test confirme l'existence d'un bruit blanc, le modèle sera $Y = m + \varepsilon_t$ puisque les corrélations telles que nous les avons vues sont calculées sur la distribution centrée.
Il existe toute une multitude de spécification de modèles. Tout dépend de la complexité des autocorrélations. Mais de façon générale, les formes les plus simples pour l'identification des paramètres p, q du processus *ARMA* sont au nombre de quatre.

1) Si le corrélogramme diminue faiblement ou pas du tout, la chronique est affectée d'une tendance qu'il est nécessaire d'éliminer par une différentiation (généralement cet ordre de différentiation ne dépasse pas 1 ou 2) jusqu'à obtention d'une série stationnaire ;
2) Pour un $MA(q)$, l'autocorrélation $\rho_k^* = 0$ pour $k > q$ et les autocorrélations partielles diminuent lentement ;
3) Pour $AR(p)$, les autocorrélations partielles $r_k = 0$ pour $k > q$ avec une baisse lente des termes du corrélogramme simple ;
4) Si les autocorrélations simples et partielles ne sont pas tronquées, le modèle caractérise un $ARMA$ dont les paramètres sont fonctions de la forme spécifique des corrélogrammes.

5.2.4. Estimation

Les paramètres d'un modèle $AR(p)$peuvent être estimés par les MCO ou encore, il est possible de recourir à d'autres méthodes établissant les

relations existantes entre les autocorrélations et les coefficients du modèle.
Exemple : Considérons que la distribution des prix du tableau 1 obéisse à un $AR(1)$ de moyenne non nulle. Soit le modèle :
$Y_t = c + \rho Y_{t-1} + \varepsilon_t$ (16)
L'estimation des coefficients c^* et ρ^* par les MCO donne :
$\rho^* = 0{,}94$ et $c^* = 5{,}07$. Par ailleurs, $\sigma_\varepsilon^2 = 94{,}86$ d'où :

$$Y_t^* = 5{,}07 + 0{,}94 Y_{t-1}$$

En outre, $\mu^* = \frac{c^*}{1-\rho^*} = \frac{5{,}07}{1-0{,}94} = 84{,}5$ qui est la moyenne estimée.
Lorsqu'il s'agit d'un processus $MA(q)$, l'estimation des paramètres est plus complexe. Box et Jenkins recommandent l'utilisation de la procédure itérative de type balayage. D'autres suggestions telles que le recours à une maximisation de la fonction de vraisemblance se rapportant à des procédures de régression non linéaires sont recommandées (confère Chapitre 9).

5.2.5. Validation du modèle

L'analyse des résultats d'estimation consiste en :

1) la vérification à l'aboutissement correct ou à la convergence de la procédure itérative de la méthode d'optimisation non linéaire ;
2) la vérification de la satisfaction des conditions de stationnarité et d'inversibilité par les coefficients estimés du modèle (application du test classique du t de Student) ;
3) l'analyse des résidus basés sur les critères suivants :

- nullité de la moyenne. Sinon il faut ajouter une moyenne m au modèle ou une constante c ;
- le résidu est un bruit blanc.

Le test d'hypothèse auquel on a recours sont les statistiques Q et Q'de Box–Pierce et Ljung-Box (le degré de liberté est obtenu par la différence entre le nombre de retards de h et le nombre de variables $k-1$).
Lorsque le résidu n'est pas assimilable à un bruit blanc, cela traduit la mauvaise spécification et de la nécessité d'un retour à la phase d'identification. En effet, il peut s'agir du manque d'un ordre au modèle.

5.2.6. La prévision

Quand le modèle est confirmé, on peut procéder à des études de prévisions. Les procédures utilisés pour les modèles AR et MA sont applicables.

Exemple1 : soit le modèle suivant en différences premières et saisonnières avec $s = 4$.

$\Delta\Delta_4 Y_t = (1 - 0{,}4L)(1 - 0{,}5L^4)\varepsilon_t$ (17)

Ou en faisant le produit de (17), on a:

$Y_t = Y_t - Y_{t-1} - Y_{t-4} + Y_{t-5} = \varepsilon_t - 0{,}4\varepsilon_{t-1} - 0{,}5\varepsilon_{t-4} + 0{,}2\varepsilon_{t-5}$ (18)

Au temps T, les prévisions de Y_t sont par la forme MA :

$$\left.\begin{array}{l} Y_T^*(1) = -0{,}4\varepsilon_t - 0{,}5\varepsilon_{t-3} + 0{,}2\varepsilon_{t-4} \\ Y_T^*(2) = -0{,}5\varepsilon_{t-2} + 0{,}2\varepsilon_{t-3} \\ Y_T^*(3) = -0{,}5\varepsilon_{t-1} + 0{,}2\varepsilon_{t-2} \\ Y_T^*(4) = -0{,}5\varepsilon_t + 0{,}2\varepsilon_{t-1} \\ Y_T^*(5) = 0{,}2\varepsilon_t \\ Y_T^*(6) = 0 \end{array}\right\} \quad (19)$$

Finalement, on constate que l'obtention des intervalles de prévision recommande la mise du modèle sous forme $MA(\infty)$, sans que l'on se préoccupe de la nature (divergence ou pas) des séries utilisées.

Exemple 2 : considérons que les régressions sur $AR(1)$portant sur les prix des céréales dans les 14 départements du Namentenga aient donné les résultats suivants :$Y_t^* = 5{,}07 + 0{,}94Y_{t-1}$ (20)

Connaissant que la dernière valeur Y_{t-1} est égale à 100, soit septembre 1991 ; on demande d'établir le prix des céréales pour octobre 1991 dans la province sachant que $\sigma_\varepsilon^2 = 94{,}86$.

Dans un tel cas, on cherche à obtenir un intervalle de prévision dont l'hypothèse de distribution pour le processus Y_t est exigée. Considérons que le processus est normalement distribué, ce qui veut dire que ε_t est un bruit blanc gaussien. Par ailleurs, la moyenne est nulle et la variance est σ_h^2

$\frac{Y_{T+h} - Y_{T,h}}{\sigma_h} \Rightarrow N(0,1)$ avec $Y_{T+h} =$ réalisation et $Y_{T,h} =$ prévision soit

$Pr\big(Y_{T,h} - z(\alpha/2)\sigma_h \leq Y_{T,h} + z(\alpha/2)\sigma_h\big) = 1 - \alpha$ (21)

avec $z(\alpha/2) = (\alpha/2)100$

Donc $Y_{T,h} \pm z(\alpha/2)\sigma_h$

Pour l'exemple précédent : $Y_{1991,1}^* = 5{,}07 + 0{,}94 \times 100 = 99\ FCFA$

Pour un intervalle de prévision de 95%, le prix des céréales en octobre 1991 est :$Y_{1991,1} \pm z(0,5/2)\sigma_1^* = 99 \pm 1,96\sqrt{94,86} = 99 \pm 19$ (22)

Exemple 3 : Reprenons l'exemple des séries de prix mensuels des céréales allant d'octobre 1981-1982 à octobre 1990-1991 et relatif au CRPA du centre-Nord (Kaya) au Burkina Faso.

Tableau1 : Evolution des prix mensuels du marché du sorgho et du mil de 1981-1982 à 1990-1991 dans les 14 secteurs de la province du Sanmatenga. FCFA/Kg

Y_t \ X_t	O	N	D	J	F	M	A	M	J	J	A	S	X_t	X
81-82	58	58	54	58	64	63	64	64	62	54	56	55	710	59
82-83	61	60	61	69	71	78	83	87	91	99	108	118	986	82
83-84	83	75	74	92	111	117	127	124	125	137	147	142	1359	113
84-85	100	100	100	111	117	124	127	126	125	112	102	80	1324	110
85-86	67	57	58	74	74	70	69	60	58	65	64	46	762	64
86-87	43	37	42	43	49	47	49	53	45	54	62	68	592	49
87-88	65	58	69	82	89	101	98	100	105	111	105	85	1068	89
88-89	61	60	50	52	54	63	60	56	63	64	63	50	696	58
89-90	53	51	61	57	60	67	66	73	63	86	72	91	800	67
90-91	40	69	71	71	76	92	100	88	101	102	100	100	1010	84

Source: Différents documents CRPA, Centre Nord

Les 9 derniers chiffres ont été estimés par nous, en indexant avec les prix des marchés du CRPA du Yatenga qui est une province voisine aux conditions climatiques similaires.

1) Présentation des données

Les données qui portent sur une période de 10 ans, ont été relevées par le Centre Régional de Production Agricole (CRPA) du centre Nord. C'est un des 10 CRPA du Burkina Faso. Cette partie du pays se caractérise par une faible pluviométrie, des sols assez pauvres, une forte densité de peuplement et un déficit céréalier permanent.
Nous avons fait quelques traitements sur les données de départ qui se présentaient en prix hebdomadaires et aussi dans des unités de mesures

assez disparates (assiettes « yoruba », tine de 17 Kg, sacs de 50 Kg et de 100 Kg).
Tout cela a été ramené au prix d'un Kg et en des données mensuelles.

Graphique 1: Evolution mensuelle des prix des céréales

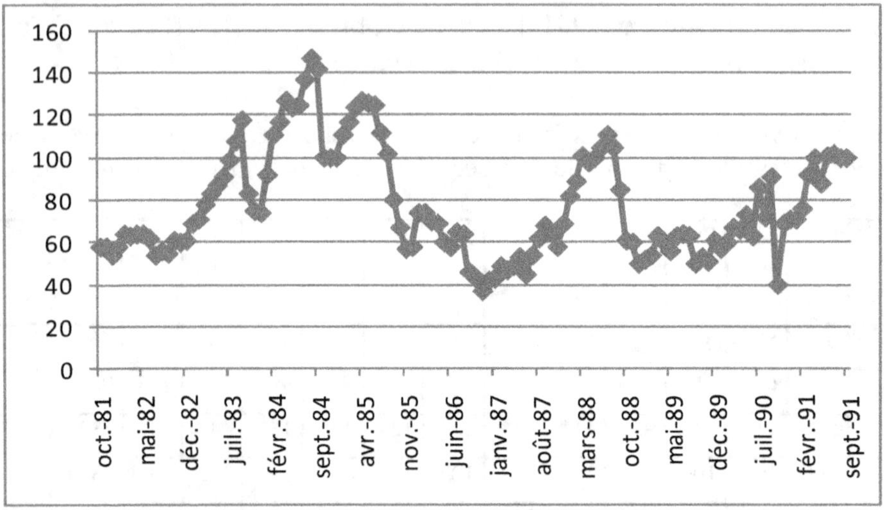

2) Référence aux faits et à la théorie économique

Les travaux sur l'évolution des prix des céréales au Burkina Faso avant la libéralisation indiquent les variations temporelles suivantes des prix des données au cours de l'année.

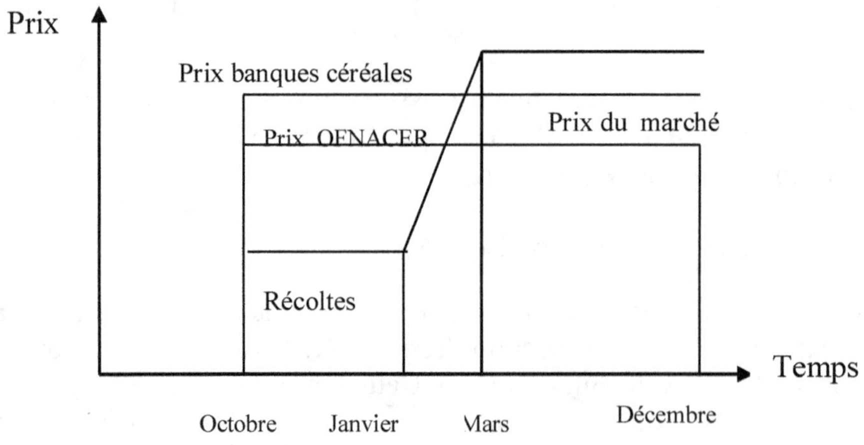

Schématiquement, de la période des récoltes jusqu'en janvier, les prix de vente sont bas. Ceci est dû au fait que tous les paysans se présentent au même moment sur le marché pour la vente de leurs céréales. Donc l'offre est supérieure à la demande conduisant à la chute des prix. Après janvier, les prix commencent à grimper en ce sens que progressivement les paysans vendeurs tendent à disparaître, laissant la place aux commerçants professionnels. A partir de mars, les prix atteignent leurs niveaux les plus élevés et jusqu'en octobre, période de récolte. Cependant, des situations particulières peuvent être observées en cas de sécheresse, de bonnes récoltes consécutives ou d'une attente probable de bonnes récoltes. Dans ce dernier cas par exemple, les prix peuvent baisser en août et en septembre car les paysans liquident leurs anciens stocks de céréales (pour plus d'informations sur la question cf. Thiombiano1987, 1997). Par ailleurs, la théorie micro-économique spécifie que l'offre est fonction du prix $\left(O = f(p)\right)$.

3) choix du modèle
La nature de la série (prix agricoles) indique tout naturellement qu'un tel processus a de forte chance d'être marqué par une forte saisonnalité.
Parmi les multiples essais de modèles, le seul modèle pertinent a été un $SARIMA(p,d,q)(P,D,Q)$. Les résultats des estimations donnant comme meilleur : $SARIMA_{12}(1,0,0)(1,0,1)$.

Les estimations des coefficients ont été faites sur $T.S.P$

variable	coefficients	Erreurs standards	T	Prob
$a(1)$	-0,161889	0,201727	-0,803	0,576
$A(12)$	0,801719	0,103893	7,717	1,000
$B(12)$	0,616695	0,256199	2,407	0,98

Le modèle de Box et Jenkins pour ces valeurs est à partir de la fonction
$\phi_1(L)\phi_1(L^{12})\Delta X_t = \theta_1(L^{12})\varepsilon_t$ (26)
Ce qui donne
$\phi_1(L) = 1 + 0{,}169L$ (27)
$\phi_1(L^{12}) = 1 - 0{,}8017L^{12}$ (28)
$\theta_1(L^{12}) = 1 - 0{,}6167L^{12}$ (29)
En définitive, le modèle pour ces paramètres estimés est :
$(1 + 0{,}169L)(1 - 0{,}8017L^{12})\Delta X_t = (1 - 0{,}6167L^{12})\varepsilon_t$ (30)
Au plan statistique, il ressort :
$r^2 = 0{,}83;\quad DW = 1{,}96$ et $AIC = 10{,}56$
Le seul critère qui a permis d'arrêter le choix du modèle avec les degrés des polynômes a été le coefficient d'Akaike, criterion (AIC).

Etant donné que c'était le meilleur modèle auquel nous sommes parvenus, nous avons poursuivi l'analyse des données à des fins de prévision qui était l'objectif visé en recourant à ce modèle. Sur la dernière figure, on a à la fois la courbe brute, la courbe d'ajustement et le prolongement pour une période de $h = 1, 2, \cdots, 12$. Les courbes d'ajustement et de prévision ne s'écartent pas des données observées. Nous avons les mêmes bas prix d'octobre à janvier et une hausse importante et un plafonnement à partir de mars-avril et ceci jusqu'en septembre.

Tableau 2 : Evolution des prix ajustés (méthode Box et Jenkins) mensuels de marché du sorgho et du mil 1981-1991 dans les 14 secteurs de la province du Sanmatenga et prévision pour 91-92.

Mois / Années	O	N	D	J	F	M	A	M	J	J	A	S
81-82	50	64	59	57	63	65	64	65	64	58	54	56
82-83	64	62	60	66	73	73	81	84	87	89	101	108
83-84	110	73	76	83	92	117	115	125	121	128	137	149
84-85	110	89	101	102	120	114	126	120	122	125	108	92
85-86	70	73	57	65	76	79	69	73	61	49	61	55
86-87	56	36	41	50	42	47	47	46	54	53	58	62
87-88	54	59	68	78	85	98	95	98	104	106	102	82
88-89	73	62	54	55	56	65	62	59	66	67	65	52
89-90	64	52	60	60	62	65	66	72	66	83	74	93
90-91	48	71	73	67	73	94	97	85	100	98	97	99
91-92	88	92	94	95	97	102	103	101	103	106	104	104

Graphique 2: Evolution comparée des prix des céréales

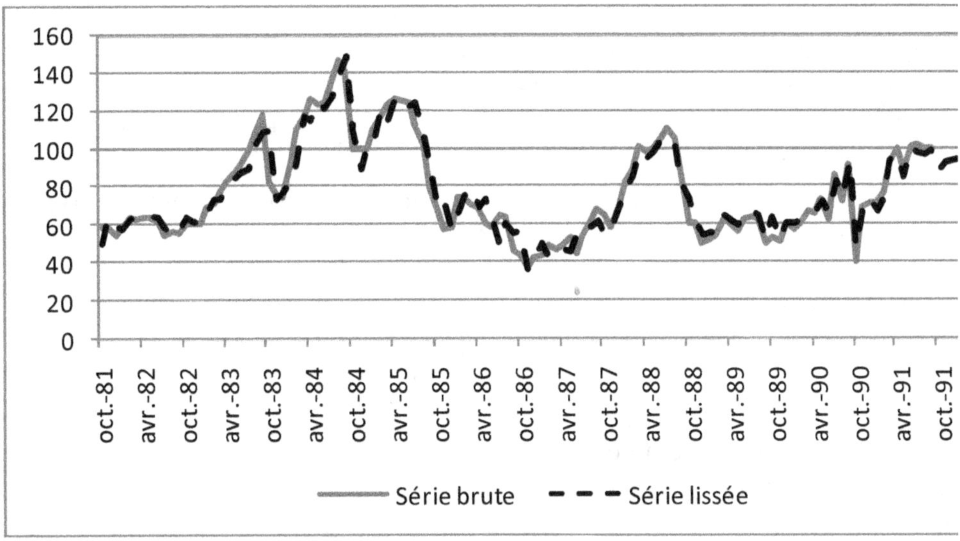

5.3. Les tests de Racine Unité

C'est un test qui porte sur les séries non stationnaires. Ce test est dû à Granger et Newbold (1974). Aujourd'hui ce test est devenu un passage obligé pour les économistes dans l'estimation des séries temporelles économiques.

Avant d'appliquer une méthode d'estimation, une étude approfondie des propriétés des séries univariées est nécessaire. L'objectif essentiel d'une telle démarche est d'identifier la stationnarité ou non de la série. C'est ce qu'on appelle l'étape de la détermination de leur ordre d'intégration.

Historiquement, on se servait des outils traditionnels tels que la fonction d'autocorrélation estimée et la fonction d'autocorrélation partielle. Actuellement, de nombreux auteurs (Bell, Dickey, Millet (1986)) pensent que ces indicateurs tout en étant indispensables ne sont plus suffisants. Tout au plus comme le recommande Maddala (1992), on peut les utiliser comme des instruments préalables avant le recours au test de racine unitaire. Le test de racine unité a été mis au point par Fuller (1976), Dickey et Fuller (1979 et 1981).

C'est dire comme le souligne G. Bresson et A. Pirotte (1995) que le principe de ces tests est apparu avant l'article d'Engle et Granger (1987). A partir des années 80, il a été observé un parallélisme entre l'évolution

de la théorie de la cointégration et la construction des tests de racine unitaire.
Ces tests ont essentiellement deux objectifs :

- vérifier la stationnarité des séries, ce qui ramène à rechercher leur ordre d'intégration, qui conduit à s'assurer de la convergence des sentiers,
- vérifier l'hypothèse de cointégration des variables sur une longue période.

Soit le modèle suivant :

$$Y_t = LY_t + \varepsilon_t \Rightarrow (1 - L)Y_t = \varepsilon_t$$

$$Y_t = Y_{t-1} + \varepsilon_t \ (31)$$

C'est un modèle à racine unitaire.
On sait en effet que :

$$LY_t = Y_{t-1}$$

D'où

$$Y_t = LY_t + \varepsilon_t \Rightarrow (1 - L)Y_t = \varepsilon_t$$

En effet, $\Delta = 1 - L$ où Δ est l'opérateur de différence.
Remarque : un modèle de ce genre s'appelle « marche au hasard » (« Random Walk »)[15]
Ce type de processus n'est pas stationnaire puisqu'on a
$Y_{t-1} = Y_{t-2} + \varepsilon_{t-1}$ (32)
En remplaçant Y_{t-1} dans (31) on a :
$Y_t = Y_{t-2} + \varepsilon_t + \varepsilon_{t-1}$ (33)
La variance de ce processus ne peut pas être constante, comme on le remarque en poursuivant le développement de l'équation (33); on

[15] Dans le cas par exemple de l'hypothèse des marchés efficients, c'est-à-dire des marchés où il n'existe aucune contrainte sur le prix, où chaque individu ne peut monopoliser les informations et/ou les prix courants sont fortement influencés par les prix anticipés futurs. Ainsi toute nouvelle information sur le prix futur est automatiquement intégrée dans le prix courant. Dans une situation de ce genre, on parle de marche au hasard, c'est-à-dire un processus où le prix actuel est un estimateur non biaisé du prix futur. Il ressort dans ces conditions qu'on ne peut pas prévoir le prix futur dans la mesure où le prix actuel résume l'ensemble des informations disponibles à tous les agents.
Dans ce cas qui nous intéresse ici, nous voyons que la variance du processus n'est pas constante, en d'autres termes que l'erreur de prévision est de plus en plus grande, ce qui témoigne de la difficulté de la prévision, d'où l'appellation de marche au hasard.

aura $V(Y_t) = t\sigma_\varepsilon^2$ [16]. Dans un tel cas donc, le processus n'est plus stationnaire.
Granger et Newbold (1974) à l'aide de simulations empiriques ont montré que la distribution de t de Student dans un modèle simple de type $Y_t = aX_t + b + \varepsilon_t$, en présence de racine unitaire ne peut être interprétée en fonction de la loi de Student-Fisher. En d'autres termes, si X_t et Y_t peuvent être mises sous la forme d'un $AR(1)$ avec racine unité comme c'est le cas dans l'équation (31), la distribution n'est plus standard.
Il a été par ailleurs montré qu'entre les séries admettant des racines unitaires, il existe des corrélations fortuites qui n'ont aucune signification véritable et qui n'ont pas de véritable fondement. Dans un tel cas, souvent on conclut à l'existence de relations qui en fait n'existent pas.
Selon Granger et Newbold, cette absence de relations peut se manifester probablement quand la régression donne des résultats du genre R^2 élevé et DW faible.
D'autres auteurs, ont montré qu'en présence de racine unité, le DW était aussi biaisé vers la valeur zéro. La question qui s'est alors posée était de savoir, s'il fallait continuer à travailler sur des séries non stationnaires. Le premier travail à faire, consiste à vérifier l'existence ou non de la stationnarité. D'où l'idée de tests de racine unité.

5.3.1. Les tests de racine unité

Introduction :

$$Y_t = \rho Y_{t-1} + \varepsilon_t \text{ avec } Y_0 \text{ fixé et } \varepsilon_t \text{ bruit blanc} \rightarrow N(0, \sigma_\varepsilon^2)$$

Au regard des différentes valeurs prises par le paramètre ρ, trois situations peuvent se présenter :

- $|\rho| < 1$: la série Y_t est stationnaire comme on l'a vu dans le chapitre IV. Les observations actuelles ont une importance plus grande que les observations passées ;
- $|\rho| = 1$: la série Y_t n'est pas stationnaire. Les données actuelles et passées ont le même poids. Il est alors important de déterminer l'ordre d'intégration du processus ;

[16] En effet, on a : $Y_t = Y_0 + \varepsilon_t + \varepsilon_{t-1} + \cdots + \varepsilon_1$

$$E(Y_t^2) = E(\varepsilon_t^2) + E(\varepsilon_{t-1}^2) + \cdots + E(\varepsilon_1^2) = \sum_{i=1}^{t} \sigma_\varepsilon^2$$

- $|\rho| > 1$: la série Y_t n'est pas stationnaire, sa variance augmente de façon exponentielle avec t, c'est un processus explosif. Les données passées ont un poids plus élevé que les données actuelles.
- Bien qu'il existe une gamme assez variée de tests, nous allons nous limiter aux tests les plus utilisés à l'heure actuelle. Il s'agit des tests de Dickey et Fuller (DF) de Nelson et Plosser et les tests de Dickey et Fuller Augmenté (ADF).

5.3.1.1. Le test de Dickey et Fuller (DF)

Ce test porte sur un processus $AR(1)$ avec ou sans constante avec ou sans trend. Dans le cas de tels modèles, on s'intéresse spécifiquement au cas où $\rho = 1$.
Dans une telle situation, Dickey et Fuller proposent un test unilatéral à gauche, qui revient à tester l'hypothèse nulle $H_0: \rho = 1$ (le processus suit une marche au hasard) contre l'hypothèse alternative $H_1: \rho < 1$ (le processus est asymptotiquement stationnaire).
Ces auteurs ont proposé trois types de modèles permettant de tester la présence d'une racine unitaire selon que le processus engendrant la série Y_t a aussi une constante et une tendance.

Modèle 1

$Y_t = \rho Y_{t-1} + \varepsilon_t$ (34)

Il s'agit de tester

$$H_0: \rho = 1 \text{ contre}$$
$$H_1: \rho < 1$$

En utilisant l'opérateur dans (34) on a :

$$Y_t = \rho L Y_t + \varepsilon_t$$

$$Y_t - \rho L Y_t = \varepsilon_t \Rightarrow (1 - \rho L) Y_t = \varepsilon_t \quad (35)$$

Ou encore $Y_t = \rho Y_{t-1} + \varepsilon_t$ (36)

Sous l'hypothèse nulle de racine unitaire $H_0: \rho = 1$, il vient :

$$Y_t = Y_{t-1} + \varepsilon_t \quad (37)$$

En faisant passer Y_{t-1} à gauche, l'équation (37)devient $Y_t - Y_{t-1} = \varepsilon_t$ et posons

$$Y_t - Y_{t-1} = \Delta Y_t$$
$$\Delta Y_1 = \varepsilon_t \quad (38)$$

Nous revenons au modèle (1) qui est un processus de marche au hasard sans dérive (DS)[17] caractérisé par une non stationnarité de nature purement stochastique. Le caractère stochastique est lié à l'erreur.

Sous l'hypothèse alternative $H_1: \rho < 1$ et $Y_0 = 0$, il vient :

$Y_t = \rho Y_{t-1} + \varepsilon_t$ (39)

Il s'agit d'un processus autorégressif d'ordre 1, $AR(1)$ stationnaire sans constante.

Modèle 2 :

$(1 - \rho L)(Y_t - \mu) = \varepsilon_t$ avec $|\rho| \leq 1$ (40)

Développons :

$Y_t - \rho L Y_t - \mu + \rho L \mu = \varepsilon_t$, on a $Y_0 = 0$ et $\mu \neq 0$

$$Y_t = \rho Y_{t-1} + \mu - \rho L \mu + \varepsilon_t$$

D'où

$Y_t = \rho Y_{t-1} + (1 - \rho)\mu + \varepsilon_t$ (41)

Posons $c = (1 - \rho)\mu$

$Y_t = c + \rho Y_{t-1} + \varepsilon_t$ (42)

avec μ moyenne non nulle de la chronique Y_t.

- Sous l'hypothèse nulle de racine unitaire $H_0: \rho = 1$, il vient $c = 0$ et

$$H_{0,1}: Y_t = Y_{t-1} + \varepsilon_t$$
$$\Delta Y_t = \varepsilon_t$$

Nous sommes dans le cas d'un processus de marche au hasard sans dérive (DS) caractérisé par une non stationnarité de nature purement stochastique.

- Sous l'hypothèse alternative $H_1: \rho < 1$, il vient

$Y_t = c + \rho Y_{t-1} + \varepsilon_t$ avec $c = (1 - \rho)\mu$ (43)

Exemple : $Y_t^* = 5{,}07 + 0{,}94 Y_{t-1}$ (44)

Il s'agit d'un processus asymptotique $AR(1)$ stationnaire avec constante ou processus $AR(1)$ (asymptotiquement) stationnaire en écart à une moyenne constante non nulle μ. En effet, $\rho = 0{,}94$ et $c^* = 5{,}07$ d'où $\mu = 84{,}5$. C'est une marche au hasard avec dérive.

[17] On appelle différence stationnaire (DS) selon Nelson et Plosser (1982) les processus stationnaires en différences $Y_t - Y_{t-1} = \Delta Y_t = \beta + v_t$ est un processus en différence première : $\Delta Y_t = \varepsilon_t$ est un processus en différence première. Un processus de marche au hasard sans dérive est un processus dont les différences premières sont sans constante, c'est-à-dire par (37) où $Y_t = Y_{t-1} + \varepsilon_t$

Modèle 3

$Y_t = \alpha + \beta t + \varepsilon_t$ (45)

avec $(1 - \rho L)\varepsilon_t = e_t$ (46) et

$$\varepsilon_t = Y_t - \alpha - \beta t$$

Remplaçons ε_t par sa valeur d'où

$(1 - \rho L)(Y_t - \alpha - \beta t) = e_t$ (47)

Le développement de (47) nous donne

$$Y_t - \rho L Y_t - \alpha + \alpha \rho L - \beta t + \rho L \beta t = e_t$$

Posons $\rho L \beta t = \rho\beta(t-1)\rho\beta t - \rho\beta$

$Y_t = (1-\rho)\alpha + \rho\beta + (1-\rho)\beta t + \rho Y_{t-1} + e_t$ (48)

$Y_t = c + bt + \rho Y_{t-1} + e_t$ (49)

avec$c = (1-\rho)\alpha + \rho\beta$ $b = (1-\rho)\beta$ et $Y_0 = 0$

i) Sous l'hypothèse nulle $H_0 : \rho = 1$, il vient $c = \beta$ et $b = 0$ d'où (48) devient

$Y_t = \beta + Y_{t-1} + e_t$ (50)

$\Delta Y_t = \beta + e_t$ (51)

En reprenant (47) et pour $\rho = 1$

$$(1 - \rho L)(Y_t - \alpha - \beta t) = e_t$$

On a :

$$(1 - L)(Y_t - \alpha - \beta t) = e_t$$

Or $(1 - L) = \Delta$

D'où

$\Delta(Y_t - \alpha - \beta t) = e_t$ (52)

Il s'agit d'un processus de marche au hasard avec dérive $(D.S)$ caractérisé par une non stationnarité de nature mixte : déterministe (croissant) et stochastique ; les écarts ε_t par rapport à la tendance linéaire $(\alpha + \beta t)$ sont stationnaires en différences.

ii) Sous l'hypothèse alternative $H_1 : \rho < 1$, il vient

$Y_t = \alpha + \beta t + \varepsilon_t$ avec $(1 - \rho L)\varepsilon_t = e_t$

$Y_t = c + bt + \rho Y_{t-1} + e_t$ (53) avec

$$c = (1-\rho)\alpha + \rho\beta \Rightarrow c \neq 0; \ Y_0 = 0$$

et $b = (1-\rho)\beta \Rightarrow b \neq 0$

Il s'agit d'un processus de trend stationnaire « Trend Stationnary » $(T.S)$ caractérisé par une non stationnarité de nature purement déterministe, les écarts par rapport à la tendance linéaire suivent un processus $AR(1)$ stationnaire caractérisé par Y_{t-1} dans le modèle.

Exemple : dans le chapitre 1 sur les exportations, le résultat suivant a été obtenu $Y_t = 546 + 21{,}5t$

En considérant l'opérateur de lissage $\rho = 0{,}2$ il revient que :

$$c = (1 - 0{,}2) \times 546 + 0{,}2 \times 21{,}5 = 440{,}1$$

$$b = (1 - 0{,}2) \times 21{,}5 = 17{,}2$$

Finalement pour $Y_0 = 0$

$Y_t = 440{,}1 + 17{,}2t + 0{,}2Y_{t-1} + \varepsilon_t$ (54)

Le graphique 3 montre qu'il s'agit bien d'un T.S

Certains auteurs tels que Fuller (1976), Dickey et Fuller (1979) ont complété la spécification des modèles (1), (2), (3) par la condition initiale $Y_0 = 0$, cas particulier de l'hypothèse souvent appliquée à la condition initiale.

Au regard de cette condition, on montre aisément que les modèles (1)et (2) tendent vers des processus stationnaires lorsque $t \to \infty$ sous la condition initiale Y_0 est fixé (ou $Y_0 = 0$) pour $|\rho| < 1$.

- Dans l'équation (35) sous la condition $Y_0 = 0$ on a $E(Y_t) = 0$ et

  $\lim_{t\to\infty} V(Y_t) = \frac{\sigma^2}{1-\rho^2}$ (55)

$$Y_t = \rho Y_{t-1} + \varepsilon_t$$
$$E(Y_t) = \rho E(Y_{t-1}) + E(\varepsilon_t)$$
$$E(Y_t) - \rho E(Y_{t-1}) = E(\varepsilon_t)$$

  $E(\varepsilon_t) = 0$ et $E(Y_t) = E(Y_{t-1}) = \cdots = E(Y_{t-k})$

  D'où

  $E(Y_t) - \rho E(Y_{t-1}) = 0$ (56)

$$V(Y_t) = \rho^2 V(Y_{t-1}) + V(\varepsilon_t)$$

  $V(Y_t)[1 - \rho^2] = \sigma_\varepsilon^2 \Rightarrow V(Y_t) = \frac{\sigma_\varepsilon^2}{1-\rho^2}$ (57)

- Dans le modèle 2 de l'équation (42) on a :

$$Y_t = c + \rho Y_{t-1} + \varepsilon_t$$
$$E(Y_t) = E(c + \rho Y_{t-1} + \varepsilon_t)$$
$$= c + \rho E(Y_{t-1}) + E(\varepsilon_t)$$

En vertu de la démonstration précédente sur $E(Y_t)$, nous avons :

$E(Y_t)[1 - \rho] = c \Rightarrow E(Y_t) = \frac{c}{1-\rho} = \mu = \frac{(1-\rho)\mu}{1-\rho}$ (58)

Et $\lim_{t\to\infty} V(Y_t) = \frac{\sigma^2}{1-\rho^2}$ (59)

Le modèle 3 est plus complexe à étudier.

Finalement, la stationnarité des modèles (1) et (2) sous l'hypothèse alternative $|\rho| < 1$ est propriété asymptotique sous la condition initiale Y_0 fixée.

5.3.1.2. La contribution de Nelson et Plosser (1982)

Les processus stochastiques non stationnaires, il faut le rappeler, sont caractérisés par des moments du premier et/ou du second ordre qui varient avec le temps, Nelson et Plosser (1982) distinguent deux types de processus.

i) Les processus $T.S$

Ce sont les processus appelés « Trend Stationnary » et notés $T.S$ par Nelson et Plosser (1982). Ce sont des processus qui peuvent s'exprimer comme une fonction déterministe du temps plus un processus stochastique stationnaire d'espérance mathématique nulle.

En fait, on sait que dans la réalité, les séries macroéconomiques ont une certaine propension à présenter des variations en niveaux absolus de moyenne et de dispersions croissantes dans le temps, et c'est souvent ce qui conduit à leur transformation en logarithme. D'où l'idée d'une hypothèse d'une tendance déterministe linéaire sur les variables ainsi transformées.

Exemple : soit y_t le log de la série chronologique et ε_t l'écart par rapport à la tendance, le processus de « Trend Stationnary » $T.S$ linéaire s'écrit

$$y_t = \alpha + \beta t + \varepsilon_t$$

avec :

$$E(y_t) = \alpha + \beta t \qquad \forall t$$

$$V(y_t) = \sigma_\varepsilon^2 \quad \forall t$$

$Cov(y_t y_s) = 0 \quad \forall t;\ \forall s$ avec $t \neq s$

C'est un processus non stationnaire de nature purement déterministe (c'est-à-dire de croissance). En effet, y_t suit une tendance linéaire déterministe alors que sa variance est constante dans le temps. Cela veut dire que les chocs aléatoires ou innovations stochastiques qui touchent l'économie ne peuvent avoir qu'une influence temporaire ou transitoire sur la chronique qui tendra à rejoindre son sentier de croissance de long terme, c'est-à-dire le trend linéaire. Autrement dit, si on considère le modèle $T.S$:$y_t = \alpha + \beta t + \varepsilon_t$. Il est évident qu'à long terme la seule information disponible à l'horizon(h) sur un y_{t+h} est son espérance mathématique $(h+1)\beta + \alpha$. En outre, la variance d'une erreur de prévision reste constante avec l'horizon (h) soit σ_ε^2 ; de ce fait,

« l'incertitude est restreinte même dans le futur infiniment éloigné » selon Nelson et Plosser.

ii) Processus D.S

Ce sont des processus en différences appelés par Nelson et Plosser (1982) "Difference Stationnary" et notés $D.S.$ Il s'agit de processus dont les différences d'ordre 1 ou plus généralement, admettent une représentation $ARMA$ stationnaire et inversible.
Soit le polynôme de retard suivant :
$A(L) = L^p(X^p - a_1X^{p-1} - a_2X^{p-2} - \cdots - a_p)$ (60)
Considérons le polynôme de retard $A_1(L)$ d'ordre $p-1$, l'inversibilité consistera à pouvoir poser $A_1(L)^{-1}$
Soit y_t le log de la chronique, le processus $D.S$ du premier ordre s'écrit :
$\Delta y_t = \beta + e_t$ (61)
En fait Δy_t représente en l'occurrence l'approximation logarithmique du taux de croissance de la série temporelle Y_t

$$\Delta y_t = \beta + e_t$$

$y_t = c + \rho y_{t-1} + \varepsilon_t$ avec $\rho = 1$
C'est un processus autorégressif $AR(1)$ dont la racine est unitaire (en effet, la racine du polynôme $\rho(z) = 1 - \rho z$ est $z = 1$). Il est aussi possible d'écrire ce processus en fonction de la valeur initiale y_0 et des termes d'erreurs $\{\varepsilon_t\}$.
Par substitutions successives on a :

$$y_t = y_0 + \beta t + v_t = \sum_{i=1}^{t} e_t$$

Sous la condition initiale y_0 fixée
$E(y_t) = y_0 + \beta t \quad \forall t$ (62)
$V(y_t) = t\sigma_\varepsilon^2 \quad \forall t$ (63)
$Cov(y_t y_s) = \sigma_\varepsilon^2 \; min(t,s) \; \forall t, \forall s,$ avec $t \neq s$ (64)
Ce processus traduit une non stationnarité de nature déterministe par le canal de la tendance linéaire que suit $E(y_t)$, mais également une non stationnarité de nature stochastique due à son erreur v_t dont la variance suit une tendance linéaire puisque $V(y_t) = t\sigma_\varepsilon^2$.

Par ailleurs, on peut dans les $D.S$ considérer le cas particulier où $\beta = 0$, il vient que :
$\Delta y_t = \beta + e_t \Rightarrow \Delta y_t = e_t$ (65)

et $y_t = \beta + \rho y_{t-1} + e_t \Rightarrow y_t = \rho y_{t-1} + e_t$

Enfin, $y_t = y_0 + \nu_t$ avec $\nu_t = \sum_{i=1}^{t} e_t$

Il vient pour les caractéristiques $E(y_t) = 0 \quad \forall t$

$V(y_t) = t\sigma_\varepsilon^2 \; min(t, s) \; \forall t, \forall s$ (66)

$Cov(y_t y_s) = \sigma_\varepsilon^2 \; min(t, s) \; \forall t, \forall s$, avec $t \neq s$ (67)

On remarque que l'espérance mathématique du processus est constante dans le temps, mais par contre sa variance dépend du temps ; la non stationnarité du processus provient uniquement de son terme d'erreur ν_t dont la variance suit une tendance linéaire. Ce processus traduit une non stationnarité de nature entièrement stochastique, ce qui le différencie du processus général : $\Delta y_t = \beta + e_t$ dans lequel la non stationnarité probabiliste coexiste avec une non stationnarité de nature déterministe.

Finalement, à l'intérieur même de la classe des processus $D.S.$ du premier ordre, on peut distinguer deux types de processus :

- Les processus caractérisés par une non stationnarité de nature « mixte », c'est-à-dire à la fois déterministe et stochastique. C'est le cas de $\Delta y_t = \beta + e_t$ qui est un processus de marche au hasard avec dérive.
- Les processus caractérisés par une non stationnarité de nature purement stochastique, c'est-à-dire $\Delta y_t = e_t$ avec $\beta = 0$ d'où $y_t = y_{t-1} + e_t$ qui est un processus de marche au hasard sans dérive.

5.3.2. Les tests d'hypothèses jointes

Ces tests concernent les modèles (2) et (3) car les tests de racine unitaire ne sont pas suffisants pour discriminer entre les processus TS et DS. Or, ces nouveaux tests d'hypothèses jointes permettent de détecter une racine unitaire et d'identifier les marches au hasard des processus TS linéaires.

Modèle 2 :

$Y_t = c + \rho Y_{t-1} + \varepsilon_t$ où $c = (1 - \rho)\mu$

On procède au test de recherche d'une racine unitaire, puis le test d'hypothèse jointe noté : $H_{0,1}: (c, \rho) = (0; 1)$ contre $H_{1,1}: (c, \rho) \neq (0; 1)$

Pour effectuer ce test, on calcule la statistique empirique Φ_1

$$\Phi_{1,c} = \frac{(SCR_c - SCR_2)/2}{SCR_2/(T-2)}$$

SCR_c= somme des carrés des résidus du modèle (1) contraint sous l'hypothèse $H_{0,1}$, soit $SCR_c = \sum(y_t - y_{t-1})^2$

SCR_2 =somme des carrés des résidus du modèle (2) non contraint estimé par les MCO

T= nombre d'observations utilisées pour estimer les paramètres du modèle.

Le degré de liberté du numérateur $(SCR_c - SCR_2)$ est égal à :

$$\nu = (T - 0) - (T - 2) = 2$$

Certains auteurs estiment que la régression sur le modèle autorégressif conduit à la perte d'une observation, aussi ils posent que le degré de liberté pour SCR_2 est quelquefois égal à $T - 1 - 2 = T - 3$ d'où $\nu = (T - 0) - (T - 3) = 3$.

En fait, le modèle contraint $T - 0$ signifie qu'il n'y a aucun paramètre estimé.

Cette statistique Φ_1 est analogue à une loi de Fisher. Dickey et Fuller ont tabulé les valeurs critiques de sa distribution empirique Φ_1 au seuil α. Ils ont aussi tabulé Φ_2 et Φ_3.

Si $\Phi_{1,c} < \Phi_{1,\alpha}$, on rejette l'hypothèse$H_{0,1}$. Le processus n'est pas un $T.S$.

Modèle 3

$$Y_t = \rho Y_{t-1} + bt + c + \varepsilon_t$$
$$b = \beta(1 - \rho)$$
$$c = \beta\rho + (1 - \beta)\alpha$$

Après le test de racine unitaire, on effectue pour ce modèle les tests des deux hypothèses jointes suivantes :

$H_{0,2}$: $(c, b, \rho) = (0, 0, 1)$contre l'hypothèse l'un des paramètres est différent.

$H_{0,3}$: $(c, b, \rho) = (0, 0, 1)$contre l'hypothèse l'un des paramètres est différent

Pour l'hypothèse $H_{0,2}$ on calcule la statistique Φ_2.

Exemple si $b = 0$ et $|\rho| < 1$ on a un $AR(1)$

Si $b \neq 0$ et $|\rho| < 1$ on a un T.S

$$\Phi_2 = \frac{(SCR_c - SCR_2)/3}{SCR_2/(T - 3)}$$

Pour l'hypothèse $H_{0,3}$, on calcule la statistique Φ_3

$$\Phi_3 = \frac{\left(SCR_c^{(2)} - SCR_3\right)/3}{SCR_3/(T - 3)}$$

avec SCR_c = somme des carrés des résidus du modèle (1) contraint

$SCR_c^{(2)} = \sum(y_t - y_{t-1} - c^*)^2 =$ somme des carrés des résidus du modèle (2) contraint sous l'hypothèse $H_{0,3}$.
SCR_3= somme des carrés des résidus du modèle (3) non contraint estimé par les MCO.
T= nombre d'observations utilisées pour estimer les paramètres du modèle.
Les degrés de liberté du numérateur $(SCR_c - SCR_2)$ ou $(SCR_c^{(2)} - SCR_3)$ sont égaux à $[(T-0)-(T-3)]$ ou $[(T-1)-(T-3)]$ au regard du nombre de paramètres à estimer.
Ces statistiques F_t sont semblables à une loi de Fisher. Toutefois, on se réfère aux tables Φ_2 et Φ_3 de Dickey et Fuller. Si $F_t > \Phi_2$ ou à Φ_3 dans la table, on rejette $H_{0,2}$ ou $H_{0,3}$ à un seuil α.
En conclusion, pour réaliser un test DF, le résultat n'est pas le même selon la nature des trois modèles précédents. C'est la raison pour laquelle des auteurs ont élaboré des stratégies de tests. Ces stratégies ont été synthétisées par K. Ertur (1992) sous le titre : test de non stationnarité-thèse de Doctorat-Université de Bourgogne, 1992.

Application
Dans le système classique, le test couramment utilisé est celui de Student. Or, la distribution du test de Student sous l'hypothèse H_0 n'est plus standard.
Sous H_0, cette distribution a été tabulée par Dickey et Fuller, d'où le nom de test de Dickey-Fuller (DF, 1976).

Modèle 1 :

- Pour tester l'hypothèse nulle $H_0: |\rho| = 1$ contre l'hypothèse alternative $H_1: |\rho| \neq 1$, on effectue les tests bilatéraux fondés sur les statistiques $T(\rho^* - 1)$ et t_{ρ^*}. Soit φ la valeur calculée de $T(\rho^* - 1)$ où t_{ρ^*} et φ^* les valeurs tabulées.
  - Si $\varphi^*_{\alpha/2} \leq \varphi \leq 1 - \varphi^*_{\alpha/2}$, on accepte $H_0: |\rho| = 1$ contre l'hypothèse $H_1: |\rho| \neq 1$. C'est un processus de marche au hasard sans dérive (DS).
  - Si $\varphi \leq \varphi^*_{\alpha/2}$ ou $\varphi \leq \varphi^*_{1-\alpha/2}$, on rejette H_0 et on accepte $\rho \neq 1$

Pour tester l'hypothèse nulle $H_0: |\rho| = 1$ contre l'hypothèse $H_1: |\rho| < 1$, on effectue les tests unilatéraux à gauche fondés sur les mêmes statistiques que précédemment.

- Si $\varphi > \varphi_\alpha^*$ on accepte H_0 et de ce fait, nous avons un processus de marche au hasard sans dérive (DS).
- Si $\varphi < \varphi_\alpha^*$ on rejette H_0, nous avons un processus $AR(1)$ sans constante asymptotiquement stationnaire.

Ce modèle ne contient pas de constante et c'est un processus de marche au hasard sans dérive quand l'observation initiale Y_0 est égale à zéro, c'est-à-dire quand sous l'hypothèse nulle $\rho = 1$, la moyenne de la série est nulle. Y_t suit un processus de marche au hasard sans dérive (DS).

Exemple 1 : Soit le modèle suivant estimé par MCO

$$Y_t^* = 0{,}81 Y_{t-1} \qquad T = 50 \tag{68}$$

$_\rho = 0{,}09$ écart type du coefficient

$$T(\rho^* - 1) = 50(0{,}81 - 1) - 9{,}5 \tag{69}$$

Il vient $t_{\rho^*} = (\rho^* - 1)/\sigma_{\rho^*} = \frac{0{,}81-1}{0{,}09} = -2{,}11$ (70)

- On peut d'abord tester l'hypothèse nulle $H_0: |\rho| = 1$ contre l'hypothèse alternative $H_1: |\rho| \neq 1$

Au seuil $\alpha = 5\%$ on remarque que la valeur calculée $T(\rho^* - 1)$ est située entre les valeurs tabulées :
$\varphi_{0,025}^* = -9{,}9 \leq T(\rho^* - 1) = -9{,}5 \leq \varphi_{0,975}^* = 1{,}70$ (71) (Fuller 1976, p.371)[18]. De ce fait, on accepte l'hypothèse nulle $H_0: |\rho| = 1$ et dans ce cas Y_t suit un processus de marche au hasard sans dérive. De même au seuil $\alpha = 5\%$, on remarque que la valeur calculée de t_{ρ^*} est comprise entre les valeurs tabulées : on arrive à la même conclusion que précédemment.
Testons l'hypothèse nulle $H_0: |\rho| = 1$ contre l'hypothèse $H_1: |\rho| < 1$.
Au seuil $\alpha = 2{,}5\%$, on relève que la valeur calculée de $T(\rho^* - 1) = 0{,}95$ est supérieure à $\varphi_{0,0025}^* = -9{,}9$; l'hypothèse $H_0: |\rho| = 1$ est acceptée et Y_t suit un processus de marche au hasard sans dérive (DS). Au seuil $\alpha = 2{,}5\%$, on remarque que la valeur $t_{\rho^*} = -2{,}11$ est supérieure à $\varphi_{0,0025}^* = -2{,}25$, signifiant de ce fait l'acceptation de $H_0: |\rho| = 1$.
Finalement, nous arrivons à la même conclusion que ci-dessus. Si toutefois on avait $\alpha = 5\%$, nous aurions rejeté l'hypothèse nulle $H_0: |\rho| = 1$ au profit de l'hypothèse alternative $H_1: |\rho| < 1$.
En effet, la valeur calculée de $T(\rho^* - 1) = -9{,}5$ est inférieure à la valeur tabulée $\varphi_{0,05}^* = -7{,}7$. De même on aura $t_{\rho^*} = -2{,}11$ est inférieure à la

[18] Voir extrait des tables annexe1 à la fin du chapitre

valeur tabulée $\varphi^*_{0,05} = -1,95$ conduisant à rejeter l'hypothèse nulle $H_0: |\rho| = 1$ et la série Y_t serait alors un processus $AR(1)$ sans constante asymptotiquement stationnaire.
Pour la stationnarité d'une série chronologique, au lieu du test de Box et Pierce, on peut utiliser le test de Dickey-Fuller. Par ailleurs, les deux derniers auteurs ont recommandé de généraliser leur approche à une série Y_t admettant une représentation autorégressive d'ordre p suite aux nombreuses critiques sur un $AR(1)$.

5.3.3. Le test de Dickey et Fuller augmenté (ADF)

Introduction

La portée de la procédure de ce test est limitée par l'hypothèse très contraignante imposée sur les erreurs des trois modèles étudiés. En effet, il faut admettre que les erreurs ν_t de ces modèles sont identiquement distribuées et indépendantes, d'espérance mathématique nulle et de variance σ_ν^2, autrement dit qu'il s'agit de $AR(1)$connus. Or, il est peu vraisemblable que cette hypothèse soit satisfaite. C'est la raison pour laquelle, Fuller (1976) et Dickey et Fuller (1979,1981) étendent la procédure de test DF à des séries temporelles admettant une représentation $AR(p)$, c'est-à-dire au cas où le terme d'erreur (ε_t) des trois modèles précédemment étudiés suit un processus $AR(p-1)$ stationnaire sous les hypothèses nulle et alternative.
Soit ν_t ce terme d'erreur, on pose :

$$A_1(L)\nu_t = \varepsilon_t \qquad \varepsilon_t \to N(0,\ \sigma^2) \qquad (72)$$

$$\left(1 - a_1L - a_2L^2 - \cdots - a_{p-1}L^{p-1}\right)\upsilon_t = \varepsilon_t \qquad (73)$$

Avec $A_1(L)$ un polynôme de retard d'ordre $(p-1)$ satisfaisant les conditions de stationnarité. Dans un tel cas, il n'est plus possible d'estimer ces types de modèles par des MCO. Deux méthodes sont admises, soit changer de procédure d'estimation, soit adopter d'autres méthodes de régression. Finalement, Dickey et Fuller ont emprunté la seconde voie qui a donné naissance aux tests ADF ou tests de Dickey et Fuller « augmenté »

a) Présentation des modèles

Les deux auteurs considèrent trois modèles sous l'hypothèse nulle de racine $\rho = 1$ et l'hypothèse alternative $\rho < 1$.

Modèle (4):

$$(1-\rho L)Y_t = \nu_t \quad (74) \qquad A_1(L)\nu_t = \varepsilon_t \qquad (74')$$

Avec $\varepsilon_t \rightarrow N(0,\sigma_\varepsilon^2)$

$$A_1(L)(1-\rho L)Y_t = \varepsilon_t \qquad (75)$$

- Sous l'hypothèse nulle d'une racine unitaire $H_{0,4}: \rho = 1$, il vient :
  $H_{0,4}: Y_t = Y_{t-1} + \nu_t$ et $A_1(L)\nu_t = \varepsilon_t$ (76)
  $A_1(L)\Delta Y_t = \varepsilon_t$ (77)

C'est un processus DS caractérisé par une non stationnarité de nature purement aléatoire, stationnaire en différences, Y_t est intégré d'ordre 1 et suit un processus $ARI(p-1,\ 1)$[19] sans constante.

- Sous l'hypothèse alternative $H_{1,4}: |\rho| < 1$, il s'agit d'un processus $AR(p)$ asymptotiquement stationnaire sans constante qui s'écrit :
  $A_1(L)Y_t = \varepsilon_t$ (78)

où $A(L) = A_1(L)(1-\rho L)$ (79) est un polynôme de retard d'ordre p remplissant les conditions de stationnarité.

Modèle (5)

$(1-\rho L)(Y_t - \mu) = \nu_t$ (80) $A_1(L)\nu_t = \varepsilon_t$ (81)

avec $\varepsilon_t \rightarrow N(0,\sigma_\varepsilon^2)$

Remplaçons ν_t par sa valeur $A_1(L)(1-\rho L)(Y_t-\mu) = \varepsilon_t$ (82)

Transformons (82)

$$A_1(L)(1-\rho L)Y_t = A_1(1)(1-\rho)\mu + \varepsilon_t \qquad (83)$$

$$A_1(L)(1-\rho L)Y_t = c + \ _t \text{ avec } c = A_1(1)(1-\rho)\mu \qquad (84)$$

- Sous l'hypothèse nulle de racine unitaire $\rho = 1$, il revient $c = 0$ et l'équation (74) devient

$H_{0,5}: Y_t = Y_{t-1} + \mu_t$ (85) $A_1(L)\nu_t = \varepsilon_t$ (86)

En combinant (85) et (86) on a : $A_1(L)\Delta Y_t = \varepsilon_t$ (87)

C'est un processus DS caractérisé par une non stationnarité de nature purement aléatoire ; stationnaire en différences ; Y_t est intégré d'ordre 1 et suit un processus $AR(p-1)$ sans constante. C'est le même résultat que $H_{0,4}$. C'est un $AR(p-1,1)$.

- Sous l'hypothèse alternative $|\rho| < 1$, il s'agit d'un processus $AR(p)$ (asymptotiquement) stationnaire avec constante

[19] Cela signifie que le terme d'erreur est pondéré par un polynôme $A_1(L)$. Or, le polynôme a le retard $(p-1)$. Par ailleurs la différenciation est d'ordre 1 ; d'où : $A_1(L)\Delta Y_t$ au niveau de l'équation (77).

ou processus $AR(p)$ (asymptotiquement) stationnaire en écarts à une moyenne constante non nulle μ:

$H_{1,5}: A(L)(Y_t - \mu) = \varepsilon_t$ (88)

En développant (88), on a :

$A(L)(Y_t) = c + \varepsilon_t$ où $A(L)(1)\mu = c \Rightarrow c \neq 0$ (89)

Où $A(L) = A_1(L)(1 - \rho L)$ est un polynôme de retard d'ordre p satisfaisant les conditions de stationnarité suivant l'équation (75).

Modèle (6)

$Y_t = \alpha + \beta t + \mu_t$ (90)

$(1 - \rho L)\mu_t = \nu_t$ (91)

et $A_1(L)\nu_t = \varepsilon_t$ (92)

combinons (90) et (91) soit $\mu_t = Y_t - \alpha - \beta t$ d'où

$$(1 - \rho L)(Y_t - \alpha - \beta t) = \nu_t \quad (93)$$

développons

Y_t[20]$= (1 - \rho)\alpha + \rho\beta + (1 - \rho)\beta t + (Y_t + \nu_t)$

avec $\alpha \neq 0,\ \beta \neq 0$ (94)

ou en remplaçant ν_t par sa valeur de (92) dans (93) nous avons :

$A_1(L)(1 - \rho L)(Y_t - \alpha - \beta t) = \varepsilon_t$ (95)

$$\begin{aligned} A_1(L)(1 - \rho L)Y_t &= A_1(1)(1 - \rho)\alpha \\ &+ [(a_1 + \rho) + 2(a_2 - a_1\rho) + (p - 1)(a_{P-2} - a_{P-1}\rho) \\ &+ pa_{P-1}\rho]\beta + A_1(1)(1 - \rho)\beta t + \varepsilon_t \end{aligned}$$

d'où on pose

$A_1(L)(1 - \rho L)Y_t = c + bt + \varepsilon_t$ (96)

avec

$$\begin{cases} c = A_1(1)(1 - \rho)\alpha + [(a_1 + \rho) + 2(a_2 - a_1\rho) + \cdots \\ \qquad +(\rho - 1)(a_{p-1} - a_{p-2}\rho) - \rho a_{p-1}]\beta \\ b = A_1(1)(1 - \rho)\beta \end{cases}$$

- Sous l'hypothèse nulle d'une racine unitaire $\rho = 1$, on a $c = A_1(1)\beta$ et $b = 0$

$H_{0,6}: \Delta(Y_t - \alpha - \beta t) = \nu_t A_1(L)\nu_t = \varepsilon_t$ (97)

d'où

$\Delta Y_t = \beta + \nu_t$ (98)

$A_1(L)\Delta Y_t = c + \varepsilon_t$

---

[20] Rappelons que $\rho L\beta t = \rho\beta(t - 1) = \rho\beta t - \rho\beta$

C'est un processus DS caractérisé par une non stationnarité de nature mixte, déterministe et stochastique. Les écarts par rapport à v_t et par rapport à la tendance linéaire $\alpha + \beta t$ sont stationnaires en différences et suivent un processus $AR(p-1)$; Y_t est intégré d'ordre 1 et suit un processus $AR(p-1; 1)$ avec constante.

- Sous l'hypothèse alternative $|\rho| < 1$, il s'agit d'un processus TS caractérisé par une non stationnarité de nature déterministe ; les écarts μ_t par rapport à la tendance linéaire $\alpha + \beta t$ suivent un processus $A(p)$ stationnaire :

$H_{1,6}: Y_t = \alpha + \beta t + \mu_t A(L) = \mu$ (99)

$$A(L)Y_t = c + bt + \varepsilon_t \qquad (100)$$

$$\begin{cases} c = A_1(1)\alpha + [(a_1+\rho) + 2(a_2 - a_1\rho) + \cdots \\ \quad +(\rho - 1)\left(a_{p-1} - a_{p-2}\rho\right) - \rho a_{p-1}]\beta \ avec \ \ c \neq 0 \\ b = A_1(1)\beta \qquad \qquad avec \ \ b \neq 0 \end{cases}$$

$A(L) = A_1(L)(1 - \rho L)$ est un polynôme de retard d'ordre p qui obéit aux conditions de stationnarité.

Remarques :

Il est important de préciser davantage la spécification des modèles (4), (5) et (6) par la manière dont sont déterminées les conditions initiales $\left(Y_{0,} Y_{t-1}, \cdots, Y_{t-p}\right)$.

Il faut supposer que $\left(Y_{0,} Y_{t-1}, \cdots, Y_{t-p}\right)$ sont fixées et nulles (processus initialisé). De là, sous la condition initiale finie, les modèles (4) et (5) sont stables sous l'hypothèse alternative $|\rho| < 1$, mais ne sont pas stationnaires lorsque les échantillons sont de taille finie. Malgré tout cela, on montre que ces deux modèles sont asymptotiquement stationnaires sous les conditions initiales précédemment énoncées. Il apparaît que le comportement des deux modèles (4) et (5) sous les hypothèses $H_{1,4}$ et $H_{1,5}$ est fonction de la taille de l'échantillon. Ces deux modèles sont stables, mais non stationnaires lorsque les échantillons sont de petite taille et convergent vers des processus stationnaires quand les échantillons sont de grande taille. Cette observation n'est pas valable pour le modèle (6) dans la mesure où sous l'hypothèse alternative $|\rho| < 1$, il est non stationnaire compte tenu de la tendance linéaire $\alpha + \beta t$.

b) Application

Pour appliquer la procédure de leur test aux trois modèles précédemment expliqués, les deux auteurs, Fuller (1976) et Dickey et Fuller (1981) expriment le coefficient de la variable envisagée retardée Y_{t-1} en fonction de la racine dont on suspecte d'être unitaire. La méthode consiste dans un premier temps à reparamétrer lesdits modèles.

Exemple 1 : Soit le modèle (4) représentant un $AR(p)$

$$A_1(L)(1-\rho L)Y_t = \varepsilon_t \text{ avec } |\rho| \leq 1 \qquad (101)$$

où ρ est considéré comme la plus grande racine de l'équation caractéristique associée au polynôme de retard $A(L) = A_1(L)(1-\rho L)$ que l'on peut développer :

$$A(L) = A_1(L)(1-\rho L) = (1 - a_1 L - a_2 L^2 - \cdots - a_{P-1}L^{P-1})(1-\rho L)$$

$$= \left[1 + (a_1+\rho)L - (a_2 - a_1\rho)L^2 - \cdots - \left(a_{p-1} - a_{p-2}\rho\right)L^{p-1} + a_{p-1}\rho L^p\right]$$

Ce polynôme peut aussi s'écrire :

$$A(L) = (1 - \alpha_1 L - \alpha_2 L^2 - \cdots - \alpha_P L^P) \qquad (102)$$

en considérant

$$\begin{aligned}
\alpha_1 &= a_1 + \rho\\
\alpha_2 &= a_2 - a_1\rho\\
&\vdots\\
\alpha_{p-1} &= a_{p-1} - a_{p-2}\rho\\
\alpha_p &= a_{p-1}\rho
\end{aligned}$$

Le modèle (4) s'écrit suite à ces développements

$$Y_t = \textstyle\sum_{i=1}^{p} \alpha_i Y_{t-i} + \varepsilon_t \qquad (103) \qquad \text{avec } \varepsilon_t \sim N(0, \sigma_\varepsilon^2)$$

Cette égalité (103) peut aussi s'écrire

$$Y_t = \left(\sum_{i=1}^{p} \alpha_i\right) Y_{t-1} + \left(-\sum_{i=2}^{p} \alpha_i\right)(Y_{t-1} - Y_{t-2}) + \left(-\sum_{i=3}^{p} \alpha_i\right)(Y_{t-2} - Y_{t-3})$$
$$+ \cdots + (-\alpha_p)\left(Y_{t-p+1} - Y_{t-p}\right) + \varepsilon_t$$

$$Y_t = \gamma_1 Y_{t-1} + \gamma_2 \Delta Y_{t-1} + \gamma_3 \Delta Y_{t-2} + \cdots + \gamma_p \Delta Y_{t-p+1} + \varepsilon_t \qquad (104)$$

$$= \gamma_1 Y_{t-1} + \textstyle\sum_{j=2}^{p} \gamma_j \Delta Y_{t-j+1} + \varepsilon_t \qquad (105)$$

avec

$$\begin{cases}
\gamma_1 = \sum_{i=1}^{p} \alpha_i = \left(a_1 + a_2 + \cdots + a_{p-1}\right) + \rho\left(1 - a_1 - a_2 - \cdots - a_{p-1}\right)\\
\qquad\qquad\quad = \left(a_1 + a_2 + \cdots + a_{p-1}\right) + \rho A_1(1)\\
\qquad\quad \gamma_j = \sum_{i=2}^{p} \alpha_i \quad pour\ j = 2, 3, \cdots, p
\end{cases}$$

Soustrayons Y_{t-1} de l'équation (105)

$$Y_t - Y_{t-1} = \gamma_1 Y_{t-1} - Y_{t-1} + \sum_{j=2}^{p} \gamma_j \Delta Y_{t-j+1} + \varepsilon_t$$

$$\Delta Y_t = (\gamma_1 - 1)Y_{t-1} + \sum_{j=2}^{p} \gamma_j \Delta Y_{t-j+1} + \varepsilon_t$$

posons $\gamma_1 - 1 = \theta$

d'où $\Delta Y_t = \theta Y_{t-1} + \sum_{j=2}^{p} \gamma_j \Delta Y_{t-j+1} + \varepsilon_t$ (106)

avec $\begin{cases} \theta = A_1(1)(\rho - 1) \\ \gamma_j = \sum_{i=2}^{p} \alpha_i \quad pour\ j = 2, 3, \cdots, p \end{cases}$ [21]

Au regard des points précédemment développés, on pose que :

- Sous l'hypothèse nulle d'une racine unitaire $\rho = 1$, il vient $\theta = 0$ et $\gamma_j = a_{j-1}$
pour $j = 2, 3, \cdots, p$ et,

$H_{0,4}$: $Y_t = Y_{t+1} + \sum_{i=1}^{p-1} a_i \Delta Y_{t-i} + \varepsilon_t$ (107)

en effet $\theta = 0 \Rightarrow \gamma_1 = 1$

$$\Delta Y_t = \sum_{i=1}^{p-1} a_i \Delta Y_{t-i} + \varepsilon_t \quad (108)$$

En conclusion, il s'agit d'un processus DS avec Y_t qui est intégré d'ordre 1 et suit un processus $ARI(p-1)$ sans constante.

- Sous l'hypothèse alternative $|\rho| < 1$, on a affaire à un processus $AR(p)$ (asymptotiquement) stationnaire sans constante qui est :

$H_{1,4}$: $Y_t = \gamma_1 Y_{t-1} + \sum_{j=2}^{p} \gamma_j \Delta Y_{t-j+1} + \varepsilon_t$ (109)

$Y_t = \theta Y_{t-1} + \sum_{j=2}^{p} \gamma_j \Delta Y_{t-j+1} + \varepsilon_t$ (110)

---

[21] En effet $(a_1 + a_2 + \cdots + a_{p-1}) = 1 - A_1(1)$. Donc $\gamma_1 = 1 - A_1(1) + \rho A_1(1)$ $\Rightarrow \gamma_1 = 1 - A_1(1)(1-\rho)$. Ce qui veut dire que $\gamma_1 - 1 = \theta$ s'écrit $1 - A_1(1)(1-\rho) - 1 = \theta \Rightarrow \theta = A_1(1)(\rho - 1)$

où θ et γ_j pour $j = 2, 3, \cdots, p$ répondent aux définitions précédentes. Dans le même ordre d'idée, les modèles (5) et (6) peuvent être définis.

Modèle (5) : $Y_t = c + \gamma_1 Y_{t-1} + \sum_{j=2}^{p} \gamma_j \Delta Y_{t-j+1} + \varepsilon_t$ (111)
avec $c = A_1(1-\rho)\mu$ pour $\mu \neq 0$ et $\gamma_j (j = 1, 2, 3, \cdots, p)$
(on sait que c est défini dans (84))

$Y_t = c + \theta Y_{t-1} + \sum_{j=2}^{p} \gamma_j \Delta Y_{t-j+1} + \varepsilon_t$ (112)

- Sous l'hypothèse nulle d'une racine unitaire, il vient $c = 0$, et $\theta = 0$ $\gamma_j = a_{j-1}$ pour $j = 2, 3, \cdots, p$
$H_{0,5}$: $Y_t = Y_{t+1} + \sum_{i=1}^{p-1} \alpha_i \Delta Y_{t-i} + \varepsilon_t$ (113)

$\Delta Y_t = \sum_{i=1}^{p-1} \alpha_i \Delta Y_{t-i} + \varepsilon_t$ (114)
Il s'agit bien d'un processus DS : Y_t est intégré d'ordre 1 et suit un processus $ARI(p-1; 1)$ sans constante.

- Sous l'hypothèse alternative $|\rho| < 1$, il s'agit d'un processus AR_P asymptotiquement stationnaire avec constante qui s'écrit :
$H_{1,5}$: $Y_t = c + \gamma_1 Y_{t-1} + \sum \gamma_j \Delta Y_{t-j+1} + \varepsilon_t$ (115)
$\Delta Y_t = c + \theta Y_{t-1} + \sum \gamma_j \Delta Y_{t-j+1} + \varepsilon_t$ (116)
avec $c = A(1)\mu$ (117) et $c \neq 0$ conformément à (89) suivant $H_{1,5}$ de l'équation (88).

Des démarches similaires sont faites pour le modèle (6).

Finalement, il ressort que les tests ADF sont fondés sur l'estimation par les MCO, sous l'hypothèse alternative, des trois modèles autorégressifs d'ordre p.

Exemple 2 :
Considérons un processus autorégressif d'ordre 2.

$A(L)(Y_t - \mu) = \varepsilon_t$ avec $A(L) = 1 - \alpha_1 L - \alpha_2 L^2$ (118)
$Y_t = c + \alpha_1 Y_{t-1} + \alpha_2 Y_{t-2} + \varepsilon_t$ avec $c = A(1)\mu$, $\mu \neq 0$ (119)
$t = 3, \cdots, T$ et Y_1, Y_2 fixés
soient a et ρ les racines de l'équation caractéristique associée au polynôme de retard $A(L)$. Nous pouvons factoriser $A(L)$ en

$(1-aL)(1-\rho L)$. Admettons que ρ soit la plus grande racine et que a soit de module inférieur à l'unité ; $|a|<1$. Le modèle précédent peut s'écrire sous la forme du modèle (5).

$$(1-aL)(1-\rho L)(Y_t-\mu)=\varepsilon_t \qquad (120)$$

$$(1-\rho L)(Y_t-\mu)=(1-aL)^{-1}\varepsilon_t \qquad (121)$$

$$(1-\rho L)(Y_t-\mu)=v_t \text{ avec } v_t=(1-aL)^{-1}\varepsilon_t \qquad (122)$$

On sait aussi que :

$$A(L)=(1-aL)(1-\rho L) \text{ et } A(1)=(1-a)(1-\rho) \qquad (123)$$

et que

$$1-\alpha_1 L-\alpha_2 L^2=1-(a+\rho)L+a\rho L^2 \Rightarrow \begin{cases}\alpha_1=a+\rho\\ \alpha_2=a\rho\end{cases} \qquad (124)$$

Si nous mettons (124) en relation avec (120), la nouvelle expression est :

$$Y_t=(1-a)(1-\rho)\mu+(a+\rho)Y_{t-1}+(-a\rho)Y_{t-2}+\varepsilon_t \qquad (125)$$

qui s'écrit aussi :

$$Y_t=c+\gamma_1 Y_{t-1}+\gamma_2\Delta Y_{t-1}+\varepsilon_t \qquad (126)$$

$c=(1-\alpha)(1-\rho)\mu$

$\gamma_1=\alpha_1+\alpha_2=a+\rho-a\rho$ si on se refère à (124)

$$\gamma_2=-\alpha_2=a\rho$$

Si on soustrait Y_{t-1} de chaque membre de l'équation (126) cela entraine

$$\Delta Y_t=c+\theta Y_{t-1}+\gamma_2\Delta Y_{t-1}+\varepsilon_t \qquad (127)$$

$$\text{avec}\begin{cases}c=(1-\alpha)(1-\rho)\mu\\ \theta=\gamma_1-1=(1-\alpha)(1-\rho)\\ \gamma_2=a\rho\end{cases}$$

la constante ne varie pas si on remplace γ_1 par sa valeur.

- Sous l'hypothèse nulle d'une racine unitaire $\rho=1(\theta=0)$, il vient $c=0$ et $\gamma_2=a$ et le modèle devient

$$H_{0,5}\colon \Delta Y_t=a\Delta Y_{t-1}+\varepsilon_t \qquad (128)$$

C'est un processus DS caractérisé par une non stationnarité de nature purement stochastique, Y_t est intégré d'ordre 1 et suit un processus $ARI(1,\ 1)$ sans constante.

- Sous l'hypothèse alternative $|\rho|<1$, il s'agit d'un processus $AR(2)$(asymptotiquement) stationnaire avec constante

$$H_{1,5}\colon \Delta Y_t=c+\theta Y_{t-1}+\gamma_2\Delta Y_{t-1}+\varepsilon_t \qquad (129)$$

avec les paramètres c, θ et γ_2 correspondant aux valeurs de l'équation (124)

En considérant l'hypothèse nulle d'une racine unitaire $H_0\colon \rho=1(\theta=0)$, nous pouvons estimer par les MCO dans le modèle (128) le coefficient

a, seconde racine de l'équation caractéristique associée au polynôme de retard $A(L)$. Jusqu'à maintenant, nous avons admis que $|a| < 1$, il est cependant évident que nous pouvons, à présent, tester l'hypothèse nulle $H_0: a = 1$ contre l'hypothèse alternative $H_1: |a| < 1$ en appliquant la procédure de test DF au modèle (127). Si l'hypothèse nulle H_0, est acceptée dans ce cas, Y_t est intégré d'ordre 2 et le processus s'écrit :

$$\Delta(Y_t - Y_{t-1}) = \varepsilon_t$$

$$\Delta^2 Y_t = \varepsilon_t \qquad (130)$$

Par contre, si l'hypothèse nulle $H_0: a = 1$ n'est pas acceptée, dans ce cas Y_t est intégré d'ordre 1 et suit un processus $ARI(1,\ 1)$sans constante, confirmant de ce fait le résultat précédant, c'est-à-dire l'équation 125.

Il est intéressant néanmoins de rappeler que Haza et Fuller (1979) ont mis au point une procédure permettant de tester dans les trois modèles étudiés pour des $AR(2)$, l'hypothèse nulle suivant laquelle les deux racines de l'équation caractéristique associée au polynôme de retard $A(L)$ sont égales à 1 contre l'alternative selon laquelle une seule des racines est égale à 1.

Exemple 3 : Soit le modèle suivant estimé par Dickey (1984) à l'aide des MCO.

$$\Delta Y_t^* = \underset{(0,1969)}{0,6952} - \underset{(0,1350)}{0,4896} Y_{t-1} \qquad (131)$$

Les nombres entre parenthèses sont les écarts types des coefficients.

Le nombre d'observations disponibles pour la régression est $T > 44$.

D'abord montrons que le modèle est un AR (1). Il vient :

$$T(\rho^* - 1) = 44(0,4896 - 1) = 22,46 \qquad t_{c^*} = \frac{0,6952}{0,1969} = 3,53$$

$$t_{\rho^*} = (04896 - 1)/0,1350 = -3,78 \qquad F = 6,59$$

Ensuite testons l'hypothèse nulle $H_0: \rho = 1$ contre l'hypothèse alternative $H_1: |\rho| < 1$.

Au seuil $\alpha = 5\%$, nous remarquons que la valeur calculée $T(\rho - 1) = -22,46$ est inférieure à sa valeur tabulée $T(\rho - 1)_{0,05} = -13,3$ (Fuller 1976, p. 371, Tableau 8.5.1 avec $T = 50$). De ce fait, on rejette l'hypothèse nulle $H_0: \rho = 1$. Au seuil $\alpha = 5\%$, nous remarquons que la valeur calculée de $t_\rho = -3,78$ est inférieure à sa valeur tabulée $t_{\rho 0,05} = -2,93$ (Fuller 1976, Tableau 8.5.2), de ce fait nous rejetons une fois de plus l'hypothèse nulle $H_0: \rho = 1$. Nous pouvons à présent tester l'hypothèse nulle $\theta = 0$ par les procédures d'inférence classiques : $t_\rho = -3,78$ est supérieur en valeur absolue à la valeur déduite de la loi normale 1,96 au seuil de 5%, entraînant un rejet de cette hypothèse de nullité.

Il est possible aussi de tester l'hypothèse nulle $c = 0$ par les procédures d'inférence classiques : $t_{c^*} = 3{,}53$ est supérieure à la valeur déduite de la loi normale au seuil de 5%, de ce fait nous rejetons également cette dernière hypothèse nulle. Finalement, nous concluons que la série Y_t admet une représentation $AR(2)$. Il s'agit de tester si le paramètre γ_2 du retard en différences premières ΔY_{t-1} introduit dans la régression précédente est significativement différent de 0.

Pour ce faire, estimons le modèle (127)

$$\Delta Y_t = c + \theta Y_{t-1} + \gamma_2 \Delta Y_{t-1} + \varepsilon_t$$

ce modèle estimé par Dickey (1984) est :

$$\Delta Y_t^* = \underset{(0{,}218)}{0{,}867} - \underset{(0{,}151)}{0{,}603} Y_{t-1} + \underset{(0{,}153)}{0{,}224} \Delta Y_{t-1}$$

Les nombres entre parenthèses sont les écarts-types des coefficients.
La valeur calculée t de Student usuelle associée au coefficient estimé $\gamma_2^* = 0{,}22$ est :

$$t_{\gamma_2^*} = 1{,}47$$

En effectuant le test bilatéral de l'hypothèse nulle $H_0\colon \gamma_2 = 0$ contre l'hypothèse alternative $H_1\colon \gamma_2 \neq 0$. La statistique $t_{\gamma_2^*}$ suit une loi de Student à $T - 3$ degrés de liberté, sa valeur dans la Table pour $\alpha = 5\%$ est $t_{\gamma_2^*} = 2{,}201$. En conclusion, nous observons que la valeur calculée de $t_{\gamma_2^*}$ est inférieure à sa valeur dans la table et l'hypothèse nulle $H_0\colon \gamma_2 = 0$ est acceptée. La série Y_t n'admet pas une représentation $AR(2)$.

Les tests de la procédure ADF sur le modèle estimé avec le retard en différences premières ΔY_{t-1} peuvent s'effectuer. Souvent dans les échantillons de taille finie, on utilise la statistique transformée suivante : $(T - k)(1 - \gamma_2^*)^{-1}\theta^*$ où k est le nombre de paramètres estimés (y compris la constante) selon Dickey et Fuller 1979. Il arrive aussi que l'on ne tienne pas compte de k et on a recours indifféremment à la statistique transformée supra, c'est-à-dire $T(1 - \gamma_2^*)^{-1}\theta^*$.

Les valeurs calculées de :

$t_{\rho^*} = \frac{\theta^*}{\sigma_{\theta^*}}$, $(T - k)(1 - \gamma_2^*)^{-1}\theta^*$ et $T(1 - \gamma_2^*)^{-1}\theta^*$ sont $t_{\theta^*} = -4$

$$(T - k)(1 - \gamma_2^*)^{-1}\theta^* = (44 - 3)(1 - 0{,}224)^{-1}(-0{,}603) = -31{,}85$$

avec $k = 3$

$$T(1 - \gamma_2^*)^{-1}\theta^* = 44(1 - 0{,}224)^{-1}(-0{,}603) = -34{,}19$$

Si nous considérons le test de l'hypothèse nulle $H_0: \rho = 1(\theta = 0)$ contre l'hypothèse alternative $H_1: |\rho| < 1\ (-2 < \theta < 0)$. Au seuil α = 1%, les valeurs calculées des 3 statistiques précédentes sont inférieures à leur valeur tabulée respective. De ce fait, nous rejetons l'hypothèse nulle $H_0: \rho = 1(\theta = 0)$ en faveur de H_1 avec $|\rho| < 1(-2 < \theta < 0)$. Bien que l'usage de la statistique transformée qui prend en compte le nombre de paramètres estimés conduise à une légère modification de la valeur calculée de cette statistique, il ressort que le résultat ne modifie pas la conclusion précédemment énoncée : à savoir que Y_t suit un processus autorégressif purement stationnaire.

Exemple 4 :

Soit le modèle suivant estimé par Dickey (1984) à l'aide des MCO.

$$\Delta Y_t^* = \underset{(5,6736)}{2,1191} - \underset{(0,0287)}{0,0168 Y_{t-1}} + \underset{(0,1563)}{0,61860 \Delta Y_{t-1}} \quad (132)$$

$T = 33$ est le nombre d'observations réellement disponibles pour la régression. Essayons de montrer que Y_t admet une représentation autorégressive d'ordre 2. La valeur calculée de la statistique t de Student usuelle associée au coefficient estimé :

$\gamma_2^* = 0,6186$ est :$t_{\gamma_2^*} = 3,95$.

Le test bilatéral standard de l'hypothèse nulle $H_0: \gamma_2 = 0$ contre l'hypothèse alternative $H_1: \gamma_2 \neq 0$ nous conduit aux résultats ci-après. La statistique $t_{\gamma_2^*}$ suit une loi de Student à $T - 3$ degré de liberté, sa valeur dans la table au seuil $\alpha = 5\%$ est $t_{\gamma_2^*} = 2,147$. La valeur calculée de t_{γ_2} est supérieure à sa valeur tabulée, de ce fait, nous rejetons l'hypothèse nulle $H_0: \gamma_2 = 0$ et la distribution Y_t admet effectivement une représentation autorégressive d'ordre 2.

Considérons à présent les statistiques calculées t_{θ^*} et $T(1 - \gamma_2^*)^{-1}\theta^*$:

$$t_{\theta^*} = -0,585$$

$$T(1 - \gamma_2^*)^{-1}\theta^* = 33(1 - 0,6186)^{-1}(-0,0168) = -1,45$$

En effectuant le test de l'hypothèse nulle $H_0: \rho = 1(\theta = 0)$ contre l'hypothèse alternative $H_1: |\rho| < 1(\theta \neq 0)$; au seuil $\alpha = 5\%$, les statistiques calculées sont supérieures aux valeurs tabulées (- 3,00 et - 12,5). De ce fait, nous acceptons l'hypothèse nulle $H_0: \rho = 1(\theta = 0)$ et la distribution suit donc un processus $R(1; 1)$, Y_t est intégré d'ordre 1, qui est la même conclusion que l'équation (128).

Appliquons la procédure de test DF sur le modèle $AR(1;1)$ de l'équation (128). L'estimateur de ce modèle donne le résultat ci-après :

$$\Delta Y_t^* = \underset{(0,1428)}{0,62240}\Delta Y_{t-1} \qquad T = 33 \qquad (133)$$

Les statistiques calculées de la procédure de test DF ont les valeurs suivantes :

$$T(a^* - 1) = 33(0,6224 - 1) = -12,46$$

$$t_{a^*} = \frac{0,6224-1}{0,1428} = -2,64$$

Considérons le test de l'hypothèse nulle $H_0: a = 1$ contre l'hypothèse alternative $H_1: |a| < 1$ où a est la deuxième racine de l'équation caractéristique associée au polynôme de retard d'ordre 2. Au seuil $\alpha =$ 5%, les statistiques calculées sont inférieures à la valeur dans la Table (- 11,9 et - 2,62) ; de ce fait, nous rejetons l'hypothèse nulle $H_0: a = 1$ en faveur de $H_1: |a| < 1$. La distribution Y_t suit effectivement un $AR(1, 1)$, autrement dit, la distribution des différences premières ΔY_t suit un processus $AR(1)$ sans constante asymptotiquement stationnaire.

Exemple 5 : Soit le modèle de Dickey - Fuller (1979) estimé par MCO

$$\Delta Y_t^* = \underset{(0,15)}{0,52} - \underset{(0,00034)}{0,00120t} + \underset{(0,033)}{0,119Y_{t-1}} + \underset{(0,081)}{0,498\Delta Y_{t-1}} \qquad (134)$$

$$T = 110$$

La somme des carrés des résidus estimés du Modèle est $SCRE =$ 0,056448. T est le nombre d'observations réellement disponibles pour la régression.

Dans un tel cas, la série Y_t admet effectivement une représentation autorégressive d'ordre 2. Au seuil $\alpha = 5\%$, la statistique calculée $t_{\hat{\gamma}_2} =$ 6,41 est supérieure à sa valeur dans la table 1,96 ; de ce fait, le paramètre de ΔY_{t-1} est significativement différent de zéro. Ce résultat peut aussi être interprété autrement en disant que les écarts ε_t par rapport à la tendance linéaire déterministe $\alpha + \beta t$ admettent une représentation autorégressive d'ordre 2 (modèle 6).

Les statistiques calculées $t_{\hat{\theta}}$ et les statistiques transformées $(T - k)(1 - \hat{\gamma}_2)^{-1}\hat{\theta}$ et $T(1 - \hat{\gamma}_2)^{-1}\hat{\theta}$ sont les suivantes :

$$t_{\hat{\theta}} = \frac{-0,119}{0,033} = -3,61$$

$$(T - k)(1 - \hat{\gamma}_2)^{-1}\hat{\theta} = 106(1 - 0,498)^{-1}(-0,119) = -25,12$$

$$T(1 - \hat{\gamma}_2)^{-1}\hat{\theta} = 110(1 - 0,498)^{-1}(-0,119) = -26,07$$

Examinons le test de l'hypothèse alternative nulle $H_0: \rho = 1(\theta = 0)$ contre l'hypothèse alternative $H_1: |\rho| < 1(\theta \neq 0)$. Au seuil $\alpha = 5\%$, les statistiques calculées sont inférieures à leurs valeurs tabulées respectives (-3,45 et -20,7) ; dans ce cas, on rejette l'hypothèse nulle $H_0: \rho = 1(\theta = 0)$ au profit de l'hypothèse alternative $H_1: |\rho| < 1(\theta \neq 0)$. La distribution Y_t admet donc une représentation TS, les écarts ε_t par rapport au trend linéaire déterministe suivent un processus $AR(2)$ stationnaire.

Par ailleurs, Dickey et Fuller (1981) ont testé les hypothèses nulles jointes $H_{0,1}$ et $H_{0,2}$ avec

$$H_{0,1}: (c, b, \theta) = (c, 0, 0)$$
$$H_{0,2}: (c, b, \theta) = (0, 0, 0)$$

Leurs estimations ont donné les résultats suivants :

$$H_{0,1}: \Delta Y_t^* = 0{,}0054 + 0{,}447\Delta Y_{t-1} SCR_{1,c} = 0{,}063211$$
$$H_{0,2}: \Delta Y_t^* = 0{,}511\Delta Y_{t-1} SCR_{2,c} = 0{,}065966$$
$$\Phi_3 = \frac{(SCR_{1,c} - SCR_6)/2}{SCR_6/T - 1 - 3} = \frac{(0{,}063211 - 0{,}056448)/2}{0{,}056448/110 - 4} = 6{,}34$$
$$\Phi_2 = \frac{(SCR_{2,c} - SCR_6)/3}{SCR_6/T - 1 - 3} = \frac{(0{,}065966 - 0{,}056448)/3}{0{,}056448/110 - 4} = 5{,}95$$

1er cas : hypothèse nulle jointe $H_{0,1}: (c, b, \theta) = (c, 0, 0)$ contre l'hypothèse alternative $H_{0,1}: (c, b, \theta) \neq (c, 0, 0)$

Pour un seuil $\alpha = 5\%$, la valeur tabulée de la statistique Φ_3 est pour $T = 100$: $\Phi_{3(0,95)} = 6{,}49$ (c.f. Table A8 en annexes). Nous acceptons l'hypothèse nulle jointe $H_{0,1}$ puisque $\Phi_{3,\alpha} > \Phi_{3,c}$.

2e cas : hypothèse nulle jointe $H_{0,2}: (c, b, \theta) = (0, 0, 0)$ contre l'hypothèse alternative $H_{0,2}: (c, b, \theta) \neq (0, 0, 0)$

Pour un seuil $\alpha = 5\%$, nous avons Table A7 en Annexe pour $T = 100$: $\Phi_{3(0,95)} = 4{,}88$. Ainsi $\Phi_{2,c} > \Phi_{3,\alpha}$, nous rejetons l'hypothèse nulle jointe $H_{0,2}$.

MARIMOUTOU (1997) fait remarquer que tenir compte des paramètres estimés dans ce cas précédent ne modifie en rien la conclusion à laquelle on parvient. Il ajoute que dans l'exemple précédent, la taille de l'échantillon est relativement importante ($T = 110$).

Au regard des remarques passées, nous pouvons dire que lorsque $T \to \infty$, il n'est pas nécessaire d'utiliser le test de nombre des paramètres estimés. On utilisera la formule suivante : $T(1 - \hat{\gamma}_2)^{-1}\hat{\theta}$.

La procédure proposée par Dickey et Fuller pour détecter la présence d'une racine unitaire ne concerne que la série Y_t admettant une représentation purement autorégressive. C'est-à-dire qu'on suppose que $B(L) = 1$ dans le cas du modèle général tenant compte des polynômes de retards $A_1(L)$ d'ordre $p-1$ et $B(L)$ d'ordre q satisfaisant les conditions de stationnarité et d'inversibilité.

$$(1-\rho L)\varepsilon_t = A_1(L)^{-1}B(L)\mu_t = \nu_t \qquad (135)$$

où ν_t suit un processus $ARMA$ stationnaire et inversible d'ordre $(p-1)$ et q.

La série Y_t s'écrit

$$Y_t = \alpha + \beta t + (1-\rho L)^{-1}\nu_t \qquad (136)$$

en multipliant par $(1-\rho L)$ l'équation (136) devient.

$$Y_t = (1-\rho)\alpha + \rho\beta + (1-\rho)\beta t + \rho Y_{t-1} + \nu_t$$
$$A_1(L)\nu_t = B(L)\mu_t \qquad (137)$$

Il est évident que cette hypothèse est ad hoc et trop restrictive. De telle sorte qu'il faut considérer l'extension de la procédure de Dickey et Fuller au cas général où la série Y_t admet une représentation $ARMA\,(p,q)$, c'est-à-dire au cas où le terme d'erreurs ν_t du modèle général (137) suit un processus $ARMA\,(p-1,q)$ sous les hypothèses nulle et alternative (p et q sont inconnus). Toutefois nous n'allons pas considérer ce cas et nous renvoyons le lecteur aux Éléments de Cours de Cointégration de V. Marimoutou (1997), Université de Bordeaux IV.

5.4. La Cointégration

Introduction

La théorie de la cointégration a pris un véritable essor dans le milieu des années 80. Tout son objet se fonde sur la validation d'une des principales hypothèses qui sous-tend l'économétrie "traditionnelle", c'est-à-dire l'hypothèse longtemps admise de la stationnarité des séries. Il apparaît que la cointégration est le résultat d'une liaison entre l'approche dynamique des modèles à correction d'erreur en anglais Error Correction Model (ECM) et celle de Box et Jenkins.

Elle se fonde à l'origine sur des séries non stationnaires dont les combinaisons linéaires vont le devenir. Il existe une liaison entre les ECM et la cointégration et ce rapport a été développé par Granger (1981) et Granger et Weiss (1983). Toutefois, nous devons la formalisation des théorèmes de représentation de Granger (1983) au célèbre article d'Engle et Granger paru dans Econometrica sous le titre "Co-Intégration and Error Correction : Représentation, Estimation and Testing". En fait, le théorème de Granger démontrait que des séries cointégrées pouvaient être modélisées sous forme d'*ECM*. Par ailleurs, il existe un lien entre la cointégration et les tests de racine unitaire. Bien qu'au départ ces tests étaient destinés à vérifier la stationnarité des séries univariées, ils servent aujourd'hui à confirmer l'hypothèse de cointégration. En d'autres termes, à s'assurer de la convergence des trajectoires des distributions.

5.4.1. Série cointégrée et vecteur cointégrant

a) Série cointégrée

Une série Y_t est dite intégrée à l'ordre $d[\, Y_t \sim I(d)]$ s'il est nécessaire de la différencier d fois pour la rendre stationnaire G. Besson et A. Pirotte (1995). C'est cette condition qui permet à la variable Y_t de posséder une représentation $ARMA$ inversible non déterministe. Les cas les plus remarquables sont ceux des séries $I(0)$ et $I\ (1)$.

- Une série $I(0)$ possède une tendance qui fluctue autour de son moment d'ordre 1 sans s'en éloigner grandement. Cela veut qu'il y ait une convergence "continue" autour de ce moment d'ordre 1 qui n'est rien d'autre que la moyenne. Les autocorrélations (ρ_i) baissent au fur et à mesure que le nombre de retards augmente. Un tel comportement signifie que la mémoire du processus est finie. Concrètement, un choc n'aura qu'une incidence transitoire sur Y_t. Le cas le plus cité est celui d'un bruit blanc gaussien $Y_t = \varepsilon_t$.
- Une série $I\ (1), \text{c'est} - \text{à} - \text{dire}\ (Y_t - Y_{t-1} = \varepsilon_t)$ traduit que la variance dépend du temps et tend vers l'infini. Les autocorrélations (ρ_i) ne baissent pas quand $t \to \infty$ (en d'autres termes $\lim_{t\to\infty} \rho_i = 1$)

Concrètement, l'innovation a un effet continu sur la valeur de la série Y_t. Le passé a une influence permanente sur le futur.

De façon générale, dans le cas de processus intégrés à l'ordre $d[\, Y_t \sim I(d)]$, les moments empiriques convergent non plus vers des constantes mais vers des variables aléatoires.

Considérons le cas d'un processus $AR(1), Y_t = \rho Y_{t-1} + \varepsilon_t$ avec $|\rho| < 1$ et $E(\varepsilon_t) = \mu_\varepsilon$, on a $Var(\varepsilon_t) = \sigma_\varepsilon^2$ et $Cov(\varepsilon_t \varepsilon_s) = 0$ et $t \neq s$. Nous remarquons que le processus est symbolisé par des caractéristiques qui sont indépendantes du temps. Si on pose $Y_0 = 0$, il est possible d'exprimer Y_t comme une combinaison linéaire des ε_t

$$Y_t = \rho Y_{t-1} + \varepsilon_t = \varepsilon_t + \rho\varepsilon_{t-1} + \cdots + \rho^{t-1}\varepsilon_1 = \sum_{i=0}^{t-1} \rho^i \varepsilon_{t-i}$$

$E(Y_t) = \mu_\varepsilon(1 + \rho + \rho^2 + \cdots + \rho^{t-1}) = \mu_\varepsilon \left(\frac{1-\rho^t}{1-\rho}\right)$ si $|\rho| < 1$

$= t\,\mu_\varepsilon$ si $|\rho| = 1$

$V(Y_t) = \sigma_\varepsilon^2(1 + \rho^2 + \cdots + \rho^{2t-2}) = \sigma_\varepsilon^2 \left(\frac{1-\rho^{2t}}{1-\rho^2}\right)$ si $|\rho| < 1$

$= t\sigma_\varepsilon^2$ si $|\rho| = 1$

Si l'on a affaire à un processus de marche au hasard $(Y_t - Y_{t-1})$, c'est-à-dire à un processus $I(1)$, dans ce cas, la variance est $t\sigma_\varepsilon^2$ et tend vers l'infini quand t augmente. De ce fait, l'hypothèse de stationnarité n'est plus respectée. Dès lors, la période que prendra le processus pour atteindre une valeur constante sera finie, ce qui veut dire que le délai pour arriver à cette valeur est "inconnu".
La présence d'une racine unitaire $\rho = 1$ se manifestera par une accumulation de chocs aléatoires qui ont des incidences infinies sur l'attitude de la distribution Y_t.

Quand deux distributions Y_t et X_t de même taille sont intégrées respectivement à l'ordre d et b, alors la combinaison linéaire de ces deux distributions $Z_t = Y_t - aX_t$ est intégrée à l'ordre $Max(d; b)$ où "a" est une constante (avec $a \neq 0$).

De là, il ressort que le terme avec l'ordre d'intégration le plus élevé domine dans la combinaison linéaire. Si $Y_t \sim I(d)$, dans ce cas $c + eY_t \sim I(d)$ avec c et e des constantes. Si Y_t et X_t sont $I(d)$, la combinaison linéaire $Z_t = Y_t - aX_t$ sera $I(d)$. Cependant, il peut arriver que Z_t soit $I(d - b)$ avec $b > 0$. Dans une telle situation, on dit que Y_t et X_t sont cointégrées, le coefficient "a" est le paramètre de cointégration. Dans le cas de deux séries, il est unique. La traduction concrète d'un tel résultat est que les observations Y_t et X_t possèdent des trends similaires qui, par combinaison linéaire, vont se compenser de façon à obtenir une série stationnaire (l'écart entre ces trends doit être constant). Si les observations sont cointégrées, la trajectoire Z_t demeurera à proximité de sa moyenne (finie), Z_t va mesurer le niveau du déséquilibre dans la relation entre Y_t et X_t qualifié par Granger (1986) "d'erreur d'équilibre".

Considérons le cas initialement soulevé par Engle et Granger (1987) où $d = b = 1$, dans cette hypothèse $Y_t \sim I(d)(1)$ et $X_t \sim I(1)$ d'où : $Z_t \sim I(0)$ si les deux séries sont cointégrées. Il existe de ce fait des forces pour ces grandeurs ayant pour objet de dégager une variation stochastique stationnaire conjointe. Si $Z_t = Y_t - aX_t$, alors Y_t et X_t évolueront de manière proche et au cas où $a = 1$, leur écart sera $Z_t \sim I(0)$. A l'inverse, si les distributions ne sont pas cointégrées, elles divergeront avec une probabilité certaine, leur différence étant stationnaire. Toutefois, il n'existe pas obligatoirement une valeur de a qui donne un $Z_t \sim I(0)$.
Finalement, deux séries X_t et Y_t sont dites cointégrées à l'ordre d et b, noté $CI(d; b)$[22], s'il existe les deux conditions suivantes :

- elles sont intégrées chacune à l'ordre b: $X_t \sim I(b)$ et $Y_t \sim I(b)$;
- il existe une combinaison linéaire Z_t de X_t et Y_t qui soit intégrée à un ordre d tel que l'on ait $0 < b \leq d$.

b) Vecteur cointégrant

Soient deux séries X_t et Y_t toutes deux intégrées d'ordre d. Donc on a $X_t \sim I(d)$ et $Y_t \sim I(d)$
S'il existe un vecteur $(\alpha, \beta) \neq 0$ tel que $Z_t = \alpha Y_t + \beta X_t$ soit intégré d'ordre $(d - b)$ avec $0 < b < d$, alors on dira que X_t et Y_t sont cointégrées d'ordre (d, b) et (α, β) s'appelle vecteur cointégrant.

Exemple : Considérons le modèle suivant :

$$Y_t = aX_t + b \qquad (138)$$

Une combinaison particulière de Y_t et X_t par rapport à la relation (138) peut-être:

$$\mu_t = Y_t - aX_t \qquad (139)$$

Le vecteur cointégrant est dans ce cas $(1, -a)$. On peut tester le fait que $Y_t - aX_t - b$ est intégrée d'ordre 0 en procédant au test de racine unitaire sur la série des résidus.
Admettons que l'on travaille sur des variables intégrées d'ordre 1, après régression, le test de racine unitaire pratiqué sur les résidus indiquera si ceux-ci sont :

* intégrés d'ordre 1 ; il y a présence de racine unitaire et non cointégration ;

[22] d est l'ordre de cointégration, tandis que b est l'intégration de chacune des séries.

* intégrés d'ordre 0 ; il n'y a pas de racine unitaire, donc les deux variables sont cointégrées

Ce résultat de la cointégration pour 2 variables se généralise à un nombre quelconque de chroniques avec pour corollaire que le vecteur cointégrant n'est plus unique.
D'une manière générale, lorsque deux variables sont cointégrées, elles suivent des évolutions parallèles sur la même période.

5.4.2. Propriétés des relations de cointégration

Lorsque des variables sont cointégrées, on retrouve certaines propriétés habituelles de la méthode d'estimation par les MCO. En effet, les estimateurs sont qualifiés de super convergents, c'est-à-dire qu'ils convergent plus vite que les MCO sur données stationnaires, vers les valeurs vraies des paramètres.

En d'autres termes, cela signifie que dans un cas de cointégration on peut utiliser le test de Student normal. Toutefois, l'interprétation est un peu plus délicate.
Soit le modèle suivant :
$Y_t = a_0 - a_1 X_t + \mu_t$ (140)
$X_t = X_{t-1} + \nu_t$ (141)

Si les termes d'erreurs μ_t et ν_t sont normaux, de moyenne nulle et indépendante, la distribution des tests de Student et de Fisher est bien la distribution standard. Par contre, s'il y a des corrélations non nulles entre μ_t et ν_t, ces distributions ne sont plus standards, cependant il est possible de les regrouper en spécifiant la relation existant entre μ_t et ν_t.
Pour ce faire, on admet que μ_t dépend de ν_t pour des décalages de $-k$ à $+k$.
$\mu_t = \sum_{n=-k}^{k} \gamma_n \nu_{t-n} + e_t$ (142)
et que les corrélations sont nulles pour des décalages supérieurs à k, c'est-à-dire si $|n| > k$.
Si on reprend cette expression (142) dans (140)

$$Y_t = a_0 - a_1 X_t + \sum_{n=-k}^{k} \gamma_n \nu_{t-n} + e_t$$

Soit suivant (141)

$$X_t - X_{t-1} = v_t \Rightarrow \Delta X_t = v_t \Rightarrow v_{t-n} = \Delta X_{t-n}$$

donc

$Y_t = a_0 - a_1 X_t + \sum_{n=-k}^{k} \gamma_n \Delta X_{t-n} + e_t$ (143)

Ainsi, le nouveau terme d'erreur e_t, de la régression (143) a été purgé de toute corrélation avec v_t. En effet, si μ_t dans (140) n'est pas indépendant de v_t, e_t l'est bien de v_t d'après (143).

Il y a une corrélation qui a été proposée par Saikhonen (1991) consistant à multiplier respectivement les F de Fisher et les t de Student obtenus sur la régression(143) par les rapports $\frac{\sigma_e^2}{\lambda^2}$ pour F ou $\frac{\sigma_e}{\lambda}$ pour t.

σ_e^2 est obtenu à partir de (143) par l'estimation habituelle $\frac{1}{T-k} \sum e_t^{*2}$ avec k le nombre de paramètres estimés dans (143).

$\bar{\lambda}$ est obtenu à partir d'un processus AR appliqué à e_t^*. On contrôle que si les termes d'erreur entre μ_t et v_t sont bien indépendants, $\gamma_n = 0, \forall n$, et de ce fait μ_t se confond avec e_t.

Dans le cas où les variables sont intégrées d'ordre 1, le fait qu'elles soient cointégrées implique que leurs évolutions au cours du temps soient parallèles ; c'est-à-dire que l'écart entre les deux séries soit stationnaire. C'est ce que traduit la stationnarité des résidus.

5.4.3. Les tests de cointégration

Une fois la première phase de la méthode d'estimation d'Engle et Granger terminée, il est indispensable de vérifier si les perturbations Z_t de la relation statique sont stationnaires de façon à confirmer l'hypothèse de cointégration des distributions, et donc la validité de la spécification adoptée pour la longue période.

Dans cette voie, les tests de racine unitaire ont été transposés et employés dans le cadre de la théorie de la cointégration. Engle et Granger (1987) ont proposé sept tests auxquels s'ajoutent celui de Philips (1987).

Ces tests s'appuient principalement sur les résidus estimés Z_t^* de la relation statique de manière à vérifier s'ils sont effectivement $I(0)$, ce que stipule le théorème de représentation de Granger lorsque les variables sont cointégrées.

Dans le cas de cet ouvrage nous ne nous intéressons qu'aux tests ADFet $CRDW$, mais Engle et Granger recommandent l'usage de test ADF, car il s'est révélé être le plus puissant compte tenu des simulations réalisées[23]. Il faut souligner que pour obtenir les séries théoriques de tous ces tests, on ne recoure pas aux Tables de Dickey et Fuller ou de Bhargava, mais aux tables spécifiques d'Engle et Granger (1987), d'Engle et Yoo (1987)[24] et de Philips et Aharis (1990).

a) Les tests DF et ADF

Suivant l'examen précédent du test de racine unitaire, l'objectif ici est de tester l'existence d'une racine unitaire dans les résidus estimés Z_t^* de la relation

$Y_t = \alpha_0 + \alpha_1 X_t + Z_t$ soit :

Test DF : $\Delta Z_t^* = \phi Z_{t-1}^* + \mu_t$ avec $\phi = \rho - 1$ (processus $AR(1)$)

Test ADF :$\Delta Z_t^* = \phi Z_{t-1}^* + \sum \theta_i \Delta Z_{t-i}^* + \mu_t$ où $\phi = \rho - 1$ (processus $AR(p)$)

L'interprétation se fait comme suit. Si dans chacun des cas, le t de student calculé (t_c) du coefficient ϕ^* est supérieur à la valeur théorique, on accepte $H_0 \colon \phi = 0$ (conduisant à admettre $\rho = 1$), et donc les séries X_t et Y_t ne sont pas cointégrées.

b) Le test "Cointégration Regression Durbin - Watson" ou test $CRDW$

C'est une procédure de test qui a recours à la statistique de Durbin - Watson sous l'hypothèse nulle $H_0 \colon \rho = 1$, la statistique DW calculée est asymptotiquement voisine de 0. Si on admet H_0, les aléas suivent une marche au hasard et on rejette de ce fait l'hypothèse de cointégration des variables X_t et Y_t. Pour vérifier l'hypothèse de cointégration, il faut que $DW \to 2$[25]. On peut aussi tester H_0 en vérifiant si DW calculé est inférieure à DW théorique $(DW_c < DW_\alpha)$ au seuil α, on accepte H_0, les

---

[23] Pour plus de détail sur l'ensemble des tests il faut se reporter à G. Bresson et A. Pirotte (1995), B. Bhashara Rao (1994), une série d'articles.

[24] Les valeurs critiques des différentes tables tiennent compte d'un échantillon d'au moins 50, mais selon certains auteurs tels que : G. Bresson et A. Pirotte on peut utiliser ces tables pour des petits échantillons de 20 à 30 observations

[25] On sait que la statistique $DW \sim 2(1 - \rho)$. Si $\rho \neq 0$, on a $DW \sim 0$ et les deux séries ne sont pas cointégrées. Si au contraire $\rho = 0$, on a $DW = 2$, on tire la conclusion d'une cointégration entre les deux séries X_t et Y_t .

perturbations suivent une marche au hasard et on rejette l'hypothèse de cointégration des séries.

c) Tabulation des tests de cointégration

$H_0 : \rho=1,\ \phi = 0$ non cointégration	$H_1 : \lvert\rho\rvert < 1,\ \phi \neq 0$ cointégration
DF, *ADF*, *Philips* $\left.\right\}\ t^{c}_{\phi^*} > t^{\alpha}_{\phi}$	*DF*, *ADF*, *Philips* $\left.\right\}\ t^{c}_{\phi^*} < t^{\alpha}_{\phi}$
CRDW $DW_c < DW_\alpha$	CRDW $DW_c > DW_\alpha$

d) Applications

Soit le modèle de consommation française développé par G. Bresson et A. Pirotte (1995) sur la période 1949 à 1989[26].

i) Considérons la régression avec la constante et la tendance

$$\Delta C_t = \underset{(2{,}506)}{\bar{\mu}_2} + \underset{(-2{,}351)}{\bar{\phi}}\ \bar{C}_{t-1} + \underset{(2{,}279)}{\bar{\beta}}\ t \qquad (144)$$

Les valeurs entre parenthèses sont les t calculés de Student. Ainsi, pour la tendance, le $t_c = 2{,}279$ est inférieur au $t_\alpha = 2{,}79$ au seuil de 5% (C. F. Table 5 valeurs critiques $\bar{\beta} = 0$ dans les modèles (3) et (6)). Nous acceptons l'hypothèse nulle et nous rejetons la présence de la tendance. Il est alors nécessaire de procéder à une nouvelle régression sans la tendance.

ii) Considérons la régression sans tendance

$$\Delta C_t = \underset{(1{,}511)}{\tilde{\mu}_1} + \underset{(-0{,}679)}{\tilde{\phi}}\ \tilde{C}_{t-1} \qquad (145)$$

L'examen du t_c de la constante qui est 1,511 montre que t_c est inférieur à $t_\alpha = 2{,}54$ au seuil de 5% (C.F. Table 3 valeurs critiques $\mu_1 = 0$ dans les modèles (2) et (5)). Nous acceptons l'hypothèse nulle et nous rejetons la présence de la constante, ce qui conduit à procéder à une troisième régression sans la constante.

iii) Considérons la régression sans constante ni tendance

$$\Delta C_t = \underset{(7{,}093)}{\phi^*}\ C_{t-1} \qquad (146)$$

la valeur 7,093 qui est le t_c de ϕ^*

[26] Le type de cointégration utilisée par les 2 auteurs est celle de la cointégration non saisonnière. C'est le recours au test classique de Student et à ceux de Philips-Perron, DF et ADF.

La valeur théorique du t_α est - 1,95 (CF Table 6 pour les valeurs critiques pour les Tests de Phillips-Perron, Dickey Fuller et Dickey - Fuller Augmenté) au seuil 5% est inférieure à celle de t de Student calculée 7,093, ce qui conduit à accepter l'hypothèse nulle, signifiant que $\rho = 1$ puisque $\phi = \rho - 1$. En conclusion, la série consommation des ménages per capita est intégrée d'ordre 1.
L'application d'une démarche analogue pour le revenu Y_t conduit au même résultat.
La conclusion est que les séries C_t et Y_t sont $I(1)$.

5.4.4. Condition de validité

- Ne pas mélanger dans une équation des variables ayant des ordres d'intégration différents.
Ainsi par exemple on aborde souvent la question de l'homogénéité d'une équation. C'est le cas où il y a des variables qui sont affectées d'une tendance et des variables stationnaires. Dans un tel cas, il est en général impossible d'obtenir une estimation satisfaisante.
- Dans une équation de nature dynamique, quand on introduit des décalages sur les variables, il faut respecter le même nombre de décalages sur toutes les variables ou au moins sur les principales.

On peut dire que la théorie de la cointégration valide la démarche économétrique classique sous des conditions pas trop restrictives.
Dans un travail d'économétrie, il est recommandé de commencer par chercher l'ordre d'intégration des variables (test de racine unitaire, puis de différence, puis test de racine unitaire à nouveau ...).

Engle et Granger (1987) suggèrent par leur théorème de représentation lorsqu'il est vérifié, que si des séries non stationnaires et de même racine unitaire sont cointégrées, d'utiliser un modèle à correction d'erreur (ECM) pour capter la structure dynamique de l'évolution de court terme de ces séries.

5.5. Modèles à Correction d'Erreur (ECM)

Les Modèles à Correction d'Erreur (ECM en anglais) comblent une lacune de la théorie économique qui n'explicite toujours pas de quelle façon les ajustements permettent d'atteindre une situation d'équilibre de longue période ou un objectif prédéterminé. Les ECM comblent ce vide en proposant des mécanismes d'ajustements cohérents avec des "cibles" préalablement définies. Il s'agit de spécifications qui sont qualifiées d'ad -hoc ou d'ajustement partiel ou à correction d'erreur. De telles représentations ont la caractéristique d'être dynamiques et traduisent l'adaptation des comportements. Dans le cas présent, nous nous appesantirons sur les ECM en ce sens que le modèle d'ajustement partiel n'est qu'un cas particulier d'un ECM.

L'exercice de l'activité économique conduit les principaux agents à prendre en considération les procédures administratives et juridiques mises en place pour le fonctionnement du système, ces contraintes qui sont imposées aux acteurs (individus, sociétés etc.) introduisent des blocages dans la capacité de réaction à des fins d'ajustement des agents ; c'est en ce sens que l'on parle d'ajustement partiel traduisant la difficulté de réaliser automatiquement l'ajustement.

a) L'approche ECM

Elle permet de traduire simultanément les ajustements de court terme et les relations de long terme.

Historiquement, l'approche remonte à l'article de Davidson, Hendsy, Saba et Yeo (1998), d'où en abrégé DHSY. Toutefois, le nom d'ECM est venu de Hendry (1980).

L'originalité de cet auteur est de permettre une distinction des mouvements de court terme et ceux de longue période. L'idée des quatre auteurs précédents est partie de travaux empiriques relatifs à une comparaison de trois approches de modèles dynamiques de consommation en Grande-Bretagne d'où il est ressorti un manque d'homogénéité au niveau des effets estimés de courte et longue périodes. C'est ainsi qu'ils ont été conduits à proposer de réconcilier les horizons temporels en adoptant une représentation à corrections d'erreur. La particularité de l'approche ECM est d'estimer des relations économétriques sur un objectif de longue période déterminée par la théorie économique.

Cette combinaison entre court terme et long terme a permis à Engle et Granger (1987) de dire que quand il existe une relation d'équilibre de longue période, la meilleure représentation dynamique de courte période est ECM. Dès lors, l'ECM combine deux catégories de variables, des variables non stationnaires exprimées en niveau, qui s'interprètent comme des déterminants de l'équilibre de longue période et des variables stationnaires.

b) Présentation du modèle

Soit le modèle ci-après :

$$Y_t = b + aX_t + \varepsilon_t \qquad (147)$$

et considérons la relation de long terme $Y_t = b + aX_t$. Nous admettons qu'il existe une relation de long terme entre les variables X_t et Y_t qui sont intégrées à l'ordre 1, avec la combinaison linéaire cointégrante $Y_t - b - aX_t = ED \neq 0$ qui est stationnaire avec $ED =$ erreur de déséquilibre.

Les coefficients b et a sont des paramètres de long terme.

Si X_t et Y_t sont en équilibre, ED doit être égale à zéro. Dans le cas contraire, ED est soit positif ou négatif. C'est la raison pour laquelle on parle d'erreur de déséquilibre.

Supposons que Y_t suive un processus autorégressif à retards distribués d'ordre $(1, 1)$ et on écrit :

$$Y_t \sim AD(1,1)$$

$$Y_t = k + \alpha X_t + \beta X_{t-1} + \gamma Y_{t-1} + \varepsilon_t \qquad (148)$$

$k =$ constante et $0 < \gamma < 1$

La reparamétrisation de (148) permet d'obtenir une représentation dynamique appelée ECM.

$$Y_t - Y_{t-1} = k + \alpha X_t + \beta X_{t-1} + (\gamma - 1)Y_{t-1}$$

$$\Delta Y_t = k + \alpha X_t - \alpha X_{t-1} + \alpha X_{t-1} + \beta X_{t-1} + (\gamma - 1)Y_{t-1}$$

$$\Delta Y_t = k + \alpha \Delta X_t + (\alpha + \beta)X_{t-1} + (\gamma - 1)Y_{t-1} \qquad (149)$$

$$= \alpha \Delta X_t + (\gamma - 1)\left[Y_{t-1} + \frac{\alpha + \beta}{\gamma - 1}X_{t-1} + \frac{k}{\gamma - 1}\right]$$

En ramenant l'expression $(\gamma - 1)$ à $(1 - \gamma)$ on obtient :

$$= \alpha \Delta X_t - (1 - \gamma)\left[Y_{t-1} - \frac{\alpha + \beta}{\gamma - 1}X_{t-1} - \frac{k}{\gamma - 1}\right]$$

$$= \alpha \Delta X_t - (1 - \gamma)[Y_{t-1} - AX_{t-1} - c] \qquad (150)$$

en posant $\frac{\alpha+\beta}{\gamma-1} = A$ et $\frac{k}{\gamma-1} = c$

L'égalité (150) est appelée Modèle à Correction d'erreur ou ECM.

α est l'impact de court terme de ΔX_t sur ΔY_t ; $(1 - \gamma)$ est l'ampleur de l'ajustement de ΔY_t par rapport au déséquilibre observé de la période passée entre X_t et Y_t . Du fait que $0 < \gamma < 1$ il ressort que $0 < (1 - \gamma) < 1$.

En revenant à la relation d'équilibre de longue période :

$Y_t = b + \alpha X_t \Rightarrow Y_{t-1} - b - \alpha X_{t-1} = ED = 0$ qui est l'Erreur de déséquilibre.

Si $ED = 0$, cela signifie que X_t et Y_t sont en équilibre. Dans le cas contraire, $ED > 0$ ou $ED < 0$. Ce sont ces déviations qui font qu'on parle d'erreur de déséquilibre.

Pour les calculs, on a recours à l'indicateur retardé :

$Y_{t-1} - b - \alpha X_{t-1} = ED(-1)$ appelée ED retardée d'une période.

Comparaison $ED(-1)$ à l'équation (150), cela revient à dire que $A = \alpha$ et $c = b$ de telle sorte que la formule classique du modèle à correction d'erreur devient :

$$\Delta Y_t = \alpha \Delta X_t - (1 - \gamma) ED(-1) = ECM \qquad (151)$$

Remarques :

- Si $|1 - \gamma| < 1$, cela signifie que X_t et Y_t sont cointégrés à l'ordre1.
- Le modèle ne met en relation que des variables stationnaires.

Les critiques suivantes ont été portées aux ECM :

- En présence d'un modèle multivarié, on peut avoir plusieurs relations de cointégration. Dans ce cas, il est nécessaire de procéder à une décomposition. Admettons à titre d'illustration que l'on ait le modèle suivant :

$$Y_t = k + \alpha X_t + \beta Z_t$$

La procédure consiste à vérifier s'il existe ou non cointégration des variables deux à deux, c'est-à-dire entre X_t et Y_t ; X_t et Z_t ; Y_t et Z_t.

- Lorsque l'échantillon est de petite taille ($n < 20$) si on a le modèle ci-après

$$Y_t = \alpha X_t + k$$

l'estimation des deux paramètres α et k serait biaisée et ED tout comme ECM le seront aussi compte tenu du biais introduit dans α et k. Pour parer à ce biais, certains auteurs tels que Breusch et Wickens (1988) ont proposé d'autres méthodes que nous n'analyserons pas dans cet ouvrage.

ANNEXE 1 :EXTRAIT TABLE DE DICKEY - FULLER 1976 ET 1981

Taille	**Probabilité d'une valeur inférieure**							
T	0,01	0,025	0,05	0,10	0,90	0,95	0,975	0,99
		$T(\rho^* - 1)$			Modèle (1)			
25	- 11,9	- 9,3	- 7,3	- 5,3	1,01	1,40	1,79	2,28
50	- 12,9	- 9,9	- 7,7	- 5,5	0,97	1,35	1,70	2,16
100	- 13,3	-10,2	- 7,9	- 5,6	0,95	1,31	1,65	2,06
250	- 13,6	-10,3	- 8,0	- 5,7	0,93	1,28	1,62	2,04
500	- 13,7	-10,4	- 8,0	- 5,7	0,93	1,28	1,61	2,04
∞	- 13,8	-10,5	- 8,1	- 5,7	0,93	1,28	1,60	2,03
			$T(\rho - 1)$		Modèle (2)			
25	- 17,2	-14,6	- 12,5	- 10,2	- 0,76	0,01	0,65	1,40
50	- 18,9	-15,7	- 13,3	- 10,7	- 0,81	- 0,07	0,53	1,22
100	- 19,8	-16,3	- 13,7	- 11,0	- 0,83	- 0,10	0,47	1,14
250	- 20,3	-16,6	- 14,0	- 11,2	- 0,84	- 0,12	0,43	1,09
500	- 20,5	-16,8	- 14,0	- 11,2	- 0,84	- 0,13	0,42	1,06
∞	- 20,7	-16,9	- 14,1	- 11,3	- 0,85	- 0,13	0,41	1,04
			$T(\tilde{\rho} - 1)$		Modèle (3)			
25	- 22,5	-19,9	-17,9	-15,6	-3,66	-2,51	-1,53	-0,43
50	- 25,7	-22,4	-19,8	-16,8	-3,71	-2,60	-1,66	-0,65
100	- 27,4	-23,6	-20,7	-17,5	-3,74	-2,62	-1,73	-0,75
250	-28,4	-24,4	-21,3	-18,0	-3,75	-2,64	-1,78	-0,82
500	-28,9	-24,8	-21,5	-18,1	-3,76	-2,65	-1,78	-0,84
∞	-29,5	-25,1	-21,8	-18,3	-3,77	-2,66	-1,79	-0,87

TABLEAU A1 : Distribution cumulative empirique de $T(\rho^* - 1), T(\rho - 1)$ et $T(\tilde{\rho} - 1)$ pour $\rho = 1$ (construit par DICKEY 1976 par des méthodes de simulation)
Source : FULLER 1976, p. 371. Tableau 8.5.1

Taille	Probabilité d'une valeur inférieure							
T	0,01	0,025	0,05	0,10	0,90	0,95	0,975	0,99
		t_{ρ^*},			Modèle (1)			
25	- 2,66	- 2,26	- 1,95	- 1,60	0,92	1,33	1,70	2,16
50	- 2,62	- 2,25	- 1,95	- 1,61	0,91	1,31	1,66	2,08
100	- 2,60	- 2,24	- 1,95	- 1,61	0,90	1,29	1,64	2,03
250	- 2,58	- 2,23	- 1,95	- 1,62	0,89	1,29	1,63	2,01
500	- 2,58	- 2,23	- 1,95	- 1,62	0,89	1,28	1,62	2,00
∞	- 2,58	- 2,23	- 1,95	- 1,62	0,89	1,28	1,62	2,00
	t_{ρ}		Modèle (2)					
25	- 3,75	- 3,33	- 3,00	- 2,63	- 0,37	0,00	0,34	0,72
50	- 3,58	- 3,22	- 2,93	- 2,60	- 0,40	- 0,03	0,29	0,66
100	- 3,51	- 3,17	- 2,89	- 2,58	- 0,42	- 0,05	0,26	0,63
250	- 3,46	- 3,14	- 2,88	- 2,57	- 0,42	- 0,06	0,24	0,62
500	- 3,44	- 3,13	- 2,87	- 2,57	- 0,43	- 0,07	0,24	0,61
∞	- 3,43	- 3,12	- 2,86	- 2,57	- 0,44	- 0,07	0,23	0,60
	$t_{\hat{\rho}}$		Modèle (3)					
25	- 4,38	- 3,95	-3,60	- 3,24	-1,14	-0,80	-0,50	-0,15
50	- 4,15	- 3,80	-3,50	-3,18	-1,19	-0,87	-0,58	-0,24
100	- 4,04	- 3,73	- 3,45	-3,15	-1,22	-0,90	-0,62	-0,28
250	- 3,99	- 3,69	- 3,43	-3,13	-1,23	-0,92	-0,64	-0,31
500	- 3,98	- 3,68	- 3,42	-3,13	-1,24	-0,93	-0,65	-0,32
∞	- 3,96	- 3,66	- 3,41	-3,12	-1,25	-0,94	-0,66	-0,33

TABLEAU A2 : Distribution cumulative empirique de $t_{\rho^*}, t_{\rho}, t_{\hat{\rho}}$ pour $\rho = 1$
(construit par DICKEY 1976 par des méthodes de simulation)
Source : FULLER 1976, p. 373. Tableau 8.5.2

Taille	Probabilité d'une valeur inférieure			
T	0,90	0,95	0,975	0,99
t_c		Modèle (2)		
25	2,20	2,61	2,97	3,41
50	2,18	2,56	2,89	3,28
100	2,17	2,54	2,86	3,22
250	2,16	2,53	2,84	3,19
500	2,16	2,52	2,83	3,18
∞	2,16	2,52	2,83	3,18
écart type	0,003	0,004	0,006	0,008

TABLEAU A3 : Distribution empirique de t_c pour $(c, \rho) = (0,1)$ dans
$y_t = c + \rho y_{t-1} + u_t$ [modèle (2)] (Distribution symétrique)
Source : DICKEY et FULLER 1981, p. 1062. Tableau I.

Taille	Probabilité d'une valeur inférieure							
T	0,01	0,025	0,05	0,10	0,90	0,95	0,975	0,99
		Φ_1			Modèle (2)			
25	0,29	0,38	0,49	0,65	4,12	5,18	6,30	7,88
50	0,29	0,39	0,50	0,66	3,94	4,86	5,80	7,06
100	0,29	0,39	0,50	0,67	3,86	4,71	5,57	6,70
250	0,30	0,39	0,51	0,67	3,81	4,63	5,45	6,52
500	0,30	0,39	0,51	0,67	3,79	4,61	5,41	6,47
∞	0,30	0,40	0,51	0,67	3,78	4,59	5,38	6,43
E. type	0,002	0,002	0,002	0,002	0,01	0,02	0,03	0,05

TABLEAU A4 : Distribution empirique de Φ_1 pour $(c, \rho) = (0,1)$ dans $y_t = c + \rho y_{t-1} + u_t$ [modèle (2)]
Source : DICKEY et FULLER 1981, p. 1063. Tableau IV.

Taille	Probabilité d'une valeur inférieure			
T	0,90	0,95	0,9750,99	
t_c		Modèle (3)		
25	2,77	3,20	3,59	4,05
50	2,75	3,14	3,47	3,87
100	2,73	3,11	3,42	3,78
250	2,73	3,09	3,39	3,74
500	2,72	3,08	3,38	3,72
∞	2,72	3,08	3,38	3,71
écart type	0,004	0,005	0,007	0,008

TABLEAU A5 : Distribution empirique de t_c pour$(c, b, \rho) = (0,0,1)$dans

$$y_t = c + bt + \rho y_{t-1} + u_t$$

[modèle (3)] (Distribution symétrique)
Source : DICKEY et FULLER 1981, p. 1062. Tableau II.

Taille	Probabilité d'une valeur inférieure			
T	0,90	0,95	0,975	0,99
t_c		Modèle (3)		
25	2,39	2,85	3,25	3,74
50	238	2,81	3,18	3,60
100	2,38	2,79	3,14	3,53
250	238	2,79	3,12	3,49
500	2,38	2,78	3,11	3,48
∞	2,38	2,78	3,11	3,46
écart type	0,004	0,005	0,006	0,009

TABLEAU A6 : Distribution empirique de t_b pour $(c, b, \rho) = (0,0,1)$dans
$y_t = c + bt + \rho y_{t-1} + u_t$ [modèle (3)] (Distribution symétrique)
Source : DICKEY et FULLER 1981, p. 1062. Tableau III.

Taille	Probabilité d'une valeur inférieure							
T	0,01	0,025	0,05	0,10	0,90	0,95	0,975	0,99
		Φ_2			Modèle (3)			
25	0,61	0,75	0,89	1,10	4,67	5,68	6,75	8,21
50	0,62	0,77	0,91	1,12	4,31	5,13	5,94	7,02
100	0,63	0,77	0,92	1,12	4,16	4,88	5,59	6,50
250	0,63	0,77	0,92	1,13	4,07	4,75	5,40	6,22
500	0,63	0,77	0,92	1,13	4,05	4,71	5,35	6,15
∞	0,63	0,77	0,92	1,13	4,03	4,68	5,31	6,09
E. type	0,003	0,003	0,003	0,003	0,01	0,02	0,03	0,05

TABLEAU A7 : Distribution empirique de Φ_2 pour $(c, b, \rho) = (0,0,1)$dans

$$y_t = c + bt + \rho y_{t-1} + u_t$$

[modèle (3)] (Distribution symétrique)
Source : DICKEY et FULLER 1981, p. 1062. Tableau V..

Taille	Probabilité d'une valeur inférieure							
T	0,01	0,025	0,05	0,10	0,90	0,95	0,975	0,99
		Φ_3			Modèle (3)			
25	0,74	0,90	1,08	1,33	5,91	7,24	8,65	10,61
50	0,76	0,93	1,11	1,37	5,61	6,73	7,81	9,31
100	0,76	0,94	1,12	1,38	5,47	6,49	7,44	8,73
250	0,76	0,94	1,13	1,39	5,39	6,34	7,25	8,43
500	0,76	0,94	1,13	1,39	5,36	6,30	7,20	8,34
∞	0,77	0,94	1,13	1,39	5,34	6,25	7,16	8,27
E. type	0,004	0,004	0,004	0,004	0,015	0,020	0,032	0,058

TABLEAU A8 : Distribution empirique de Φ_3 pour $(c, b, \rho) = (0,0,1)$
dans$y_t = c + bt + \rho y_{t-1} + u_t$
[modèle (3)]
Source : DICKEY et FULLER 1981, p. 1063. Tableau VI.

ANNEXE 2 : MODELE ECM ET COINTEGRATION

TABLE 6 : Valeurs critiques pour les tests de Philips - Perron
de Dickey - Fuller et de Dickey Augmenté

	Seuil théorique 5% pour T = 100[27]				
	ϕ^*	$\tilde{\phi}$ et $\bar{\phi}$	$\tilde{\mu}_1$ et $\bar{\mu}_2$		$\bar{\beta}$
	DL	ST	ST	ST	ST
Modèle (1)	-7,9	- 1,95	-	-	-
Modèle ('1'	- 7,9	- 1,95	-	-	-
Modèle (2)	- 13,7	- 2,89	- 2,54	2,54	-
Modèle (2')	- 13,7	- 2,89	- 2,54	2,54	-
Modèle (3)	- 20,7	- 3,45	- 3,45	3,11	2,79
Modèle (3')	- 20,7	- 3,45	- 3,45	3,11	2,79

Source : G. Bresson et A. Pirotte (1995) p . 469

TABLE 11 : Résultats du test de Dickey - Fuller
Série C_t

	En niveau		En log	
	DL	ST	DL	ST
$\bar{\phi}$	- 9,152	- 2,351	- 8,896	- 2,804
$\bar{\mu}_2$		2,506		2,826
$\bar{\beta}$		2,279		2,535
$\tilde{\phi}$	- 0,355	- 0,679	- 0,956	- 1,815
$\tilde{\mu}_1$		1,511		1,911
$\tilde{\phi}$	0,430	7,093	0,050	7,100

[27] Les termes DL et ST signifient respectivement Distribution limite et t de Student. Les coefficients (ϕ^* $\tilde{\phi}$ *et* $\bar{\phi}$), $\bar{\mu}_1$ *et* $\bar{\mu}_2$ et $\bar{\beta}$ correspondent respectivement aux modèles (1), (2), et (3) figurant dans le tableau 3 du paragraphe 7.3.3.1.

TABLE 12 : Résultats du test de Dickey - Fuller

Série Y_t

	En niveau		En log	
	DL	ST	DL	ST
$\bar{\phi}$	- 5,197	- 2,065	-5,375	- 2,420
$\bar{\mu}_2$		2,285		2,449
$\bar{\beta}$		1,628		1,671
$\tilde{\phi}$	- 1,338	- 1,558	- 1,917	- 2,344
$\tilde{\mu}_1$		1,973		2,394
$\hat{\phi}$	0,350	4,671	0,040	4,938

TABLE 13 :Résultats du test de Dickey - Fuller Augmenté

Série C_t

	$p=1$		$p=2$		$p=3$		$p=4$	
	DL	ST	DL	ST	DL	ST	DL	ST
$\bar{\phi}$	- 7,880	- 1,938	- 9,210	- 2,214	- 9,670	- 2,305	- 9,829	- 2,229
$\bar{\mu}_2$		2,095		2,363		2,408		2,341
$\bar{\beta}$		1,897		2,155		2,295		2,209
$\tilde{\phi}$	- 0,233	- 0,440	- 0,317	- 0,585	- 0,114	- 0,212	- 0,160	- 0,290
$\tilde{\mu}_1$		1,342		1,408		0,855		0,972
$\tilde{\phi}$	0,470	5,932	0,434	4,468	0,336	3,161	0,363	3,175

TABLEAU 4 : Valeurs critiques de $\bar{\mu}_2 = 0$ dans les modèles (3) et (6)

	Seuil $1-\alpha$			
T	0,90	0,95	0,975	0,99
25	2,77	3,20	3,59	4,05
50	2,75	3,14	3,47	3,87
100	2,73	3,11	3,42	3,78
250	2,73	3,09	3,39	3,74
500	2,72	3,08	3,38	3,72
∞	2,72	3,08	3,38	3,71

Source : Dickey et Fuller (1981), p. 1062

TABLEAU 5 : Valeurs critiques de $\overline{\beta} = 0$ dans les modèles (3) et (6)

	Seuil $1-\alpha$			
T	0,90	0,95	0,975	0,99
25	2,39	2,85	3,25	3,74
50	2,38	2,81	3,18	3,60
100	2,38	2,79	3,14	3,53
250	2,38	2,79	3,12	3,49
500	2,38	2,78	3,11	3,48
∞	2,38	2,78	3,11	3,46

Source : Dickey et Fuller (1981), p. 1062

TABLEAU 2 : Valeurs critiques des t de Student lorsque $\rho = 1$ pour le coefficient affecté à Y_{t-1}

	Seuil α							
T	0,01	0,025	0,05	0,10	0,90	0,95	0,975	0,99
			Modèle s (1) et (1') $t_{\hat{\rho}}$					
25	-2,66	- 2,26	- 1,95	- 1,60	0,92	1,33	1,70	2,16
50	- 2,62	- 2,25	- 1,95	- 1,61	0,91	1,31	1,66	2,08
100	- 2,60	- 2,24	- 1,95	- 1,61	0,90	1,29	1,66	2,03
250	- 2,58	- 2,23	- 1,95	- 1,62	0,89	1,29	1,63	2,01
500	- 2,58	- 2,23	- 1,95	- 1,62	0,89	1,28	1,62	2,00
∞	- 2,58	- 2,23	- 1,95	- 1,62	0,89	1,28	2,00	2,00
			Modèle s (2) et (2') $t_{\tilde{\rho}}$					
25	- 3,75	- 3,33	- 3,00	- 2,63	- 0,37	0,00	0,34	0,72
50	- 3,58	- 3,22	- 2,93	- 2,62	- 0,40	- 0,03	0,29	0,66
100	- 3,51	- 3,17	- 2,89	- 2,58	- 0,42	- 0,05	0,26	0,63
250	- 3,46	- 3,14	- 2,88	- 2,57	- 0,42	- 0,06	0,24	0,62
500	- 3,44	- 3,13	- 2,87	- 2,57	- 0,43	- 0,07	0,24	0,61
∞	- 3,43	- 3,12	- 2,86	- 2,57	- 0,44	- 0,07	0,23	0,60
			Modèle s (3) et (3') $t_{\overline{\rho}}$					
25	- 4,38	- 3,95	- 3,60	- 3,24	- 1,14	- 0,80	- 0,50	- 0,15
50	- 4,15	- 3,80	- 3,50	- 3,18	- 1,19	- 0,87	- 0,58	- 0,24
100	- 4,04	- 3,73	- 3,45	- 3,15	- 1,22	- 0,90	- 0,62	- 0,28
250	- 3,99	- 3,69	- 3,43	- 3,13	- 1,23	- 0,92	- 0,64	- 0,31
500	- 3,98	- 3,68	- 3,42	- 3,13	- 1,24	- 0,93	- 0,65	- 0,32
∞	- 3,96	- 3,66	- 3,41	- 3,12	- 1,25	- 0,94	- 0,66	- 0,33

TABLEAU 3 : Valeurs critiques de $\overline{\mu}_1 = 0$ dans les modèles (2) et (5)

	Seuil $1-\alpha$			
T	0,90	0,95	0,975	0,99
25	2,20	2,61	2,97	3,41
50	2,18	2,56	2,89	3,28
100	2,17	2,54	2,86	3,22
250	2,16	2,53	2,84	3,19
500	2,16	2,52	2,83	3,18
∞	2,16	2,52	2,83	3,18

Source : Dickey et Fuller (1981), p. 1062

CHAPITRE 6 : LES VECTEURS AUTORÉGRESSIFS

INTRODUCTION

Dans l'étude des modèles à équations simultanées, il est établi que le développement dynamique des phénomènes économiques rendait leur explication insuffisante à partir d'une seule équation, d'où la nécessité de recourir à plus d'équations pour l'explication de ces phénomènes.

Parmi les modèles à équations multiples, il y a des spécificités dues aux liaisons qui peuvent s'établir entre les variables ; ainsi il y a des modèles dans lesquels une variable endogène d'une équation est variable exogène d'une autre : ils sont dits modèles à équations simultanées.

Il arrive enfin que dans l'étude des phénomènes économiques à une équation, la variable intervienne avec un ou plusieurs retards comme variable explicative. Dans un tel cas on est en présence d'un processus autorégressif (AR_p) avec $p = 1,2,\cdots$

L'étude des vecteurs autorégressifs (VAR) est le prolongement de cette analyse dynamique des phénomènes économiques faisant intervenir plusieurs variables endogènes expliquées par leurs valeurs retardées et par les valeurs courantes (ou retardées) d'une autre variable endogène. Les VAR sont une combinaison des modèles à équations simultanées et des processus autorégressifs.

1. Les modèles VAR ont été introduits par Christopher Sims (1980) à partir d'une critique basée sur l'analyse des modèles macro-économiques. En fait, Sims critiqua la plausibilité des restrictions relatives à la spécification de ces modèles structurels. De façon générale, on sait que dans les modèles à équations simultanées, l'identification des paramètres reste une grande préoccupation. D'où l'idée d'imposer des restrictions peu plausibles. Ces restrictions ou contraintes sont synthétisées par Gouriéroux et Montfort (1990) en trois points :

- l'égalité à 1 de certains paramètres (contrainte de normalisation)
- l'égalité à 0 de certains paramètres (contrainte d'exclusion)
- l'égalité de certains paramètres entre eux ou restrictions linéaires.

Lorsque la théorie n'impose pas de restrictions ou lorsqu'elle est remise en cause comme le soulignent Laure et Gervais (1998), il peut être souhaitable de recourir à des modèles qui imposent un minimum de structures. Tel est l'esprit dans lequel les modèles VAR ont été construits.

Le premier problème à analyser ici est qu'on connaît comment estimer les paramètres des modèles à équations simultanées en coupe instantanée ou lorsqu'on a affaire à des variables temporelles, on supposait qu'elles étaient stationnaires. Or, la réalité économique a montré que la plupart des chroniques étaient non stationnaires.

A cet effet, plusieurs méthodes ont été proposées pour tester la stationnarité ou non de ces variables dans le cas de modèles à une équation (avec une variable exogène). Parmi ces méthodes, il y a le test de la "racine unitaire" dont nous avons parlé au chapitre précédent.
La question à étudier reste comment procéder pour estimer les coefficients d'un modèle de série temporelle à équations simultanées ?

2. Le second problème est qu'un modèle VAR est un modèle de forme réduite, traditionnellement utilisé pour effectuer des tests de stationnarité, de causalité et d'exogénéité ou pour faire ressortir la dynamique des ajustements des variables endogènes du système.
Pour l'exogénéité et la causalité on peut se reporter à David F. Hendry (1995), Michio Hatanaka (1996) et Walter Enders (1995).
Avant de revenir sur ces notions, il faut souligner que "les concepts d'exogénéité et de causalité proviennent selon G. Bresson et A. Pirotte (1995) de la mise en place de certaines restrictions dans un modèle dynamique à équations simultanées". Ces problèmes rejoignent ceux déjà évoqués par Gouriéroux et Montfort (1990).

Les économistes ont proposé une démarche qui reprenait dans leur grande ligne une des démarches de la résolution des modèles classiques à équations simultanées. Toutefois, il existe quelques difficultés relatives à certaines méthodes, notamment lorsqu'on a recours aux coefficients de la forme réduite. Cette observation est relative à l'interprétation économique des coefficients obtenus. Or, dans la méthode utilisant les VAR comme système d'estimation des paramètres, des difficultés de cette nature sont susceptibles de se présenter. La question qui se pose ici est de savoir comment résoudre de telles difficultés ? Pour répondre à cette question, nous étudierons successivement : la définition et la caractérisation des VAR, l'estimation et la spécification des VAR, la prévision, la causalité et l'exogéinité, avant d'examiner l'extension de la notion de VAR et leurs limites à la connaissance économique.

6.1. Définition et caractéristique des VAR (p)

6.1.1. Définition

Supposons qu'on s'intéresse aux déterminants de la consommation (C_t) d'une localité ; la première variable à retenir l'attention serait naturellement le revenu courant (R_t) de la localité ; cependant le revenu n'est pas le seul responsable du niveau de consommation ; en effet, même en ayant le même niveau de revenu, deux individus peuvent consommer des quantités différentes d'un même bien. Si on considère, ceteris paribus, que cette différence est due à leurs consommations respectives pendant la période antérieure (C_{t-1}), on peut écrire :

$$C_t = a_0 + a_1 R_t + a_2 C_{t-1} + \varepsilon_{1t} \qquad (1)$$

Par ailleurs, on peut s'intéresser de même aux déterminants du revenu courant de la même localité; une présentation simplifiée consiste à considérer que le revenu courant est fonction du revenu (R_{t-1}) et de la consommation (C_{t-1}) de la période antérieure ; d'où on peut écrire :

$$R_t = b_0 + b_1 R_{t-1} + b_2 C_{t-1} + \varepsilon_{2t} \qquad (2)$$

En considérant simultanément les équations (1) et (2), on obtient le système I :

$$(I)\begin{cases} C_t = a_0 + a_1 R_t + a_2 C_{t-1} + \varepsilon_{1t} \\ R_t = b_0 + b_1 R_{t-1} + b_2 C_{t-1} + \varepsilon_{2t} \end{cases}$$

Ce système est la forme structurelle d'un modèle à équations simultanées dont la forme réduite peut être obtenue en remplaçant R_t par son expression dans l'équation de C_t d'où on a :

$$(II)\begin{cases} C_t = \alpha_0 + \alpha_1 R_{t-1} + \alpha_2 C_{t-1} + \mu_{1t} \\ R_t = \beta_0 + \beta_1 R_{t-1} + \beta_2 C_{t-1} + \mu_{2t} \end{cases}$$

L'écriture matricielle du système II sera :

$$Y_t = A + BY_{t-1} + U_t \qquad (III)$$

où $Y_t = (C_t R_t)' Y_{t-1} = (C_{t-1} R_{t-1})' A = (\alpha_0 \beta_0)' U_t = (\mu_{1t} \mu_{2t})'$et

$$B = \begin{bmatrix} \alpha_1 & \alpha_2 \\ \beta_1 & \beta_2 \end{bmatrix}$$

Cette forme matricielle du système (III) ressemble beaucoup à un processus autorégressif d'ordre 1 ; à la différence que ses différentes composantes sont des vecteurs (sauf B qui est une matrice). C'est un processus vecteur autorégressif d'ordre 1.

Il en résulte qu'un processus vecteur autorégressif d'ordre $p[VAR(p)]$ est un processus autorégressif $[AR(p)]$ dont les variables sont des vecteurs et les paramètres des matrices.

6.1.2. Généralisation

Le processus $Y_t = A + BY_{t-1} + U_t$ est un vecteur autorégressif d'ordre 1: c'est-à-dire qu'il ne comporte qu'un retard et deux variables endogènes. Ceci est une simplification (extrême) de la réalité ; en effet, dans la modélisation de certains phénomènes macro-économiques, l'économiste peut utiliser plusieurs variables (exemples des modèles de prévision) et introduire plus de cinq retards selon le degré de précision souhaité.
Pour tenir compte de cet aspect, reprenons le système I avec n variables et p retards. En d'autres termes, nous le généralisons comme suit:

$$(IV)\begin{cases} Y_{1t} = \alpha_0 + \alpha_{1t}Y_{1t-1} + \cdots + \alpha_{1p}Y_{1t-p} + \cdots + \beta_{1p}Y_{2t-p} + \cdots + \delta_{1t}Y_{nt-1} + \delta_{1p}Y_{nt-p} + \mu_{1t} \\ Y_{2t} = \beta_0 + \alpha_{2t}Y_{1t-1} + \cdots + \alpha_{2p}Y_{1t-p} + \cdots + \beta_{2p}Y_{2t-p} + \cdots + \delta_{2t}Y_{nt-1} + \delta_{2p}Y_{nt-p} + \mu_{2t} \\ \vdots \\ Y_{nt} = \theta_0 + \alpha_{nt}Y_{nt-1} + \cdots + \alpha_{np}Y_{nt-p} + \cdots + \beta_{np}Y_{2t-p} + \cdots + \delta_{nt}Y_{nt-1} + \delta_{np}Y_{nt-p} + \mu_{nt} \end{cases}$$

En posant :

$$Y_t = (y_{1t}, y_{2t}, \cdots, y_{nt});$$
$$A = (\alpha_0, \beta_0, \cdots, \theta_0);$$
$$Y_{t-1} = (y_{1t-1}, y_{2t-1}, \cdots, y_{nt-1});$$
$$Y_{t-2} = (y_{1t-2}, y_{2t-2}, \cdots, y_{nt-2});$$
$$\vdots$$
$$Y_{t-p} = (y_{1t-p}, y_{2t-p}, \cdots, y_{nt-p})$$
$$U_t = (\mu_{1t}, \mu_{2t}, \cdots, \mu_{nt}); \text{ et}$$

$$B_1 = \begin{bmatrix} \alpha_{11} & \beta_{11} & \cdots & \delta_{11} \\ \alpha_{21} & \beta_{21} & \cdots & \delta_{21} \\ \vdots & \vdots & \vdots & \vdots \\ \alpha_{n1} & \beta_{n1} & \dots & \delta_{n1} \end{bmatrix}, \dots, B_p = \begin{bmatrix} \alpha_{1p} & p & \cdots & \delta_{1p} \\ \alpha_{2p} & \beta_{2p} & \cdots & \delta_{2p} \\ \vdots & \vdots & \vdots & \vdots \\ \alpha_{np} & \beta_{np} & \dots & \delta_{np} \end{bmatrix}$$

Le système (IV) peut s'écrire en référence aux systèmes (II) et (III)

$$Y_t = A + B_1Y_{t-1} + B_2Y_{t-2} + \cdots + B_pY_{t-p} + U_t \qquad (V)$$

Ce système est la présentation généralisée d'un processus vecteur autorégressif (à n variables et p retards).

6.1.3. Etude de la stationnarité des VAR (p)

A l'image de l'étude des $AR\ (p)$, un $VAR\ (p)$ est dit stationnaire si et seulement si ses moments non centrés sont indépendants du temps ; c'est-à-dire :

- $E(Y_t) = \mu =$ constante $\forall t$
- $Var(Y_t) < \infty\ \forall t$
- $Cov(Y_t, Y_{t-1}) = \gamma_k \quad \forall t$

Ces conditions impliquent qu'un $VAR(p)$ stationnaire ne doit avoir ni trend, ni saisonnalité, ni racine unitaire ; c'est-à-dire que les matrices B_i du système (IV) doivent être séquentiellement stables ($\lim_{t\to\infty} B_i^t = 0_n$). Mathématiquement, cela revient à :

1) déterminer le polynôme caractéristique de chacun des β_i;
2) calculer à partir de ces polynômes caractéristiques les valeurs propres. A cet effet, on s'assurera que les β_i sont diagonalisables
3) déduire que : $B_i^t = P^{-1}D_i^t P$

$$D_i^t = \begin{bmatrix} \lambda_1^t & 0 & \cdots & 0 \\ 0 & \lambda_2^t & \vdots & 0 \\ \vdots & \cdots & \ddots & \vdots \\ 0 & 0 & \cdots & \lambda_n^t \end{bmatrix};$$

et P est une matrice de passage constituée par les vecteur propres de β_i
Ainsi, $\lim_{t\to\infty} B_i^t = 0_n \Leftrightarrow D_i^t = 0_n$ si et seulement si $|\lambda| < 1$.

D'où B_i serait séquentiellement stable, c'est-à-dire que leprocessus serait dit stationnaire, si et seulement si $|\lambda| < 1$.
Reprenons notre modèle consommation / revenu, présenté ci-dessus, à un retard et deux variables endogènes :

$$Y_t = A + B_1 Y_{i-1} + U_t ;$$

En admettant que:

$$B = \begin{bmatrix} 0{,}008 & 0{,}461 \\ 0{,}232 & 0{,}297 \end{bmatrix}$$

Le processus serait stationnaire si les racines de l'équation
$det(B - \lambda I) = 0 \Leftrightarrow \lambda^2 - 0{,}305\lambda - 0{,}104576 = 0$

sont en valeurs absolues, inférieures à l'unité.
Cette équation donne : $\lambda_1 = -0{,}206$ et $\lambda_2 = -0{,}51$
D'où $|\lambda| < 1$; il en résulte que le processus de consommation / revenu correspondant est stationnaire.

6.2. Estimation et spécification des $VAR\ (p)$

6.2.1. Estimation

a) Hypothèses ;

- Les $VAR(p)$ satisfont les hypothèses classiques des MCO.
- Ils sont stationnaires.
- Le vecteur aléatoire U_t est un bruit blanc ; c'est-à-dire
$$Cov(\mu_t \mu_s) = 0 \quad \forall t \neq s$$
- Les variances de U_t sont constantes $\forall\ t$

b) Estimation des paramètres

Tel que indiqué dans la définition, un $VAR(p)$ est un système d'équations simultanées de processus autorégressif ; d'où la possibilité d'application des règles d'estimation des systèmes d'équations simultanées.

Soit le $VAR(p)$:

$$Y_t = A + B_1 Y_{t-1} + B_2 Y_{t-2} + \cdots + B_p Y_{t-p} + U_t \qquad (3)$$

où :

$$Y_t = (y_{1t}, y_{2t}, \cdots, y_{nt})';$$
$$A = (\alpha_0, \beta_0, \cdots, \theta_0)';$$
$$Y_{t-1} = (y_{1t-1}, y_{2t-1}, \cdots, y_{nt-1});$$
$$Y_{t-2} = (y_{1t-2}, y_{2t-2}, \cdots, y_{nt-2})\ ;$$
$$\vdots$$
$$Y_{t-p} = \left(y_{1t-p}, y_{2t-p}, \cdots, y_{nt-p}\right)$$
$$U_t = (\mu_{1t}, \mu_{2t}, \cdots, \mu_{nt})$$

En se référant à la ligne i, on a :

$$y_{it} = \alpha_{i0} + \alpha_{it} Y_{2t-1} + \cdots + \alpha_{ip} Y_{jt-1} + \cdots + \delta_{it} Y_{1t-1} + \cdots + \delta_{ip} Y_{nt-p} + \mu_{it} \qquad (i)$$

En posant $C_t = \left(\alpha_{i0}, \alpha_{it}, \cdots, \alpha_{1j}\right)$ et

$X = \left(y_{1t-1}, \cdots, y_{2t-1}, \cdots, y_{nt-p}\right)'$, l'équation (i) devient :

$$y_{it} = X_i C_i + \mu_{it} \qquad (ii)$$

L'équation (3) étant une forme matricielle composée de n équations semblables à l'équation (i) , sa décomposition donne n équations semblables satisfaisant toutes les hypothèses ci-dessus énumérées.

Estimer le $VAR(p)$ de l'équation (3) revient à estimer chacune des équations résultant de sa décomposition par la méthode des MCO.

L'estimation de l'équation (ii) par les MCO donne :

$$C_i^* = (X_i' X_i)^{-1} X_i' Y_i (iii)$$

De ce qui précède, on peut obtenir un estimateur global des paramètres du modèle en tenant compte des considérations suivantes :

- La matrice X ne change pas quelle que soit la ligne par rapport à laquelle on réalise la décomposition dans 3.
- Seuls les coefficients C_i changent par équation

En posant :
$C = (C_1, C_2, \cdots, C_n)'$où C_i est le vecteur des coefficients de la ligne i.
Le processus $VAR(p)$de l'équation (3) peut s'écrire à nouveau comme suit :

$$Y = (I_n \otimes X)C + U \qquad (4)$$

I_n est la matrice identité de dimension n ;
Uest un vecteur bruit blanc ;
$\otimes$ est le produit Kroneckérien ou produit tensoriel.
$(I_n \otimes X)$ est le produit de Kronecker et signifie :

$$(I_n \otimes X) = \begin{bmatrix} 1 & 0 & \cdots & 0 \\ 0 & 1 & \vdots & 0 \\ \vdots & \cdots & \ddots & \vdots \\ 0 & 0 & \cdots & 1 \end{bmatrix} X = \begin{bmatrix} X & 0 & \cdots & 0 \\ 0 & X & \vdots & 0 \\ \vdots & \cdots & \ddots & \vdots \\ 0 & 0 & \cdots & X \end{bmatrix}$$

Par analogie au résultat (iii), l'estimation de (3) par les MCO donne l'estimateur global souhaité :

$$C^* = [I_n \otimes (X_i'X_i)^{-1}]X_i'Y_i$$

c) Caractéristiques de C^*

Comme précédemment, commençons par établir les caractéristiques de :

$$C_i^* = (X_i'X_i)^{-1}X_i'Y_i$$

- Espérance mathématique :

$$E(C_i^*) = E[(X_i'X_i)^{-1}X_i'Y_i]$$

Si on remplace Y_i par sa valeur dans (*ii*) on a :

$$E(C_i^*) = E[(X_i'X_i)^{-1}X_i'(X_iC_i + \mu_{it})]$$
$$= E(C_i) + (X_i'X_i)^{-1}X_i'E(\mu_{it})$$

$= C_i$ puisque $E(\mu_{it}) = 0$
D'où C_i^* est un estimateur sans biais de C_i.
On montre que $E(C_i^*) = C_i$.

- La variance

$$Var(C_i^*) = E[(X_i'X_i)^{-1}X_i'Y_i]$$
$$= Var(C_i) + (X_i'X_i)^{-1}X_i'Var(\mu_{it})[(X_i'X_i)^{-1}X_i']'$$
$$= (X_i'X_i)^{-1}X_i'Var(\mu_{it})[(X_i'X_i)^{-1}X_i']'$$
$$Var(C_i^*) = \sigma^2(X_i'X_i)^{-1}$$

Dans le même sens :

$$Var(C) = \sigma^2 \otimes (X_i'X_i)^{-1}$$

Car le processus $Y_t$est composé d'un ensemble d'équations aux propriétés identiques.

Par ailleurs, si n est le nombre d'observations, il ressort que :

$\sqrt{n}(C^* - C)$ suit une loi normale $N[0; Var(C^*)]$

Les éléments de la matrice des variances-covariances de U (vecteur des erreurs) sont estimés par la formule :

$$\sigma_{ij}^{2*} = \frac{e'e}{n-k} = \frac{SCR}{n-k}$$

où k est le nombre de paramètres et SCR la somme des carrés des résidus.

6.2.2. Spécification des processus VAR : détermination du degré p

La détermination de l'ordre des VAR répond à la même logique que celle des AR. Une détermination du nombre de retards à considérer dans un modèle seulement avec une inspection visuelle exige une certaine expérience. Pour pallier à ces difficultés, des critères ont été proposés par Akaike (1981) et Schwarz (1978) à l'image des AR. Pour ces deux auteurs, le nombre de retards à considérer dans un modèle de VAR est le nombre h qui minimise les fonctions suivantes :

a) Critère d'Akaike : (AIC)

La fonction à minimiser est la suivante :

$$AIC(h) = Lndet\underset{n}{\overset{\cong}{\Sigma}} + \frac{2M^2h}{n}$$

où :

- $\underset{n}{\overset{\cong}{\Sigma}}$ est l'estimation de la matrice de covariance des résidus obtenus avec le $VAR(h)$;
- h l'ordre du processus ;
- M le nombre de variables dans le système ;
- n le nombre d'observations.

b) Critère de Scharwz : (SC)

Scharwz propose de minimiser la fonction :

$$SC(h) = Lndet\stackrel{\cong}{\Sigma} + \frac{2M^2Ln(n)}{n}$$

Les composantes étant déjà définies dans le critère de Akaike.

6.3. *VAR* et prévision

Dans la présente section, il s'agira de montrer qu'il est possible de faire les prédictions avec les modèles à vecteurs autorégressifs. Pour cela considérons $VAR(1)$:

$$(VI)\begin{cases} Y_t = A + BY_{t-1} + U_t \\ Y_{t+1}^p = A + BY_t + U_{t+1} \\ Y_{t+2}^p = A + BY_{t+1} + U_{t+2} \\ \vdots \\ Y_{t+h}^p = A + BY_{t+h-1} + U_{t+h} \end{cases}$$

En faisant des substitutions successives on obtient :

$$\begin{aligned} Y_{t+h}^p &= A(I + B + \cdots + B^h) + B^{h+1}Y_{t-1} + B^hU_t + B^{h+1}U_{t+1} + \cdots + U_{t+h} \\ &= A\sum_{t=1}^{h} B^t + B^{h+1}Y_{t-1} + B^hU_t + B^{h+1}U_{t+1} + \cdots + U_{t+h} \end{aligned}$$

$$E(Y_{t+h}^p) = A\sum_{t=1}^{h} B^t + B^{h+1}E(Y_{t-1})$$

puisque $E(U_t) = E(U_{t+1}) = 0$

Si $(I - B^{h+1})$ est inversible on a :

$E(Y_{t+h}^p) = (I - B^{h+1})^{-1}.A\sum_{t-1}^{h} B^t$ =constante

$$\begin{aligned} Var(Y_{t+h}^p) &= E(B^{h+1}Y_{t-1} + B^hU_t + B^{h-1}U_{t+1} + \cdots + U_{t+h})^2 \\ &= B^{2(h+1)}E(Y_{t-1}^2) + \stackrel{\cong}{\Sigma}(B^{2h} + B^{2(h-1)} + \cdots + I) \end{aligned}$$

$$VAR(Y_{t+h}^p) = \stackrel{\cong}{\Sigma} = \sigma_\mu^2$$

Car limite de B^t est égale à 0_n quand t tend vers l'infini (démontré dans 6.1.3).

Ainsi, la variance de prévision est constante ; ce qui permet de dire que la prévision est possible dans les processus de VAR.

Les erreurs U_i étant normalement distribuées, on a :

$$[Y_{t+h} - Y_T(h)] \rightarrow N(0, \sigma_n)$$

avec :

Y_{t+h} la valeur réalisée de la variable pendant l'horizon h

$Y_T(h)$: la valeur prédite pour l'horizon h.

Pour une équation i prise individuellement,

$$\left[Y_{i,t+h} - Y_{i,T}(h)\right] \rightarrow N\left(0, \sigma_\mu\right)$$

$$Z = \frac{Y_{i,t+h} - Y_{i,T}(h)}{\sigma_\mu} \rightarrow N(0,1)$$

On peut affecter une probabilité de réalisation de la prévision à l'horizon h : soit à un seuil α donné. Ainsi on peut écrire :

$$P(-Z_\alpha < Z < Z_\alpha) = 1 - \alpha$$

$Y_{i,t+h} \in \left[Y_{i,T}(h) \pm Z_\alpha \sigma_\mu\right]$

qui est l'intervalle de confiance au seuil α.

6.4. Les concepts de causalité et d'exogénéité

6.4.1. Le concept d'exogénéité

Pour Engle, Hendry et Richard (1983), une variable est strictement exogène si ses valeurs à chaque période sont statistiquement indépendantes des valeurs des perturbations aléatoires de toutes les périodes. Ce qui signifie que pour un modèle dynamique à équations simultanées.

$\underline{\phi}_{11}(L)Z_t + \underline{\phi}_{12}(L)\underline{X_t} = v_t$ et $\Omega(L)v_t = \mu_t$ (5)

alors la stricte exogénéité X_t implique que :

$$E[X_t \mu_{t.\tau}] = 0, \qquad \forall\tau$$

De façon plus simplifiée, on dira qu'une variable est exogène si les variables retardées des autres variables endogènes ont selon Larue et Gervais (1998) des coefficients qui ne sont pas statistiquement significatifs.

6.4.2. Le concept de causalité

Le concept de causalité de Granger a été introduit dans la terminologie économique en 1969 à la suite des études menées par ce dernier sur les difficultés relatives à la spécification des modèles économiques. Granger

voyait en cette expression un instrument utilisable pour l'analyse des vecteurs autorégressifs.
L'objectif dans le cas présent est de définir un instrument à cet effet. Il sera défini le concept d'une part, et d'autre part, présenté le test de causalité ou de non-causalité.

a) Définition du concept

R_t et C_t étant des variables aléatoires représentant respectivement le revenu et la consommation, on dira que le revenu est de "causalité de Granger" avec la consommation si et seulement si les informations courantes et passées aident dans la prévision du revenu. En d'autres termes, le revenu est de causalité avec la consommation au sens de Granger si le revenu peut être prédit de façon efficiente quand les informations présentes et retardées sur la consommation ont été prises en compte dans l'ensemble de l'univers explicatif du revenu.
Pour ce qui concerne les systèmes bivariables, comme l'exemple du modèle consommation/revenu, la causalité de Granger forme un système de feed-back ; c'est-à-dire on définit de façon analogue la causalité de la consommation avec le revenu.

$$(6)\begin{cases} C_t = a_0 + a_1 R_t + a_2 C_{t-1} + \varepsilon_{1t} \\ R_t = b_0 + b_1 R_{t-1} + b_2 C_{t-1} + \varepsilon_{2t} \end{cases}$$

D'une manière générale, les relations de causalité entre plusieurs variables ont été toujours une préoccupation pour les économistes, soit dans le sens d'étudier des données empiriques, soit pour vérifier des théories existantes.

b) Test de non-causalité

Considérons que la consommation est expliquée par les valeurs présentes et passées du revenu. Soit a_i, l'ensemble des coefficients affectés à chaque variable, on peut écrire :

$$C_t = a_0 R_t + a_1 R_{t-1} + a_2 R_{t-2} + \cdots + a_p R_{t-p} + b_1 C_{t-1} + b_0 + \varepsilon_{1t} \quad (7)$$

Nous pouvons tester la causalité de la consommation par rapport au revenu. Pour cela on pose les hypothèses suivantes :

$H_0 : a_0 = a_1 = a_2 = \cdots = a_p = 0$

$H_1 : a_0 \neq 0$ ou $a_1 \neq 0$ ou $a_p \neq 0$

H_0 : l'hypothèse de non-causalité entre les variables.

H_1 : l'hypothèse de causalité

Pour effectuer ce test, il est utilisé la statistique de Fisher λ:

$$\lambda = \frac{(SCR_c - SCR_s)/p}{\sigma^2} \Rightarrow \lambda = \frac{SCR_c - SCR_s}{p\sigma^2}$$

$\lambda \to F(p, n-2; p-1), ddl$ avec:
SCR_c = somme des carrés des résidus avec restriction (suppression des variables)

$p =$ ordre du vecteur auto-régressif

n = nombre d'observations

SCR_s = somme des carrés des résidus sans restriction

Décision : Pour un seuil α donné, on rejettera toujours H_0 pour les valeurs extrêmes de λ, c'est-à-dire pour $\lambda > F^*$, avec F^* la valeur lue de F dans la table de Fisher.

Remarque : Pour les $VAR(1)$, le test de Fisher correspond au test de signification des paramètres.

Exemple :
Considérons le cas du modèle de consommation / revenu ; nous pouvons à travers des données recueillies sur le terrain tester la causalité de Granger entre revenu et consommation et vice versa. On suppose que les données sont actuellement générées par un processus stationnaire de $VAR(1)$. Les erreurs sont normalement distribuées. Les MCO donnent les résultats suivants :

Modèle non contraint

$$R_t = \underset{(2{,}51)}{6{,}69} + \underset{(0{,}107)}{0{,}008}C_{t-1} + \underset{(0{,}107)}{0{,}461}R_{t-1} + e_1$$

$$\sigma_\varepsilon^{*2} = 275$$

Modèle contraint :

$$R_t = \underset{(3)}{11} + \underset{(0{,}106)}{0{,}23}\,R_{t-1} + e_1'$$

$$\sigma_\varepsilon^{*2} = 351$$

Les hypothèses du test sont :

β_1 le coefficient affecté à la variable retardée C_{t-1}

$H_0: \beta_1 = 0$

$H_0: \beta_1 \neq 0$

β_2 le coefficient affecté à la variable retardée du revenu

Au seuil $\alpha = 1\%, F(1; 67) = 7 < \lambda$, on rejette H_0, le revenu est de causalité de Granger avec la consommation.

c) Critique et conditions de validité du test

- Dans la pratique, le résultat du test de causalité dépend de l'ordre du vecteur autorégressif (p). Ce fait est source de problèmes d'autant plus que généralement l'ordre du vecteur n'est pas connu et par conséquent doit faire l'objet de recherche ;

voyait en cette expression un instrument utilisable pour l'analyse des vecteurs autorégressifs.
L'objectif dans le cas présent est de définir un instrument à cet effet. Il sera défini le concept d'une part, et d'autre part, présenté le test de causalité ou de non-causalité.

a) Définition du concept

R_t et C_t étant des variables aléatoires représentant respectivement le revenu et la consommation, on dira que le revenu est de "causalité de Granger" avec la consommation si et seulement si les informations courantes et passées aident dans la prévision du revenu. En d'autres termes, le revenu est de causalité avec la consommation au sens de Granger si le revenu peut être prédit de façon efficiente quand les informations présentes et retardées sur la consommation ont été prises en compte dans l'ensemble de l'univers explicatif du revenu.
Pour ce qui concerne les systèmes bivariables, comme l'exemple du modèle consommation/revenu, la causalité de Granger forme un système de feed-back ; c'est-à-dire on définit de façon analogue la causalité de la consommation avec le revenu.

$$(6)\begin{cases} C_t = a_0 + a_1 R_t + a_2 C_{t-1} + \varepsilon_{1t} \\ R_t = b_0 + b_1 R_{t-1} + b_2 C_{t-1} + \varepsilon_{2t} \end{cases}$$

D'une manière générale, les relations de causalité entre plusieurs variables ont été toujours une préoccupation pour les économistes, soit dans le sens d'étudier des données empiriques, soit pour vérifier des théories existantes.

b) Test de non-causalité

Considérons que la consommation est expliquée par les valeurs présentes et passées du revenu. Soit a_i, l'ensemble des coefficients affectés à chaque variable, on peut écrire :

$$C_t = a_0 R_t + a_1 R_{t-1} + a_2 R_{t-2} + \cdots + a_p R_{t-p} + b_1 C_{t-1} + b_0 + \varepsilon_{1t} \quad (7)$$

Nous pouvons tester la causalité de la consommation par rapport au revenu. Pour cela on pose les hypothèses suivantes :

$H_0 : a_0 = a_1 = a_2 = \cdots = a_p = 0$

$H_1 : a_0 \neq 0$ ou $a_1 \neq 0$ ou $a_p \neq 0$

H_0 : l'hypothèse de non-causalité entre les variables.

H_1 : l'hypothèse de causalité

Pour effectuer ce test, il est utilisé la statistique de Fisher λ:

$$\lambda = \frac{(SCR_c - SCR_s)/p}{\sigma^2} \Rightarrow \lambda = \frac{SCR_c - SCR_s}{p\sigma^2}$$

$\lambda \rightarrow F(p, n-2; p-1), ddl$ avec:
SCR_c = somme des carrés des résidus avec restriction (suppression des variables)

$p =$ ordre du vecteur auto-régressif

n = nombre d'observations

SCR_s = somme des carrés des résidus sans restriction

Décision : Pour un seuil α donné, on rejettera toujours H_0 pour les valeurs extrêmes de λ, c'est-à-dire pour $\lambda > F^*$, avec F^* la valeur lue de F dans la table de Fisher.

Remarque : Pour les $VAR(1)$, le test de Fisher correspond au test de signification des paramètres.

Exemple :

Considérons le cas du modèle de consommation / revenu ; nous pouvons à travers des données recueillies sur le terrain tester la causalité de Granger entre revenu et consommation et vice versa. On suppose que les données sont actuellement générées par un processus stationnaire de $VAR(1)$. Les erreurs sont normalement distribuées. Les MCO donnent les résultats suivants :

Modèle non contraint

$$R_t = \underset{(2,51)}{6,69} + \underset{(0,107)}{0,008}C_{t-1} + \underset{(0,107)}{0,461}R_{t-1} + e_1$$

$$\sigma_\varepsilon^{*2} = 275$$

Modèle contraint :

$$R_t = \underset{(3)}{11} + \underset{(0,106)}{0,23}\, R_{t-1} + e_1'$$

$$\sigma_\varepsilon^{*2} = 351$$

Les hypothèses du test sont :

β_1 le coefficient affecté à la variable retardée C_{t-1}

$H_0 : \beta_1 = 0$

$H_0 : \beta_1 \neq 0$

β_2 le coefficient affecté à la variable retardée du revenu

Au seuil $\alpha = 1\%, F(1; 67) = 7 < \lambda$, on rejette H_0, le revenu est de causalité de Granger avec la consommation.

c) Critique et conditions de validité du test

- Dans la pratique, le résultat du test de causalité dépend de l'ordre du vecteur autorégressif (p). Ce fait est source de problèmes d'autant plus que généralement l'ordre du vecteur n'est pas connu et par conséquent doit faire l'objet de recherche ;

- la causalité de Granger présente un avantage par rapport au système de Cramer en ce sens qu'il permet d'estimer les coefficients et de les tester. Le système classique de Cramer ne permet qu'un ordonnancement causal ;
- le concept de causalité est opérationnel si et seulement si les hypothèses ci-dessous sont vérifiées :
  * l'univers explicatif des causalités doit être réduit aux informations portant sur le passé et le présent des variables explicatives ;
  * le processus de génération des données doit suivre un $VAR\ (p)$ de distribution normale et stationnaire ;
- enfin, le concept de "causalité de Granger" est plus basé sur la prédiction que sur les causes des effets et des rapports entre les variables[1].

6.5. Extension et complément d'informations sur les $VAR(p)$

a) Les systèmes dynamiques d'équations simultanées : $ARCS$

Jusqu'ici, l'étude n'a porté que sur des processus contenant des variables endogènes (en valeurs courantes et retardées) ; ces modèles sont souvent utilisés dans les prévisions à court terme pour analyser les relations entre les variables du modèle.

Or, dans certaines situations, l'économiste peut opter pour une modélisation à variables exogènes. Il peut ainsi sembler paraître que les modélisations antérieures avec uniquement des variables endogènes sont des insuffisances ou des cas limites du processus VAR. Cela n'est nécessairement pas une insuffisance. En effet, étant donné que les informations sur les variables exogènes ne sont pas souvent disponibles, on tombe sous le coup de la controverse théorique. On peut donc réaliser le test de causalité de Granger développé ci-dessus comme étant également un test d'exogénéité.

En reprenant l'exemple du modèle (I) consommation/revenu :

$C_t = a_0 + a_1 R_t + a_2 C_{t-1} + \varepsilon_{1t}$

$R_t = b_0 + b_1 R_{t-1} + b_2 C_{t-1} + \varepsilon_{2t}$

On peut considérer le revenu(R_t) comme exogène. On aura ainsi un $VAR(1)$ composé d'une seule variable endogène.

---

[1]La notion de causalité de Granger a soulevé un grand débat entre économètres de telle sorte que certains pensent qu'il est préférable de parler de "prédiction" plutôt que de causalité.

En général, si les informations sur un vecteur exogène permettent de conclure à son exogénéité, on peut l'inscrire dans le modèle sans préjudice et le modèle général sera :

$Y_t = BX_t + A_1 Y_{-1} + A_2 Y_{t-2} + \cdots + A_p Y_{t-p} + U_t$ (7)

où B est la matrice des coefficients des variables exogènes.

Par ailleurs, il est aussi possible d'introduire des variables exogènes retardées sans altérer la qualité de la spécification ou des paramètres à déterminer. Le modèle général se présente ainsi :

$Y_t = B_0 X_t + B_1 X_{t-1} + \cdots + B_q X_{t-q} + A_1 Y_{t-1} + A_2 Y_{t-2} + \cdots + A_p Y_{t-p} + \mu_t$ (8)

Présenter sous cette forme, le modèle est qualifié de ARX ou système dynamique d'équations.

b) Les combinaisons des VAR et MA : $VARMA$

Une autre extension de la notion de $VAR(p)$ est le cas de la présence de corrélations des erreurs. En effet, les erreurs sont sensées être indépendantes dans les hypothèses des MCO ; or il peut arriver que pour une raison ou une autre, les termes d'erreurs comportent une partie systématique. Dans ces conditions, les estimateurs des MCO restent asymptotiquement sans biais ; cependant, les inférences habituelles sont biaisées à cause de l'hétéroscédasticité de la matrice des variances-covariances. Pour y remédier, on transforme le processus VAR en processus de Moyenne mobile (MA) comme cela fut le cas des AR. Le modèle résultant est dit $VARMA$: processus de vecteurs auto-régressifs (VAR) avec Moyenne Mobile (MA). Ainsi les méthodes habituelles d'inférence deviennent licites.

Finalement, dans l'étude précédente, la considération essentielle était que les processus sont stationnaires ; il peut arriver que le processus ne soit pas stationnaire au départ. Pour cela il faut réaliser des transformations en appliquant l'opérateur de retard pour retrouver la stationnarité et le degré d'interprétation. Ce qui entre en droite ligne dans la théorie de la cointégration étudiée précédemment.

6.6. Avantages et limites du VAR pour l'analyse économique

6.6.1. Avantages

On distinguera deux types d'avantages, celui d'ordre mathématique et celui d'ordre économique.

a) Avantages mathématiques

La distinction entre variables endogènes et variables exogènes qui est faite dans les modèles classiques, notamment d'équations simultanées est levée. Cela a pour avantage de résoudre le problème de la suridentification dans l'estimation des paramètres.

L'autre avantage est que les VAR se présentent directement sous une forme réduite, ce qui permet de calculer les paramètres de la forme réduite. Dès ce moment, l'estimation du processus VAR structurel se fait à partir de la matrice P qui est une matrice de passage.

- Le recours aux VAR permet de résoudre le problème de la corrélation entre les variables expliquées (endogènes) et les résidus ;
- l'extension des VAR aux $VARMA$ conduit à la résolution du problème de corrélation sérielle ou autocorrélation des résidus.

Les tests de causalité à la Granger et d'hypothèses d'exogénéité permettent de situer l'existence ou non de relation entre variables. Ce point est très important en économie, en particulier pour la politique économique et notamment dans la construction de modèles normatifs.

b) Avantages économiques

Une fois que la matrice P est déterminée, l'identification des chocs est faite dans la mesure où il devient possible de passer des chocs estimés aux chocs structurels qui ont une signification économique. Ainsi, on peut mesurer dans l'établissement des liens de causalité entre le revenu et la consommation, l'impact d'un choc aléatoire d'une unité du revenu sur la consommation et inversement. En somme, l'étude des VAR permet de faire de bonnes prévisions économiques.

6.6.2. Inconvénients

Au plan mathématique, la suppression de la distinction entre variables endogènes et variables exogènes si elle présente l'avantage de résoudre les difficultés d'estimation, n'en pose pas moins un écart avec la réalité. En effet, elle suppose constamment une causalité bilatérale des variables, ce qui n'est pas toujours le cas.

Au niveau économique, la signification ne porte pas en réalité sur les relations originales entre variables mais davantage sur l'effet prévision.

La notion de choc est relative à la prévision. Par ailleurs, la formulation de l'hypothèse de stabilité de l'environnement pour saisir les effets de la politique économique marque une certaine faiblesse de l'analyse. Si à très court terme, c'est possible, à moyen terme, cette stabilité reste peu probable.

CHAPITRE 7 :

MODELES A RETARDS ECHELONNES

INTRODUCTION

Tous les modèles précédemment examinés nous ont montré qu'il est rare que la dépendance entre variables exogènes et variables endogènes soit instantanée dans la mesure où chaque décision d'un agent économique exige un certain délai. De plus, l'adaptation des comportements s'effectue rarement en totalité en un instant, après un certain délai fixe.

Dans le chapitre passé, il a été examiné les modèles comportant des variables endogènes retardées. On rencontre aussi des modèles qui intègrent des variables explicatives qui apparaissent non seulement au temps t mais également aux instants $t-1, t-2, \cdots$ Ce genre de modèles est appelé modèles à retards échelonnés.

7. 1. Présentation du modèle

Lorsqu'une variable exogène représente tel ou tel facteur d'une politique économique, ses effets se trouvent souvent répartis sur une suite de périodes, du fait qu'il est possible que la variable endogène "tarde" à répondre à une modification de cette politique : aussi est-il nécessaire d'avoir une suite de variables exogènes retardées pour rendre entièrement compte du processus d'adaptation au cours du temps.

7. 1. 1. Définition

On appelle modèle à retards échelonnés, un modèle dans lequel, la valeur courante de la variable endogène, Y_t dépend de la somme pondérée des valeurs présentes et passées des variables exogènes $(X_t, X_{t-1}, X_{t-2}, \cdots)$ avec le terme d'erreur. En général, des poids différents sont associés aux diverses périodes et, décroissent au fur et à mesure que l'on s'éloigne du présent - Salvatore (1985) -.

Ainsi, l'effet de retard retenu ci-dessus engendre la relation.

$$\begin{aligned} Y_t &= a + b_1 X_{t-1} + b_2 X_{t-2} + \cdots + \varepsilon_t \\ &= a + \sum_{s=0}^{\infty} b_s X_{t-s} + \varepsilon_t \qquad (1) \end{aligned}$$

Dans les faits, on ne possède généralement aucune information *a priori* décisive sur la longueur maximum du retard si bien que l'on retient la formulation générale :

$$Y_t = a + D(L)X_t + \varepsilon_t \qquad (2)$$

où $D(L)$ est un polynôme de degré quelconque sur l'opérateur retard ; soit

$$D(L) = \quad _0 + b_1 L + \cdots + b_s L^s \quad (3)$$

Si X reste constant à un niveau quelconque $\overline{X}$ durant s périodes, $\overline{Y}$ atteindra au bout d'une perturbation près $(L = 1)$, une valeur d'équilibre :

$$\overline{Y} = a + D(1)\overline{X} \qquad (4)$$

Si la grandeur $\overline{X}$ varie au cours de la période t d'une quantité ΔX_t et reste par la suite constante, Y s'ajoute progressivement de $\overline{Y}$ à sa nouvelle valeur d'équilibre. Dans ce cas, nous avons les valeurs suivantes :

Période :	t	$t+1$	$t+2$	$t+3$	$\cdots$
Variations de Y:	$b_0\Delta X_t$	$b_1\Delta X_t$	$b_2\Delta X_t$	$b_3\Delta X_t$	$\cdots$

Le coefficient $b_i = \frac{\Delta Y_t}{\Delta X_t}$ représente le multiplicateur courant X. Les sommations partielles des b donnent les multiplicateurs cumulés. Les b pouvant aussi être normalisés on les divise par leur somme $D(1)$.

Les sommes partielles des b normalisés indiquent les proportions de l'effet total atteint au bout d'une certaine période. La connaissance des b normalisés permet, par exemple d'avoir le nombre de périodes devant s'écouler avant que 95% de l'effet total ne soit atteint. Le concept de retard médian exprime le nombre de périodes nécessaires pour que 50% de l'effet total soit atteint.

7. 1. 2. Détermination du retard moyen

Lorsque tous les b sont positifs, il est possible de calculer le retard moyen. Soit à reconsidérer le modèle (1) par lequel on détermine le retard géométrique avec comme condition que les coefficients de pondération des variables explicatives retardées sont toutes positives et décroissent géométriquement avec le temps. Le modèle est:

$$Y_t = a + b(X_t + wX_{t-1} + w^2 X_{t-2} + \cdots) + \varepsilon_t$$
$$= a + b\sum_{s=0}^{\infty} w^s X_{t-s} + \varepsilon_t \qquad (5)$$

La moyenne des retards ou le retard moyen R_m est défini(e) comme une moyenne pondérée des retards du temps, c'est-à-dire :

$$R_m = \frac{\sum_{s=0}^{\infty} s b_s}{\sum_{s=0}^{\infty} b_s} \qquad \text{où } b_s = bw^s$$

R_m représente la période maximum d'influence de la variable explicative. On dira que la variable endogène est influencée par la variable exogène (fonction de) sur les i dernières périodes.

Il est possible d'obtenir le même résultat par dérivation de $D(L)$. A partir de (3) on a pour $L = 1$:

$$R_m = \frac{\sum_{s=0}^{\infty} sb_s}{\sum_{s=0}^{\infty} b_s} = \frac{b_1+2b_2+\cdots+sb_s+\cdots}{b_0+b_1+b_2+\cdots+b_s+\cdots} \qquad (6)$$

Le retard moyen est égal à $[D'(L)/D(1)] = R_m$ (7)

$$D'(L) = b_1 + 2b_2L + \cdots + sb_sL^{s-1}$$

Pour illustrer ce qui vient d'être dit, considérons qu'une estimation du modèle (1) donne :

$$D(L) = 0{,}18 + 0{,}22L + 0{,}30L^2 + 0{,}06L^3 + 0{,}04L^4$$

entraînant que pour $L = 1$:

$$\textstyle\sum_{s=0}^{4} sb_s = D(1) = 0{,}80$$

de telle sorte que l'effet final ou total d'une variation unitaire de X représente une modification de 0,8 de Y. En d'autres termes, si au départ on a l'état (X, Y), si on applique une variation ΔX à X, et après avoir intégré ses effets retardés, la nouvelle valeur stationnaire de Y sera $Y + \Delta Y$, avec $\Delta Y = D(1)\Delta X$. Dans le cas ci-dessus, $\Delta Y = 0{,}8\Delta X$. Par ailleurs, la somme des coefficients de la dérivée première est :

$$D'(1) = \textstyle\sum_{s=0}^{\infty} sb_s = 0{,}22 + 0{,}60 + 0{,}18 + 0{,}16 = 1{,}16$$

Le retard moyen $R_m = \frac{1{,}16}{0{,}8} = 1{,}45$ période. De là, on peut dresser des coefficients normalisés et des valeurs cumulées permettant de calculer le retard médian.

Les coefficients normalisés se calculent comme suit :

$$\beta_i, n = \frac{b_s}{\sum_{s=0}^{\infty} b_s}$$

Tableau 1 :Coefficients normalisés

Périodes	0	1	2	3	4
Coefficients de normalisation	0,22	0,28	0,38	0,07	0,05
Valeurs cumulées	0,22	0,50	0,88	0,95	1,00

Le retard médian (R_M) se calcule sous une forme voisine de la détermination de la médiane(M_e) d'une distribution observée obtenue par interpolation[2].

$$1 + \frac{0{,}50-0{,}38}{0{,}88-0{,}38} = 1{,}24 \text{ période}$$

[2]La valeur représente le fait que 50% soit situé entre 1 et 2, donc on prend la valeur inférieure. Par ailleurs, 0,50 ne représente pas la valeur cumulée mais 50% de l'effet total.

Cela signifie qu'il faut 1,24 période pour que 50% de l'effet total soit atteint.

Au plan des applications, le retard maximum s doit généralement être assez important pour que l'on obtienne une représentation satisfaisante de la liaison entre Y et X.

7.1.3. Détermination du nombre de retards

Le plus souvent le nombre de retards n'est pas déterminé par la théorie économique, pour calculer ce nombre, il existe des critères statiques. Appelons ce nombre de retards inconnu, h.
L'objectif est de déterminer la période maximale d'influence de la variable explicative sur la variable expliquée.
Parmi les tests les plus connus, il y a principalement trois : Test de Fisher, Critère de Akaike (AIC) et Critère de Schwarz (SC).

1.Test de Fisher

Dans ce test, l'hypothèse à vérifier est celle de la nullité des coefficients de régression pour les retards supérieurs à h.
Les hypothèses sont formulées de la manière suivante au cas où on adopte une démarche descendante du test avec une valeur de h comprise entre 0 et N ($0 < h$[3] $< N$). Les b sont les coefficients.

$H_{0,1}: N - 1 \rightarrow b_N = 0 \qquad H_{1,1}: h = N \rightarrow b_N \neq 0$

$H_{0,2}: N - 2 \rightarrow b_{N-1} = 0 \qquad H_{1,2}: h = N - 1 \rightarrow b_{N-1} \neq 0$

$H_{0,i}: N - i \rightarrow b_{N-i+1} = 0 \qquad H_{1,i}: h = N - i + 1 \rightarrow b_{N-i+1} \neq 0$

Chaque hypothèse est vérifiée au moyen du test classique de Fisher , c'est-à-dire :

$$F_1^* = \frac{SCR_{N-i} - SCR_{N-i+1}}{SCR_{N-i+1}/(n - N + i - 1 - p)} \qquad (4)$$

que l'on compare au F lu dans la table à 1 et $(n - N + i - 1 - p)$degrés de liberté : [4]

---

[3] Pour les $H_{0,i}$; les calculs se font comme suit : $h = N - i$ avec $i = 1, 2$ ...

[4]Le degré de liberté du numérateur est déterminé par la différence des degrés de liberté entre SCR_{N-i} et SCR_{N-i+1} soit 1. Le degré de liberté du dénominateur est égal au nombre d'observations (n) moins le nombre de paramètres à estimer dans le modèle. Ainsi si on pose pour le modèle général (1) que $h = N - i + 1$ et si on prend en considération la constante et le coefficient de régression b_0, soit X à 0 retard
$n - (N - i + 1) - 1 - 1 = n - N + i - 1 - p$

Si pour un seuil donné, le F calculé (F_c) est supérieur au (F_v) lu dans la table, on rejette l'hypothèse $\left(H_{0,1}\right)$ de nullité du coefficient et dès ce moment la procédure prend fin.
On tire la conclusion que la valeur du retard est égale à $N - i + 1$ et on pose $h = N - i + 1$.

2. Critère de Akaike (AIC)

Le principe de détermination du nombre de retards se fonde sur la recherche de la valeur de h qui minimise la fonction de Akaike qui est :

$$AIC(h) = Ln\left(\frac{SCR_h}{n}\right) + \frac{2h}{n}$$

avec SCR_h = Somme des Carrés des Résidus pour le modèle à h retards
n = nombre d'observations
Ln = logarithme népérien

3. Critère de Schwarz (SC)

Cette troisième méthode de recherche du nombre de retards est basée sur le même principe de la valeur de h qui minimise la fonction de Schwarz.

$$SC(h) = Ln\left(\frac{SCR_h}{n}\right) + \frac{hLn(n)}{n}$$

Application :

Considérons le modèle et les données étudiés par R. Bourbonnais (1993) dont l'énoncé est le suivant :
Soit le modèle classique suivant exprimant les dépenses d'investissement (Y_t) en fonction des profits passés (X_{t-1}). Le modèle prend la forme d'un modèle à retards échelonnés.
Les données présentées concernent l'industrie chimique française sous forme trimestrielle.

Le problème qui se pose est de spécifier le modèle. Ceci revient à déterminer le nombre de retards significatifs susceptibles d'avoir un impact sur les dépenses d'investissement. Une fois ce nombre déterminé, il est possible de calculer le délai moyen.

Tableau 2 : Dépenses d'investissement et profit
(en millions de francs français)

Date	Y	X	Date	Y	X
80 :1	2072	1660	85 :3	2140	1990
80 :2	2077	1926	85 :4	2012	1993
80 :3	2078	2181	86 :1	2071	2520
80 :4	2043	2043	86 :2	2192	2804
81 :1	2062	1695	86 :3	2240	2919
81 :2	2067	1705	86 :4	2421	3024
81 :3	1964	1731	87 :1	2639	2725
81 :4	1981	2151	87 :2	2733	2321
82 :1	1914	2556	87 :3	2721	2131
82 :2	1991	3152	87 :4	2640	2552
82 :3	2129	3763	88 :1	2513	2234
82 :4	2309	3903	88 :2	2448	2282
83 :1	2614	3912	88 :3	2429	2533
83 :2	2896	3571	88 :4	2516	2517
83 :3	3058	3199	89 :1	2534	2772
83 :4	3309	3262	8 9:2	2494	2380
84 :1	3446	3476	89 :3	2596	2568
8 4:2	3466	2993	8 9:4	2572	2944
84 :3	3435	2262	90 :1	2601	2629
85 :4	3183	2011	90 :2	2648	3133
85 :1	2697	1511	90 :3	2840	3449
85 :2	2338	1631	90 :4	2837	3764

Source : R. Bourbonnais (1993)

Solution

Le travail consiste à envisager les trois critères précédemment développés : Akaike, Schwarz et Fisher. L'auteur a trouvé les résultats suivants :

Tableau 3: Résultats de la recherche du nombre de décalage optimal

Retards	Akaike	Schwarz	Fisher
0	11,96	11,96	28,16
1	11,50	11,54	26,41
2	11,04	11,12	27,19
3	10,55	10,68	15,81
4	10,25	10,42	12,86
5**	9,99	10,21	8,02
6*	9,84	10,10	1,33
7	9,88	10,19	0,48
8	9,96	10,31	0,60
9	10,03	10,43	0,79
10	10,10	10,55	1,96

Source : R. Bourbonnais (1993)

Ici le nombre de retards considérés est 10.
En regardant le tableau des résultats, il ressort que les minima des deux critères $AIC(h)$et $SC(h)$ sont situés sur la ligne n°6, correspondant à 6 décalages. Donc pour ces critères, la lecture se fait de façon descendante. Pour le test de Fisher, la lecture se fait de manière ascendante et la valeur la plus significative est 8,02 correspondant à la ligne n°5. Ce qui témoigne là aussi d'un retard de 6 périodes.

Remarques
Cependant, dans la réalité, le nombre de retards des trois critères ne coïncide pas toujours. Cette absence peut être due à plusieurs facteurs : la taille de l'échantillon, la nature des données, etc. Aussi, lorsque ces trois critères ne donnent pas un même nombre de retards h, nous pensons qu'on peut s'en tenir à la plus petite $SCR(h)$ ou alors se référer à un seul des critères. Dans ce cas, il y a un doute qui subsiste.

- *Critères de Akaike et Schwarz*

L'estimation du modèle à 6 retards a conduit aux résultats suivants de $SCR_6 = 521\,116{,}05$.

* Critère de Akaike

$$AIC(6) = Ln\left(\frac{521116}{38}\right) + \frac{2 \times 6}{38} = 9{,}84$$

* Critères de Schwarz

$$SC(6) = Ln\left(\frac{521116}{38}\right) + \frac{2Ln(6)}{38} = 10,10$$

- *Test de Fisher*

$$F_i^* = F_5^* = \frac{SCR_5 - SCR_5}{SCR_6/30}$$

Le calcul de $SCR_5 = 660\,498,77$
d'où

$$F_5^{*5} = \frac{660\,498,77 - 521116}{521116/30} = 8,02$$

Dans la table de Fisher - Snedecor pour $\alpha = 0,01$ et le nombre de degrés de liberté ν_1 et $\nu_2 = 30$ on a : $F_{1;30}^{0,01} = 7,56$
donc $F_5^* = 8,02 > F_{1;30}^{0,01} = 7,56$ conduisant à un rejet de l'hypothèse H_0.

En conclusion, les trois critères sont cohérents, le modèle à retards échelonnés comporte effectivement 6 retards. Ceci revient à dire que l'investissement des entreprises du secteur de l'industrie chimique dépend des profits réalisés au cours des six derniers trimestres, soit un an et demi. En d'autres termes, cela veut dire que seul le coefficient du sixième retard est significativement différent de 0. En effet, ces coefficients obtenus lors de la régression sont :

Variables	**Retards**	**Coefficients**	**T. Statistic**
constant	0	501,54	3,238915
X_t	0	0,0113 8896	- 0 ,1396866
X_t	1	0,06126497	- 0,4904874
X_t	2	0,2275692	1,902194
X_t	3	0,1679316	1,486158
X_t	4	0,1187338	0,9315801
X_t	5	0,0001691452	0,01235477
X_t	6	0,2371737	2,821310

Le retard moyen R_m est égal à :

$$R_m = \frac{\sum_{s=0}^{6} s b_s}{\sum_{s=0}^{6} b_s}$$

---

[5] $n = 38;\ N = 10;\ i = 5\%$ donc le numérateur est: $38 - 10 + 5 - 3 = 38 + 5 - 13 = 30$

$N - i = 10 - 5 = 5$ et $N - i + 1 = 10 - 5 + 1 = 6$

$$= \frac{0{,}0612+2\times0{,}227+3\times0{,}168+4\times0{,}119+5\times0{,}0002+6\times0{,}237}{0{,}111+0{,}0612+0{,}227+0{,}168+0{,}119+0{,}0002+0{,}237}$$

$$R_m = 3{,}64$$

Le délai moyen de réaction est 3,64 trimestres, ce qui correspond presqu'à une année. Donc, la période maximum d'influence de la variable est d'environ un an.

7. 1. 4. Hypothèses sur les coefficients du modèle

Quand on étudie un modèle à retards échelonnés, on a une idée *a priori* sur les coefficients $b_0, b_1, \cdots$ des variables exogènes. D'une manière générale, la plupart des auteurs (R. Malinvaud 1969, R. Giraud et al. 1989, R. Pindyck et al. 1991) considèrent deux hypothèses, soit les b_i décroissent tout de suite à partir de b_0 soit après un maximum rapidement atteint en général.

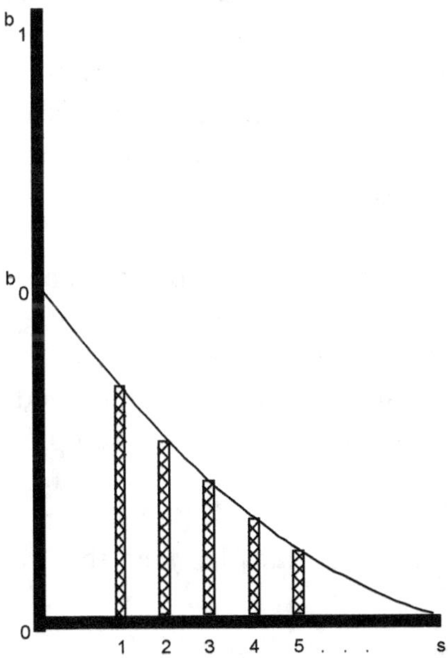

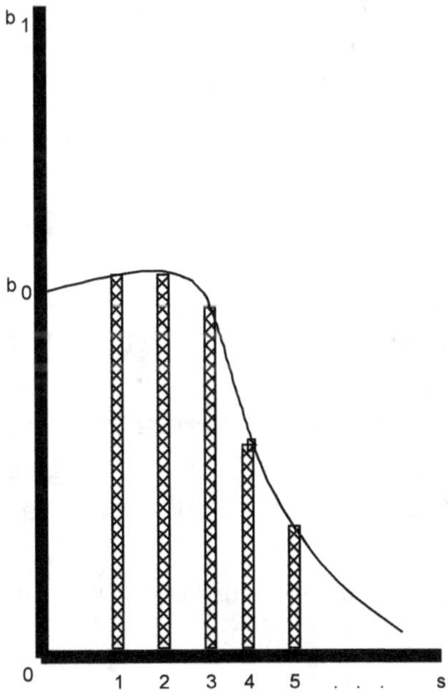

De nombreuses propositions sur l'allure des coefficients existent parmi lesquelles :

- I. Fisher (1925) a proposé l'hypothèse selon laquelle les b_s décroîtraient à partir d'un certain rang selon une progression arithmétique. Par exemple b_0 et b_1 seraient quelconques, mais les coefficients suivants obéiraient à :

$b_i = b_2\left(1 - \frac{i-2}{s-1}\right)$ avec $2 \leq i \leq s$

(où s représente le délai maximum) de telle sorte que la suite des coefficients serait fonction de quatre paramètres b_0, b_1, b_s et s.

- L. M. Koyck (1954) pense que l'idée d'une décroissance géométrique est plus satisfaisante en ce sens que cela élimine le problème du choix du délai maximum s. On peut supposer comme Fisher que b_0 et b_1 sont quelconques et que les coefficients qui suivent obéissent à :

$$b_i = b_2 w^{i-2} \text{ pour } i = 2,3,\cdots$$

Là aussi, il existe quatre paramètres b_0, b_1, b_2 et c

- S. Almon (1965) relève que les hypothèses arithmétiques et géométriques ont l'inconvénient de ne s'appliquer à l'ensemble de la distribution que si les b_i décroissent dès les premiers termes, notamment b_0 et b_1. Tout en partant de la formule de I. Fisher, il retient l'hypothèse que les b_i s'expriment comme une fonction polynomiale de i dans un intervalle $[0, s]$.

D'autres conditions et propositions ont été posées, notamment par Malinvaud, Fischer, H. Theil et R. M. Stern. R. Solow (1960) a suggéré l'emploi de la distribution de Pascal, laquelle conduit aussi à une forme autorégressive simple et permet une croissance des premiers termes de la suite b_i. De son côté, D. Jorgenson (1966) a recommandé l'emploi de modèles à retards échelonnés rationnels.

Les propositions qui sont couramment exploitées dans les faits sont celles de Koyck et Almon.

7. 2. Décroissance géométrique de Koyck

Parmi les nombreuses propositions pour aider à résoudre les difficultés d'estimation des coefficients, se trouve celle de Koyck. Cette proposition permet de passer des retards échelonnés au processus autorégressif.

7. 2. 1. Hypothèses du modèle

- A partir de la forme générale du modèle à retards échelonnés, Koyck fait l'hypothèse que les poids suivent une progression géométrique décroissante, de raison 1 avec $(0 < \lambda < 1)$.
- On admet aussi que le modèle satisfait à toutes les hypothèses de la méthode des moindres carrés ordinaires.

7. 2. 2. Estimation du modèle

1. Par la méthode de substitution

$$Y_t = a + b_0 X_t + b_1 X_{t-1} + b_2 X_{t-2} + \cdots + \varepsilon_t$$

Si les pondérations décroissent géométriquement, il vient, avec $0 < \lambda < 1$
$b_i = \lambda^i b_0$ avec $i = 1,2,\cdots$ (8)
d'où par substitution de l'équation (8) dans l'équation (1),
$Y_t = a + b_0 X_t + \lambda b_0 X_{t-1} + \lambda^2 b_0 X_{t-2} + \cdots + \varepsilon_t$ (9)
Si nous retardons la relation (9) d'une période et en multipliant par λ, nous aurons :
$\lambda Y_{t-1} = \lambda a + \lambda b_0 X_{t-1} + \lambda^2 b_0 X_{t-2} + \lambda^3 b_0 X_{t-3} + \cdots + \lambda \varepsilon_{t-1}$ (10)
Soustrayons ce résultat (10) de l'équation (9) :

$$Y_t - \lambda Y_{t-1} = a - \lambda a + b_0 X_t + \lambda b_0 X_{t-1} - \lambda b_0 X_{t-1} + \lambda^2 b_0 X_{t-2} - \lambda^2 b_0 X_{t-2} + \cdots + \varepsilon_t - \lambda \varepsilon_{t-1}$$

$$Y_t - \lambda Y_{t-1} = a(1-\lambda) + b_0 X_t + \varepsilon_t - \lambda \varepsilon_{t-1}$$

posons $\varepsilon_t - \lambda \varepsilon_{t-1} = \eta_t$ (11)
Finalement, le nombre de variables explicatives a été ramené à deux, c'est-à-dire X_t et Y_{t-1}. D'où un processus autorégressif.

L'estimation d'un modèle de Koyck révèle deux difficultés majeures :
- si η_t satisfait à toutes les hypothèses des MCO dans l'équation (1), il n'en va pas de même pour $\varepsilon_t - \lambda \varepsilon_{t-1} = \eta_t$ dans l'équation (11). Puisque $E(\eta_t \eta_{t-1}) \neq 0$ dans la mesure où η_t et η_{t-1} ont par construction un facteur commun qui est ε_{t-1}

$\eta_t = \varepsilon_t - \lambda \varepsilon_{t-1}$ et $\eta_{t-1} = \varepsilon_{t-1} - \lambda \varepsilon_{t-2}$
- Aussi $E(\eta_t \eta_{t-1}) \neq 0$ (12)

Finalement, les estimateurs du modèle de Koyck sont biaisés et non convergents. Par ailleurs, la rigidité du modèle qui impose aux pondérations une décroissance géométrique rigoureusement continue n'est pas conforme au monde réel.

Il a l'avantage toutefois de permettre de passer d'un modèle à retard échelonné à un modèle autorégressif.

2. Par la méthode de l'opérateur de retards

C'est une méthode qui permet d'aboutir au même résultat que précédemment en ayant recours à l'opérateur de retards. Pour ce faire, on retient un retard échelonné à la fois pour Y_t et pour X_t.

Soit le modèle suivant

$$Y_t = \mu + D(L)X_t + \varepsilon_t$$

Considérons deux opérateurs de retard $A\ (L)$ et $B\ (L)$ avec :

$A(L) = 1 - \rho_1 L - \rho_2 L^2 - \cdots - \rho_p L^p = (1 - \rho L)^{-1}$ (13)

et

$B(L) = \lambda_0 + \lambda_1 L + \lambda_2 L^2 + \cdots + \lambda_q L^q = \lambda_0 + \lambda_1 L$ (14)

Une condition du fonctionnement du système selon J. Johnston (1988) est que $p + q < s$ (s représente le nombre total de retards). On peut par ailleurs poser que :

$$D(L) = \frac{B(L)}{A(L)} \qquad (15)$$

En remplaçant $D(L)$ dans (2) par son expression dans (15)

$Y_t = \mu + \frac{B(L)}{A(L)} X_t + u_t$ (16)

d'où

$(1 - \rho L)(Y_t - \mu) = \lambda_0 X_t + u_t$

avec dans le retard de Koyck.

$A(L) = 1 - \rho L$ et $B(L) = \lambda_0$

En fait, l'égalité (11) devient en extrayant Y_t.

$$Y_t = (1 - \rho L)\mu + \rho Y_{t-1} + \lambda_0 X_t + (1 - \rho L)u_t$$

L'équivalence entre les deux méthodes impose que

$$a(1 - \lambda) = (1 - \rho L)\mu$$
$$\lambda_0 = b_0$$
$$u_t - \lambda u_{t-1} = \varepsilon_t - \rho\varepsilon_{t-1}$$

Finalement

$Y_t = \beta_0 + \rho Y_{t-1} + \lambda_0 X_t + v_t$ (17)

avec $\beta_0 = (1 - \rho L)\mu,$ $(1 - \rho L)u_t = v_t$

7.2.3. *Dynamique des comportements*

A) La théorie du revenu permanent

Dans l'exemple du revenu permanent de Friedman il est montré que l'expression R_t^p prenait une forme autorégressive. Or, on sait que la fonction de consommation chez l'auteur est $C_0(R_{p,i})$[6]. Il conclut que le partage consommation présente-consommation future est indépendant du niveau de la richesse, ce qui permet d'écrire.

$$C_0 = k(i)R_p{}^{(7)} \quad (18)$$

En substituant l'expression autorégressive du revenu permanent, dans la fonction de consommation, on obtient (19) :

$$\begin{aligned} C_t &= k\left[\alpha R_t + (1+\alpha)R_{t+1}^p\right] \\ &= k\alpha R_t + (1+\alpha)kR_{t+1}^p \\ &= k\alpha R_t + (1-\alpha)C_{t-1} \qquad (19) \end{aligned}$$

La conclusion que tire Friedman, est que la rationalité du consommateur implique qu'il mette en œuvre le programme optimal.
Selon lui, il n'y a d'ajustement que dans l'intégration de l'information nouvelle apportée par le revenu courant R_t.

B) L'accélérateur flexible et l'ajustement du stock de capital

Dans la dynamique des comportements, l'investissement se présente comme un processus d'ajustement. Dans le cas présent on retiendra l'accélérateur flexible et l'ajustement du stock de capital.
Selon les hypothèses de l'accélérateur, il ressort que le stock de capital effectif K_t coïncide parfaitement avec le stock de capital requis pour le niveau de production courant $K_t^* = kY_t$.
Ce qui représente pour l'investissement net.

$$I_t = K_t^* - K_{t-1} = k(Y_t - Y_{t-1}) \quad (20)$$

qui est un modèle à retards échelonnés
Godwin a introduit en 1951 l'hypothèse d'un ajustement partiel du capital effectif au capital désiré qui est une forme de retards échelonnés et qui représente une équation d'ajustement du stock de capital :

$$I_t = b(K_t^* - K_{t-1}) = bkY_t - bK_{t-1} \quad (21) \qquad 0 \le b \ge 1$$

En retranchant I_{t-1} des deux membres de cette équation, on obtient :

---

[6] Avec i le consommateur

[7] Brown en 1952 a proposé une fonction de consommation similaire de la forme $C_0 = k(i)R_p$ appelée consommation effective ou $C_t = aR_t + bC_{t-1} + d$

$$\left.\begin{aligned}I_t - I_{t-1} &= bk(Y_t - Y_{t-1}) - bI_{t-1}\\ I_t &= bk(Y_t - Y_{t-1}) + (1-b)I_{t-1}\end{aligned}\right\} \quad (22)$$

qui représente une forme autorégressive. On appelle cette dernière égalité, l'accélérateur flexible qui est autorégressive en I_t. Elle serait due à Koyck. Finalement, l'investissement net effectif est obtenu par la pondération d'un coefficient b qui s'applique à l'investissement requis, donné par l'accélérateur simple ou "naïf" et d'un coefficient $(1-b)$ qui se rapporte à l'investissement de la période précédente.

- si $b = 1$ on a un ajustement immédiat ;
- si $b = 0,$ l'ajustement est nul.

Selon Hénin (1981), par analogie avec la fonction de consommation, il est possible de qualifier le coefficient b_k d'accélérateur à court terme et vérifier que l'accélérateur en longue période est égal à k[8].

Cette vérification commande de passer de la forme autorégressive à la forme à retards échelonnés. Pour cela, rappelons que :

$$I_t = bk\Delta Y_t + (1-b)I_{t-1} \quad (23)$$

d'où

$$\Delta Y_t = Y_t - Y_{t-1}$$

$$I_{t-1} = bk\Delta Y_{t-1} + (1-b)I_{t-2} \quad (24)$$

$$I_{t-2} = bk\Delta Y_{t-2} + (1-b)I_{t-3} \quad (25)$$

Remplaçons I_{t-1} dans (22)

$$I_t = bk\Delta Y_t + (1-b)bk\Delta Y_{t-1} + (1-b)^2 I_{t-2} \quad (26)$$

substituons la valeur de I_{t-2}, c'est-à-dire (25) dans (26)

$$I_t = bk\Delta Y_t + (1-b)bk\Delta Y_{t-1} + (1-b)^2 bk\Delta Y_{t-2} + (1-b)^3 I_{t-3} \quad (27)$$

En généralisant

$$I_t = bk\sum_{\theta=0}^{\infty}(1-)^{\theta}\,\Delta Y_{t-\theta} + (1-b)^{T+1}I_{t-T-1} \quad (28)$$

Comme le souligne Hénin (1981), l'accélérateur à long terme indiquera la somme des investissements $I_t,\ I_{t-1},\cdots$ induits par une variation donnée du produit, soit un horizon infini et pour Y_t constant au niveau Y.

$$\sum_{\theta=0}^{\infty} I_{t+\theta} = \Delta Y bk\sum_{\theta=0}^{\infty}(1-b)^{\theta} \quad (29)$$

Pour remonter de la forme à retards échelonnés à la forme autorégressive, on retranche de l'expression I_t l'expression à retards échelonnés I_{t-1} pondérée par $(1-b)$.

---

[8] K = capital, Y =production ou revenu total. On sait que $K_t = kY_t \Rightarrow K_{t-1} = kY_{t-1}$

$(1-b)I_{t-1} = bk\left[\sum_{\theta=0}^{\infty}(1-b)^{\theta}\,\Delta Y_{t-\theta} - \sum_{\theta=1}^{\infty}(1-b)\,\Delta Y_{t-\theta}\right]$ (30)
En effet, on sait qu'en multipliant l'expression d'en haut par $(1-b)$ on a :
$I_t = bk\sum_{\theta=1}^{\infty}(1-b)^{\theta-1}\,Y_{t-\theta+1} - (1-b)I_{t-1} = \sum_{\theta=1}^{\infty}(1-b)^{\theta}\,\Delta Y_{t-\theta}$ (31)
C'est la transformation de Koyck.

7. 3. Retards d'Almon

La transformation d'Almon constitue une méthode assez souple de réduction du nombre de paramètres. Cette réduction est une réponse générale au problème du nombre de retards qui en découle. L'hypothèse sur la configuration des b est qu'ils ne sont pas estimés directement mais approchés par une fonction quelconque $b_i = f(i)$.
Soit le modèle à retards échelonnés suivants :

$$Y_t = a + b_0X_t + b_1X_{t-1} + \cdots + b_sX_{t-s} + \varepsilon_t \qquad (32)$$

Dans ce genre de modèle, il existe plusieurs problèmes qu'il faut résoudre et dont quelques-uns sont souvent assez complexes. Quoiqu'il en soit, l'avantage ici est qu'on s'en tient aux effets des valeurs retardées d'une seule variable explicative. Il est évident que la théorie économique, tout en indiquant les effets des variables retardées ne peut déterminer en aucun cas la longueur maximum du retard. Toutefois, ce sont les tests de signification des paramètres b_i qui donnent quelques informations aussi bien sur la longueur maximum du retard que sur les délais de transmission de l'influence de la variable exogène sur la variable endogène.
Néanmoins, il convient d'émettre une certaine réserve quant aux conclusions de ces tests, car leur validité reste fonction des propriétés des termes aléas $\{\varepsilon_t\}$ ainsi que des procédés d'estimation auxquels on a eu recours si certaines conditions telles que :
$E(\varepsilon_t) = 0$ et $Var(\varepsilon_t) = \sigma_\varepsilon^2$
sont observées. Dès lors, la méthode la plus appropriée pour l'estimation est celle des MCO.
Cependant, comme il a été souligné en d'autres occasions, l'existence de colinéarité entre variables explicatives empêche la mise en œuvre de cette technique, entrainant une grande imprécision dans l'estimateur des b.
Le retard d'Almon permet tout en résolvant le problème du nombre de retards n'écarte pas celui de la violation d'une hypothèse quelconque des MCO.

La justification de l'approximation d'Almon est donnée par le théorème de Weierstrass, qui dit *qu'une fonction continue sur un intervalle borné peut être approchée sur la totalité de cet intervalle par un polynôme de degré approprié, l'écart entre la fonction et le polynôme pouvant être rendu aussi petit que l'on veut, et cela en tout point de l'intervalle.*

Considérons que ce polynôme soit du second degré

$$f(i) = c_0 + ic_1 + i^2c_2 \qquad (33)$$

alors, en faisant varier i, on obtient en combinant les équations (33) et (32).

$$\begin{aligned} Y_t &= a + c_0X_t + (c_0 + c_1 + c_2)X_{t-1} + (c_0 + 2c_1 + 4c_2)X_{t-2} + \cdots \\ &= a + c_0X_t + c_0X_{t-1} + c_1X_{t-1} + c_2X_{t-1} + c_0X_{t-2} + 2c_1X_{t-2} \\ &\quad + 4c_2X_{t-2} + \cdots \qquad (34) \end{aligned}$$

En regroupant les coefficients identiques, on peut mettre en facteur les c_i.

$$Y_t = a + c_0(X_t + X_{t-1} + X_{t-2}) + c_1(X_{t-1} + 2X_{t-2}) + c_2(X_{t-1} + 4X_{t-2}) \quad (35)$$

Il en résulte trois nouvelles variables explicatives Z_{1t}, Z_{2t} et Z_{3t} qui sont exprimées comme suit :

$$Y_t = a + c_0 \textstyle\sum_{i=0}^{2} X_{t-i} + c_1 \sum_{i=1}^{2} iX_{t-i} + c_2 \sum_{i=1}^{2} i^2X_{t-i} + \varepsilon_t \qquad (36)$$

posons

$Z_{1t} = \sum_{i=0}^{2} X_{t-i}$; $Z_{2t} = \sum_{i=1}^{2} iX_{t-i}$ et $Z_{3t} = \sum_{i=1}^{2} i^2X_{t-i}$

Ces trois variables Z_{it} sont des combinaisons linéaires de X retardés. Une régression de Y sur ces variables permet d'avoir les estimations des c_i qui, ensuite, entraînent l'estimation des b.

Exemple : Soit le modèle suivant caractérisé par un retard sur trois périodes.

$$Y_t = a + b_0X_t + b_1X_{t-1} + b_2X_{t-2} + b_3X_{t-3} + u_t \qquad (37)$$

En considérant le polynôme du second degré suivant

$$b_i = c_0 + ic_1 + i^2c_2 \qquad (38)$$

et en procédant à la substitution de l'équation (38) dans (37) on en arrive à :

$$\begin{aligned} Y_t = a + c_0X_t + (c_0 + c_1 + c_2)X_{t-1} + (c_0 + 2c_1 + 4c_2)X_{t-2} \\ + (c_0 + 3c_1 + 9c_2)X_{t-3} + u_t \end{aligned}$$

en regroupant les c_0 puis c_1 et c_2

$$Y_t = a + c_0 \sum_{i=0}^{3} X_{t-i} + c_1 \sum_{i=1}^{3} iX_{t-i} + c_2 \sum_{i=1}^{3} i^2X_{t-i}$$

Posons

$Z_{1t} = \sum_{i=0}^{3} X_{t-i}$; $Z_{2t} = \sum_{i=1}^{3} iX_{t-i}$ et $Z_{3t} = \sum_{i=1}^{3} i^2X_{t-i}$

$$Y_t = a + c_0Z_{1t} + c_1Z_{2t} + c_2Z_{3t} + u_t \qquad (39)$$

Si dans le modèle initial il y avait quatre paramètres à estimer pour les quatre variables, dans la nouvelle présentation d'Almon il existe trois variables, donc trois paramètres à estimer.

Le procédé d'Almon n'établit pas de lien entre les modèles à retards échelonnés et les modèles autorégressifs. Ses avantages sont la réduction du nombre de variables du modèle et l'absence d'autocorrélation des erreurs.

Enfin, il faut souligner que la détermination du degré du polynôme b_i est arbitraire. Dans l'exemple général, on aurait pu choisir un polynôme de degré 3 soit :

$$b_i = c_0 + ic_1 + i^2c_2 + i^3c_3$$

Par contre, dans l'exemple de l'équation (37), choisir un polynôme de degré 3 n'a aucun sens puisque Y_t est lui même du 3[e]degré, ce qui ne réduit pas le nombre de variables.

EXERCICES CORRIGÉS

ENONCÉS

Exercice 1

Le tableau suivant représente l'évolution des stocks (Y)et des ventes (X) de la société commerciale "SCORE" à Niamey de 1970 à 1979 en millions de F CFA.

ANNEES	1970	1971	1972	1973	1974	1975	1976	1977	1978	1979
Y	32,5	33,9	35,1	38	40,2	43,4	47,5	52,4	59,8	72,6
X	20,3	20,8	21,2	23,4	25,1	27,6	30,0	32,7	34,5	40,9
ANNEES	**1980**	**1981**	**1982**	**1983**	**1984**	**1985**	**1986**	**1987**	**1988**	**1989**
Y	78,3	81,1	82,8	88,6	101,5	107,2	111,0	115,9	121,7	130,4
X	44,1	45,7	47,3	51,2	56,8	60,4	62,9	65,0	71,6	73,2

Source : données fictives.

Questions :

1°) - Ajuster le modèle de Koyck à ces données.
2°) - Déterminer la valeur de λ^*et de a^*.

Exercice 2

1) Reprenez le tableau ci-dessus et ajuster sur ces données les retards d'Almon.
2) Déterminer les valeurs de b^* de manière à formuler l'équation estimée par un polynôme du second degré caractérisé par un retard de trois périodes.

Exercice 3

L'estimation d'un modèle de la forme

$$Y_t = a + \beta_0 X_t + \beta_1 X_{t-1} + \beta_2 X_{t-2} + \cdots + u_t$$

a donné les résultats suivants :

$$D(L) = 0{,}27 + 0{,}32L + 0{,}24L^2 + 0{,}10L^3 + 0{,}02L^4$$

1°) Déterminer le retard moyen R_m
2°) Calculer les coefficients normalisés

CORRECTION

Exercice 1 : Modèle de Koyck

1°) Ajustement du modèle de Koyck

$$Y_t = a(1-\lambda) + b_0 X_t + \lambda Y_{t-1} + u_t$$

L'ajustement donne

$$Y_t^* = -3{,}61 + 1{,}43 X_t + 0{,}23 Y_{t-1}$$

2°) Valeur de λ^*et a^*

$\lambda^* = 0{,}23$ coefficient de Y_{t-1}

$a^*(1-\lambda) = a^*(1-0{,}23) = -3{,}61 \Rightarrow a^* = -4{,}68$

Exercice 2 : Retard d'Almon

Considérons les équations

$$Y_t = \alpha + \beta_0 X_t + \beta_1 X_{t-1} + \beta_2 X_{t-2} + \beta_3 X_{t-3} + u_t$$

$b_i = c_0 + i c_1 + i^2 c_2$ avec $i = 0, 1, 2{,}3$

Conformément au système (36) du chapitre 7.3, on pose :

$$Z_{1t} = \sum_{i=0}^{3} X_{t-i} = (X_t + X_{t-1} + X_{t-2} + X_{t-3})$$

$$Z_{2t} = \sum_{i=1}^{3} i X_{t-i} = (X_{t-1} + 2X_{t-2} + 3X_{t-3})$$

$$Z_{3t} = \sum_{i=1}^{3} i^2 X_{t-i} = (X_{t-1} + 4X_{t-2} + 9X_{t-3})$$

a) Constitution du tableau des valeurs de Z_{it}

Tableau: Détermination des Z_{it}

Année	Y_t	X_t	Z_{1t}	Z_{2t}	Z_{3t}
70	32,5	20,3			
71	33,9	20,8			
72	35,1	21,2			
73	38	23,4	85,7	123,7	287,1
74	40,2	25,1	90,5	128,2	295,4
75	43,4	27,6	97,3	135,5	309,5
76	47,5	30	106,1	148	338,6
77	52,4	32,7	115,4	160,5	366,3
78	59,8	34,5	124,8	175,5	401,1
79	72,6	40,9	138,1	189,9	435,3
80	78,3	44,1	152,2	208	473,2
81	81,1	45,7	165,2	229,4	518,2
82	82,8	47,3	178	256,6	590,2
83	88,6	51,2	188,3	271	628
84	101,5	56,8	201	282,9	651,7
85	107,2	60,4	215,7	301,1	687,3
86	111	62,9	231,3	327,6	748,4
87	115,9	65	245,1	354,1	815,7
88	121,7	71,6	259,9	372	860,2
89	130,4	73,2	272,7	389,7	897,7

b) Régression de Y par rapport aux Z_{it}.

$$Y_t^* = \underset{(6{,}999)}{1{,}202 Z_{1t}} + \underset{(-2{,}263)}{0{,}0008 Z_{1t}} - \underset{(-4{,}1249)}{0{,}213\ Z_{1t}} - \underset{(-2{,}788)}{5{,}28}$$

Les chiffres entre parenthèses sont les t de Student.

$$R^2 = 0{,}99 \qquad \alpha^* = -5{,}28 \qquad \beta_0^* = c_0^* = 1{,}202$$
$$\beta_1^* = (c_0^* + c_1^* + c_2^*) = 1{,}202 + 0{,}0008 - 0{,}213 = 0{,}99$$
$$\beta_2^* = (c_0^* + 2c_1^* + 4c_2^*) = 1{,}202 + 0{,}00016 - 0{,}852 = 0{,}56$$
$$\beta_3^* = (c_0^* + 3c_1^* + 9c_2^*) = 1{,}202 + 0{,}00024 - 1{,}917 = -0{,}71$$

c) En définitive, la régression de Y_1^* par rapport à X_t est

$$Y_t^* = -5{,}28 + 1{,}20X_t + 0{,}99X_{t-1} + 0{,}56X_{t-2} - 0{,}71X_{t-3}$$

Exercice 3 :

1°) le retard moyen

$$R_m = \frac{\sum_{s=0}^{\infty} s b_s}{\sum_{s=0}^{\infty} b_s}$$

$$D'(L) = 0{,}32 + 0{,}48L + 0{,}30L^2 + 0{,}08L^3$$

$$D'(1) = \sum_{s=0}^{\infty} s b_s = 0{,}32 + 0{,}48 + 0{,}30 + 0{,}08 = 1{,}18$$

$$D(1) = \sum_{s=0}^{\infty} b_s = 0{,}95$$

$$R_m = \frac{1{,}18}{0{,}95} = 1{,}24$$

2°) Coefficients normalisés

Tableau des coefficients normalisés

Périodes	0	1	2	3	4
Coefficients de normalisation	0,28	0,34	0,25	0,11	0,02
Valeurs cumulées	0,28	0,62	0,87	0,98	1,00

Rappelons que les coefficients normalisés $\beta_{i,n}$ se calculent comme suit :

$$\beta_{i,n} = \frac{b_{sn}}{\sum_{s=0}^{\infty} b_s} = \frac{b_s}{\sum_{s=0}^{\infty} b_s}$$

d'où on tire que R_M est :

$$R_M = 1 + \frac{0{,}50 - 0{,}25}{0{,}87 - 0{,}25} = 1{,}40$$

CHAPITRE 8 :

MODELES D'EQUATIONS SIMULTANÉES

INTRODUCTION

Dans ces modèles, la spécification nécessite l'écriture d'équations multiples reliées entre elles au travers de variables qui figurent dans plusieurs équations. Les modèles à une équation sont quelquefois insuffisants pour étudier les phénomènes économiques plus complexes, c'est alors que l'on a recours aux équations simultanées. Ceci concerne de manière plus générale les modèles qui ne sont pas autorégressifs.

Il n'est pas possible, sauf cas particulier, d'utiliser la méthode des MCO équation par équation comme s'il y avait indépendance de ces équations les unes par rapport aux autres.

Les procédures d'estimations relatives à ces types de modèles sont plus complexes tout en relevant des mêmes principes généraux que dans le cas d'une seule équation.

Dans cette partie, nous examinerons la présentation matricielle d'un modèle à équations simultanées et son écriture sous forme réduite, c'est-à-dire que les variables endogènes sont exprimées en fonction des seules variables exogènes, ensuite nous étudierons le problème d'identification et la méthode d'estimation spécifiques de ce genre de modèle.

8.1. Equations structurelles et équations réduites

Quand nous sommes en présence d'un modèle linéaire à équations multiples, il arrive souvent qu'une variable endogène d'une équation apparaisse en tant que variable explicative d'une autre équation. Ce double rôle de certaines variables introduit un biais dans les estimations des paramètres lorsqu'on recourt aux MCO, équation par équation.

Exemple : Soit le modèle keynésien élémentaire à trois équations :

$$C_t = a_0 + a_1 R_t + \varepsilon_{1t} \qquad (1)$$
$$I_t = b_0 + b_1 R_{t-1} + \varepsilon_{2t} \qquad (2)$$
$$R_t = C_t + I_t \qquad (3)$$

avec

C_t = Consommation pour l'année *t*
I_t = Investissement total pour l'année *t*
R_t = Revenu total pour l'année *t*.

La relation (3) est une identité.

Le système d'équations multiples, spécifié par l'économiste et qui exprime directement les relations entre les variables, s'appelle la forme structurelle du modèle.

Le système comporte trois variables endogènes : C_t, I_t, $_t$ et une variable exogène R_{t-1}. Il est à souligner que la variable R_t apparaît comme variable explicative en (1), ce qui contredit son rôle de variable endogène.
Afin de lever cette contradiction, nous allons exprimer les trois variables endogènes (C_t, I_t, R_t) en fonction de la seule variable exogène (R_{t-1}) de manière à passer de la forme structurelle à la forme réduite.
Substituons (3) dans (1), ce qui donne :

$$C_t = a_0 + a_1(C_t + I_t) + \varepsilon_{1t} = a_0 + a_1 C_t + a_1 I_t + \varepsilon_{1t}$$

Remplaçons ensuite I_t par son expression (2) et faisons passer $a_1 C_t$ à gauche de l'équation, il en résulte :

$$(1 - a_1)C_t = a_0 + a_1 b_0 + a_1 b_1 R_{t-1} + a_1 \varepsilon_{2t} + \varepsilon_{1t}$$

d'où

$$C_t = \frac{a_0 + a_1 b_0}{1 - a_1} + \frac{a_1 b_1}{1 - a_1} R_{t-1} + \frac{a_1 \varepsilon_{2t} + \varepsilon_{1t}}{1 - a_1}$$

On obtient que :

$$R_t = C_t + I_t = \frac{a_0 + a_1 b_0}{1 - a_1} + b_0 + \left[\frac{a_1 b_1}{1 - a_1} + b_1\right] R_{t-1} + \frac{a_1 \varepsilon_{2t} + \varepsilon_{1t}}{1 - a_1} + \varepsilon_{2t}$$

$$= \frac{a_0 + b_0}{1 - a_1} + \frac{b_1}{1 - a_1} R_{t-1} + \frac{\varepsilon_{2t} + \varepsilon_{1t}}{1 - a_1}$$

En définitive, les équations structurelles sont équivalentes aux équations réduites (les variables endogènes sont exprimées en fonction des variables exogènes uniquement).

$$C_t = \frac{a_0 + a_1 b_0}{1 - a_1} + \frac{a_1 b_1}{1 - a_1} R_{t-1} + \frac{a_1 \varepsilon_{2t} + \varepsilon_{1t}}{1 - a_1}$$

$$= \beta_0 + \beta_1 R_{t-1} + \gamma_0 \qquad (4)$$

$$R_t = \frac{a_0 + b_0}{1 - a_1} + \frac{b_1}{1 - a_1} R_{t-1} + \frac{\varepsilon_{2t} + \varepsilon_{1t}}{1 - a_1}$$

$$= \alpha_0 + \alpha_1 R_{t-1} + \gamma_1 \qquad (5)$$

$$I_t = b_0 + b_1 R_{t-1} + \varepsilon_{2t} \qquad (6)$$

L'équation (5) traduit que la variable R_t est fonction de ε_{1t} et de ce fait $E(R_1 \varepsilon_{1t}) \neq 0$.

Il ressort que dans l'équation (1), l'hypothèse d'indépendance entre la "variable explicative" R_t et l'erreur ε_{1t} n'est pas respectée et le recours aux MCO sur l'équation (1) entraîne des estimateurs biaisés et non convergents.

Par contre, l'utilisation des MCO sur les équations réduites est licite dans la mesure où la variable R_{t-1} est indépendante de ε_{1t} et ε_{2t}, puisque R_{t-1} est une variable exogène.

Remarques :

- la forme réduite permet de mesurer l'effet total, direct et indirect, d'une modification de la variable exogène sur les variables endogènes. Le schéma ci-après indique la succession des causalités dans le cas de l'exemple précédent.

$$R_{t-1} \overset{(2)}{\rightarrow} I_t \overset{(3)}{\rightarrow} R_t \overset{(1)}{\rightarrow} C_t$$

On voit comment une modification de la variable exogène R_{t-1} agit directement sur I_t et indirectement sur R_t et C_t sans que toutefois les coefficients de cette forme réduite ait une signification économique. Alors qu'un retour au modèle structurel permet de dire que le coefficient a_1 représente la propension marginale à consommer.

- l'ordre de substitution des équations peut être identifié dès le départ par le système de Cramer

8.2. Systèmes réguliers linéaires contre systèmes linéaires indépendants

Soit à considérer tel que le propose A. Chiang (1984) les fonctions d'offre (Q_O) et de demande (Q_d) de deux biens.

$$\left.\begin{array}{l} Q_{dl} - Q_{of} = 0 \\ Q_{dl} = a_0 + a_1 P_1 + a_2 P_2 \\ Q_{0f} = b_0 + b_1 P_1 + b_2 P_2 \\ Q_{d2} - Q_{o2} = 0 \\ Q_{d2} = \alpha_0 + \alpha_1 P_1 + \alpha_2 P_2 \\ Q_{02} = \beta_0 + \beta_1 P_1 + \beta_2 P_2 \end{array}\right\} \quad \text{(I)}$$

A partir de ce modèle, il faut chercher à passer de l'espace échantillon à l'espace des structures. Nous savons que Q_{di} et Q_{oi} sont les variables endogènes tandis que les P_i représentant les prix sont les variables exogènes.

8.2.1. Systèmes linéaires

Un ensemble d'équations n'a de solution que sous certaines conditions. En partant des équations linéaires, elles se divisent en systèmes de Cramer et en systèmes indéterminés.
Cette décomposition permet de tirer des conclusions économiques importantes.

Soit par exemple un système économique composé de quatre variables endogènes, une monétaire (taux d'intérêt) et trois variables réelles: *R*, *C* et *I*. Si *C*, *I* ne dépendent pas du taux d'intérêt d'une part, et que ce dernier n'est pas lié à la masse monétaire (exogène) d'autre part, le système sera décomposable en un bloc non monétaire et en un bloc monétaire.

La dichotomie réel-monétaire sera donc affirmée dans la structure du modèle.

a) Systèmes de Cramer

Soient n équations linéaires à n variables endogènes. Admettons qu'aucune de ces équations ne peut être obtenue à partir des autres. On dit que ces équations sont indépendantes.
Supposons que chaque équation du système ne soit pas en contradiction avec une autre. Dans ce cas, les équations sont dites "compatibles".

Si les *n* équations à *n* variables endogènes sont indépendantes et compatibles, nous sommes en mesure de résoudre le système pour les valeurs des *n* variables endogènes en fonction des variables et des paramètres. Dans ce cas, le système est dit "système régulier de Cramer", ou "déterminé". Reprenons les équations (7), la résolution peut se faire par substitution ou par la méthode de Cramer.

i) Substitution

$$\left.\begin{array}{l} Q_{d1} - Q_{o1} = (a_0 - b_0) + (a_1 - b_1)P_1 + (a_2 - b_2)P_2 = 0 \\ Q_{d2} - Q_{o2} = (\alpha_0 - \beta_0) + (\alpha_1 - \beta_1)P_1 + (\alpha_2 - \beta_2)P_2 = 0 \end{array}\right\} \quad (8)$$

Posons

$$C_i = a_i - b_i$$

$\gamma_i = \alpha_i - \beta_i$ avec $C_i = 0, 1, 2.$

Finalement le modèle devient :

$$\left.\begin{array}{l} c_1 P_1 + c_2 P_2 = -c_0 \\ \gamma_1 P_1 + \gamma_2 P_2 = -\gamma_0 \end{array}\right\} \quad (9)$$

Le système peut être résolu par élimination en déterminant la valeur de P_2 :

$$P_2 = -\frac{c_0+c_1P_1}{c_2} \qquad (10)$$

ensuite, on substitut la valeur dans la seconde équation et en résolvant, on obtient :

$$\bar{P}_1 = -\frac{c_2\gamma_0-c_0\gamma_2}{c_1\gamma_2-c_2\gamma_1} \qquad (11)$$

$$\bar{P}_2 = -\frac{c_0\gamma_1-c_1\gamma_0}{c_1\gamma_2-c_2\gamma_1} \qquad (12)$$

Conditions de résolution du système : $c_1\gamma_2 \neq c_2\gamma_1$ et le numérateur et le dénominateur doivent avoir le même signe pour que $P_i > 0$ considéré comme les prix d'équilibre.

ii) Méthode de Cramer

Reprenons le modèle (9). Nous obtenons les déterminants suivants :

$$|A| = \begin{bmatrix} c_1 & c_2 \\ \gamma_1 & \gamma_2 \end{bmatrix} = c_1\gamma_2 - c_2\gamma_1$$

$$|A_1| = \begin{bmatrix} -c_0 & c_2 \\ -\gamma_0 & \gamma_2 \end{bmatrix} = -c_0\gamma_2 + c_2\gamma_0$$

$$|A_2| = \begin{bmatrix} c_1 & -c_0 \\ \gamma_1 & -\gamma_0 \end{bmatrix} = -c_1\gamma_0 + c_0\gamma_1$$

Alors les prix d'équilibre sont :

$$\bar{P}_1 = \frac{|A_1|}{|A|} = \frac{-c_0\gamma_2 + c_2\gamma_0}{c_1\gamma_2 - c_2\gamma_1}$$

$$\bar{P}_2 = \frac{|A_2|}{|A|} = \frac{-c_1\gamma_0 + c_0\gamma_1}{c_1\gamma_2 - c_2\gamma_1}$$

qui sont précisément ceux obtenus en 11 et 12.

Dans le même sens, les quantités d'équilibre $\bar{Q}_1$ et $\bar{Q}_2$ peuvent être obtenues dans les fonctions d'offre ou de demande.

b) Systèmes indéterminés

Il peut arriver que le nombre d'équations soit inférieur à celui des variables endogènes. Un tel système est appelé "sectoriel" ou "indéterminé". Il n'est pas possible de déterminer les valeurs de toutes les variables endogènes.

Si *m* représente le nombre d'équations et *n* celui des variables endogènes, il est possible de ne considérer que *m* variables endogènes comme inconnues, et nous procéderons donc à la résolution de *m* équations à *m* variables endogènes, en considérant les (*n*-*m*) variables endogènes restantes comme des données et qui sont déterminées par restriction.

8.2.2. Systèmes non linéaires

Quand un système régulier contient une équation non linéaire, en procédant par substitution ou par d'autres techniques, il est possible de le réduire en une équation non linéaire à une variable. Il peut se présenter dans ce cas un grand nombre de solutions différentes ou aucune solution.

Soit à considérer une fonction de demande quadratique tandis que la fonction d'offre reste linéaire.

Le modèle est :

$$\left.\begin{aligned} Q_d &= Q_o \\ Q_d &= 4 - P^2 \\ Q_o &= 4P - 1 \end{aligned}\right\} \qquad (13)$$

Le système de trois équations peut être ramené à une seule équation par le procédé de substitution ;

$$Q_d = Q_o \Rightarrow 4 - P^2 = 4P - 1$$

soit $P^2 + 4P - 5 = 0$ (14)

La différence avec le système linéaire est que la résolution donne deux solutions.

L'équation (14) constitue une fonction quadratique, $f(P)$, avec :

$$f(P) = P^2 + 4P - 5 \qquad (15)$$

La résolution entraîne :

$$\bar{P}_1 = 1 \text{ et } \bar{P}_2 = -5$$

Dans le cas présent, seule la première solution est économiquement acceptable puisse que P_i exprime des prix qui ne peuvent pas prendre des valeurs négatives.

Nous rappelons la résolution de la formule quadratique pour l'équation :

$$ax^2 + bx + c = 0 \ (a \neq 0)$$

on a deux racines qui sont :

$$\bar{x}_1, \bar{x}_2 = \frac{-b \pm (b^2 + 4ac)^{1/2}}{2a}$$

En appliquant à l'équation (14) nous obtenons :

$$\bar{P}_1, \bar{P}_2 = \frac{-4 \pm (16 + 20)^{1/2}}{2} = \frac{-4 \pm 6}{2} = 1 \ et - 5$$

8.3. Succession des causalités dans les systèmes de causalité

8.3.1. Systèmes de causalité

Il arrive souvent qu'un modèle économique contienne un sous-modèle qui détermine des variables indépendamment du reste du système. On peut simplifier en examinant d'abord le sous-modèle en ne tenant pas compte du reste du modèle. Lorsque ce qui se produit dans le sous-modèle influe sur ce qui se passe dans le reste du modèle, mais pas vice-versa, il y a là une relation causale à sens unique allant des variables déterminées dans le sous-modèle à celles déterminées dans le reste du modèle. L'identification d'une telle relation causale donne la compréhension du fonctionnement du modèle.

Pour analyser ces modèles, il convient de donner quelques définitions.

Un système de Cramer peut se présenter sous trois formes :

- il peut se subdiviser en sous-systèmes eux-mêmes de Cramer : c'est un système décomposable ;
- il ne peut pas se subdiviser en de tels sous-systèmes de Cramer mais en contenir un ou plusieurs : c'est un système de causalité ;
- il ne contient aucun sous-système de Cramer : le système est indécomposable.

Exemples de systèmes d'équations linéaires

Exemple 1 :

Equations	Variables endogènes			
	1	2	3	4
(1)	1	1	0	0
(2)	1	1	0	0
(3)	0	0	1	1
(4)	0	0	1	1

1 ou 0 indique respectivement la présence ou l'absence de la variable particulière dans l'équation retenue. Le système présent peut être subdivisé

en deux sous-systèmes de Cramer ; l'un composé des équations (1) et (2), l'autre des équations (3) et (4). Le système complet formé des équations (1) à (4) est donc décomposable. Les valeurs des variables 1 et 2 sont déterminées par les équations (1) et (2) indépendamment des variables (3) et (4) tandis que les valeurs des variables 3 et 4 le sont par les équations (3) et (4) indépendamment de 1 et 2.

Exemple 2 :

Equations	Variables endogènes		
	1	2	3
(1)	1	0	0
(2)	1	1	1
(3)	1	1	1

L'équation (1) constitue en elle-même un sous-système de Cramer mais le système complet ne peut être subdivisé en sous-systèmes de Cramer. C'est par conséquent un système de causalité. L'équation (1) détermine la valeur de la variable 1 indépendamment des variables 2 et 3. Mais, la variable 1 (et partant l'équation (1)) a un effet sur les valeurs des variables 2 et 3, c'est-à-dire qu'il faut utiliser la valeur de la variable 1 déterminée par l'équation (1). Par conséquent, il existe une sorte de relation causale allant de la variable 1 aux variables 2 et 3.

Exemple 3 :

Equations	Variables endogènes				
	1	2	3	4	5
(1)	1	1	0	0	0
(2)	1	1	1	0	0
(3)	1	0	0	1	0
(4)	0	1	0	1	1
(5)	0	1	1	0	1

Ce système est indécomposable en ce sens qu'il ne contient aucun sous-système de Cramer.

Les valeurs de toutes les variables sont déterminées par l'interdépendance et l'action réciproque de toutes les équations du système. Il y a une équation de rétroaction (feed-back) du fait que toutes les équations agissent les unes sur les autres.

La considération des trois tableaux précédents révèle les caractéristiques suivantes des matrices étudiées.
Dans le premier tableau correspondant à un système décomposable, la matrice est "diagonale par blocs", c'est-à-dire qu'elle a des matrices carrées sur sa diagonale principale et des 0 partout ailleurs. Dans le second tableau qui correspond à un système de causalité, la matrice est "triangulaire par blocs", c'est-à-dire qu'elle est constituée de sous-matrices carrées sur la principale diagonale et de 0 partout au-dessus de ces sous-matrices.

8.3.2. Succession des causalités

Lorsqu'un système est indécomposable, les valeurs des variables endogènes sont en général déterminées simultanément. Dans un système décomposable, on peut dire quelles sont les variables déterminées par telle ou telle relation. Quant au système de causalité, il ne peut être exécuté en une seule phase. L'introduction du concept de "succession de causalité" dans un tel système permet d'analyser comment sont déterminées les variables.

Soit à envisager un système de causalité quelconque. On appelle sous-système de "Cramer minimal" un sous-système de Cramer qui ne comprend pas de sous-système de Cramer. Considérons le système suivant de 7 équations linéaires à 7 variables endogènes.

Equations	Variables endogènes							Ordre
	1	2	3	4	5	6	7	
(1)	1	1	0	0	0	0	0	0
(2)	1	1	0	0	0	0	0	
(3)	0	0	1	1	0	0	0	0
(4)	0	0	1	1	0	0	0	
(5)	0	0	0	1	1	0	0	1
(6)	1	0	1	0	1	1	0	2
(7)	0	1	0	1	0	1	1	3

La matrice est décomposable par bloc. Ce système de causalité contient deux (2) sous-systèmes de Cramer minima : l'un formé par les équations (1) et (2), l'autre par les équations (3) et (4). Ces deux sous-systèmes sont appelés "sous-systèmes complet d'ordre 0". Le système ci-dessus contient deux sous-systèmes complets d'ordre 0 {(1), (2) et (3), (4)}. Les accolades exprimant qu'il s'agit d'un ensemble d'équations. Les deux premières équations déterminent les valeurs des deux premières variables et les deux autres équations celles des deux variables suivantes.

Les équations (5) à (7) forment un sous-système linéaire indéterminé puisqu'elles contiennent 7 variables. En introduisant les valeurs des variables déterminées par les équations (1) à (4), on obtiendra un sous-système de Cramer qui n'est pas minimal puisqu'il peut contenir d'autres sous-systèmes de Cramer, car les équations (5) à (7) ne contiennent plus que 3 variables.

Ce nouveau sous-système de Cramer est soit décomposable, soit de causalité, soit indécomposable.

S'il est décomposable ou de causalité, ces sous-systèmes de Cramer sont des "sous-systèmes complets du 1er ordre". S'il est de causalité, la précédente méthode décrite peut être répétée jusqu'à ce que le système qui en résulte devienne décomposable ou indécomposable. Ce procédé est une succession de systèmes de Cramer.

Dans l'exemple précédent, le système de Cramer {(5), (6), (7)} est un système de causalité. Après les substitutions appropriées, l'équation (5) constitue un sous-système de Cramer minimal, c'est un sous-système complet de 1er ordre.

Le système de Cramer {(6), (7)} qui reste est un système de causalité. Après les substitutions appropriées, l'équation (6) devient également un sous-système de Cramer minimal ; ce sous-système est complet et de second ordre.

Graphe1 : Schéma fléché

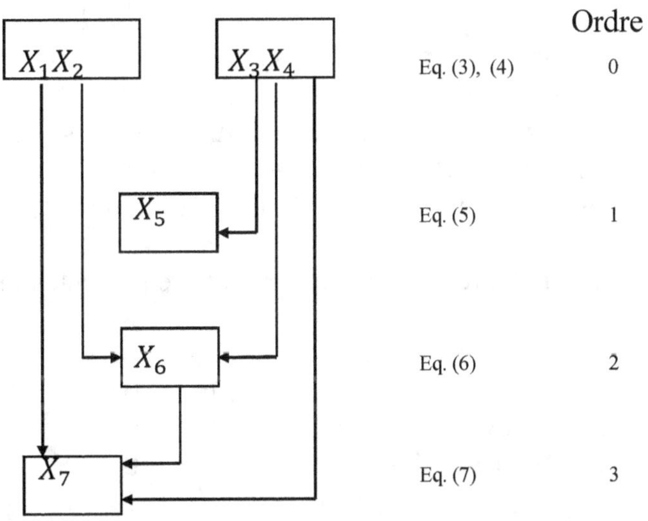

Le schéma se détermine à partir de l'influence que chaque variable endogène X_i a sur les autres variables X_{i-1} et sur les équations.

Le système de Cramer (7) est un sous-système complet de 3[e]ordre.

8.3.3. Diagonalisation et triangulation par blocs de matrices

L'objet ici est de déterminer si une matrice carrée peut être diagonalisée ou

triangulée par blocs. Un exemple nous permettra d'effectuer ces opérations de triangulation ou de diagonalisation par blocs.
Soit à considérer la matrice carrée suivante :

	Variables endogènes						
Equations	r	w	N	Y	P	V	W
1	1	0	0	0	0	0	0
2	0	0	0	1	1	0	0
3	0	0	1	1	0	0	0
4	0	1	1	0	0	0	0
5	0	1	1	0	0	0	0
6	0	0	0	1	1	1	0
7	0	1	0	0	1	0	1

Dans le modèle ci-dessus, existe-t-il un système d'ordre 0 ?
Si tel n'est pas le cas, nous pouvons conclure que le modèle est indécomposable. Il ressort que le système en compte, à savoir {(1)} en r et {(4), (5)} en N et W.
Renumérotons ces équations en leur attribuant dans l'ordre les numéros 1, 2 et 3. Appelons r, N et W respectivement par 1, 2 et 3. Quand ces lignes et ces colonnes sont éliminées de la matrice de départ, il existe une matrice 4×4. Puis, on cherche à nouveau des sous-systèmes complets, mais désormais du 1er ordre. Le modèle restant se présente ainsi qu'il suit :

	Y	P	V	w
(2)	1	1	0	0
(3)	1	0	0	0
(6)	1	1	1	0
(7)	0	1	0	1

seule l'équation (3) en Y constitue un tel sous-système.
Désignons par 4, l'équation (3) et la variable Y. En éliminant cette ligne et cette colonne, nous obtenons une matrice 3×3 dans laquelle nous retranchons des sous-systèmes complets du second ordre. L'équation (2) en P est la seule de ce genre qui existe.
Désignons par 5 l'équation (2) et supprimons la ligne de l'équation (2) et la colonne représentée par la variable P. En poursuivant cette opération, nous finissons par aboutir à un système complet du 3e ordre.

Désignons les lignes et les colonnes de la matrice initiale en fonction de la nouvelle numérotation.

Equations	Variables endogènes							Ordre
	r	w	N	Y	P	V	W	
(1)	1	0	0	0	0	0	0	0
(4)	0	1	1	0	0	0	0	0
(5)	0	1	1	0	0	0	0	
(3)	0	0	1	1	0	0	0	1
(2)	0	0	0	1	1	0	0	2
(6)	0	0	0	1	1	1	0	3
(7)	0	1	0	0	1	0	1	4

Il arrive que l'on soit amené à changer la disposition des colonnes. Dans le cas présent cela n'est pas nécessaire.

8.4. Le modèle général

8.4.1. Définition

On appelle modèle classique linéaire de dimension n, un modèle à n variables endogènes $Y_1, Y_2, \cdots, Y_n$ comportant n équations ($j = 1, \cdots, n$) exprimant chacune une seule variable endogène en fonction de m variables exogènes $X_1, X_2, \cdots, X_m$ ($i = 1, 2. \ldots m$) dont on connaît les réalisations au cours de T périodes. Quelquefois, les variables endogènes sont appelées régressants [9] et les variables exogènes, les régresseurs ou les variables prédéterminées.

Soit le système général de n variables endogènes $Y_1, Y_2, \cdots, Y_n$ et m variables exogènes $X_1, X_2, \cdots, X_m$ dont les réalisations au cours du temps T périodes sont connues.

$$b_{11}Y_{1t} + b_{12}Y_{2t} + \cdots + b_{1n}Y_{nt} + c_{11}X_{1t} + c_{12}X_{2t} + \cdots + c_{1m}X_{1m} = \varepsilon_{1t}$$
$$b_{21}Y_{1t} + b_{22}Y_{2t} + \cdots + b_{2n}Y_{nt} + c_{21}X_{1t} + c_{22}X_{2t} + \cdots + c_{2m}X_{1m} = \varepsilon_{2t}$$
$$\vdots$$
$$b_{n1}Y_{1t} + b_{n2}Y_{2t} + \cdots + b_{nn}Y_{nt} + c_{n1}X_{1t} + c_{n2}X_{2t} + \cdots + c_{nm}X_{1m} = \varepsilon_{nt}$$

Sous forme matricielle, nous avons :

$$\underbrace{B}_{(n\times n)} \underbrace{Y_t}_{(n\times 1)} + \underbrace{C}_{(n\times m)} \underbrace{X_t}_{(m\times 1)} = \underbrace{\varepsilon_t}_{(n\times 1)} \qquad (I)$$

[9] Luciole BATOLA (1983) : Statistique et Econométrie. Ed. Masson

Dans chaque équation, quelques coefficients sont nuls et la variable dont le coefficient est égal à 1 est la variable endogène ou dépendante. Ainsi, si une équation a tous ses coefficients, non nuls, égaux à 1 et ne comporte pas de terme aléatoire, cela traduit le fait qu'il s'agit d'une identité.

Finalement, les matrices se présentent comme suit :

$$\underset{(n\times n)}{B} = \begin{bmatrix} b_{11} & b_{12} & \cdots & b_{1n} \\ b_{21} & b_{22} & \dots & b_{2n} \\ \vdots & \ddots & \vdots & \vdots \\ b_{n1} & b_{n2} & \cdots & b_{nm} \end{bmatrix} \underset{(n\times m)}{C} = \begin{bmatrix} c_{11} & c_{12} & \cdots & c_{1m} \\ \vdots & \ddots & \vdots & \vdots \\ c_{n1} & c_{n2} & \cdots & c_{nm} \end{bmatrix}$$

$$\underset{(n\times 1)}{Y_t} = \begin{bmatrix} Y_{1t} \\ \vdots \\ Y_{it} \\ \vdots \\ Y_{nt} \end{bmatrix} \underset{(n\times 1)}{X_t} = \begin{bmatrix} X_{1t} \\ \vdots \\ X_{it} \\ \vdots \\ X_{mt} \end{bmatrix} \underset{(n\times 1)}{\varepsilon_t} = \begin{bmatrix} \varepsilon_{1t} \\ \vdots \\ \varepsilon_{it} \\ \vdots \\ \varepsilon_{nt} \end{bmatrix}$$

A titre d'exemple, si nous reprenons le modèle keynésien simplifié, nous pouvons faire l'écriture matricielle suivante :
Commençons par exprimer les ε_t en fonction des autres variables et paramètres d'où :

$$(II)\begin{cases} C_t - a_1 R_t - a_0 = \varepsilon_{1t} & (1') \\ I_t - b_1 R_{t-1} - b_0 = \varepsilon_{2t} & (2') \\ R_t - C_t - I_t = 0 & (3') \end{cases}$$

Soit, sous forme matricielle :

$$Y_t = \begin{bmatrix} C_t \\ I_t \\ R_t \end{bmatrix}; \qquad X_t = \begin{bmatrix} 1 \\ R_{t-1} \end{bmatrix}; \quad B = \begin{bmatrix} 1 & 0 & -a_1 \\ 0 & 1 & 0 \\ -1 & -1 & 1 \end{bmatrix}$$

$$C = \begin{bmatrix} -a_0 & 0 \\ -b_0 & -b_1 \\ 0 & 0 \end{bmatrix} \qquad \varepsilon_t = \begin{bmatrix} \varepsilon_{1t} \\ \varepsilon_{2t} \\ 0 \end{bmatrix}$$

Les colonnes de la matrice C sont déterminées par le nombre de variables exogènes et de constantes ou de constantes et de variables exogènes. Il faut respecter l'ordre défini au départ.

8.4.2. Le passage de la forme structurelle à la forme réduite

On peut estimer la matrice B et C sous forme structurelle, les variables dépendantes figurent ensemble avec les variables indépendantes dans chaque équation.
Si la matrice B est régulière, tous les éléments d'une puissance quelconque p^e sont positifs. Nous passons de la forme structurelle à la forme réduite en exprimant Y_t en fonction de X_t selon l'équation (1), soit :

$$Y_t = -B^{-1}CX_t + B^{-1}\varepsilon_t$$

$$Y_t=-B^{-1}CX_t+B^{-1}\varepsilon_t$$

posons $A = -B^{-1}C$ et $B^{-1}\varepsilon_t = \eta_t$

$$Y_t = AX_t + \eta_t \qquad (III)$$

qui représente la forme réduite ou canonique.
Sous certaines hypothèses, on peut estimer la matrice A. Toutefois, il faut se souvenir que les coefficients de la forme réduite n'ont pas de signification économique. Pour qu'il y en ait une, il faut revenir aux matrices B et C.
Par ailleurs, la connaissance des $n \times m$ éléments de la matrice $(-B^{-1}C)$ ne peuvent pas permettre d'identifier la matrice B (composée de $n \times m$ éléments) de même que la matrice C (composée de $n \times m$ éléments). On est en présence de $n \times m$ équations à $(n \times n)$ + $(n \times m)$ inconnues qui, sans restrictions supplémentaires, demeurent impossibles à résoudre.

8.5. Cas particulier : Les modèles récursifs

Un système d'équations est appelé "récursif" si chaque variable dépendante peut être déterminée de manière séquentielle :

$$Y_{1t} = f(X_{1t}, X_{2t}, \cdots, X_{kt}, \varepsilon_{1t})$$
$$Y_{2t} = f(X_{1t}, X_{2t}, \cdots, X_{kt}, Y_{1t}, \varepsilon_{2t})$$
$$Y_{3t} = f(X_{1t}, X_{2t}, \cdots, X_{kt}, Y_{1t}, Y_{2t}, \varepsilon_{3t})$$

Les variables endogènes sont le vecteur $Y_{it} = (Y_{1t}, Y_{2t}, Y_{3t})$; le vecteur des exogènes est $X_{it} = (X_{1t}, X_{2t}, \cdots, X_{kt})$.
Par hypothèse, les ε_{it}, variables aléatoires sont indépendantes et suivent une loi normale $(0, \sigma^2)$. C'est le vecteur des perturbations.

Dans ce modèle, nous remarquons que la première équation ne contient aucune variable endogène. La deuxième équation a pour variable "explicative" la variable endogène de la première équation, et ainsi de suite.

Lorsqu'un modèle à équations simultanées répond au critère de récursivité, il est licite d'appliquer la méthode des MCO équation par équation. En fait, dans ce cas particulier, il y a indépendance entre les variables dépendantes et les erreurs. Ainsi, dans la seconde équation, Y_{1t} dépend de ε_{1t} mais pas de ε_{2t}.

Les modèles récursifs sont également appelés "système triangulaire" du fait que les coefficients des variables dépendantes forment un triangle au sein de la matrice B.

Exemple 1 de modèle récursif ou récurrent

Soit le modèle suivant à trois équations relatif au marché du riz à Ouagadougou.

Dans ce modèle, la première équation rend compte de l'explication par la quantité Q produite et le résidu ε_t du prix à la production Y.

$$Y = a_0 + a_1 Q + \varepsilon_1 \qquad (1)$$

Le prix à la production est considéré comme variable exogène dans la détermination du prix de détail P.

$$P = b_0 + b_1 Y + \varepsilon_2 \qquad (2)$$

Enfin, le prix de détail entre à son tour, à côté d'une variable exogène nouvelle : le revenu R, dans l'explication de la consommation C.

$$C = c_0 + c_1 R + c_2 P + \varepsilon_3 \qquad (3)$$

Ainsi, la variable exogène Q explique, à partir d'un enchaînement causal, une partie des fluctuations du prix à la production Y (l'autre partie est considérée comme un résidu aléatoire ε_1), puis indirectement P, par le canal de Y, enfin C par le biais de Y et P, conjointement avec une nouvelle variable exogène : le revenu R.

Représentation schématique fléchée et par le système de Cramer

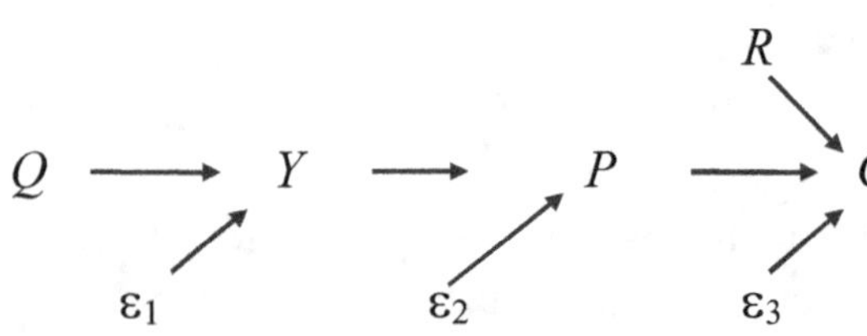

ou

Equations	Inconnus Y	P	C
(1)	1	0	0
(2)	1	1	0
(3)	1	1	1

Dans les équations simultanées, les variables endogènes se déterminent mutuellement sans priorité ni enchaînement causal logique ce qui n'est pas le cas dans les modèles récursifs.

8.6. Problème d'identification

8.6.1. Définition

Tout modèle (qu'il soit structurel ou réduit) est dit juste identifié si l'on dispose d'un ensemble unique de valeurs de ses coefficients ; il est dit non identifié dans le cas contraire.

8.6.2. Problème de l'identification du modèle structurel

Le modèle structurel sera identifié si l'on dispose de valeurs uniques de matrices B, C; il suffit d'avoir les valeurs uniques de B et de C, c'est-à-dire les valeurs uniques de n^2 éléments de B et des *nm* éléments de C.

Dans la présente section, il y a lieu de distinguer deux types de problèmes qui sont : les restrictions sur les coefficients et les conditions d'identification qui en découlent.

a) Restriction sur les coefficients

On parle de l'existence d'une restriction sur un coefficient de la forme structurelle, chaque fois qu'un paramètre est contraint - par l'écriture du modèle - à être égal à une valeur déterminée. Deux types de restrictions sont souvent retenus :

- Restrictions d'exclusion

Chaque fois qu'une variable endogène ou exogène n'apparaît pas dans une équation structurelle, cela revient à l'affecter d'un coefficient nul. Ainsi, dans le modèle keynésien simplifié, la variable I_t ne figure pas dans l'équation (1), son coefficient est de ce fait nul, traduisant que dans la matrice B, l'élément de la première ligne et de la deuxième colonne est égal à 0.

- Restrictions linéaires

Certaines spécifications de modèle imposent que des variables soient affectées d'un coefficient identique, ou qu'une combinaison linéaire de coefficients prenne une valeur précise. Il s'agit ici de restriction à priori sur les paramètres du modèle.

Exemple : $C = \alpha + \beta(Y - T)$

Y = Revenu brut avec $\alpha > 0$ et $0 < \beta < 1$

T = Impôt

En relation avec le problème de l'identification posé au départ pour le modèle structurel où nous savons qu'il y a n^2 éléments de B et

nm éléments de C, on peut déterminer les nm éléments de C en appliquant le théorème de Gauss-Markov[10].

b) Conditions d'identification

Les conditions d'identification se déterminent équation par équation :

- le modèle est dit identifiable quand il est possible d'estimer tous les coefficients de B et C à l'aide des coefficients de A ;
- le modèle est sur-identifié lorsqu'il existe des restrictions sur la matrice A;
- un modèle est juste identifié si toutes les équations sont justes identifiables ;
- si un modèle est sous-identifié, il n'existe aucune possibilité d'estimation des paramètres du modèle, celui-ci doit être re-spécifié. En d'autres termes, le nombre d'équations est inférieur au nombre de coefficients à estimer dans la forme structurelle.

c) Critères d'identification

Considérons le modèle sous forme structurelle avec les hypothèses précédentes (avec absence de colinéarité sur les exogènes de chaque équation).

- Chaque restriction sur la forme structurelle se caractérise par une relation linéaire homogène entre les coefficients d'une même équation ;

- on définira une matrice des restrictions ϕ_i relative à l'équation i et une matrice des structures P formée par la juxtaposition des matrices B et C ;

$P = [B\colon C]$ qui n'est pas un produit

Si P_i est la i^e ligne de la matrice P et ϕ_{ih} la h^e colonne de la matrice ϕ_i (correspondant à la h^e restriction sur l'équation i), on aura ;

$$P_i = \phi_{ih} = 0$$

qui forme un système de nm équations à $nm + n^2$ inconnues, donc un système sans solution. Pour que ce système possède une solution, il est nécessaire de réduire le nombre d'inconnues et le ramener à nm. Pour ce faire, on procède d'abord à une normalisation[11] du modèle structurel, c'est-à-dire à poser les éléments diagonaux de la (n^2) matrice B tous

---

[10] C'est un théorème qui a été utilisé en physique au départ

[11] Pour obtenir une diagonale unitaire on divise successivement les deux membres de chaque équation de la forme structurelle par $b_{11}, b_{22}, \cdots, b_{nn}$ et on obtient dans la matrice B une diagonale de 1, ce qui réduit le nombre de restrictions à priori de $(n \times n) - n = n^2 - n = n(n-1)$.

égaux à 1, de cette sorte que la variable endogène n°h ait 1 pour coefficient dans l'équation n° i et cela $\forall h = 1, 2, \cdots, m$. On prendra soin de normaliser l'écriture du modèle structurel dès le début du travail. Le nombre d'inconnues du système $A = -B^{-1}C$ est $nm + n^2 - n = nm + n(n-1)$.
En fait, cette normalisation permet plus tard d'avoir les véritables variables endogènes du système avec des coefficients toujours égaux à 1 (Restriction linéaire à priori).

Il est probable de pouvoir identifier le modèle structurel si $n(n-1)$ de ses coefficients sont connus *a priori* : on dit dans ce cas que le modèle présente $n(n-1)$) restrictions.
On peut énoncer une série de propositions sans en faire la démonstration

Proposition **1** : soit un modèle satisfaisant les hypothèses précédentes. La i^e équation est identifiable si et seulement si le rang de la matrice $P\phi_i$ est égal à $n' + n'' - 1$ ($n' + n''$représentant le nombre d'équations avec n' le nombre d'équations véritables et n'' le nombre d'identités).

$$r[P\phi_i] = n' + n'' - 1 = n - 1 \text{ avec } n' + n'' = n$$

Cette condition qui est considérée comme nécessaire et suffisante pour l'identification, s'appelle "condition de rang".

Proposition **2** : pour qu'une équation du modèle sous forme structurelle soit identifiable, il faut que ses coefficients soient soumis à au moins $(n' + n'' - 1)$ restrictions à priori. C'est la condition d'ordre qui est seulement nécessaire mais non suffisante.

Proposition[12] ***3*** : soit μ_i le nombre de restrictions effectives (restrictions d'exclusion et restrictions linéaires) qui affectent l'équation i :

1) si $\mu_i < n' + n'' - 1$, la i^e équation n'est pas identifiable. On parle de sous identification ;
2) si $\mu_i > n' + n'' - 1$, la i^e équation est suridentifiée;
3) si $\mu_i = n' + n'' - 1$, la i^e équation est juste identifiée.

En définitive, d'après les conditions d'identification et les propositions précédentes, il apparaît que le modèle est suridentifié dès qu'il existe plus

[12] μ_i = nombre de restrictions effectives ou sur les coefficients $n' + n'' - 1$ = nombre de restrictions à priori

de $(n' + n'' - 1)$ restrictions sur l'une quelconque des équations de la forme structurelle.

d) Exemples :

Considérons le modèle suivant comportant trois variables endogènes Y_1, Y_2, Y_3 et deux variables exogènes X_1, X_2.

A la période t, la forme structurelle est :

$Y_{1t} + c_{12}X_{2t} = \varepsilon_{1t}$ (1)

$b_{21}Y_{1t} + Y_{2t} + c_{21}X_{1t} = \varepsilon_{2t}$ (2)

$b_{31}Y_{1t} + Y_{3t} + c_{32}X_{2t} = \varepsilon_{3t}$ (3)

Réécrivons le modèle en remplaçant les variables manquantes par des zéros et en tenant compte de l'ordre de la forme structurelle générale Y_1, Y_2, Y_3, X_1, X_2.

$Y_{1t} + 0 + 0 + 0 + c_{12}X_{2t} = \varepsilon_{1t}$ (1)

$b_{21}Y_{1t} + Y_{2t} + 0 + c_{21}X_{1t} + 0 = \varepsilon_{2t}$ (2)

$b_{31}Y_{1t} + 0 + Y_{3t} + 0 + c_{32}X_{2t} = \varepsilon_{3t}$ (3)

Dégageons les matrices B et C

$$B = \begin{pmatrix} 1 & 0 & 0 \\ b_{21} & 1 & 0 \\ b_{31} & 0 & 1 \end{pmatrix} \qquad C = \begin{pmatrix} 0 & c_{12} \\ c_{21} & 0 \\ 0 & c_{32} \end{pmatrix}$$

La matrice des coefficients structurels P est :

$$P = (B \vdots C) = \begin{pmatrix} 1 & 0 & 0 & 0 & c_{12} \\ b_{21} & 1 & 0 & c_{21} & 0 \\ b_{31} & 0 & 1 & 0 & c_{32} \end{pmatrix}$$

Pour construire les matrices ϕ_i, il faut au préalable déterminer leurs caractéristiques générales. En effet, le nombre de lignes est déterminé par le nombre total de variables (endogènes et exogènes) du modèle. Quant au nombre de colonnes, il est égal au nombre de variables endogènes et exogènes absentes. Chaque colonne est constituée de 0 et d'un seul 1, toutefois si dans l'équation, il y a une restriction d'exclusion et une restriction linéaire, le nombre de 1 dans la colonne change pour être par exemple égal à 2.

Le 1 marque l'absence d'une variable ou la présence d'une restriction linéaire. Chaque ϕ_i représente la matrice pour une seule équation.

La matrice ϕ_1 des restrictions, relative à la première équation est :

$$\phi_1 = \begin{pmatrix} 0 & 0 & 0 \\ 1 & 0 & 0 \\ 0 & 1 & 0 \\ 0 & 0 & 1 \\ 0 & 0 & 0 \end{pmatrix}$$

Pour construire cette matrice ϕ_1 on procède ainsi qu'il suit :

- La première colonne de ϕ_1 est formée de 0 sauf pour le second terme égal à 1 qui correspond à l'exclusion de la seconde variable Y_2 de cette équation, c'est la première restriction.
- La deuxième colonne est constituée de 0 sauf le troisième terme égal à 1 qui correspond à l'exclusion de la troisième variable Y_3 de cette équation, c'est la seconde restriction.
- La troisième colonne est formée de 0 sauf l'avant dernier terme égal à 1 qui correspond à l'exclusion de la quatrième variable X_1.

Cette première matrice comporte $(n \times m)$ lignes et μ_1 colonnes, μ_1 étant le nombre de restrictions, dans le cas présent, le nombre de variables absentes de l'équation considérée.

De même, on peut déterminer ϕ_2 et ϕ_3

$$\phi_2 = \begin{pmatrix} 0 & 0 \\ 0 & 0 \\ 1 & 0 \\ 0 & 0 \\ 0 & 1 \end{pmatrix} \qquad \phi_3 = \begin{pmatrix} 0 & 0 \\ 1 & 0 \\ 0 & 0 \\ 0 & 1 \\ 0 & 0 \end{pmatrix}$$

La première colonne de ϕ_2 est constituée de 0 sauf le troisième terme égal à 1 qui correspond à l'absence de la troisième variable Y_3 de cette équation (1ère restriction). La seconde colonne est constituée de 0 sauf le dernier terme égal à 1 qui correspond à l'absence de la 5e variable. C'est la seconde restriction.

On procède de la même façon pour l'équation 3 et on détermine les matrices $P\phi_i$.

A l'aide des conditions précédemment définies on peut déduire les propriétés ci-après.

$$P\phi_1 = \begin{pmatrix} 0 & 0 & 0 \\ 1 & 0 & c_{21} \\ 0 & 1 & 0 \end{pmatrix} \quad P\phi_2 = \begin{pmatrix} 0 & c_{12} \\ 0 & 0 \\ 1 & c_{32} \end{pmatrix} \quad P\phi_3 = \begin{pmatrix} 0 & 0 \\ 1 & c_{21} \\ 0 & 0 \end{pmatrix}$$

Première équation

Nombre de restrictions $\mu_1 = 3$ correspondant au nombre de variables absentes :

- nombre d'équations véritables $n' = 3$
- nombre d'identités $n'' = 0$.

Par conséquent $n' + n'' - 1 = 3 + 0 - 1 = 2$

$$\mu_1 > n' + n'' - 1$$

L'équation (1) est suridentifiée ainsi que le modèle. C'est une condition nécessaire qui peut être démentie.

Le rang de la matrice $P\phi_1$ est $r = 2$. Il faut rappeler que "le rang d'une matrice A_1 de format (n, m) est le rang de ses m vecteurs colonnes : $A_1, A_2, \cdots, A_m$. Il est égal au rang de toute application linéaire représentée par A. En particulier, il est égal au rang de l'application linéaire A canoniquement associée à la matrice A. De là on tire une propriété fondamentale qui est *que le rang d'une matrice A de format* (n, m) *est inférieur ou égal au nombre de ses lignes* n *et de ses colonnes* m.

Dans le cas de la matrice $P\phi_1$, son rang est $r \leq 3$ puisque la matrice est (3,3) carrée.

Donc en procédant à des combinaisons linéaires sous forme de sous matrices carrées, on a des déterminants ≠ 0 et des sous-matrices d'ordre 2. D'où le rang de matrice $P\phi_1 = 2$.

Donc $r[P\phi_1] = n' + n'' - 1 = 2$ condition suffisante.

La 1ère équation est identifiable dans toutes les structures, c'est-à-dire quelles que soient les valeurs attribuées aux coefficients qui figurent dans P. Les conditions de rang viennent remettre en cause les conditions d'ordre.

Deuxième équation

- Condition d'ordre
  - nombre de restrictions $\mu_2 = 2$
  - nombre d'équations véritables $n' = 3$
  - nombre d'identités $n'' = 0$

D'où $\mu_2 = 3 + 0 - 1 = 2$

L'équation 2 est identifiable suivant la condition d'ordre.

- Condition de rang

$r[P\phi_2] = 2$ sauf pour $c_{12} = 0$ où $r[P\phi_2] = 1$

Cette dernière condition montre que l'équation est identifiable sauf pour $c_{12} = 0$.

Dans ce cas, l'équation (2) peut être identifiable. Elle le sera dans "presque toutes les structures" (sauf la structure pour laquelle $c_{12} = 0$). Dès lors, tous les déterminants des sous-matrices sont nuls, donc nous avons affaire à un scalaire.

Troisième équation

- Condition d'ordre
  - nombre de restrictions effectives $\mu_3 = 2;$
  - $\mu_3 = 3 + 0 - 1 = 2$

L'équation est identifiable

- Condition de rang

Toutefois $r[P\phi_3] = 1,$ puisque tous les déterminants des sous-matrices sont nuls. Il s'agit d'un scalaire.
L'équation (3) n'est jamais identifiable.

En conclusion, du fait de la non identification de l'équation (3), il en sera de même de l'ensemble du modèle. Certains éléments des matrices B et C ne pourront jamais être estimés. Le modèle doit être re-spécifié.

8.7. Les méthodes d'estimation

Au regard des analyses précédentes, les méthodes d'estimation auxquelles nous pouvons avoir recours dans le cadre des équations simultanées sont fonction du critère d'identifiabilité du modèle.

Trois cas peuvent être distingués :

- si le modèle est sous-identifié : pas d'estimation possible. Dans ce cas il faut réexaminer le modèle en vue d'en proposer un nouveau pour une meilleure spécification. En effet, la sous-identification signifie qu'il y a moins d'équations que de paramètres à identifier dans la forme structurelle.

Dans le cas d'un modèle juste ou sur-identifiable, nous pouvons distinguer la méthode à utiliser équation par équation, selon le critère d'identifiabilité :

- si l'équation est "juste identifiée" on a recours aux moindres carrés indirects (MCI) ou aux doubles moindres carrés (DMC).
- si l'équation est suridentifiée, les techniques d'estimation les plus appropriées sont les DMC, les Triples Moindres Carrés, la Méthode du Maximum de Vraisemblance.

8.7.1. Les Moindres Carrés Indirects

La méthode des MCI consiste à appliquer la méthode des MCO aux équations justes identifiables du modèle sous forme réduite ; il y a trois étapes qui sont :

- la transformation du modèle structurel en forme réduite ;
- l'estimation par les MCO des paramètres de chaque équation de la forme réduite ;
- la détermination des paramètres du modèle structurel en partant de la forme réduite.

Soit le modèle suivant sous sa forme structurelle :

$$BY_t + CX_t = \varepsilon_t$$

Sous certaines conditions, notamment B invariable, on a la forme réduite associée :

$$Y_t = AX_t + \eta_t \quad A = -B^{-1}C$$

Si chaque équation du modèle est identifiable, il est possible d'estimer les paramètres de la matrice A et en déduire les estimateurs des paramètres des matrices B et C.

L'estimateur des MCI de la forme réduite est considéré comme le meilleur estimateur linéaire sans biais qualifié en anglais de BLUE (Best Linear Unbiaised Estimator). En d'autres termes, cet estimateur fournit les variances les plus faibles.

Exemple :

Soit le modèle suivant sous forme structurelle :

$Y_{1t} = a(Y_{2t} + X_{1t}) + \varepsilon_{1t} \qquad (1)$

$Y_{2t} = aY_{1t} + cY_{1t-1} + \varepsilon_{2t} \qquad (2)$

Comme cité ci-dessus, il faut considérer le modèle sous forme réduite soit :

$$Y_{1t} = \frac{a}{1-ab}X_{1t} + \frac{ac}{1-ab}Y_{1t-1} + \frac{a\varepsilon_{2t}}{1-ab} + \frac{\varepsilon_{1t}}{1-ab}$$

$$Y_{2t} = \frac{ab}{1-ab}X_{1t} + \frac{c}{1-ab}Y_{1t-1} + \frac{\varepsilon_{2t} + b\varepsilon_{1t}}{1-ab}$$

Ici, l'hypothèse $E(Y_{2t}, \varepsilon_{1t}) = 0$ n'est pas vérifiée, donc il n'y a pas indépendance entre Y_{2t} et ε_{1t}.

Finalement, la forme réduite simplifiée s'écrit :

$$Y_{1t} = \alpha_1 X_{1t} + \alpha_2 Y_{1t-1} + \gamma_{1t}$$
$$Y_{2t} = \beta_1 X_{1t} + \beta_2 Y_{1t-1} + \gamma_{2t}$$

Les équations d'estimation sur des données réelles par les MCO ont donné pour Y_{it} et Y_{it}^* (série ajustée).

$$Y_{1t} = 0{,}60X_{1t} + 0{,}20Y_{1t-1} + e_{1t} = Y_{1t}^* + e_{1t}$$
$$Y_{1t} = 0{,}30X_{1t} + 0{,}15Y_{1t-1} + e_{2t} = Y_{2t}^* + e_{2t}$$

Le modèle sous forme matricielle s'écrit ainsi qu'il suit :
Réécrivons les équations en isolant les ε_{it}

$$Y_{1t} - aY_{2t} - aX_{1t} = \varepsilon_{1t}$$
$$-bY_{1t} + Y_{2t} - cY_{1t-1} = \varepsilon_{2t}$$

Forme matricielle

$$\begin{pmatrix} 1 & -a \\ -b & 1 \end{pmatrix}\begin{bmatrix} Y_{1t} \\ Y_{2t} \end{bmatrix} + \begin{pmatrix} -a & 0 \\ 0 & -c \end{pmatrix}\begin{bmatrix} X_{1t} \\ Y_{1t-1} \end{bmatrix} = \begin{bmatrix} \varepsilon_{1t} \\ \varepsilon_{2t} \end{bmatrix}$$

Soit : $Y = -B^{-1}CX + B^{-1}\varepsilon$

Posons $A = -B^{-1}C$ avec A, la matrice des coefficients estimés de la forme réduite.

Nous avons $BA = -C$, soit dans le cas présent de notre exemple

$$A = \begin{pmatrix} 0{,}60 & 0{,}20 \\ 0{,}30 & 0{,}15 \end{pmatrix} \qquad B = \begin{pmatrix} 1 & -a \\ -b & 1 \end{pmatrix} \qquad -C = \begin{pmatrix} -a & 0 \\ 0 & -c \end{pmatrix}$$

et

$$BA = \begin{pmatrix} 1 & -a \\ -b & 1 \end{pmatrix}\begin{pmatrix} 0{,}60 & 0{,}20 \\ 0{,}30 & 0{,}15 \end{pmatrix} = \begin{pmatrix} a & 0 \\ 0 & c \end{pmatrix}$$

Finalement on tire que :

$$0{,}60 - 0{,}30\,a = a$$
$$0{,}20 - 0{,}15\,a = 0$$

D'où

$$-0{,}60\,b + 0{,}30 = 0$$
$$-0{,}20\,b + 0{,}15 = c$$

On peut estimer à partir des deux dernières relations

$$b^* = \frac{0{,}30}{0{,}60} = 0{,}50$$

$c^* = -0{,}20 \times 0{,}50 + 0{,}15 = 0{,}05$

La détermination de c^* signifie que l'équation 2 est juste identifiée. On peut le vérifier en cherchant :

$$n' + n'' - 1 = 2 + 0 - 1 = 1$$

μ_2 = nombre de variables absentes ou de restrictions = 1

d'où $\mu_2 = n' + n'' - 1 = 1$

Par contre, la 1ère équation n'est pas identifiable et pour la raison suivante :

- il manque une variable exogène Y_{1t-1}. C'est la restriction d'exclusion ;
- les coefficients de Y_1 et X_2 sont égaux. C'est une restriction linéaire. Ce coefficient est a.

Par conséquent $\mu_1 = 2$, alors que $n' + n'' - 1 = 1$ d'où $\mu_1 > n' + n'' - 1$ entraînant la suridentification de l'équation 1.

L'inconvénient de l'estimation par les MCI est que les coefficients de la forme réduite ne sont pas significatifs. Comme on l'a vu ici, cette estimation ne permet pas de retrouver les paramètres structurels du fait de la suridentification de certaines équations. Toutefois, cette estimation donne de meilleurs coefficients pour la prévision sans permettre de montrer la structure économique.
Pour éviter de telles situations conduisant à l'impossibilité d'estimer certains coefficients, on a recours aux doubles moindres carrés (DMC).

8.7.2. Les DMC

Cette méthode s'applique aussi bien pour les modèles juste ou sur-identifiable. Elle est basée sur une démarche en deux étapes des MCO.
Reprenons le modèle à équations simultanées à n variables endogènes et m variables exogènes.

$$\begin{aligned} b_{11}Y_{1t} + b_{12}Y_{2t} + \cdots + b_{1n}Y_{nt} + c_{11}X_{1t} + c_{12}X_{2t} + \cdots + c_{1m}X_{1m} &= \varepsilon_{1t} \\ b_{21}Y_{1t} + b_{22}Y_{2t} + \cdots + b_{2n}Y_{nt} + c_{21}X_{1t} + c_{22}X_{2t} + \cdots + c_{2m}X_{1m} &= \varepsilon_{2t} \\ &\vdots \\ b_{n1}Y_{1t} + b_{n2}Y_{2t} + \cdots + b_{nn}Y_{nt} + c_{n1}X_{1t} + c_{n2}X_{2t} + \cdots + c_{nm}X_{1m} &= \varepsilon_{nt} \end{aligned}$$

a) Première étape

On exprime chaque variable endogène qui apparaît au second membre de l'équation, en fonction (linéaire) de toutes les variables exogènes. C'est une régression de chacune des variables endogènes :

$$\begin{aligned} y_{1t} &= \alpha_{11}X_{1t} + \alpha_{12}X_{2t} + \cdots + \alpha_{1m}X_{1m} + \mu_{1t} \\ y_{2t} &= \alpha_{21}X_{1t} + \alpha_{22}X_{2t} + \cdots + \alpha_{2m}X_{1m} + \mu_{2t} \\ &\vdots \\ y_{nt} &= \alpha_{n1}X_{1t} + \alpha_{n2}X_{2t} + \cdots + \alpha_{nm}X_{1m} + \mu_{nt} \end{aligned}$$

Puis, on estime les coefficients α par les MCO soient $\alpha_{11}^*, \alpha_{12}^*, \cdots, \alpha_{nm}^*$ les estimateurs. On obtient les Y_{it}^*.

b) Deuxième étape

On remplace les variables endogènes figurant à gauche des équations structurelles par leurs valeurs ajustées à l'aide des modèles estimés.

$$Y_{1t} = b_{12}Y_{2t}^* + \cdots + b_{1n}Y_{nt}^* + c_{11}X_{1t} + c_{12}X_{2t} + \cdots + c_{1m}X_{1m} + \varepsilon_{1t}$$
$$Y_{2t} = b_{21}Y_{1t}^* + \cdots + b_{2n}Y_{nt}^* + c_{21}X_{1t} + c_{22}X_{2t} + \cdots + c_{2m}X_{1m} + \varepsilon_{2t}$$
$$\vdots$$
$$Y_{nt} = b_{n1}Y_{1t}^* + \cdots + b_{n(n-1)}Y_{(n-1)t}^* + c_{n1}X_{1t} + c_{n2}X_{2t} + \cdots + c_{nm}X_{1m} + \varepsilon_{nt}$$

Les propriétés de l'estimateur des DMC sont identiques de manière asymptotique à celle d'un estimateur classique ; en d'autres mots, pour les échantillons de petite taille, les estimations des paramètres peuvent être biaisées.

Etape 1: Reprenons l'exemple du modèle à deux équations.

Régressons la variable endogène Y_{2t} sur toutes les variables exogènes (X_{1t} et Y_{1t-1})

Etape 2 : Calculons la série ajustée Y_{2t}^*

$$Y_{2t}^* = 0{,}30X_{1t} + 0{,}15Y_{1t-1}$$

Etape 3 : On remplace la variable endogène Y_{2t} par sa valeur ajustée Y_{2t}^* dans l'équation (1)

$$Y_{1t} = a(Y_{2t}^* + X_{1t}) + \varepsilon_{1t}$$

La régression par les MCO donnera la valeur de α^* connaissant désormais Y_{2t}^* et X_{1t}.

On sait que $Y_t - Y_t^* = e_t \Rightarrow Y_t = Y_t^* + e_t$

CHAPITRE 9 :

LES MODELES NON LINEAIRES

CHAPITRE 9 :

LES MODELES NON LINEAIRES

INTRODUCTION

Ce qui distingue un modèle linéaire d'un modèle non linéaire c'est la forme des équations. Ainsi, lorsque la variable expliquée Y_t du modèle se définit en fonction des paramètres à estimer par un polynôme du premier degré, le modèle est linéaire. Dans le cas contraire, le modèle ne l'est plus.
Même si les modèles linéaires présentent un certain nombre d'avantages tels que (J. Dubois 1971) :

- la signification concrète qu'ils donnent aux coefficients ;
- les possibilités de calculer les élasticités, les propensions qui sont des coefficients ayant un sens économique ;
- les coefficients, pour leur estimation permettent de recourir à plusieurs méthodes :
  - ✓ l'inversion de matrices, programmation linéaire etc.;
  - ✓ l'utilisation du calcul automatique qui est plus délicat lorsqu'on abandonne l'hypothèse de la linéarité.

Ils montrent aussi de nombreux inconvénients qui sont :

- la dissimulation de la colinéarité ;
- la trop grande simplification tendant à appauvrir la réalité. La linéarité n'enregistre aucune oscillation susceptible d'avoir de l'importance, dans l'étude des fluctuations économiques en particulier ;
- la difficulté d'ajuster les modèles de croissance, notamment des modèles de type logistique dont les paramètres sont estimés par les méthodes spécifiques. C'est le cas du modèle

$$Y_t = \frac{b}{1+e^{-Bt-c}} \qquad (1)$$

Pour éviter de tels inconvénients, on présente de nombreux modèles sous la forme non linéaire.
Ainsi, les équations suivantes sont considérées comme des modèles linéaires :

$$Y_t = \beta_1 X_{1t} + \beta_2 X_{2t} + \cdots + \beta_k X_{kt} + \varepsilon_t \qquad (2)$$

$$Y_t = \beta_0 + \beta_1 X_{1t} + \beta_2 X_{2t} + \cdots + \beta_q X_{qt}^q \qquad (3)$$

L'équation (3) est une fonction polynomiale de degré q. Elle est également par définition, linéaire sur ces paramètres. Selon les valeurs de q, la forme de la courbe varie.
L'estimation des paramètres de ces modèles passe par la technique des MCO conduisant à des estimateurs linéaires centrés à variance minimale.
A l'inverse de ces modèles, se présentent des formes non linéaires telles que les fonctions de production Q_t et de consommation (C_t).

$Q_t = \alpha L^{\beta_1} K_t^{\beta_2} + \varepsilon_t$ (4)

$C_t = \beta_1 + \beta_2 Y_t^{\beta_3} + \varepsilon_t$ (5)

dans lesquels les paramètres à estimer sont α, β_1, β_2, et β_3. Notons que les modèles (4) et (5) peuvent être linéarisés par l'intermédiaire des logarithmes. Il existe des modèles où cette procédure n'est pas possible. Soit le modèle ci-après :

$$Y_t = \beta X_{1t} + \beta^2 X_{2t} + \varepsilon_t \qquad (6)$$

β obtenu par moindres carrés est la valeur qui minimise la somme des carrés des résidus ;

$$S(\beta) = \sum_{t=1}^{T} \varepsilon_t^2 = \sum (Y_t - \beta X_{1t} - \beta^2 X_{2t})^2 \qquad (7)$$

La condition du 1er ordre ou l'équation normale qui rend minimum cette fonction est donnée par :

$$\frac{dS}{d\beta} = 2\sum_{t=1}^{T}(Y_t - \beta X_{1t} - \beta^2 X_{2t})\left(-\frac{dY_t}{d\beta}\right)$$

$$\frac{dS}{d\beta} = 2\sum_{t=1}^{T}(Y_t - \beta X_{1t} - \beta^2 X_{2t})\,(-\beta X_{1t} - 2\beta X_{2t}) = 0 \qquad (8)$$

en développant, on peut réécrire l'équation (8) qui est :

$$\frac{dS}{d\beta} = 2\beta^3 \sum_{t=1}^{T} X_{2t}^2 + 3\beta^2 \sum_{t=1}^{T} X_{1t} X_{2t} + \beta\left(\sum_{t=1}^{T} X_{1t}^2 - 2\sum_{t=1}^{T} X_{2t} Y_t\right) - \sum_{t=1}^{T} X_{1t} Y_t = 0 \qquad (9)$$

L'équation est cubique en β et il existe trois solutions possibles. Toutefois la valeur de β qui est recherchée est le minimum global valable pour l'ensemble de l'équation.

Finalement, la détermination du paramètre β de l'équation (9) est assez complexe sous cette forme. Pour ce faire, on a recours à d'autres techniques qui seront exposées plus tard dans ce chapitre.

Au regard des développements précédents, il y a lieu de distinguer deux formes de modèles. Ceux qui se prêtent aisément à la linéarisation par les méthodes classiques et les modèles plus complexes.

9.1. Les modèles simples

Soit le modèle suivant :

$Y_t = AX_t^{\beta}(1 + \varepsilon_t)$ (10)

où A est une constante et β le paramètre à estimer.

Le principe de linéarisation de ce type de modèle passe par les logarithmes

$LogY_t = LogA + \beta LogX_t + Log(1 + \varepsilon_t)$

Posons $1 + \varepsilon_t = \nu_t$

$LogY_t = LogA + \beta LogX_t + Logv_t$ (11)

L'équation (11) est ramenée à une forme linéaire et pour estimer les paramètres, on recourt à la technique des MCO.

Exemple numérique

Soit à considérer la fonction de production suivante Q de Cobb-Douglas :

$Q = \beta_1 L^{\beta_2} K^{\beta_3}$ (12)

Les données ci-après représentent les résultats d'une enquête menée en Côte-d'Ivoire auprès d'une trentaine d'entreprises situées dans le secteur agro-alimentaire. Les variables sont exprimées en millions de F CFA.

Travail à faire : Estimer les paramètres du modèle

Tableau 1: Données[13] de production pour 30 entreprises agro-alimentaires en Côte d'Ivoire (en millions de FCFA)

L	K	Q
228	802	257
258	249	425
821	771	1221
192	212	522
495	758	848
487	425	763
321	232	623
748	817	1031
727	845	1578
456	213	882
458	184	874
323	121	425
475	295	978
429	277	954
231	546	623
235	129	875
159	117	425
811	906	1825
512	223	997
250	145	875
233	161	525
483	124	189
682	836	1357
116	521	958
440	495	879
456	185	854
342	121	458
358	485	386
162	420	878
631	521	924

Solution:

a) Les coefficients β_2 et β_3 expriment respectivement l'élasticité de la production du facteur travail et l'élasticité de la production du facteur capital.

En effet, nous avons un modèle qui est :

$$Q = \beta_1 L^{\beta_2} K^{\beta_3}$$

Cette équation peut être transformée en logarithmes, soit :

$Log(Q) = Log\beta_1 + \beta_2 LogL + \beta_3 LogK$ (13)

Il faut se rappeler que l'élasticité de Y à X est le rapport de variation relative :

[13] Ce sont des données fictives que nous avons générées

$$e = \frac{\frac{\Delta Y}{Y}}{\frac{\Delta X}{X}} = \frac{\partial LogY}{\partial LogX}$$

e = rapport des dérivées logarithmiques.

Ceci montre bien que β_2 et β_3 sont effectivement des élasticités.
Dans tout modèle spécifié sous forme $Log - Log$, les coefficients s'interprètent directement en termes d'élasticités.

b) Estimation des coefficients

Le modèle de production à estimer se présente ainsi qu'il suit :

$$Log(Q) = Log\beta_1 + \beta_2 LogL + \beta_3 LogK + \varepsilon$$

Les résultats sont :
$n = 30$ observations
$LogQ$ =variable dépendante

Variable	Coefficient	Std. Error	t-Statistic	Prob.
Log L	0.324327	0.171755	1.888317	0.0698
Log K	0.240793	0.126336	1.905972	0.0674
C	3.282067	0.980857	3.346123	0.0024
R-squared	0.311256	Meandependent var		6.589555
Adjusted R-squared	0.260238	S.D. dependent var		0.509405
S.E. of regression	0.438136	Akaike info criterion		1.282066
Sum squared resid	5.183012	Schwarz criterion		1.422186
Log likelihood	-16.23099	F-statistic		6.100895
Durbin-Watson stat	1.656984	Prob(F-statistic)		0.006513

Tableau 2: Données en logarithmes népériens de la production des 30 entreprises

Log L	*Log L*	*Log Q*
5,43	6,69	5,55
5,55	5,52	6,05
6,71	6,65	7,11
5,26	5,36	6,26
6,20	6,63	6,74
6,19	6,05	6,64
5,77	5,45	6,43
6,62	6,71	6,94
6,59	6,74	7,36
6,12	5,36	6,78
6,13	5,21	6,77
5,78	4,80	6,05
6,16	5,69	6,89
6,06	5,62	6,86
5,44	6,30	6,43
5,46	4,86	6,77
5,07	4,76	6,05
6,70	6,81	7,51
6,24	5,41	6,90
5,52	4,98	6,77
5,45	5,08	6,26
6,18	4,82	5,24
6,53	6,73	7,21
4,75	6,26	6,86
6,09	6,20	7,78
6,12	5,22	6,78
5,83	4,80	6,13
5,88	6,18	5,96
5,09	6,04	6,78
6,45	6,26	6,83

Les t de Student calculés (t_c) sont inférieurs au t lu (t_α) au seuil de 5 % ; qui est $t_{0,05}(27) = 2{,}05$, sauf pour la constante c où le t_c est supérieur. Les coefficients sont néanmoins différents de 0 à ce seuil.

Il est logique qu'il en soit ainsi dans la mesure où la production doit augmenter quand le travail croit ou lorsque l'entreprise augmente ses moyens de production. L'estimation statistique n'est pas satisfaisante.

Rappelons que le modèle n'était pas daté, il est spécifié en coupe instantanée, de ce fait, la statistique de Durbin Watson ne s'interprète pas.

L'élasticité de la production au travail est égale à $\beta_2 = 0{,}32$ et celle du capital $\beta_3 = 0{,}24$.

En d'autres termes, si le facteur capital augmente de 10%, la production augmente de 2,4% et si le facteur travail augmente de 10%, la production augmente de 3,2%.

La fonction de production estimée est :

$$Q^* = 26{,}63K^{0{,}24}L^{0{,}32} \qquad (14)$$

La question qu'il faut examiner est la constance ou non des rendements d'échelle ? Il faut rappeler qu'il existe trois situations :

- les rendements sont croissants si $\beta_2 + \beta_3 > 1$ signifiant que la production augmente dans une proportion plus rapide que celle des facteurs;
- les rendements sont constants si $\beta_2 + \beta_3 = 1$, traduisant que la production augmente dans une proportion identique aux facteurs de production ;
- les rendements sont décroissants si $\beta_2 + \beta_3 < 1$, ce qui veut dire que la production se développe moins rapidement que les facteurs de production.

Il est à noter que : $_2 + \beta_3 = 0{,}32 + 0{,}24 = 0{,}56$ et pour quelle probabilité critique cette valeur est-elle significativement inférieure à 1 ?

On est ramené à un test d'hypothèse classique :

H_0: $\beta_2 + \beta_3 = 1$

H_1: $\beta_2 + \beta_3 < 1$

En rappel, le t calculé sous H_0 est égal à :

$$t_c = \frac{\beta_2^* + \beta_3^* - 1}{\sigma(\beta_2^* - \beta_3^*)} \qquad (15)$$

Or,

$$\sigma^{*2}(\beta_2^* + \beta_3^*) = \sigma_{\beta_2^*}^{*2} + \sigma_{\beta_2^*}^{*2} + 2cov(\beta_2^*, \beta_3^*)$$

$$\sigma^{*2}(\beta_2^* + \beta_3^*) = 0{,}01596 + 0{,}02950 - 2 \times 0{,}00890 = 0{,}02766$$

$$t_c = \frac{\beta_2^* + \beta_3^* - 1}{\sigma(\beta_2^* - \beta_3^*)} = \frac{0{,}32 + 0{,}24 - 1}{0{,}166313} = -2{,}65 \qquad (16)$$

Pour un seuil de confiance de 95%, la valeur du t de Student ayant la probabilité $\alpha = 0{,}05$ et d'être dépassée lorsque le nombre de degrés de liberté est $T - p = 30 - 3 = 27$, et $t_\alpha = 2{,}05$.

Nous avons 5% de risques de rejeter l'hypothèse H_0 à tort, on peut considérer les rendements d'échelle comme significativement décroissants. De plus, nous avons $t_c < t_\alpha$, ce qui confirme le rejet de l'hypothèse H_0. En d'autres termes, la production de ces entreprises en Côte d'Ivoire se développe moins vite que les 2 facteurs. La productivité est faible et il y a manque de compétitivité probable par rapport à l'extérieur.

9.2. Les modèles de diffusion et de courbe de vie[14]

Ces modèles sont particulièrement appliqués dans le cas de lancement des produits ou de leur diffusion. On se préoccupe d'examiner les différentes phases d'évolution du produit depuis le lancement en passant par la croissance, la maturité, la saturation et le déclin.
C'est le cycle de vie du produit. Les ventes évoluent en fonction du temps ; le démarrage est considéré comme lent en ce sens que le bien est inconnu et ne rentre pas dans les habitudes de consommation des agents économiques, puis elles connaissent une accélération ou une croissance rapide. La courbe selon Bourbonnais (1993) passe par un point d'inflexion à partir duquel le rythme de croissance des ventes diminue. Durant cette période (maturité), se réalise l'essentiel des bénéfices, et se termine par un minimum à partir duquel s'opère un fléchissement des ventes (retournement de tendance). Généralement, la littérature distingue deux types de modèles: le modèle logistique ou de Verhulst et le modèle itératif ou de Gompertz.

9.2.1. Le modèle logistique.

a) Définition

C'est un modèle qui est défini comme suit :

$$Y_t = \frac{Y_{max}}{1+Ae^{rt}} \qquad (17)$$

où Ae^{rt}sont les paramètres du modèle $(0 < r < 1)$, r définit la vitesse de diffusion, Y_{max} représente le seuil de saturation.
Si $t \to \infty$ on a$Y_t \to Y_{max}$, et si $t \to -\infty$ alors $Y_t \to 0$

b) Estimation des paramètres

Compte tenu de la forme du modèle, le recours aux formes traditionnelles (MCO) d'estimation n'est pas possible. Il existe d'autres formes dans l'estimation de ce type de modèle qui sont entre autres :

---

[14] Il existe une différence entre le modèle de diffusion et celui de cycle de vie. Le second est représenté par les ventes de la firme (en ordonnées) tandis que le premier est représenté par le cumul des ventes. Dans les deux cas, les abscisses sont indiquées par le temps. La formule est aussi identique.

- les approches intuitives. On émet au départ des hypothèses sur les valeurs du niveau de saturation ;
- les approches analytiques relatives à la résolution d'équations non linéaires.

Nous nous intéresserons aux approches mathématiques uniquement. Pour les autres méthodes, il est possible de se référer à des auteurs tels que : Régis Bourbonnais (1993).

Parmi les méthodes analytiques, il y a la méthode des trois points, celle du balayage et les méthodes de régression non linéaire. Nous retiendrons uniquement celle de la régression non linéaire.

c) Application

Tableau 3 : Répartition des vélos pour 1000 habitants au Burkina Faso de 1967 à 1993.

ANNEES	t	TAUX = Y_t
1967	1	15,2
1968	2	17,6
1969	3	20,0
1970	4	25,4
1971	5	27,3
1972	6	30,9
1973	7	36,1
1974	8	40,5
1975	9	44,0
1976	10	51,8
1977	11	74,7
1978	12	77,1
1979	13	89,5
1980	14	92,4
1981	15	101,0
1982	16	105,0
1983	17	112,3
1984	18	140,9
1985	19	141,4
1986	20	146,6
1987	21	160,0
1988	22	166,8
1989	23	180,5
1990	24	192,7
1991	25	197,1
1992	26	207,4
1993	27	226,6

Les enquêtes effectuées auprès d'autres pays (Chine) estiment que le taux d'équipement maximum est de 600 pour 1000 habitants. On demande de déterminer les paramètres du modèle.

Solution :
Il s'agit d'estimer les paramètres pour $Y_{max} = 600$. Pour ce faire, il faut linéariser la fonction :

$$Y_t = \frac{Y_{max}}{1+Ae^{rt}}$$

Cette fonction peut aussi s'écrire :

$$\frac{Y_{max}}{Y_t} = 1 + Ae^{rt}$$

La linéarisation implique le recours aux logarithmes. Nous utilisons les logarithmes népériens ce qui nous permet de poser :

$$y_t = Log\left(\frac{Y_{max}}{Y_t} - 1\right) \qquad (18)$$

d'où

$$y_t = LogA + Loge^{rt}$$

posons: $e^r = b$

$$y_t = LogA + tLogb$$

avec

$$LogA = a_0 \text{ et } Logb = a_1$$

d'où $$y_t = a_0 + a_1 t \qquad (19)$$

Ce qui donne le modèle sous forme linéaire rappelant une régression par rapport au temps t. La procédure consiste à calculer la nouvelle variable endogène. C'est-à-dire :

$$Log\left(\frac{600}{Y_t} - 1\right) = y_t \qquad (20)$$

Tableau 4 : Log de la répartition des vélos au Burkina Faso pour 1000 habitants.

t	Y_t
1	3,65
2	3,50
3	3,37
4	3,12
5	3,04
6	2,91
7	2,75
8	2,63
9	2,54
10	2,36
11	1,95
12	1,91
13	1,74
14	1,70
15	1,60
16	1,55
17	1,47
18	1,18
19	1,18
20	1,13
21	1,01
22	0,95
23	0,84
24	0,75
25	0,71
26	0,64
27	0,50

Les résultats de l'estimation par les MCO sont :

$$LogA = 3{,}5714 = a_0$$
$$Logb = -0{,}121 = a_1$$
$$y_t = 3{,}5714 - 0{,}121t$$

d'où

$$Y_t = \frac{Y_{max}}{1+Ae^{rt}} = Y_t = \frac{600}{1+35{,}57e^{-0{,}121t}} \quad (21)$$

Principales statistiques :
R multiple 0,988
R^2 0,978
R^2ajusté 0,977
Durbin-Watson 0,36
signification $F =$ 0,0000

Variables Statistique	Coefficients	Erreur standard	T.
C	3,574838	0,058402	61,211
T	-0,121253	0,003645	-33,262

De manière générale, la qualité statistique du modèle est bonne. Il reste que le Durbin-Watson par contre est très mauvais. Dans un tel cas, comme on l'a vu dans l'analyse des processus aléatoires, il est possible que la distribution ne soit pas stationnaire, de sorte qu' il faudra recourir à d'autres tests que celui de Durbin -Watson.

9.2.2. Modèles itératifs ou de Gompertz

Les précédents modèles ont montré qu'il était possible de passer par certaines techniques (MCO) pour linéariser ces modèles. Il reste cependant que certains d'entre eux ne se prêtent pas à de telles techniques.

a) Méthodes d'estimation

L'estimation des modèles non linéaires se fondent sur les méthodes itératives dans lesquelles l'équation est linéarisée à l'aide d'un développement limité d'une série de Taylor. La méthode se base quel que soit le type d'algorithme sur un jeu de valeurs de coefficients initiaux. Les MCO interviennent sur l'équation linéaire de manière à estimer les nouveaux coefficients. Ces nouveaux coefficients occasionnent, au moyen d'un nouveau développement limité, à une nouvelle linéarisation. L'itération s'arrête quand deux estimations successives des coefficients sont relativement stables.

Soit le modèle général suivant

$Y_t = f(a_1, a_2, \cdots, a_k, X_{1t}, \cdots, X_{kt}) + \varepsilon_t$

$Y_t = f(X, a) + \varepsilon_t$ (22)

où X représente la matrice des observations des variables exogènes et a est le vecteur des coefficients à estimer.

La préoccupation ici est de chercher l'estimateur a des moindres carrés qui minimise la somme des carrés des résidus sous réserve des hypothèses classiques relatives à ε_t.

Si la fonction f est développée en série de Taylor au voisinage d'un point des coordonnées $(a_1^0, \cdots, a_p^0)$, valeurs admissibles pour le modèle, il devient :

$$\begin{cases} f(a_1, a_2, \cdots, a_k, X_1, \cdots, X_{kt}) = f(a_1^0, \cdots, a_k^0, X_{1t}, \cdots, X_{kt}) \\ \quad + \sum_{i=1}^{k} \left[\frac{\partial f}{\partial a_i} / a = a^0\right] (a_i - a_i^0) + \cdots + a(a - a^0) \end{cases} \quad (23)$$

Retenons sans démontrer les deux premiers termes du développement et en rapportant l'expression de f dans l'équation (23) il en résulte une approximation linéaire du modèle, soit :

$$Y_t = f(a_1^0, \cdots, a_k^0, X_{1t}, \cdots, X_{kt}) + \sum_{i=1}^{k} \left[\frac{\partial f}{\partial a_i} / a = a^0\right] (a_i - a_i^0) + \varepsilon_t \quad (24)$$

Posons $f(a_1^0, \cdots, a_k^0, X_{1t}, \cdots, X_{kt}) = f_t^0$

d'où

$$Y_t = f_t^0 + \sum_{i=1}^{k} \left[\frac{\partial f}{\partial a_i} / a = a^0\right] (a_i - a_i^0) + \varepsilon_t \quad (24')$$

En d'autres termes, l'expression (24′) s'écrit :

$$Y_t - f_t^0 = \sum_{i=1}^{k} \left[\frac{\partial f}{\partial a_i} / a = a^0\right] (a_i - a_i^0) + \varepsilon_t \quad (25)$$

A partir de cette expression on peut recourir aux MCO en régressant :

$$Y_t - f_t^0 \text{ sur } \left[\frac{\partial f}{\partial a_i} / a = a^0\right]$$

Au plan pratique, on combine MCO et calcul matriciel pour estimer les coefficients.

Soit à transformer sous forme matricielle l'expression (25) et posons :

$$Y - f^0 = Z(a)(a - a^0) + \varepsilon \quad (26)$$

avec comme notation matricielle :

$$Y = \begin{pmatrix} y_1 \\ \vdots \\ y_i \\ \vdots \\ y_T \end{pmatrix} \qquad f^0 = \begin{pmatrix} f_1^0 \\ \vdots \\ f_T^0 \end{pmatrix}$$

On peut écrire sous forme matricielle chaque membre de l'expression (25)

$$Y - f^0 = \begin{pmatrix} y_1 - f_1^0 \\ y_2 - f_2^0 \\ \vdots \\ y_T - f_T^0 \end{pmatrix} \quad (27a)$$

$$(a - a^0) = \begin{bmatrix} a_1 - a_1^0 \\ a_2 - a_2^0 \\ \vdots \\ a_T - a_T^0 \end{bmatrix} \qquad Z(a) = \begin{pmatrix} \left(\frac{\partial f_1}{\partial a_1}\right)^0 & \cdots & \left(\frac{\partial f_1}{\partial a_k}\right)^0 \\ \vdots & \vdots & \vdots \\ \left(\frac{\partial f_k}{\partial a_1}\right)^0 & \cdots & \left(\frac{\partial f_k}{\partial a_k}\right)^0 \end{pmatrix} \quad (27b)$$

$$\varepsilon = \begin{bmatrix} \varepsilon_1 \\ \vdots \\ \varepsilon_T \end{bmatrix}$$

L'estimateur qui résulte des MCO de $(a-a^0)$ est :

$$(a^*-a^0) = [Z'(a)Z(a)]^{-1}Z'(a)(Y-f^0) \qquad (28)$$

On tire de l'égalité (28) l'estimateur

$$a^* = a^0 + [Z'(a)Z(a)]^{-1}Z'(a)(Y-f^0) \qquad (29)$$

L'opération se poursuit en prenant comme nouvelle valeur de a^0 dans l'équation (26) $a_2^* = a_1$ce qui conduit après à une nouvelle régression

$$a_2^* = a_1 + [Z'(a_1)Z(a_1)^{-1}Z'(a_1)(Y-f^{-1})] \qquad (30)$$

Le processus est arrêté à la k^e itération, quand il est observé une certaine stabilité des coefficients estimés à savoir :

$$a^* = a^j \cong a^{j-1}$$

Certains auteurs tels que R. Giraud et N. Chaix (1989) estiment qu'on arrêtera l'opération dès que deux valeurs estimées diffèrent d'une valeur inférieure à η que l'on se donne.

$$\left|\frac{a_i^{*j}-a_i^{*j-1}}{a_i^{*j}}\right| < \eta \text{ avec } i = 1,\cdots,k$$

η est un nombre aussi petit que l'on désire. De manière concrète, la démarche peut se présenter sous forme de tableau.

Temps (t)	Y_t	$f_t(a_0)$	$Y_t - f_t(a_0)$	$\frac{\delta f_t}{\delta a}$**(a0)**	$\frac{\delta f_t}{\delta a}$ **(a0)]²**	$(Y_t$ - **ft(a0) (**$\frac{\delta f_t}{\delta a}$ **(a0))**
1	.	.	.	.	.	
2	.	.	.	.		
.	.	.	.	.	.	
.	.	.	.	.	.	
.	.	.	.	.		
n						
					$\Sigma[\frac{\delta f_t}{\delta a}$ **(a0)]²**	$\Sigma(y_t-f_t^{(a_0)})$ **(**$\frac{\delta f_t}{\delta a}$**(a0))**

Au plan pratique de la démarche, considérons :

$$\sum \left[\frac{\partial f_t^{(a_i)}}{\partial a} \right]^2 = A_i$$

$$\sum \left(Y_t - f_t^{(a_i)} \right) \left[\frac{\partial f_t^{(a_i)}}{\partial a} \right] = B_i$$

En se donnant la première valeur de a, c'est-à-dire a_0, le processus itératif devient :

- détermination du premier estimé a_1^* :

$$(a_1^* - a_0) = B_1 \frac{1}{A_1} = c_1$$

$$a_1^* = a_0 + c_1$$

- détermination du second a estimé a_2^* :

$$(a_2^* - a_1^*) = B_2 \frac{1}{A_2} = c_2$$

d'où,

$$a_2^* = a_1^* + c_2$$

$$\vdots$$

$$(a_{k-1}^* - a_{k-2}^*) = B_{k-1} \frac{1}{A_{k-1}} = c_{k-1}$$

$$a_{k-1}^* = a_{k-2}^* + c_{k-1}$$

$$(a_k^* - a_{k-1}^*) = B_k \frac{1}{A_k} = c_k$$

$$a_k^* = a_{k-1}^* + c_k$$

on s'arrête à la k^e itération parce que a^*et a_{k-1}^* sont presque identiques.
Ou bien on se fixe une différence telle que :

$$a_k^* - a_{k-1}^* = \eta$$

Cet écart η est appelé seuil de convergence.
Toute autre itération qui viendrait aurait le même écart η_t. Ce processus itératif ainsi défini est appelé algorithme de Gauss-Newton.

Application :

Considérons le modèle $Y_t = e^{-at} + \varepsilon_t$, selon la distribution suivante :

T	Y_t
1	0,89
4	0,65
5	0,60
7	0,50
8	0,45
11	0,30
12	0,25
14	0,15
15	0,10
17	0,08
18	0,05
20	0,02

Estimer le paramètre a par la méthode d'itération des MCO à partir d'une valeur $a_0 = 0{,}3$.

Les calculs seront arrêtés dès que deux valeurs auront un écart inférieur à $a = 0{,}00000004$.

Déterminer pour(a_k^*) obtenu, une estimation de (σ^*) et un intervalle de confiance au seuil de 5%.

a_0=	0,3					
t	Y_t	$f_t(a_o)$	$Y_t-f_t(a_o)$	$df_t(a_o)/da$	$df_t(a_o)/da]^2$	$(Y_t-f_t(a_o))[(df_t(a_o)/da]$
1	0,89	0,7408182	0,149181779	-0,74081822068	0,548811636	-0,11051658031
4	0,65	0,3011942	0,348805788	-1,20477684765	1,451487253	-0,42023313781
5	0,6	0,2231302	0,37686984	-1,11565080074	1,244676709	-0,42045513861
7	0,5	0,1224564	0,377543572	-0,85719499777	0,734783264	-0,32362846114
8	0,45	0,090718	0,359282047	-0,72574362632	0,526703811	-0,26074665545
11	0,3	0,0368832	0,263116833	-0,40571484141	0,164604533	-0,10675040401
12	0,25	0,0273237	0,222676278	-0,32788466937	0,107508356	-0,07301213764
14	0,15	0,0149956	0,135004423	-0,20993807549	0,044073996	-0,02834256878
15	0,1	0,011109	0,088891003	-0,16663494807	0,027767206	-0,01481234775
17	0,08	0,0060967	0,073903253	-0,10364469161	0,010742222	-0,00765967991
18	0,05	0,0045166	0,045483419	-0,08129845697	0,006609439	-0,00369773179
20	0,02	0,0024788	0,017521248	-0,04957504353	0,002457685	-0,00086861662
					4,87022611	-1,77072345983
		$(a_1-a_o)=B_1 \times 1/A_1 = c_1$				
		c_1=	-0,36358136561			
		a_1^*=	-0,06358136561			

a_1=	-0,0635813656					
t	Y_t	$f_t(a_o)$	Y_t-$f_t(a_o)$	$df_t(a_o)/da$	$[df_t(a_o)/da]^2$	$(Y_t-f_t(a_o))[(df_t(a_o)/da]$
1	0,89	1,065646189	-0,17564618922	-1,06564618922	1,135601801	0,187176692
4	0,65	1,28959145	-0,63959144955	-5,15836579819	26,60873771	3,299246658
5	0,6	1,374248214	-0,77424821387	-6,87124106933	47,21395383	5,320046125
7	0,5	1,560598746	-1,06059874615	-10,9241912231	119,3379539	11,58618351
8	0,45	1,663046107	-1,21304610675	-13,304368854	177,0062306	16,13881284
11	0,3	2,012534799	-1,71253479921	-22,1378827913	490,0858545	37,91189466
12	0,25	2,144650039	-1,89465003946	-25,7358004735	662,331426	48,76033538
14	0,15	2,435468446	-2,28546844649	-34,0965582508	1162,575285	77,92660802
15	0,1	2,595347669	-2,49534766898	-38,9302150347	1515,561643	97,14442134
17	0,08	2,947281486	-2,8672814861	-50,1037852637	2510,389298	143,6616559
18	0,05	3,140759284	-3,09075928423	-56,5336671162	3196,055518	174,7319565
20	0,02	3,566651898	-3,54665189846	-71,3330379691	5088,402306	252,9934545
					14996,70381	869,6617921
		$(a_2-a_1)=B_1 \times 1/A_1= c_2$				
		c_2 =	0,057990196			
		a_2^* =	-0,00559116967			

a_2=	-0,0055911697					
t	y_t	$f_t(a_o)$	Y_t-$f_t(a_o)$	$df_t(a_o)/da$	$(a_o)/da]^2$	$(Y_t$-$f_t(a_o))[(df_t(a_o)/da]$
1	0,89	1,005606829	-0,11560682943	-1,00560682943	1,011245095	0,116255017
4	0,65	1,022616643	-0,37261664298	-4,09046657191	16,73191678	1,524175922
5	0,6	1,02835028	-0,42835028007	-5,14175140036	26,43760746	2,202470652
7	0,5	1,039914177	-0,53991417708	-7,27939923956	52,98965329	3,93025085
8	0,45	1,045744799	-0,5957447985	-8,36595838797	69,98925975	4,983976194
11	0,3	1,063433545	-0,76343354475	-11,6977689923	136,8377994	8,930469247
12	0,25	1,069396035	-0,81939603525	-12,832752423	164,6795348	10,51510646
14	0,15	1,081421496	-0,93142149569	-15,1399009397	229,2166005	14,10162918
15	0,1	1,087484842	-0,98748484156	-16,3122726234	266,0902381	16,10812195
17	0,08	1,099713712	-1,01971371236	-18,6951331101	349,508002	19,06368359
18	0,05	1,10587962	-1,05587961957	-19,9058331522	396,2421935	21,01816354
20	0,02	1,118315341	-1,0983153414	-22,3663068279	500,2516811	24,56525792
					2209,985732	127,0595605
			$(a_3-a_2)=B_1 \times 1/A_1= c_3$			
		c_3 =	0,057493385			

a_3=	0,051902215					
t	Y_t	$f_t(a_o)$	Y_t-$f_t(a_o)$	$df_t(a_o)/da$	$f_t(a_o)/da]^2$	$(Y_t-f_t(a_o))[(df_t(a_o)/da]$
1	0,89	0,949421701	-0,0594217012	-0,9494217012	0,901401567	0,056416253
4	0,65	0,812524784	-0,16252478446	-3,25009913786	10,56314441	0,528221662
5	0,6	0,771428663	-0,17142866313	-3,85714331566	14,87755456	0,661224922
7	0,5	0,695367006	-0,19536700555	-4,86756903886	23,69322835	0,950962387
8	0,45	0,660196525	-0,21019652537	-5,28157220295	27,89500493	1,110168126
11	0,3	0,565002926	-0,26500292631	-6,2150321894	38,62662512	1,647001717
12	0,25	0,536426039	-0,28642603948	-6,43711247374	41,436417	1,843756632
14	0,15	0,483535272	-0,33353527241	-6,76949381373	45,82604649	2,257864963
15	0,1	0,459078881	-0,35907888092	-6,88618321381	47,41951925	2,472682962
17	0,08	0,413814423	-0,3338144225	-7,03484518258	49,48904674	2,348332782
18	0,05	0,392884393	-0,34288439299	-7,07191907391	50,01203939	2,424850679
20	0,02	0,354146607	-0,33414660738	-7,08293214762	50,16792781	2,366737747
					400,9079556	18,66822083
			$(a_4-a_3)=B_1 \times 1/A_1 = c_4$			
		c_4=	0,046564855			
		a_4^*=	0,09846707			

a_4=	0,09846707					
t	Y_t	$f_t(a_o)$	Y_t-$f_t(a_o)$	$df_t(a_o)/da$	$[df_t(a_o)/da]^2$	$(y_t$-$f_t(a_o))[(df_t(a_o)/da]$
1	0,89	0,906225534	-0,01622553381	-0,90622553381	0,821244718	0,014703993
4	0,65	0,674442887	-0,02444288707	-2,69777154826	7,277971327	0,065941325
5	0,6	0,611197365	-0,01119736536	-3,05598682679	9,339055486	0,034219001
7	0,5	0,501942608	-0,00194260804	-3,51359825627	12,34537271	0,006825544
8	0,45	0,454873208	-0,00487320791	-3,63898566331	13,24221666	0,017733534
11	0,3	0,338531622	-0,03853162171	-3,72384783878	13,86704273	0,143485896
12	0,25	0,306786	-0,05678599959	-3,68143199513	13,55294153	0,209053796
14	0,15	0,251946382	-0,10194638176	-3,52724934471	12,44148794	0,359590308
15	0,1	0,228320244	-0,12832024431	-3,42480366461	11,72928014	0,439471643
17	0,08	0,187506795	-0,10750679468	-3,18761550958	10,16089264	0,342690326
18	0,05	0,169923445	-0,1199234451	-3,05862201186	9,355168611	0,366800489
20	0,02	0,139548732	-0,11954873178	-2,79097463557	7,789539416	0,333657478
					121,9222139	2,334173334
			$(a_5-a_4)=B_1 \times 1/A_1= c_5$			
		c_5=	0,019144775			
		a_5^*=	0,117611845			

a_5=	0,117611845					
t	Y_t	$f_t(a_o)$	$Y_t-f_t(a_o)$	$df_t(a_o)/da$	$[df_t(a_o)/da]^2$	$(Y_t-f_t(a_o))[(df_t(a_o)/da]$
1	0,89	0,889041071	0,000958929	-0,88904107122	0,790394026	-0,00085252707
4	0,65	0,624722717	0,025277283	-2,49889086729	6,244455567	-0,06316517208
5	0,6	0,555404153	0,044595847	-2,77702076688	7,71184434	-0,12384359219
7	0,5	0,438988125	0,061011875	-3,0729168751	9,442818121	-0,18748442022
8	0,45	0,390278473	0,059721527	-3,12222778331	9,748306331	-0,18646421113
11	0,3	0,274245854	0,025754146	-3,01670439523	9,100505408	-0,0776926451
12	0,25	0,243815828	0,006184172	-2,92578993499	8,560246744	-0,01809358844
14	0,15	0,192710574	-0,0427105739	-2,69794803466	7,278923598	0,115230909
15	0,1	0,171327615	-0,07132761506	-2,56991422587	6,604459128	0,183305853
17	0,08	0,135416323	-0,05541632348	-2,30207749922	5,299560812	0,127572671
18	0,05	0,120390673	-0,07039067329	-2,16703211921	4,696028206	0,15253885
20	0,02	0,095156069	-0,07515606899	-1,90312137983	3,621870986	0,143031122
					79,09941327	0,064083248
			$(a_6-a_5)=B_1 \times 1/A_1 = c_6$			
		c_6=	0,000810161			
		a_6^*=	0,118422006			

a_6=	0,118422006					
t	y_t	$f_t(a_o)$	$Yy_t-f_t(a_o)$	$df_t(a_o)/da$	$[df_t(a_o)/da]^2$	$(Y_t-f_t(a_o))[(df_t(a_o)/da]$
1	0,89	0,888321097	0,001678903	-0,88832109663	0,789114371	-0,00149140529
4	0,65	0,62270149	0,02729851	-2,49080596026	6,204114332	-0,06799529125
5	0,6	0,553158871	0,046841129	-2,76579435263	7,649618401	-0,12955293137
7	0,5	0,436505614	0,063494386	-3,05553929814	9,336320402	-0,19400959157
8	0,45	0,387757146	0,062242854	-3,10205716584	9,62275866	-0,19308089211
11	0,3	0,271812696	0,028187304	-2,98993965899	8,939739164	-0,0842783373
12	0,25	0,241456952	0,008543048	-2,89748342915	8,395410222	-0,02475333877
14	0,15	0,190537151	-0,04053715107	-2,66752011499	7,115663564	0,108133666
15	0,1	0,169258171	-0,06925817099	-2,53887256481	6,4458739	0,17583767
17	0,08	0,133564055	-0,05356405509	-2,27058893647	5,155574118	0,121621951
18	0,05	0,118647768	-0,06864776788	-2,13565982192	4,561042875	0,14660828
20	0,02	0,093626659	-0,07362665869	-1,87253317381	3,506380487	0,137868361
					77,7216105	-0,00509186008
		$(a_7-a_6)=B_1 \times 1/A_1= c_7$				
		c_7=	-0,00006551408			
		a_7^*=	0,118356492			

a_7=	0,118356492					
t	y_t	$f_t(a_o)$	Y_t-$f_t(a_o)$	$df_t(a_o)/da$	$[df_t(a_o)/da]^2$	$(Y_t$-$f_t(a_o))[(df_t(a_o)/da]$
1	0,89	0,888379296	0,001620704	-0,88837929608	0,789217774	-0,00143979981
4	0,65	0,622864694	0,027135306	-2,49145877727	6,207366839	-0,06760649551
5	0,6	0,553340099	0,046659901	-2,76670049345	7,65463162	-0,12909397198
7	0,5	0,436705841	0,063294159	-3,05694088549	9,344887577	-0,19348650312
8	0,45	0,387960427	0,062039573	-3,10368341943	9,632850768	-0,19255119274
11	0,3	0,27200865	0,02799135	-2,9920951503	8,952633388	-0,0837527825
12	0,25	0,241646853	0,008353147	-2,89976223646	8,408621028	-0,02422214012
14	0,15	0,190711991	-0,04071199138	-2,66996787926	7,128728476	0,108699709
15	0,1	0,169424585	-0,06942458465	-2,54136876977	6,458555224	0,176433471
17	0,08	0,133712894	-0,05371289351	-2,27311918964	5,16707085	0,122095809
18	0,05	0,118787766	-0,06878776621	-2,1381797918	4,571812822	0,147080612
20	0,02	0,093749416	-0,07374941639	-1,87498832783	3,515581229	0,138279295
					77,8319576	0,00043601
		$(a_8-a_7)=B_1 \times 1/A_1= c_8$				
		c_8=	5,60194E-06			
		a_8^*=	0,118362094			

a_8=	0,118362094					
t	y_t	$f_t(a_o)$	Y_t-$f_t(a_o)$	$df_t(a_o)/da$	$f_t(a_o)/da]^2$	$(Y_t$-$f_t(a_o))[(df_t(a_o)/da]$
1	0,89	0,888374319	0,001625681	-0,88837431944	0,789208931	-0,00144421286
4	0,65	0,622850737	0,027149263	-2,49140294985	6,207088659	-0,06763975277
5	0,6	0,5533246	0,0466754	-2,76662300002	7,654202824	-0,12913323516
7	0,5	0,436688716	0,063311284	-3,05682101415	9,344154713	-0,19353126242
8	0,45	0,387943041	0,062056959	-3,10354432925	9,631987404	-0,19259652271
11	0,3	0,271991889	0,028008111	-2,99191077893	8,951530109	-0,08379776922
12	0,25	0,241630609	0,008369391	-2,89956731133	8,407490593	-0,02426761176
14	0,15	0,190697035	-0,04069703495	-2,66975848931	7,127610391	0,108651255
15	0,1	0,169410349	-0,06941034864	-2,54115522965	6,457469901	0,17638247
17	0,08	0,13370016	-0,05370016023	-2,27290272386	5,166086792	0,12205524
18	0,05	0,118775789	-0,06877578885	-2,13796419931	4,570890918	0,147040174
20	0,02	0,093738913	-0,0737389134	-1,87477826799	3,514793554	0,138244112
					77,82251479	-0,00003711477
			$(a_9$-$a_8)=B_1$ x $1/A_1= c_9$			
		c_9=	-0,00000047692			
		a_9^*=	0,118361617			

a_9=	0,118361617					
t	Y_t	$f_t(a_o)$	Y_t-$f_t(a_o)$	$df_t(a_o)/da$	$[df_t(a_o)/da]^2$	$(Y_t$-$f_t(a_o))[(df_t(a_o)/da]$
1	0,89	0,888374743	0,001625257	-0,88837474312	0,789209684	-0,00144383716
4	0,65	0,622851926	0,027148074	-2,49140770261	6,207112341	-0,06763692154
5	0,6	0,553325919	0,046674081	-2,76662959726	7,654239328	-0,12912989267
7	0,5	0,436690174	0,063309826	-3,05683121909	9,344217102	-0,19352745212
8	0,45	0,387944521	0,062055479	-3,1035561703	9,632060902	-0,19259266386
11	0,3	0,271993316	0,028006684	-2,99192647475	8,95162403	-0,08379393967
12	0,25	0,241631992	0,008368008	-2,89958390556	8,407586825	-0,02426374094
14	0,15	0,190698308	-0,0406983082	-2,66977631486	7,127705571	0,108655379
15	0,1	0,169411561	-0,06941156056	-2,54117340846	6,457562292	0,176386812
17	0,08	0,133701244	-0,05370124421	-2,27292115164	5,166170562	0,122058694
18	0,05	0,118776808	-0,06877680848	-2,1379825527	4,570969396	0,147043617
20	0,02	0,093739808	-0,07373980751	-1,8747961503	3,514860605	0,138247107
					77,82331864	3,16095E-06
			$(a_{10}-a_9)=B_1 \times 1/A_1= c_{10}$			
		c_{10}=	4,0617E-08			
		a_{10}^*=	0,118361658			

- Détermination de l'écart-type $\sigma_{a^*}^*$:

Dans le cadre des modèles linéaires, un estimateur sans biais de σ^2 est donné par :

$$\sigma_\varepsilon^{*2} = \frac{1}{T-1}\sum(\varepsilon_t^*)^2$$

Dans le cas des modèles non linéaires on a recours au même estimateur non biaisé. Il devient dans cette étude pour un :

$$a_{10}^* = 0{,}11836165$$

$$\sigma_\varepsilon^{*2} = \frac{1}{T-1}\Sigma(Y_t - Y_t^*)^2 = \frac{1}{T-1}\Sigma(y_t - e^{-a_{10}t})^2$$

$$\sigma_\varepsilon^{*2} = \frac{0{,}0311574928}{11} = 0{,}0028324993$$

La variance de a^* est

$$\sigma_{a^*}^2 = \sigma_\varepsilon^2(A'_{10}A_{10})^{-1}$$

dans la mesure où c'est une régression linéaire qui a été effectuée. Elle est estimée par :

$$\sigma_\varepsilon^{*2}(A'_{10}A_{10})^{-1}$$

Cette variance devient :

$$\sigma_{a^*}^2 = \frac{\sigma_\varepsilon^{*2}}{\Sigma_t(-t_\varepsilon - a_{10}t)^2} = \frac{0{,}0028324993}{77{,}8233186388} \cong 0{,}000036396$$

$$\sigma_{a^*} = 0{,}0060$$

Au seuil $\alpha = 0{,}05$ on construit l'intervalle de confiance de a du même type que pour les modèles linéaires :

$$\left[a^* - t\left(\frac{\alpha}{2}\right)\sigma_{a^*}^2,\ a^* + t\left(\frac{\alpha}{2}\right)\sigma_{a^*}^2\right]$$

où le $t_{\alpha/2}$ est déterminé par la table de Student à 11 degrés de liberté puisqu'il y a un seul paramètre à estimer :

$t_{\alpha/2} = 2{,}201$et $Prob[0{,}105155 \leq a^* \leq 0{,}131567]$.

Or, le processus itératif donne $a_{10}^* = 0{,}118361$ qui est bien situé dans cet intervalle.

b) Critique de la méthode

Le recours au processus itératif ou algorithme de Gauss-Newton ne donne aucune garantie pour la convergence des valeurs de a_i^* qui assure une minimisation de la somme des carrés des résidus du modèle (22), c'est-à dire pour que l'on ait :

$$S(a) = \sum_{t=1}^{T}[Y_t - f(a_1, \cdots, a_k, X_{1t}, \cdots, X_{kt})]^2$$

$$= \left[Y_t - f(X,a)'[Y_t - f(X,a)]\right]^2 \qquad (31)$$

minimale pour la valeur a^* obtenue après la k^e itération.
A notre avis, toute la question est le choix du 1er a, c'est-à-dire a^0. Ceci rappelle le choix de l'estimateur dans le modèle du lissage exponentiel de Brown. Tout le problème est d'être capable de fournir le meilleur estimateur et ceci quelle que soit la méthode des valeurs initiales compatibles avec les données.

D'une manière générale, il existe des méthodes qui font l'objet de la théorie générale des modèles non linéaires, entre autre l'utilisation d'un développement limité de Taylor du second ordre (algorithme de Newton-Raphson). Cette méthode ne fera pas l'objet d'un développement dans le cadre de cet ouvrage.

c) Propriétés des estimateurs obtenus

Dans la mesure où le processus d'itération aboutit à l'obtention d'un seul estimateur a^*, les tests classiques ne porteront que sur la dernière régression donnant le meilleur estimateur. Ainsi, si l'on souhaite avoir :

- un estimateur de la variance (σ_ε^2) des résidus du modèle initial, on considère :

$$\varepsilon_t^* = Y_t - f(a_1^*, \cdots, a_k^*, X_{1t}, \cdots, X_{1k}) \qquad (32)$$

$a_1^*, \cdots, a_k^*$ sont les valeurs obtenues pour les coefficients après la k^e régression.

Souvent, même si les ε_t du modèle initial sont normalement distribués avec une espérance mathématique nulle, rien n'autorise de soutenir que les ε_t^* définis en (32) suivent une loi normale d'espérance mathématique nulle. Il reste cependant nécessaire de connaître σ_ε^{*2} et sa loi de probabilité pour l'étude de la matrice des variances-covariances des a_i^* retenus pour le modèle.

- À l'inverse, si une estimation des ε_t^* du modèle initial sur l'équation (32) ne procure aucune satisfaction, il est possible d'avoir recours au test classique de Student sur la dernière équation linéarisée, soit :

$$Y_t - f_t^i \left[\frac{\partial f}{\partial a_i} / a = a^{*j} + \cdots + \frac{\partial f}{\partial a_k} / a = a^{*j}\right] \left(a^j - a_i^{*j}\right) + v_t \qquad (33)$$

En estimant a_i sur l'équation (33), il est possible de juger de la qualité de l'estimateur obtenu a_i^{*k} au moyen de ce test de Student.

- Enfin, on peut déterminer le coefficient de corrélation multiple (R^2) à l'aide des ε_t^* de la formule (1).

$$R^2 = 1 - \frac{\sum_t \varepsilon_t^{*2}}{\sum_t y_t^2} \qquad (34)$$

Ce qui exprime la portion de la variation de Y_t expliquée par les régressions successives. Le coefficient R^2 est calculé en fonction de la méthode d'estimation. Ainsi, si on retient l'itération, les calculs se feront avec la dernière itération. Dans l'exemple précédent on peut déterminer R^2.

$$R^2 = 1 - \frac{0,0311574928}{2,2214} = 1 - 0,014 = 0,986$$

Cette portion est expliquée à 98,6% par les régressions successives.

d) Prévision dans les modèles itératifs

Soit à considérer la prévision Y_{T+1}^p à l'horizon $T + 1$

$$Y_{T+1}^p = f\left(a_1^*, \cdots, a_k^*, X_{1,T+1}, X_{2,T+1}, \cdots, X_{k,T+1}\right) \qquad (35)$$

Les valeurs $X_{i,T+1}$ sont connues.

Cette prévision est sans biais dans le cas des régressions linéaires. Ceci ne peut être appliqué pour les méthodes non linéaires en ce sens que l'erreur de prévision ne sera pas normalement distribuée avec une moyenne nulle comme dans le cas des équations linéaires. Dans une telle situation, nous ne pouvons savoir si l'erreur de prévision est plus petite que l'erreur engendrée par différentes séries de coefficients estimés. Une des solutions proposées par Pindyck et Rubinfeld(1991) est de recourir à la prévision de Monte Carlo. Cette méthode n'est pas non plus tout à fait satisfaisante car elle suppose d'autres conditions telles que : la distribution normale des coefficients. Les deux auteurs suggèrent une solution intermédiaire qui en réalité n'est guère plus évidente dans la mesure où il faut reformuler l'équation non linéaire de manière à introduire de nouvelles variables aléatoires distribuées normalement.

CHAPITRE 10 : LES TESTS D'HYPOTHESES

INTRODUCTION

Un test statistique est un problème de décision impliquant un paramètre[1] inconnu θ qui doit être dans un certain espace Ω . L'ensemble Ω peut être divisé en deux sous-ensembles disjoints Ω_0 et Ω_1 et nous devons recourir éventuellement à un échantillon afin de voir si θ est dans Ω_0 ou Ω_1 . Soit H_0 , l'hypothèse de nullité avec $\theta \epsilon \Omega_0$, et soit H_1 , l'hypothèse alternative $\theta \epsilon \Omega_1$. Ω_0 et Ω_1 sont disjoints, seulement si une des hypothèses H_0 ou $_1$ est vraie, et en acceptant l'une, nous rejetons au même moment l'autre.

Dans les procédures d'inférence statistique, il existe un point important qui est les tests statistiques. Les méthodes classiques de tests sont basées sur la construction d'une statistique d'un échantillon aléatoire qui permet à l'analyste de décider, avec une confiance raisonnable ou non, si les données ont été générées par une population hypothétique. La procédure formelle comprend un exposé des hypothèses, usuellement en termes d'hypothèse nulle (H_0) acceptée ou d'hypothèse alternative (H_1). La procédure elle-même est une règle (de décision) formulée en termes de données qui conditionnent si l'hypothèse doit être rejetée ou non. Par exemple, l'hypothèse peut être formulée qu'un paramètre est égal à la valeur spécifiée. La règle de décision devra être rejetée si le paramètre estimé de cet échantillon est trop éloigné de ladite valeur.

Plus généralement, la méthodologie classique ou de Neyman-Pearson, cloisonne l'espace de l'échantillon dans deux régions. Si les données observées (c'est-à-dire le test statistique) tombent dans la région de rejet (quelquefois appelée région critique), l'hypothèse de nullité est rejetée ; si elles tombent dans la région d'acceptation, l'hypothèse est retenue [2] .

10.1. Procédures de tests

Si l'échantillon est aléatoire, le test statistique comme défini est aussi aléatoire. La même procédure de test peut conduire à différentes conclusions dans différents échantillons. Dans un tel cas, il y a deux solutions pour qu'une telle procédure soit en erreur :

---

(1) Notons souvent que le paramètre inconnu ici peut être la moyenne ou la variance ou les deux à la fois

(2) Sur ces questions, il faut se référer aux ouvrages de statistique portant sur l'Inférence statistique

a) premier type d'erreur : la procédure peut conduire à rejeter l'hypothèse de nullité quand c'est vrai. C'est l'erreur de "première espèce".

b) Deuxièmement type d'erreur : la procédure peut conduire à accepter l'hypothèse de nullité quand c'est faux. C'est l'erreur de deuxième espèce.
Pour continuer l'exemple précédent, il existe une certaine probabilité dont l'estimation du paramètre peut être tout à fait loin de la valeur hypothétique, même si l'hypothèse est vraie. Ceci rejoint le premier type d'erreur.

L'idée fondamentale est la suivante en relation avec les séries chronologiques. Soit un processus stationnaire Y_t, dont la loi est fonction d'un paramètre θ de dimension N.
On admet que ce paramètre θ est décomposable en deux sous-vecteurs $\theta = \begin{pmatrix} \alpha \\ \beta \end{pmatrix}$, où β est de taille s et α de dimension $N - s$. L'objectif est de tester comme annoncé précédemment l'hypothèse $H_0: (\beta = 0)$à partir de la distribution suivante $Y_1, Y_2, \cdots, Y_T$ du processus. Par convention, posons $L_T(Y_t, \alpha, \beta)$ la log-vraisemblance associée aux T observations, $\theta_T^* = \begin{pmatrix} \alpha_T^* \\ \beta_T^* \end{pmatrix}$ l'estimateur du maximum de vraisemblance ; il est défini par :

$$L_T(Y_t, \alpha_T^*, \beta_T^*) = \underset{\alpha,\beta}{Max} L_T(Y_t, \alpha, \beta)$$

Introduisons l'estimateur du maximum de vraisemblance contraint par l'hypothèse H_0. Il est noté : $\theta_{0,T}^* = \begin{pmatrix} \alpha_{0,T}^* \\ 0 \end{pmatrix}$ et est défini par la relation.

$$L_T(Y_t, \alpha_T^*, 0) = \underset{\alpha}{Max} L_T(Y_t, \alpha, 0)$$

Comme on le verra plus loin, diverses démarches asymptotiques existent pour effectuer le test de $H_0: (\beta = 0)$. Avant cela, il convient de définir quelques notions telles que la probabilité attachée aux types d'erreurs et la puissance du test.

10.1.1. Définition

a) de la probabilité
La probabilité du premier type d'erreur est la taille du test. Elle est conventionnellement notée α et $(1 - \alpha)$ est usuellement appelée le niveau de signification.

La taille du test dépend de l'analyste. Elle peut changer suite à une modification de la règle de décision. En effet, le premier type d'erreur peut être tout à fait éliminé en réduisant la région de rejet. Ce changement peut néanmoins avoir des inconvénients. En éliminant la probabilité du premier type d'erreur, telle que "l'hypothèse est rejetée", nous accroissons la probabilité du second type d'erreur. Or, idéalement, il est souhaitable que les deux probabilités deviennent aussi petites que possibles. Cependant, comme le souligne W. Greene (1990), il faut dégager un compromis entre les deux situations. Le meilleur compromis que l'on peut souhaiter pour une probabilité donnée de l'erreur du type 1, est que la procédure que nous choisissons ait une probabilité de l'erreur du type 2 aussi petite que possible.

b) de la puissance du test

La puissance d'un test est la probabilité qu'il conduise correctement au rejet d'une fausse hypothèse nulle.

Puissance$= 1 - \beta = 1 - \Pr\{\text{Erreur de } 2^e \text{ espèce}\}$ (1)

Pour un niveau de signification donné$(1 - \alpha)$, nous aimerions que β devienne aussi petite que possible. Si β est définie en termes d'hypothèse alternative, elle dépend de la vraie valeur du paramètre. En somme, β est la probabilité de commettre une erreur de deuxième espèce.

Exemple 1 :

Pour tester $H_0: \mu = \mu^*$ dans une distribution normale avec une variance connue σ^2, la règle de décision est de rejeter l'hypothèse si la valeur absolue de la statistique

$$z = \frac{\sqrt{n}(\bar{x}-\mu^*)}{\sigma}$$

dépasse la valeur critique prédéterminée. Pour un test à 95 % de niveau de signification, nous fixons la valeur critique à 1,96. La puissance du test est dès lors la probabilité que la valeur du test statistique dépasse 1,96 considérant que la vraie valeur de μ est en fait non pas μ^*. Cela dépend de la valeur alternative μ. Notons que pour ce test, la puissance est égale à la taille du point où μ est égale à μ^*. Comme considéré auparavant, le test devient plus puissant que la vraie moyenne issue de la valeur estimée.

Dans les tests d'hypothèse, les estimateurs de vraisemblance peuvent être comparés en utilisant un certain nombre de critères.

10.1.2. Caractéristiques

a) Un test est plus puissant s'il a une puissance plus grande que n'importe quel autre test de la même taille.

C'est une exigence très forte. Si la puissance d'un test dépend des hypothèses alternatives, nous pouvons exiger que le test soit uniformément plus puissant (Uniformly Most Powerful : UMP), qui est d'avoir une plus grande puissance que n'importe quel autre test de même taille pour toutes valeurs acceptables du paramètre. Il faut souligner qu'il y a peu de cas ou un test d'UMP est disponible. Ceci conduit comme le souligne W. Greene (1990) à être moins rigoureux dans les exigences. Il reste cependant que les critères pour comparer les hypothèses des procédures de tests sont généralement basés sur leurs fonctions puissances respectives. Une exigence commune et très modeste est que le test soit non biaisé.

b) Un test est non biaisé si sa puissance $(1-\beta)$ est plus grande que sa taille α pour toutes valeurs du paramètre.

Si un test est biaisé pour quelques valeurs du paramètre, il est plus probable que nous acceptions l'hypothèse de nullité quand c'est faux que quand c'est vrai. L'usage du terme non biaisé ici, n'est pas lié au concept d'estimateur non biaisé, bien que tests et estimateurs soient clairement liés.

c) Un test est consistant, si sa puissance va dans le même sens que la croissance à l'infini de la taille de l'échantillon

Considérons l'exemple suivant :

Exemple 2 : Un intervalle de confiance pour la moyenne d'une distribution normale est $\bar{x} \pm t_{(1-\alpha)/2}(s/\sqrt{n})$ où $\bar{x}$ et s sont les estimateurs consistants[1] usuels de μ et σ, n est la taille de l'échantillon, et $t_{(1-\alpha)/2}$ est la valeur critique correcte de la distribution avec $(n-1)$ degrés de liberté. Pour tester $H_0\colon \mu = \mu^*$ contre $H_1\colon \mu \neq \mu^*$, acceptons la

---

[1] Pour plus de détail sur ces questions voir C. Labrousse Tome 3, Cartier et alii : (1976), W. Greene (1990), G Judge et alii (1988).

procédure de rejet H_0 si μ^* n'est pas contenu dans l'intervalle de confiance. Si $\bar{x}$ est consistant pour μ, si H_0 est fausse, et pour $n \to \infty$, ça devra être perceptible avec la probabilité 1, quand $\bar{x}$ devient relativement proche de la vraie valeur μ. Dès lors, ce test est consistant.

En règle générale, un test sera consistant s'il est basé sur une estimation consistante du paramètre.

10.2. Tests basés sur les intervalles de confiance

Il y a un lien évident entre l'intervalle d'estimation et les genres de tests d'hypothèses que nous discutons ici. L'intervalle de confiance donne un champ de valeurs possibles pour le paramètre. De là, il se tient une raison que si une valeur hypothétique d'un paramètre ne tombe pas dans cet intervalle de valeurs possibles, les données ne sont pas consistantes avec l'hypothèse, et, elle devra être rejetée. Considérons les hypothèses suivantes :

$$H_0: \theta = \theta_0$$
$$H_1: \theta \neq \theta_0$$

Nous formulons un intervalle de confiance basé sur θ^* comme décrit ou posé plus tôt.

$$\theta^* - C_{(1-\alpha)/2}[S_e(\theta^*)] < \theta < \theta^* + C_{(1-\alpha)/2}[S_e(\theta^*)] \qquad (2)$$

H_0 est rejetée si θ_0 dépasse la limite supérieure ou est moins que la limite inférieure. Réciproquement, H_0 est rejetée si

$$\frac{|\theta^* - \theta_0|}{S_e(\theta^*)} > C_{(1-\alpha)/2} \qquad (3)$$

(avec $S_e(\theta^*)$ l'erreur standard du paramètre θ^*)

En d'autres termes, l'hypothèse est rejetée si l'estimation est trop loin de θ_0, où la distance est mesurée en unités d'erreur standard. La valeur critique est prise à partir de t ou de la distribution normale standard qui est la plus appropriée.

Exemple 3 :
Soit les résultats suivants où la moyenne de l'échantillon (X) est $\bar{x} = 1{,}65$; l'écart type $s = 0{,}60$, la taille $n = 36$. On pose $H_0: \mu = 1{,}99$ contre $H_1: \mu \neq 1{,}99$; en supposant que l'échantillon suit une distribution normale.

$$t = \frac{|(\bar{x} - 1{,}99)|}{s/\sqrt{n}} = \frac{|(1{,}65 - 1{,}99)|}{0{,}60/\sqrt{36}} = 3{,}4$$

La valeur théorique de $t(36)$ pour $\alpha = 0{,}05$ est 2,03. De là, on rejette H_0 puisque $t_c > t_\alpha$. C'est-à-dire que le t calculé est supérieur au t théorique. Donc l'hypothèse que $\theta = \theta_0$ est rejetée. Si la valeur théorique de 1,96 de la loi normale était utilisée comme hypothèse, on aboutirait à la même conclusion.

Si le test est unilatéral, comme dans :

$$H_0 : \theta > \theta_0$$
$$H_1 : \theta \leq \theta_0$$

La région critique doit être ajustée. Ainsi, pour ce test, H_0 sera rejetée si un point d'estimation de θ tombe suffisamment bas de θ_0.

Exemple 4:

Un échantillon de 36 observations suit une loi normale avec comme caractéristiques :

$\bar{x} = 1{,}65$ et $s = 0{,}60$

$$H_0 : \mu < 1{,}40$$
$$H_1 : \mu \geq 1{,}40$$

Evidemment, si la moyenne non observée $\bar{x}$ de l'échantillon est inférieure ou égale à 1,40, cela conduit au rejet de H_0. En utilisant les valeurs limites de 1,6 pour μ, nous obtenons :

$$Prob\left[\frac{\sqrt{n(x - 1{,}40)}}{0{,}60} > \frac{6(1{,}65 - 1{,}40)}{0{,}60}\right] = Prob[t_n > 2{,}5]$$

C'est approximativement$\alpha = 0{,}005$. Ce résultat n'est pas peu probable au regard des standards usuels. D'où à un niveau de signification $1 - \alpha = 0{,}995$, nous ne devrions pas rejeter l'hypothèse H_0.

Au-delà des définitions et caractérisation des procédures de tests, il existe quelques-unes d'entre elles qui sont couramment utilisées.

10.3. Procédures de tests asymptotiquement équivalentes[(1)]

Dans cette section, nous discuterons des procédures de tests les plus couramment utilisées. Ces procédures de tests sont au nombre de trois : le ratio de vraisemblance, le test de Wald et le Multiplicateur de Lagrange. On considère généralement l'estimation d'un paramètre θ du

---

(1) Les ouvrages et articles de référence sont : Buse A. (1982), Greene W. (1990), G. Judge et alii (1988), C. Gouriéroux et A. Montfort (1990)

maximum de vraisemblance et un test d'hypothèse $H_0: c(\theta) = 0$, où $c(\theta)$ est la contrainte.

Les trois tests sont asymptotiquement équivalents. Toutefois, ils peuvent se comporter de façon différente dans le cas de petits échantillons. Or, nous savons que les propriétés des petits échantillons sont inconnues, à l'exception de quelques cas spécifiques. De telle sorte, qu'en face d'une telle situation, le choix du test est basé sur la facilité des calculs.

Le test du ratio de vraisemblance exige le calcul à la fois des estimateurs contraints et non contraints. Si les deux sont simples à calculer, on trouve une voie pour poursuivre. Le test de Wald exige seulement le calcul de l'estimateur non contraint, et le test du multiplicateur de Lagrange, a recours à l'estimateur contraint (limité). Précédemment on a vu que l'estimateur contraint dans l'hypothèse $H_0: (\beta = 0)$ est $\theta^*_{0,T} = \begin{pmatrix} \alpha^*_{0,T} \\ 0 \end{pmatrix}$.
Si un problème se pose, un des estimateurs peut être beaucoup plus facile à calculer que l'autre. Par exemple, un modèle linéaire est simple à estimer si une contrainte non linéaire est imposée. Dans ce cas, la statistique de Wald devrait être préférable. Alternativement, quelques contraintes entrainent la suppression de non linéarité qui devrait faire du test du multiplicateur de Lagrange la procédure la plus simple.

10.3.1. Le test du Ratio de Vraisemblance

Certains auteurs tels que Gouriéroux et Montfort (1990) l'appellent le Rapport de vraisemblance. L'idée du test est d'accepter l'hypothèse H_0, si la différence entre les maximas contraints du logarithme de la vraisemblance est assez faible.

Soit θ, un vecteur de paramètres devant être estimés, et soit H_0, l'imposition d'une certaine contrainte sur les paramètres. Soit θ^*_μ, l'estimateur du maximum de vraisemblance de θ obtenu sans considérer les contraintes et soit θ_R, l'estimateur de contrainte du maximum de vraisemblance. Si L^*_μ et L^*_R sont les fonctions de vraisemblance évaluées de ces deux estimateurs, alors le ratio de vraisemblance est :

$$\lambda = \frac{L^*_R}{L^*_u} \qquad (6)$$

Cette fonction doit être entre 0 et 1. Les deux vraisemblances sont positives, et L^* ne peut pas être plus grande que L_μ^* (une contrainte optimum n'est jamais supérieure à une non contrainte). Si λ est trop petit, le doute est jeté sur les contraintes.

Exemple 5 :
Soit la distribution ci-après qui suit une loi de Poisson de taille $n = 10$.

$$X : 5, 0, 1, 1, 0, 3, 2, 3, 4, 1$$

L'estimateur du maximum de vraisemblance (MLE) se détermine à partir de la probabilité de chaque observation.

$$f(x_i, \theta) = \frac{e^{-\theta}\theta^{x_i}}{x!} \quad (7)$$

Puisque les observations sont indépendantes, leur densité jointe est :

$$f(x_1, x_2, \cdots, x_i, \cdots, x_{10}, \theta) = \prod_{i=1}^{10} f(x_i, \theta)$$

$$= \frac{e^{-10\theta}\,\theta^{\Sigma x_i}}{\prod x_i!} \quad (8)$$

$$= \frac{e^{-10\theta}\,\theta^{20}}{207\,360} \quad (9)$$

L'équation (9) donne la probabilité d'observation de cet échantillon particulier, considérant qu'une distribution de Poisson avec comme paramètre encore inconnu θ génère les données. Quelle valeur de θ rendrait cet échantillon le plus probable ?
Il existe deux possibilités de répondre à cette question, soit graphiquement, soit en maximisant la fonction directement. Prenons cette seconde solution.

$$lnL(\theta) = -10\theta + 20ln\theta - 12{,}242 \quad (10)$$

$$\frac{\partial lnL(\theta)}{\partial\theta} = -10 + \frac{20}{\theta} = 0 \Rightarrow \theta^* = 2 \quad (11)$$

et $$\frac{\partial^2 lnL(\ )}{\partial\theta^2} = -\frac{20}{\theta^2} < 0 \text{ est un maximum} \quad (12)$$

Donc MLE[1] du paramètre θ est 2. A cette valeur, la vraisemblance, qui est la probabilité d'observation de l'échantillon est $0{,}104 \times 10^{-8}$. Est-ce que ces données concordent avec l'hypothèse $H_0: \theta = 1{,}8$?
$L_R = 0{,}0936 \times 10^{-8}$ est la plus petite valeur attendue.

---

[1] L'exemple est tiré de W. H. Greene (1990)

La procédure de test formel est basée sur le résultat suivant :

a) Définition de la statistique du test du ratio de vraisemblance

Sous la régularité, le plus grand échantillon de $-2ln\lambda$ est un χ^2, avec des degrés de liberté égaux au nombre de restrictions imposées.

L'hypothèse nulle est rejetée si cette valeur dépasse la valeur théorique appropriée de la table du χ^2_α. Ainsi, dans l'exemple de la loi de Poisson.

$$-2ln\lambda = -2ln\left(\frac{0,0936}{0,104}\right) = 0,21072 \qquad (13)$$

Cette statistique de χ^2 avec un degré de liberté n'est pas significative à un quelconque niveau conventionnel, aussi nous ne devrions pas rejeter l'hypothèse que $\theta = 1,8$ sur la base de ce test puisqu'au niveau de signification 0,95, nous avons une statistique $\chi^2_{1-\alpha} = 3,84$ qui est supérieure à la valeur calculée 0,210.

b) Remarques

L'étude du test du ratio de vraisemblance montre qu'il faut estimer à la fois les paramètres des vecteurs contraints et ceux non contraints. Dans les modèles complexes, l'une ou l'autre des estimations peut être très difficile à calculer. Toutefois, il y a deux tests alternatifs de procédures, le test de Wald et le test du Multiplicateur de Lagrange qui contournent cette difficulté. Les deux tests sont basés sur un estimateur qui est normalement distribué asymptotiquement.

Les tests de Wald et de Lagrange sont fondés sur des distributions de forme quadratique. Spécialement si on a :

$$X \sim N_j(\mu, \sigma), (X-\mu)'\sigma^{-1}(X-\mu) \sim \chi^2(J) \qquad (14)$$

Dans le cadre d'un test d'hypothèse, sous l'hypothèse que$(X) = \mu$, la forme quadratique a une distribution de χ^2. Cependant, si l'hypothèse $E(X) = \mu$ est fausse, la forme quadratique tombera sur une moyenne qui sera plus grande que si l'hypothèse était vraie.

Soit θ^* le vecteur des paramètres estimés obtenus sans restrictions. Nous formulons un ensemble de contraintes.

$$H_0 : c(\theta) = q$$

Si les contraintes sont valides, alors au moins approximativementθ^* devrait les satisfaire. Cependant, si l'hypothèse est erronée.

$c(\theta^*) - q$ devrait être plus loin de 0.

10.3.2. Le test de Wald

a) Définition

Soit W le test de la statistique de Wald

$$W = (c(\theta^*) - q)'[Var(c(\theta^*) - q)]^{-1}(c(\theta^*) - q) \qquad (15)$$

Sous l'hypothèse H_0, W suit une distribution de χ^2 avec le degré de liberté égal au nombre de contraintes (c'est-à-dire, le nombre d'équations dans $c(\theta) = q$).

Ce test est analogue au test du χ^2 de l'équation (14) si $c(\theta^*) - q$ est normalement distribuée, avec une moyenne hypothétique de 0. Une grande valeur de W conduit au rejet de l'hypothèse. Notons finalement, que W nécessite seulement un calcul de modèle non contraint. Une autre façon de calcul de la matrice apparaît dans la forme quadratique précédente.

$$Var(c(\theta^*) - r) = CVar(\theta^*)C'$$

$$C = \left[\frac{\partial c(\theta^*)}{\partial \theta^*}\right] \qquad (16)$$

C'est une matrice d'ordre $J \times K$ dont la j^e rangée est la dérivation de la j^e contrainte en ce qui concerne K éléments de θ. L'application commune aura lieu en testant une série de restrictions linéaires.

Pour tester un ensemble de restrictions linéaires, $R\theta = q$, le test de Wald doit être basé sur l'hypothèse suivante.

$$H_0: c(\theta) - q = R\theta - q = 0$$

$$C = \left[\frac{\partial c(\theta^*)}{\partial \theta^*}\right] = R \qquad (17)$$

$$Var(c(\theta^*) - r) = RVar(\theta^*)R'$$

et revenant à l'équation (14) on tire la statistique de Wald soit :

$$W = [R\theta^* - q]'[RVar(\theta^*)R']^{-1}[R\theta^* - q] \qquad (18)$$

Le degré de liberté est le nombre de rangs de R

b) Applications

Exemple 6 :

Si $c(\theta) - q$ est une seule contrainte, le test de Wald sera le même que celui basé sur l'intervalle de confiance. Si le test est :

$H_0: \theta = \theta_0$ contre $H_0: \theta \neq \theta_0$, alors le test est basé sur :

$$z = \frac{|\theta^* - \theta_0|}{s(\theta^*)} \qquad (19)$$

où comme on l'a vu précédemment s est l'erreur standard asymptotiquement estimé. Le test statistique est comparé à la valeur appropriée de la table normale standard. Le test de Wald sera basé sur :

$$W = [(\theta^* - \theta_0) - 0]'\left[Var\left((\theta^* - \theta_0) - 0\right)\right]^{-1}[(\theta^* - \theta_0) - 0]$$
$$= \frac{(\theta^* - \theta_0)^2}{Var(\theta^*)} = z^2 \qquad (20)$$

Ici, W suit un χ^2 avec un degré de liberté, qui est naturellement la distribution du carré du test statistique normal standard de l'équation (19).

Exemple 7:
En reprenant l'exemple 3 sur les intervalles de confiance, on a :
$\theta^* = \bar{x} = 1{,}65;\ s = 0{,}60$ et $n = 36$
Posons $H_0 : \mu = 1{,}99$ contre $H_1 : \mu \neq 1{,}99$
Dans ce cas on a $s(\theta^*) = 0{,}10$ et $Var(\theta^*) = 0{,}01$
d'où $W = \frac{(1{,}65 - 1{,}99)^2}{0{,}01} = 11{,}56$ (21)
La valeur dans la table de χ^2_α pour $\alpha = 0{,}05$ et pour un degré de liberté en considérant une seule restriction est 3,84. L'hypothèse H_0 est rejetée.
En d'autres termes, le test d'hypothèse d'une moyenne se fait comme suit. A partir de l'échantillon d'une distribution normale, la statistique de Wald pour tester l'hypothèse que la moyenne prenne une valeur particulière est simplement le carré de la statistique t de l'exemple 3 du test basé sur l'intervalle de confiance ou le ratio t, qui utilise s^2 au lieu de σ^2 si σ^2 est inconnue.

En conclusion, le test de Wald est fondé sur l'importance de la mesure à laquelle les estimateurs contraints n'arrivent pas à satisfaire les restrictions hypothétiques. C'est un test basé sur la non restriction ou la non contrainte.

Exemple 8 :
Considérons le modèle suivant caractérisé par une densité exponentielle de la forme.

$$f(y_i, \beta) = \frac{1}{(\beta + x_i)} e^{[-y_i(\beta + x_i)]} \qquad (22)$$

Cette fonction est une forme contrainte de la distribution plus générale gamma.

$$f(y_i, \beta, \rho) = \frac{(\beta + x_i)^{-\rho}}{\Gamma(\rho)} y_i^{\rho - 1} e^{-y_i/(\beta + x_i)} \qquad (23)$$

La restriction ici est $\rho = 1$

Pour le test on peut considérer

$H_0: \rho = 1$ contre $H_1: \rho \neq 1$

Dans un tel cas on a recours au maximum de vraisemblance pour estimer ρ^* et $Var(\rho^*)$, ensuite, il faut procéder à la détermination de W qui sera :

$$W = \frac{(\rho^* - \rho_0)^2}{Var(\rho^*)} \qquad (24)$$

10.3.3. Le test du Multiplicateur de Lagrange

Le test du Multiplicateur de Lagrange (ML) ou test de Score est basé sur le modèle contraint au lieu comme dans le cas précédent du test de Wald sur le non contraint. Supposons que nous maximisons le log de la vraisemblance soumis à la série de contraintes $c(\theta) - q = 0$.

Soit λ, un vecteur de multiplicateurs de Lagrange.

Les conditions nécessaires pour maximiser la fonction lagrangienne, lnL^*, sont :

$$\left.\begin{aligned} \partial lnL^* &= \frac{\partial lnL(\theta)}{\partial \theta} + C'\lambda = 0 \\ \frac{\partial lnL^*}{\partial \lambda} &= 0 \end{aligned}\right\} \qquad (25)$$

où C' est la transposée de la matrice dans la deuxième lignc dc l'équation (17). Si les contraintes sont valides, leur imposition ne conduira pas à une différence significative dans la valeur maximisée de la fonction de vraisemblance. Dans les conditions de premier ordre, cela voudra dire que le second terme dans le vecteur dérivé sera petit. En particulier, λ sera petit. Nous pouvons le tester directement, c'est $H_0: \lambda = 0$ qui conduira au test du Multiplicateur de Lagrange. Toutefois, il existe une formulation équivalente plus simple. Ainsi, à la contrainte maximum, les dérivées du log de la vraisemblance non contrainte sont à partir de (25)

$$\frac{\partial lnL(\theta)}{\partial \theta} = -C'\lambda \qquad (26)$$

si les contraintes sont valides, au moins à l'intérieur des rangs de la viabilité de l'échantillon.

$$\frac{\partial lnL(\theta_R^*)}{\partial \theta_R^*} \cong 0 \qquad (27)$$

Les dérivées du log de la vraisemblance évaluée sur le vecteur des paramètres contraints seront approximativement 0. Le vecteur des dérivées premières de la log- vraisemblance est le vecteur des scores efficients. Lorsque le test est basé sur ce vecteur, il est appelé le test de score ou test du Multiplicateur de Lagrange. La variance de la dérivée première du vecteur est la matrice d'informations que nous avons utilisée pour calculer la matrice de variance asymptotique de l'estimateur du maximum de vraisemblance (MLE). Dès lors, la statistique du test, basée sur un raisonnement analogue suivant la statistique du test de Wald, est la statistique du test du LM qui se définit comme suit :

$$LM = \left(\frac{\partial lnL(\theta_R^*)}{\partial \theta_R^*}\right)' \left[L(\theta_R^*)^{-1}\left(\frac{\partial lnL(\theta_R^*)}{\partial \theta_R^*}\right)\right] \qquad (28)$$

LMsuit un χ^2 avec des degrés de liberté égaux au nombre de contraintes. Tous les termes sont calculés à partir de l'estimateur contraint.

Exemple 9: Soit la distribution suivante portant sur le revenu et l'éducation

N°	**Revenu** 10^3 **\$ (y)**	**Nombre d'années de formation (x)**
1	20,5	12
2	31,5	16
3	47,7	18
4	26,2	16
5	44,0	12
6	8,28	12
7	30,80	16
8	17,20	12
9	19,90	10
10	9,96	12
11	55,80	16
12	25,20	20
13	29,00	12
14	85,50	16
15	15,10	10
16	28,50	18
17	21,40	16
18	17,70	20
19	6,42	12
20	84,90	16

Source : William H. Green (1990) p. 94

Considérons le modèle suivant dans lequel le paramètre β est estimé par la méthode du maximum de vraisemblance.

$$f(y_i, \beta, \rho) = \frac{(\beta + x_i)^{-\rho}}{\Gamma(\rho)} y_i^{\rho-1} e^{-y_i/(\beta+x_i)} \qquad (29)$$

Cette fonction de densité exponentielle est une forme contrainte de la forme plus générale de la distribution gamma.

La contrainte dans le cas présent est $\rho = 1$ avec comme hypothèses :

$$H_0: \rho = 1 \text{ contre } H_1: \rho \neq 1$$

Le recours aux procédures de tests précédemment développées commande que nous cherchons les log du maximum de vraisemblance, ensuite on les dérive.

$$lnL(\beta,\rho) = -\rho \sum ln(\beta + x_i) - nln\Gamma(\rho) - \sum_i \frac{y_i}{\beta + x_i} + (\rho - 1)\sum lny_i \quad (30)$$

$$\frac{\partial lnL}{\partial \beta} = -\rho \sum_i \frac{1}{\beta + x_i} + \sum_i \frac{y_i}{(\beta + x\ \ )^2} \quad (31)$$

$$\frac{\partial lnL}{\partial \rho} = -\sum ln(\beta + x_i) - \frac{n\Gamma'(\rho)}{\Gamma(\rho)} + \sum_i lny_i \quad (32)$$

$$\frac{\partial^2 lnL}{\partial \beta^2} = \rho \sum_i \frac{1}{(\beta + x_i)^2} - 2\sum_i \frac{y_i}{(\beta + x_i)^3} \quad (33)$$

$$\frac{\partial^2 lnL}{\partial \rho^2} = \frac{n\left[\Gamma(\rho)\Gamma''(\rho) - \left(\Gamma'(\rho)\right)^2\right]}{\left(\Gamma(\rho)\right)^2} \quad (34)$$

$$\frac{\partial lnL}{\partial \rho \partial \beta} = -\sum_i \frac{1}{\beta + x_i} \quad (35)$$

Pour obtenir les estimateurs du maximum de vraisemblance il faut égaliser les équations (31) et (32) à zéro.

Les résultats obtenus par W. Green (1990) sont les suivants :

Tableau 1 : Résultats des estimations par le maximum de vraisemblance.

Grandeur	Sans contrainte	Avec contrainte
β	- 4,719	15,603
ρ	3,151	1,000
lnL^*	- 82,916	- 88,436
$\frac{\partial lnL^*}{\partial \beta^*}$	0,000	0,000
$\frac{\partial lnL^*}{\partial \rho^*}$	0,000	7,914
$\frac{\partial^2 lnL^*}{\partial \beta^{*2}}$	- 0,8534	- 0,02166
$\frac{\partial^2 lnL^*}{\partial \rho^{*2}}$	- 7,436	- 32,894
$\frac{\partial^2 lnL^*}{\partial \beta^* \partial \rho^*}$	- 2,242	- 0,6689
$Var(\beta^*)$	5,773	46,164
$Var(\rho^*)$	0,6625	0,000
$Cov(\beta^* \rho^*)$	- 1,746	0,000

Source : W. Green (1990) p. 132

A 95%, l'intervalle de confiance pour ρ basé sur les estimations non contraintes est :

$$\rho \pm 1{,}96\sqrt{Var(\rho^*)} = 3{,}151 \pm 1{,}96\sqrt{0{,}6625} = [1{,}556; 4{,}746]$$

Cet intervalle ne contient pas $\rho = 1$, d'où le rejet de l'hypothèse H_0.

A partir des résultats des estimations par la méthode du maximum de vraisemblance, on peut vérifier l'hypothèse H_0 en procédant aux trois procédures de tests précédemment développées.

a) Test du Ratio de vraisemblance

$$\lambda = -2\left[lnL_R^* - lnL_\mu^*\right] = -2[-88{,}426 - (-82{,}916)] = 11{,}04$$

La valeur de λ dans la Table de $\chi^2_{1-\alpha}$ avec un degré de liberté et pour $\alpha = 0{,}05$ est 3,842. Il ressort que la valeur calculée de λ est supérieure à sa valeur lue dans la table, donc l'hypothèse H_0 est rejetée ici aussi.

b) Test de Wald

$$c(\theta) - q = \rho - 1 \Rightarrow \quad \frac{\partial c(\rho^*)}{\partial \rho^*} = 1$$

$$Var(c(\rho^*) - q) = Var(\rho^*) = 0{,}6625$$

$$W = (3{,}151 - 1)[0{,}6625]^{-1}(3{,}151 - 1) = 6{,}984$$

Ici encore H_0 est rejetée puisque W est assez grand. Rappelons que la statistique du test de Wald est le carré correspondant au test statistique qui devrait être utilisé dans le test de l'intervalle de confiance. $\frac{|3{,}151-1|}{\sqrt{0{,}6625}} = 2{,}626$ ce qui donne $W = (2{,}626)^2 = 6{,}90$ qui est sensiblement le même que précédemment.

c) Le test du multiplicateur de Lagrange

Ce test est basé sur des estimateurs contraints

$$LM = [0{,}000 \quad 7{,}914]\begin{bmatrix} 0{,}02166 & 0{,}6699 \\ 0{,}6689 & 32{,}894 \end{bmatrix}^{-1}\begin{bmatrix} 0{,}000 \\ 7{,}914 \end{bmatrix} = 5{,}12$$

Nous savons que $LM \sim \chi^2$ qui est dans le cas présent 1, correspond au nombre de contraintes. La valeur dans la table à 95% est 3,84 ; donc inférieure à la valeur calculée. Une fois encore, l'hypothèse H_0 est rejetée.

Remarques :

Dans l'exemple précédent, nous constatons que les statistiques des trois tests ont des valeurs sensiblement différentes. Au regard de cette différence il n'est pas exclu que dans certains cas, notamment en utilisant un niveau de signification α, on aboutisse à des conclusions différentes entre les trois tests. A titre d'exemple, considérons un niveau

de signification $1 - \alpha = 0{,}995$ au lieu de 0,95 comme précédemment ; la valeur théorique $\chi^2_{1-\alpha} = 7{,}89$.
L'hypothèse est rejetée dans le cas du test du ratio de vraisemblance alors qu'elle est acceptée dans le cas, du test de Wald et de celui du multiplicateur de Lagrange. En effet, dans tous les deux cas $\chi^2_{1-\alpha} >$ W et LM.
De manière générale, il ressort qu'asymptotiquement, les trois tests sont équivalents. Toutefois, dans le cas d'un échantillon de taille finie, des différences dans les résultats comme celles évoquées pour le seuil α peuvent être constatées. Il semble qu'actuellement, il n'existe aucune règle précise pour montrer de quelle façon procéder dans une telle situation.

BIBLIOGRAPHIE

1. AKAIKE, H. (1981) : Likelihood of a Model and information Critoria - Journal of Econometrics, 16-3-14
2. ALLECHI M. and AMLAN M. (1993) : European Economic Integration and the Franc Zone: The future of the CFA Franc after 1996 -Research Paper Nineteen- CREA Nairobi.

3- ALMON S. (1965): The distributed lag between capital appropriation and expenditures - Econometrica I.

4- BATOLA L. (1983): Statistique et Econométrie, éditions MASSON

5- BOURBONNAIS R. (1993): Econométrie, cours et Exercices corrigés - DUNOD, Paris

6- BOSQ D. et LECOUTRE J. P. (1992) : Analyse et Prévision des Séries chronologiques : méthodes paramétriques et non paramétriques - Editions Masson, Paris

7. BOSSIER F.(1973): Prévision à court terme des investissements belges - Cahiers Economiques de Bruxelles n°57 du 1er trimestre 1973.
8. BOX G. and JENKINS G. (1976): Times series analysis : forecasting and control, Holden - Day. Revised Edition.
9. BRESSON G. et PIROTTE A.(1995) : Econométrie des Séries Temporelles Théories et applications - Collection Economie - Editions PUF, Paris.
10. BROWN R.G (1959): Statistical forecasting for inventory control, Mc GRAW-HILL, New-York.
11. BROWN R.G (1962): Smoothing, Forecasting and Prediction of Discrete Time Series, Prentice-Hall; Englewood Cliffs.
12. BRUYN C. (1963): Lissage exponentiel et prévision adaptative - Cahiers Economiques de Bruxelles n°20, 4è trimestre 1963.
13. CALOT G.(1969): Cours de statistique descriptive, Collection DUNOD, Paris

14- CHIANG A.(1984): Fundamental Methods of Mathematical Economic-Library of Congress - Megraw - Hill - Publishing - Company - New York.

15- DALOZ J.P et GOUX C. (1970): Macroéconomie appliquée- Edition- Cujas, Paris.

16- DUBOS J.(1971) : Statistique descriptive en Sciences Economiques - Collection Dunod, Paris.

17- ENDERS W. (1995) : Applied Econometric Time Series, John Wiley and Sons, Inc - New - York, Toronto.

18- ENGLE R.F., HENDRY D.F. and RICHARD J.F. (1983): "Exogeneity", Journal of the american statistical society, vol. 60.

19- ENGLE R.F., and C. W, J. GRANGER (1987): Co-intégration and Error -Correction: Representation, Estimation and Testing; Econometrica.

20- ENCYCLOPÉDIE ÉCONOMIQUE (1984). Edition Economica, Paris

21- GADIAGA D.(1987) Statistiques appliquées : Inférence statistique - Introduction aux méthodes linéaires à une équation. Série didactique - CEDRES - Université Ouagadougou.

22- GIRAUD R. et N.CHAIX (1989): Econométrie Presses Universitaires de France, Paris.

23- GODWIN R. (1951): The nonlinear accelerator and the persistence of business cycles, Econometrica

24- GOURIEROUX C. et A. MONTFORT (1990): Séries Temporelles et Modèles dynamiques - Economica.

25- GRANGER, C. W. J. (1969): Investigation Causal Relations by Econometric Models and Cross - Spectral Methods - Econometrica.

26- GREENE W.H. (1990): Econometric Analysis, Ed. McMillan Publishing Company (New-York) and Collier McMillan Publishers (London).

27- GOLDFELD S.M. and QUANDT R.E. (1965): Some tests for homoscedasticity - Journal of the American statistical society, vol. 60.

28- HAMILTON J. D. (1994): Times Series Analysis, Princeton - University Press - New Jersey.

29- HENIN P-Y. (1981) : Macrodynamique - Fluctuation et croissance - 2 édition Economica, Paris

30- JOHNSTON J.I (1988): Méthodes Econométriques, Traduit par Bernard Guerrien - 2 Tomes, Economica, Paris.

31- JUDGE G.G and Al. (1988): Introduction to theory and practice of Econometrics - Library of Congress - New - York.

32- KAUFMAN H. et GROBOILLOT J.L. (1968) : La prévision économique à court terme - Méthodes générales - Lissage exponentiel, Collection Dunod, Paris.

33- KENDALL and STUART A. (1961): The advanced Theory of statistics -vol.2- Griffin London.
34- KMENTA J. (1986): Elements of Econometrics, New York, edition. Mac Millan.
35- KOGIKU L.M. (1971): Introduction aux modèles macroéconomiques- Traduit de l'anglais par F. Bertault- éditions SIREY, Paris.
36- KOYCK L.M. (1954) : Distributed lagos and investment analysis, North - Holland, Amsterdam.
37- LANGE O. (1970): Leçons d'Econométrie – Editions P.W.N. Gauthier - Villard, Paris.
38- LARUE B. et GERVAIS J. P. (1988) : L' analyse des séries chronologiques : spécification et estimation des modèles univariés et multivariés. Réseaux Politiques et Economiques CODESRIA, Document spécial n° 9 Dakar.
39- MALINVAUDR.(1969) : Méthodes statistiques de l'Econométrie- Dunod, Paris.
40- MARIMOUTOU V. (1996) : Eléments de Cointégration - Document polycopié à diffusion restreinte - FASEG/PTCI Ouagadougou
41- MELARD. G. (1991) : Méthodes de prévision à court terme - collection SMA, éditions de l'Université de Bruxelles et Ellipses, Bruxelles.
42- NERLOVE M. (1958): Dynamics of supply -Baltimore- Johns Hopkins Press.
43- PINDYCK R.S and RUBINFELD D.L. (1991): Econometric Models and Economic Forecasts - Edition MC Graw-Hill, Inc.
44- QUINET E. (1969) : Séries Temporelles, Collection Dunod, Paris.
45- SALVATORE D. (1985): Econométrie et Statistique appliquées: cours et problèmes - Série SCHAUM, édition Mac Graw - Hill, Inc.
46- SCHWARZ, G. (1978): Estimating The Dimension of a model. Annals of statistics, 6.
47- SIM C. (1980) : Macroeconomics and Reality, Econometrica
48- SOLORO R. (1960) : On a family of lag distributions - Econometrica April - 1960.
49- SOWA N. and KWAKYE J. (1993): Inflationary Trends and Control in Ghana, - C R E A- Research Paper Twenty-Two. Septembre 1993, Nairobi.
50- STOLERU L. (1969): L'équilibre et la croissance économique- Principes de Macroéconomie- Collection Dunod, Paris.

51- STUDENMUND A. H. (1997): Using - Econometrics : A practical guide - 3e Edition, Addison - Wesley Educational Publishers Library of Congress

52- THIOMBIANO T. (1973): Le lissage exponentiel :double lissage de BROWN appliqué à la Balance Commerciale de la Haute-Volta, Mémoire D.E.A, U.E.R, Paris IX- Dauphine, Paris.

53- THIOMBIANO T. (1987): Le rôle des prix dans la décision paysanne de produire et de vendre les céréales traditionnelles. CEDRES-Etudes, Université Ouagadougou.

54- THIOMBIANO T.(1997): La controverse empirique et théorique posée par le comportement atypique des producteurs - consommateurs - Revue - Tiers Monde, T. 38 N° 152 Octobre - Décembre 1997, Paris.

INDEX

Économie et Entreprise aux éditions L'Harmattan

Dernières parutions

FRANÇAIS (LE) ÉCONOMIQUE À L'ÈRE DE LA MONDIALISATION
Schulders Guy
Cet ouvrage présente une explication de concepts économiques de base, dont la connaissance et la maîtrise sont indispensables aux entrepreneurs de tous les pays et aux hommes d'affaires modernes, qui développent de plus en plus de synergies et de relations commerciales avec leurs homologues du monde francophone. Il s'agit de permettre à l'espace économique francophone de tenir la place qui lui revient.
(30.00 euros, 328 p.)
ISBN : 978-2-343-00132-6, ISBN EBOOK : 978-2-296-53104-8

UNE ÉCONOMIE DE SERVICES SANS SERVILITÉ
Madinier Philippe - Préface de Jean Gadrey
Le travail indépendant se développe à nouveau en France. Cette évolution est due à la prépondérance des activités et surtout des services consistant à prendre soin des hommes et des choses. Dans ces activités, la concentration économique ne s'impose pas. Cette prépondérance est appelée à se renforcer. Néanmoins, le développement souhaitable des services de soin et celui du travail indépendant qui lui est lié ne sont pas sans poser des problèmes à la politique économique et sociale, notamment des problèmes de fiscalité.
(Coll. L'esprit économique, série Economie et Innovation, 16.50 euros, 158 p.)
ISBN : 978-2-336-29283-0, ISBN EBOOK : 978-2-296-53055-3

FORMATION (LA) PROFESSIONNELLE POUR ADULTES
De l'éducation pour tous à la gestion individuelle de carrières
Saccomanno Benjamin
Ce livre revient sur la longue histoire sociale et juridique de la formation professionnelle en France. Depuis la mise en place d'initiatives corporatistes, ouvrières ou associatives, jusqu'à l'organisation par les pouvoirs publics d'une offre censée répondre aux évolutions des besoins d'une société en pleine mutation industrielle, ce sont les finalités de l'apprentissage et le rapport au savoir et à l'éducation qui s'en trouvent ici questionnés.
(Coll. Pour Comprendre, 21.00 euros, 218 p.)
ISBN : 978-2-343-00376-4, ISBN EBOOK : 978-2-296-53138-3

DIALOGUE (LE). PRIORITÉ DANS LE MÉTIER
Fassier Christian
Pour avoir des hommes sains dans un corps de métier sain, il faut donner une place essentielle au dialogue ; sans cela, la menace de l'aliénation mentale apparaît. S'inspirant de Lev Vygotski et de Mikhaïl Bakhtine, l'auteur démontre que le dialogue est un instrument de transformation des conflits et un outil de médiation indispensable à l'intercompréhension. Mais pour lui, les mots sans les actes ne valent rien...
(19.00 euros, 194 p.)
ISBN : 978-2-343-00101-2, ISBN EBOOK : 978-2-296-52978-6

AVENTURE (L') HUMAINE DANS L'ENTREPRISE – En huit questions
Reyre Gérard
Vivre l'entreprise aujourd'hui n'est pas une mince affaire. Huit questions occupent cet ouvrage sur l'aventure humaine dans l'entreprise. Il s'agit de proposer des formes de médiation, des manières

d'envisager les choses et les actes. Pas d'intrication forcée mais des liens, des façons de penser le quotidien, d'envisager les discordances, de trouver autant que faire se peut des modulations à l'activité humaine dans l'entreprise.
(Coll. Entreprises et Management, 23.00 euros, 232 p.)
ISBN : 978-2-296-99770-7, ISBN EBOOK : 978-2-296-51558-1

ENTREPRENDRE DANS UN MONDE EN MUTATION
Arnol-Stephan Jacques
Depuis 2008, notre modèle de croissance, notre mode de vie sont remis en question. Aurions-nous perdu la foi dans notre capacité à rebondir ? C'est contre ce sentiment d'impuissance que s'inscrit cet essai. Pour rebondir, il faut retrouver le sens de l'aventure collective. Et quelle plus belle aventure collective que l'entreprise ? Revenir à la création saine de richesses pour répondre aux besoins de bientôt neuf milliards d'humains ?
(Coll. Questions contemporaines, 19.00 euros, 194 p.)
ISBN : 978-2-336-29156-7, ISBN EBOOK : 978-2-296-51614-4

MANAGEMENT DES ÉVOLUTIONS ORGANISATIONNELLES ET STRATÉGIQUES
Sous la direction de Pascal Corbel et Philippe Hermel
Cet ouvrage appréhende les principales évolutions du management des entreprises aujourd'hui, les transformations récentes et leurs implications managériales. Il aborde la responsabilité sociale des entreprises, l'ouverture des processus d'innovation et le développement des stratégies d'influence. Il étudie également les cadres dans lesquels s'inscrivent les changements des organisations.
(Coll. Entreprises et Management, 37.00 euros, 364 p.)
ISBN : 978-2-296-99337-2, ISBN EBOOK : 978-2-296-51654-0

RÉGULATION ET MANAGEMENT DES ORGANISATIONS
Rôle de l'entreprise dans les zones périurbaines et territoires émergents
Delaye Richard
Cet ouvrage met le «territoire» au centre du management des organisations et de l'étude de ses modes de fonctionnement, des outils de gestion et de pilotage de sa performance. Il montre qu'il est possible d'analyser les dynamiques structurant le développement des territoires «oubliés», tels que les banlieues, les pays émergents et les pays en voie de développement au-delà des problématiques classiques comme l'insécurité, les jeunes en perte de repères, la ghettoïsation, le développement des réseaux formels et informels, le financement des projets visant une paix sociale incertaine.
(Coll. Gouvernance et société, 29.00 euros, 300 p.)
ISBN : 978-2-296-99506-2, ISBN EBOOK : 978-2-296-51553-6

TRAVAIL, MOBILISATION ET RÉSISTANCE – Normes et règles en jeu
Faulkner Marcel
Le travail, activité où la coopération s'impose du fait d'objectifs à atteindre, est une collaboration d'acteurs se réalisant à travers un ensemble de contradictions et de conflits de plus en plus nombreux. Les normes et règles déterminant le travail et son organisation sont contestées par d'autres qui affirment l'autonomie des métiers, l'initiative des salariés et l'amour du travail bien fait. Les enjeux sont ceux du rendement et du contrôle du travail, et, d'autre part, de la dignité des salariés.
(Coll. Logiques sociales, 35.00 euros, 344 p.)
ISBN : 978-2-343-00090-9, ISBN EBOOK : 978-2-296-51651-9

COCOTTE-MINUTE (LA) FINANCIÈRE
Petit précis de décomposition socio-économique
Duhamel Florence, Dunoyer de Segonzac Alain
Après la Seconde Guerre mondiale, les accords de Bretton Woods ont posé un cadre économique mondial ayant généré plus de quatre décennies de croissance et de stabilité. Au début des années 1990, la mécanique a commencé à se gripper pour aboutir en juillet 2008 à la faillite de la

banque Lehman-Brothers bientôt suivie du chaos financier et économique mondial. Comment est-on passé de l'ordre consensuel porté par Bretton Woods au désordre insensé qui prévaut aujourd'hui ?
(Coll. L'esprit économique, série L'économie formelle, 14.00 euros, 134 p.)
ISBN : 978-2-336-00591-1, ISBN EBOOK : 978-2-296-51324-2

GOUVERNANCE ET FILIALE DE GROUPE
Recommandations pour une meilleure gouvernance en entreprises moyennes, PME & PMI
Sous la direction de Daniel Corfmat, Marc Chambault, Georges Nurdin
Les entreprises marquent un intérêt incontestable pour une organisation structurée en groupe et filiales. Cet ouvrage apporte quelques réflexions sur la relation particulière existant entre ces deux entités au plan de la gouvernance. Il regroupe une série de recommandations qui tendent à fluidifier la relation entre la filiale et le groupe, tout en respectant chacune des entités dans leurs responsabilités, devoirs et obligations.
(Coll. Gouvernance et entreprise, 10.50 euros, 74 p.)
ISBN : 978-2-336-00246-0, ISBN EBOOK : 978-2-296-51283-2

SCANDALE (LE) COMMERCE ÉQUITABLE
Le marketing de la pauvreté au service des riches
Sylla Ndongo Samba
Alors qu'il est censé rétablir un regain de justice dans les relations commerciales Nord-Sud, l'auteur montre que le commerce équitable contribue à reproduire les mécanismes du système international. En somme, si le commerce équitable parle au nom des pauvres, il bénéficie en réalité aux pays riches. Le marketing de la pauvreté au service des riches, serait-ce là l'aboutissement de cette énième entreprise de rédemption du système capitaliste ?
(Coll. Harmattan Sénégal, 25.00 euros, 226 p.)
ISBN : 978-2-296-99542-0, ISBN EBOOK : 978-2-296-51434-8

TRAGÉDIE (LA) DE L'EURO
Bagus Philipp – Traduit de l'anglais par Olivier Imbach
A l'origine de la création de l'euro, les intentions étaient de nature politique. Grâce à la monnaie unique, la France allait se débarrasser du Deutsche Mark et s'affranchir de la tyrannie de la Banque centrale allemande (La Bundesbank). Mais le système mis en place se révèle autodestructeur, parce que plusieurs gouvernements peuvent utiliser une seule banque centrale pour financer leur déficit, sans véritable contrôle. Quelles sont aujourd'hui les voies possibles pour les membres de la zone euro ?
(Coll. L'esprit économique, série Le Monde en Questions, 21.00 euros, 200 p.)
ISBN : 978-2-336-00598-0, ISBN EBOOK : 978-2-296-51400-3

INTERFACE (L') VIE DE TRAVAIL - VIE PRIVÉE
Questions en chantier
Sous la direction de Caroline Closon et Marcel Lourel
Préface de Guy Karnas
Les disciplines qui traitent de l'homme au travail voient le plus souvent l'homme ou la femme comme un travailleur ou une travailleuse, un producteur ou une productrice, un opérateur ou une opératrice, négligeant ainsi l'interaction de ce type de statuts avec les autres activités de cet homme ou de cette femme en dehors de la vie professionnelle. Le plus souvent, l'entreprise tend à négliger les aspects de vie hors travail.
(Coll. Psychologie du travail, 19.00 euros, 186 p.)
ISBN : 978-2-336-00652-9, ISBN EBOOK : 978-2-296-51402-7

MERCERON SCOP-SA
Gerll Gabrielle, Lardot Romain
Licenciés suite à la cessation d'activité de leur entreprise, 27 ouvriers décident de racheter leur outil de travail pour reprendre à leur compte l'activité de carrosserie industrielle. L'entreprise devient une Société Coopérative de Production (SCOP) dont ils sont les propriétaires à parts

égales... Deux ans plus tard, ils déposent le bilan. Au travers de cette histoire, le film propose de s'interroger sur les difficultés d'une expérience coopérativiste dans le contexte économique actuel.
(20.00 euros)
ISBN : 978-2-336-00772-4

ENJEUX ET LUTTES DANS LE CHAMP ÉCONOMIQUE (1980-2010)
de Montlibert Christian
Ce livre analyse tout d'abord la structure du champ économique et décrit les stratégies des firmes dans un monde soumis aux injonctions pressantes des financiers. Il étudie ensuite trois types de décision : les mesures de licenciement qui défont les collectifs ; le développement de l'équipement informatique comme manière d'imposer un contrôle social plus strict ; l'investissement dans les publicités célébrant les mérites de la marque et de la firme.
(Coll. Questions sociologiques, 31.00 euros, 306 p.)
ISBN : 978-2-336-00161-6, ISBN EBOOK : 978-2-296-50829-3

ENSEIGNANT (L') : RÉALITÉS ÉCONOMIQUES ET ENJEUX PROFESSIONNELS
Plassard Jean-Michel, Larré Françoise
Dans quelle mesure et de quelle façon l'analyse économique rend-elle compte de l'activité de l'enseignant ? De la théorie du capital humain à la théorie des incitations en passant par la *New Economics of Personnel* et les nouveaux modèles de régulation scolaire, voici une analyse qui interroge la capacité de l'analyse économique à rendre compte des questions organisationnelles, longtemps ignorées par l'économie de l'éducation.
(Coll. L'esprit économique, 25.00 euros, 240 p.)
ISBN : 978-2-336-00565-2, ISBN EBOOK : 978-2-296-50888-0

ORGANISATION (L') DES CRIMES EN COL BLANC – «Une gestion meurtrière»
Fines Louise
Averties que leurs activités causent du tort à autrui et à l'environnement, que font les organisations ? Pourquoi ignorent-elles les signaux avertisseurs et les appels des «sonneurs de cloche» ? A partir de quand le délai pris pour réagir devient-il un crime ? Sur la base de quelles logiques organisationnelles et structurelles les entreprises «fautives» en viennent-elles à décider de ne rien faire ? Quelles sont les dynamiques à l'oeuvre ?
(24.00 euros, 238 p.)
ISBN : 978-2-336-00300-9, ISBN EBOOK : 978-2-296-50826-2

SCIENCE (LA) ÉCONOMIQUE
De l'Économie politique à l'Analyse économique
Diouf Makhtar
Ce livre décrit l'évolution depuis la naissance de la science économique avec le tronc commun constitué par «l'Économie politique classique» jusqu'à sa fracture en deux branches : le courant marxiste et le courant néoclassique largement prédominant dans l'enseignement universitaire. L'économie du développement figure aussi en bonne place dans ses différentes et principales présentations théoriques.
(40.00 euros, 424 p.)
ISBN : 978-2-296-99530-7, ISBN EBOOK : 978-2-296-50972-6

L'HARMATTAN, ITALIA
Via Degli Artisti 15; 10124 Torino

L'HARMATTAN HONGRIE
Könyvesbolt ; Kossuth L. u. 14-16
1053 Budapest

ESPACE L'HARMATTAN KINSHASA
Faculté des Sciences sociales,
politiques et administratives
BP243, KIN XI
Université de Kinshasa

L'HARMATTAN CONGO
67, av. E. P. Lumumba
Bât. – Congo Pharmacie (Bib. Nat.)
BP2874 Brazzaville
harmattan.congo@yahoo.fr

L'HARMATTAN GUINÉE
Almamya Rue KA 028, en face du restaurant Le Cèdre
OKB agency BP 3470 Conakry
(00224) 60 20 85 08
harmattanguinee@yahoo.fr

L'HARMATTAN CAMEROUN
BP 11486
Face à la SNI, immeuble Don Bosco
Yaoundé
(00237) 99 76 61 66
harmattancam@yahoo.fr

L'HARMATTAN CÔTE D'IVOIRE
Résidence Karl / cité des arts
Abidjan-Cocody 03 BP 1588 Abidjan 03
(00225) 05 77 87 31
etien_nda@yahoo.fr

L'HARMATTAN MAURITANIE
Espace El Kettab du livre francophone
N° 472 avenue du Palais des Congrès
BP 316 Nouakchott
(00222) 63 25 980

L'HARMATTAN SÉNÉGAL
« Villa Rose », rue de Diourbel X G, Point E
BP 45034 Dakar FANN
(00221) 33 825 98 58 / 77 242 25 08
senharmattan@gmail.com

L'HARMATTAN TOGO
1771, Bd du 13 janvier
BP 414 Lomé
Tél : 00 228 2201792
gerry@taama.net

Achevé d'imprimer par Corlet Numérique - 14110 Condé-sur-Noireau
N° d'Imprimeur : 99256 - Dépôt légal : juin 2013 - *Imprimé en France*

www.ingramcontent.com/pod-product-compliance
Lightning Source LLC
LaVergne TN
LVHW011154061026
849535LV00003B/728